L'OPIUM DES INTELLECTUELS

DU MÊME AUTEUR

Introduction à la philosophie politique. Démocratie et révolution, LGF, 2008.
La Sociologie allemande contemporaine, PUF, 2007.
Paix et guerre entre les nations, Calmann-Lévy, 2004.
Le Spectateur engagé. Entretiens avec Jean-Louis Missika et Dominique Wolton, Éditions de Fallois, 2004.
Mémoires, Robert Laffont, 2003.
Le Marxisme de Marx, Éditions de Fallois, 2002 ; LGF, 2004.
Marxismes imaginaires. D'une sainte famille à l'autre, Gallimard, 1998.
Les Articles de politique internationale dans Le Figaro *de 1947 à 1977*, Éditions de Fallois, 1997.
Introduction à la philosophie politique. Démocratie et révolution, LGF, 1997.
Une histoire du XXe siècle. Anthologie, Plon, 1996.
Les Désillusions du progrès, Gallimard, 1996.
Machiavel et les tyrannies modernes, Éditions de Fallois, 1993.
Introduction à la philosophie de l'histoire. Essai sur les limites de l'objectivité, Gallimard, 1991.
Chroniques de guerre. La France libre, 1940-1945, Gallimard, 1990.
Leçons sur l'histoire. Cours du Collège de France, Éditions de Fallois, 1989.
Essais sur la condition juive contemporaine, Éditions de Fallois, 1989.
Études sociologiques, PUF, 1988.
Les Étapes de la pensée sociologique, Gallimard, 1978.
Démocratie et Totalitarisme, Gallimard, 1987.
La Philosophie critique de l'histoire. Essai sur une théorie allemande de l'histoire, Julliard, 1987.
Dimension de la conscience historique, Pocket, 1985.
Dix-huit leçons sur la société industrielle, Gallimard, 1986.
Penser la guerre. Clausewitz, t. I, L'Âge européen, t. II, L'Âge planétaire, Gallimard, 1976.
Histoire et dialectique de la violence, Gallimard, 1973.
Études politiques, Gallimard, 1972.
La Révolution introuvable. Réflexions sur les événements de mai, Fayard, 1968.

Dans la même collection
Essai sur les libertés.

Raymond Aron

L'Opium
des intellectuels

Introduction par Nicolas Baverez

Pluriel

Collection fondée par Georges Liébert
et dirigée par Joël Roman

Note de l'éditeur
Les notes de l'auteur sont appelées par des chiffres
et figurent en bas de page. Nous avons regroupé en
fin de volume quelques notes d'éclaircissements
appelées par des astérisques.

Couverture : Delphine Delastre
Illustration : Jacques Robert © Gallimard via Leemage
ISBN : 978-2-8185-0018-7
Dépôt légal : juin 2017
Librairie Arthème Fayard/Pluriel, 2010

© Calmann-Lévy, 1955.
© Hachette Littératures, 2002, pour l'introduction et les notes de l'éditeur.
© Librairie Arthème Fayard/Pluriel, 2010,
pour l'introduction et les notes de l'éditeur.

La religion est le soupir de la créature accablée par le malheur, l'âme d'un monde sans cœur, de même qu'elle est l'esprit d'une époque sans esprit. C'est l'opium du peuple.
> Karl Marx.

Le marxisme est tout à fait une religion, au sens le plus impur de ce mot. Il a notamment en commun avec toutes les formes inférieures de la vie religieuse le fait d'avoir été continuellement utilisé, selon la parole si juste de Marx, comme un opium du peuple.
> Simone Weil.

INTRODUCTION

RAISON DÉMOCRATIQUE
CONTRE PASSIONS IDÉOLOGIQUES

L'Opium des intellectuels, publié par Raymond Aron au printemps 1955, appartient, au même titre que *La Trahison des clercs* de Julien Benda (1927) et *L'Archipel du Goulag* d'Alexandre Soljenitsyne (traduit en 1975), au petit nombre des livres clés dans l'histoire intellectuelle de la France du XXᵉ siècle. Un livre clé par le moment où il prend place, au lendemain de la mort de Staline mais en plein cœur de la Guerre Froide, ce troisième conflit mondial du siècle qui vit le communisme prendre le relais du fascisme et du nazisme dans la tentative de détruire la démocratie libérale. Un livre clé par sa radicalité critique, qui se déployait non seulement sur le terrain de la politique et de l'histoire, mais aussi de la philosophie et de la morale, en situant dans le mensonge le principe du régime soviétique. Un livre clé par son impact tant en France qu'à l'étranger : éclairant d'un jour théorique les premières interrogations suscitées par les témoignages sur le phénomène concentrationnaire en URSS, conforté par la révolution anti-totalitaire de Hongrie en octobre 1956, *L'Opium* contribua à la première vague de décommunisation des intellectuels français à la fin des années 1950; traduit dans la plupart des langues, le livre eut un retentissement mondial, jusque dans les sociétés de l'est où il circula sous la forme de *samizdat*.

La portée de *L'Opium des intellectuels* est indissociable de la configuration historique de 1955, comme de la personnalité de son auteur. Rien n'est en effet plus faux que l'illusion rétrospective, entretenue depuis l'effondrement de l'empire soviétique en 1989, selon laquelle la victoire politique des démocraties était inéluctable et l'engagement des intellectuels contre le totalitarisme une évidence largement partagée.

Au lendemain de la conquête du pouvoir par Mao en Chine et de la guerre de Corée, à la veille des révélations qui accompagneront le processus de déstalinisation lancé en 1956 par Khrouchtchev lors du XXe Congrès du parti, le communisme soviétique était à son apogée, en termes d'expansion territoriale et d'influence internationale. Au prestige acquis par l'Armée Rouge du fait de son rôle essentiel dans la défaite militaire de l'hitlérisme s'ajoutaient les résultats – en grande partie fictifs ceux-là – prêtés à l'Union Soviétique en matière de développement économique et de progrès social. Dans cette configuration de Guerre Froide, dont Aron avait dès 1947 fourni la clé par la formule « paix impossible, guerre improbable »[1], chacun devait choisir son camp. Et ce choix politique et historique trouvait sa source dans un clivage idéologique.

D'où le rôle majeur joué par les intellectuels dans ce moment crucial où se noua l'affrontement entre les deux blocs et où l'URSS échoua *in extremis* dans sa tentative de prendre un avantage définitif face aux États-Unis sur le continent européen. D'où la mise en place d'organisations rivales par les deux superpuissances destinées à la lutte idéologique et au contrôle des média, des écrivains et des artistes. D'où la violence des controverses et du débat public, en tout point comparable au choc frontal des propagandes durant les années 1930. Notamment en France, point d'appui stratégique pour les deux alliances, qui accueillait alors le siège de l'OTAN tout en abritant le parti communiste le plus puissant d'Europe occidentale. Si le destin militaire de la Guerre Froide sur le sol européen se jouait avant tout à Berlin et sur la frontière orientale de la République fédérale d'Allemagne, une part importante de la guerre des idées se déroulait à Paris, mettant

---

1. Raymond Aron, « Stupide résignation », *Le Figaro*, 21-22 septembre 1947 ; *Le Grand Schisme*, Paris, Gallimard, 1948, p. 29.

aux prises d'un côté les intellectuels organiques du Parti communiste et les compagnons de route, très largement majoritaires, de l'autre une poignée de personnalités indépendantes réunies autour de la défense de la liberté politique.

Deux figures de proue animèrent en France la résistance contre l'emprise intellectuelle du soviétisme : André Malraux, transfuge du communisme passé au gaullisme, et Raymond Aron. Tous deux partageaient un passé d'homme de gauche, une légitimité d'écrivain ou d'universitaire, un engagement résistant précoce pour Aron (passé à Londres dès juin 1940), plus tardif pour Malraux, qualités qui leur assuraient une forte autorité dans la controverse idéologique et en faisaient des adversaires difficiles à disqualifier d'emblée pour les communistes et leurs alliés. Pour autant, la très grande notoriété de Malraux comme son compagnonnage mystique avec le général de Gaulle restaient éloignés du mode de vie et de penser d'Aron, fidèle à l'éthique de l'Université et aux exigences de la raison critique.

Né en 1905 dans une famille d'ascendance juive, très intégrée et républicaine, Aron, normalien et agrégé de philosophie, est à l'origine un parfait représentant de l'enseignement de la IIIe République. Sa vie bascula cependant sous le choc de l'histoire du XXe siècle, placée sous le triple sceau des guerres, des révolutions et des crises économiques. Pacifiste sous l'influence d'Alain au début des années 1930, il se convertit à l'antinazisme dès 1933 devant l'agonie de la République de Weimar. Sympathisant socialiste, il participa, à partir de 1936, à l'élaboration des premières analyses comparatives entre les totalitarismes du XXe siècle et rejoignit le combat contre le soviétisme dès l'occupation et la prise de contrôle des « démocraties populaires ». Spécialiste reconnu de la philosophie allemande, notamment de Max Weber et des phénoménologues qu'il a contribué à introduire en France, il devint journaliste durant la guerre à Londres où il se vit confier l'édition de la revue *La France Libre*, avant d'être révoqué de l'Université en application du statut des juifs. Dans cette trajectoire bouleversée par le cours violent du siècle des idéologies, la publication de *L'Opium* marque un tournant.

Sur le plan intellectuel tout d'abord, tant cet essai définit la position de spectateur engagé qu'Aron occupa jusqu'à sa mort, en 1983, au point d'intersection entre d'une part la recherche philosophique – ayant notamment abouti à la thèse de doctorat consacrée en 1938 à l'*Introduction à la philosophie de l'histoire* –, d'autre part l'analyse critique de l'actualité élaborée au fil des éditoriaux du *Figaro* et d'essais – tels *Le Grand Schisme* (1948) ou *Les Guerres en chaîne* (1951) –. Avec *L'Opium*, Aron fixe définitivement son mode d'intervention, sa méthode et son style. Comme le souligne François Furet, « C'est la rencontre d'une idée et d'une vie, autour du problème du siècle. Elle donne à ce livre une allégresse brillante, et comme une sorte de bonheur exceptionnel dans l'expression du vrai. Son auteur n'est plus ni professeur ni journaliste. C'est Raymond Aron »[1].

Sur le plan politique ensuite, car Aron, en même temps qu'il accédait au succès et qu'il touchait le grand public, éprouvait une grande solitude, mis au ban par ses pairs massivement acquis à la cause du communisme. Ainsi l'accueil réservé à *L'Opium* par la presse et les intellectuels fut-il largement défavorable en France, précisément parce qu'il épousait strictement les lignes de clivage idéologiques, mais nettement plus chaleureux dans les autres démocraties. En même temps, parce qu'il déploie une connaissance intime de Marx et des marxistes, parce qu'il repose sur une dialectique et une rhétorique irréprochables, parce qu'il est tout entier guidé par le souci de la vérité, le livre posait les jalons de la réconciliation des intellectuels français avec la liberté qui intervint dans les années 1970, réconciliation qui déboucha logiquement sur la réhabilitation de la pensée et des engagements d'Aron, symbolisée par les louanges unanimes qui saluèrent la publication des *Mémoires* en 1983.

Sur le plan personnel enfin, la publication de *L'Opium* précéda de peu la réintégration d'Aron dans l'Université, avec son élection à la Sorbonne qui mit fin à la longue parenthèse ouverte par sa mobilisation en 1939. Cet essai, qui manifestait une puissance conceptuelle et un talent supérieurs, actait surtout le dépassement des tragédies personnelles qui avaient accablées Aron au cours de l'année 1950, avec la naissance

---

1. François Furet, « *La rencontre d'une idée et d'une vie* », in *Raymond Aron 1905-1983, Histoire et politique*, Paris, Commentaire-Julliard, 1985, p. 54.

d'une enfant trisomique puis la mort de sa deuxième fille, emportée à l'âge de six ans par une leucémie : « Entre 1951 et 1954, je cherchai un refuge dans une activité incessante, multiple, fuite dans un divertissement studieux, à supposer que cette conjonction de mots ne soit pas en elle-même contradictoire. J'eus l'impression, peut-être l'illusion de m'être guéri, sauvé grâce à *L'Opium des intellectuels*. Les attaques dont ce livre fut l'objet me laissèrent presque indifférent. J'étais sorti de la nuit, peut-être parviendrais-je à me réconcilier avec la vie. »[1]

La violence de la polémique déclenchée par *L'Opium* est indissociable de sa cible première, qui se situait moins dans les militants communistes que dans la vaste confrérie des sympathisants et autres compagnons de route, qui partageaient la foi sans appartenir à l'Église. Le livre entend explorer le paradoxe qui fait que la quasi unanimité des intellectuels, professionnels de l'intelligence rompus à la démarche scientifique, soutiennent politiquement le communisme soviétique contre les démocraties libérales, en dépit des apories du marxisme et de la nature totalitaire de l'URSS. Pour éclairer cette anomalie, fidèle à l'inspiration de Max Weber et à la démarche critique élaborée dans sa thèse consacrée à la philosophie de l'histoire, Aron multiplie les points de vue. Sous la symétrie parfaite des trois parties, émerge non pas trois livres, traitant respectivement de l'histoire des représentations politiques de la gauche française, de la critique philosophique du marxisme et de la sociologie des intellectuels, mais une succession d'angles dont la confrontation fait naître la réponse. Le XXe siècle est l'âge des révolutions conduites par les intellectuels au nom des idéologies ; le communisme, dont la fascination s'enracine dans l'idée d'un sens de l'histoire, est la religion par excellence des intellectuels ; sa puissance d'attraction est démultipliée en France par l'empreinte des passions égalitaires et de l'universalisme hérités de la Révolution de 1789 en premier lieu, par le ressentiment national d'une grande puissance disparue en second lieu.

Les conclusions qui en découlent ne sont pas moins radicales. L'adhésion des intellectuels au communisme ne relève pas seulement de l'irresponsabilité politique mais d'une trahi-

1. Raymond Aron, *Mémoires*, Paris, Julliard, 1983, p. 319.

son de leur vocation, au double plan de la philosophie et de l'éthique. L'acceptation du marxisme comme vérité scientifique et le soutien inconditionnel apporté à l'URSS sont une inconséquence politique mais plus encore une erreur scientifique et une faute morale, qui mettent au service de la terreur l'autorité symbolique de la connaissance. D'où un double appel à la résistance au soviétisme sur le terrain historique et à la réhabilitation de l'esprit critique contre l'aveuglement volontaire. En louant la vertu des sceptiques contre les fanatiques, Aron ne conclut nullement en faveur d'une forme de nihilisme ou de cynisme, mais plaide tout au contraire pour l'engagement indispensable du côté de la raison contre les idéologies, du côté de la démocratie contre les totalitarismes. Il témoigne fermement, au beau milieu des passions déchaînées, de la permanence du vrai et du faux, du bien et du mal, de la capacité des hommes à exercer leur jugement pour les discerner, puis à les décliner en action dans l'histoire pour défendre la liberté.

L'Opium des intellectuels est ainsi indissociablement le livre d'un savant et le manifeste d'un militant de la liberté, qui relève aussi bien de la philosophie que de la littérature de combat. Le déploiement sur l'ensemble des registres, de la métaphysique à la polémique, lui confère une force de percussion et une beauté singulières. Aron s'affirme en cela fidèle aux héros de sa jeunesse, Marx et Weber, comme au destin qu'il s'est choisi. *L'Opium* retourne contre les marxistes et la propagande soviétique les concepts de Marx, depuis le titre – détourné de la définition de la religion comme opium du peuple – à la mécanique de l'aliénation des intellectuels, en passant par le radicalisme critique, qui ramène le stalinisme du ciel des idées à sa réalité totalitaire. De même, Aron s'inspire de la méthode comparative et compréhensive de Max Weber pour analyser les différentes facettes du communisme, tout en se démarquant nettement du relativisme des valeurs comme de l'idée d'une guerre inéluctable entre les systèmes qui les fondent : pour partager le statut de superpuissance, les États-Unis et l'URSS ne peuvent être mis sur le même pied ; pour relever des idéologies politiques, le libéralisme et le communisme ne peuvent être placés sur le même plan ; pour ne pouvoir déboucher sur une paix authentique, la Guerre Froide n'implique pas nécessairement une confrontation ato-

INTRODUCTION

mique à l'échelle du monde. En analysant les correspondances entre le marxisme et le stalinisme, la géopolitique de la Guerre Froide et les passions des intellectuels, sans jamais perdre de vue la priorité de la défense de la liberté politique, Aron s'inscrit dans la droite ligne des deux missions qu'il s'était assignées en 1930 : « comprendre ou connaître mon époque aussi honnêtement que possible, sans jamais perdre conscience des limites de mon savoir ; me détacher de l'actuel sans pourtant me contenter du rôle de spectateur »[1].

Pour avoir pourfendu le positivisme et introduit l'épistémologie du soupçon dans les sciences humaines dans sa thèse, pour avoir pensé la liberté comme une histoire et non comme une essence ou un principe transcendant, la pensée d'Aron ne peut éviter l'interrogation sur sa pérennité, dès lors qu'elle est indissociable d'un moment du XXe siècle et d'une configuration géopolitique révolus. Dans la continuité de Max Weber, Aron a cherché à définir strictement les conditions et les limites qui président à la pensée du présent et du passé, compte tenu du fait que cette pensée est elle-même une histoire qui s'inscrit dans l'histoire. Ce serait le trahir que de nier le lien intime qui unit *L'Opium* à l'exacerbation des tensions politiques et des affrontements idéologiques qui caractérisèrent l'immédiat après-seconde guerre mondiale. Dès lors se pose légitimement la question du statut de ce livre aujourd'hui. En quoi *L'Opium*, bruissant des affrontements de la Guerre Froide, empli des controverses politiques des années 1950, peut-il intéresser les hommes du début du XXIe siècle ? Doit-il être abordé avant tout comme un témoignage ou conserve-t-il une prise sur le réel, dans un monde marqué par la mondialisation, l'avènement d'une ère post-idéologique, le risque d'un choc des civilisations provoqué par les frappes terroristes du 11 septembre et le traumatisme qu'elles ont provoqué dans le corps social et politique des États-Unis ? Relève-t-il d'une archéologie de passions collectives et d'illusions enfouies dans le passé ou garde-t-il une capacité à éclairer les citoyens des démocraties développées ?

Sous la part qui revient à la conjoncture historique et aux débats datés qui divisèrent les intellectuels européens dans les années 1950 – de la querelle du neutralisme à la Communauté

---

1. Raymond Aron, *Mémoires*, *op.cit.*, p. 53.

européenne de défense en passant par le réarmement allemand, de l'existence du système concentrationnaire en URSS jusqu'aux procès de Moscou, de la revue des conditions préalables à la révolution communiste jusqu'aux relations entre existentialisme et marxisme –, *L'Opium*, comme les livres pivots qui ponctuent l'évolution des idées politiques, comporte une dimension universelle. Il échappe à la pure contingence, survivant à la dislocation de l'univers de la Guerre Froide et à la disparition du soviétisme. À travers les mirages des idéologies totalitaires, Aron dessine les traits de la liberté moderne ; à travers la menace soviétique, il évoque les forces et les faiblesse des démocraties ; à travers la faillite des intellectuels, il rappelle les exigences de la citoyenneté dans les nations libres comme son ancrage ultime dans la raison critique et la recherche de la vérité.

L'Opium administre tout d'abord une leçon de civisme et de courage intellectuels, contre la puissance des conformismes. La foule des bien-pensants se répartissait alors entre les communistes de stricte obédience et les anti-anticommunistes, tous se trouvant unis dans le slogan sartrien selon lequel « un anti-communiste est un chien »[1]. Adossé à sa puissance logique et à l'établissement rigoureux des faits, enraciné dans sa méthode de jugement pour distinguer le vrai du faux et le bien du mal, Aron a eu raison, pratiquement seul contre tous. Et il a accepté de payer durement le prix de sa force d'âme, avec le départ de ses amis, l'isolement de ses pairs, la marginalisation et l'hostilité de son milieu d'origine, la gauche universitaire, sans rien renier de ses convictions que finirent par rejoindre, au fil des ans et de l'accumulation des victimes du communisme, la plupart de ceux qui l'avaient voué aux gémonies. Il ne faut pas moins de volonté et de vertu à un intellectuel pour construire et maintenir l'indépendance de son jugement, que de courage et de persévérance aux peuples pour conquérir et préserver la liberté.

L'indépendance de Raymond Aron et la justesse longtemps solitaire des thèses défendues dans *L'Opium* sont représentatifs des vicissitudes du libéralisme français, qui s'incarne dans une brillante constellation de penseurs solitaires – Montesquieu, Constant, Cochin, Tocqueville, Halévy –, en perpétuel

1. Jean-Paul Sartre, *Situations IV*, Paris, Gallimard, 1961, p. 248-249.

INTRODUCTION XVII

décalage avec les forces politiques. Ainsi la position d'Aron est-elle exactement identique à celle qu'il attribue à Tocqueville : « Trop libéral pour le parti dont il était issu, pas assez enthousiaste des idées nouvelles aux yeux des républicains, il n'a été adopté ni par la droite, ni par la gauche, il est demeuré suspect à tous »[1]. *L'Opium* s'inscrit ainsi dans la lignée des chefs d'œuvre du libéralisme politique français, dont l'influence à long terme est inversement proportionnelle aux violentes oppositions qu'ils déchaînent lors de leur publication.

Force est de reconnaître que si le cycle historique du XXe siècle, ouvert en 1914 et clos en 1989, s'est achevé, le travail scientifique pour en comprendre le déroulement n'est qu'à ses débuts. De la révolution de 1917 jusqu'à la décomposition-éclair de 1989 – dont la rapidité et le caractère pacifique ont stupéfié – en passant par ses évolutions internes (léninisme, stalinisme, déstalinisation, totalitarisme mou des gérontes, implosion de la perestroïka), le destin de l'URSS demeure un mystère dont nombre de facettes restent à explorer. Parmi celles-ci figure la fascination exercée par le marxisme et par le régime soviétique sur de vastes fractions des opinions démocratiques, qui n'a pas peu contribué à l'essor puis à la longévité de l'URSS, en dépit de l'institutionnalisation de la violence, de la déstructuration de la société, de la ruine de l'économie. *L'Opium* reste un jalon majeur de cette généalogie du philo-communisme, aberration historique qui vit une fraction importante et parfois majoritaire des peuples libres prendre fait et cause pour le régime militaire et policier qui poursuivait méthodiquement et ouvertement leur extermination. Ce livre fécond possède d'ores et déjà une descendance nombreuse : il a inspiré et continuera à inspirer nombre de travaux, dont le plus bel exemple à ce jour est offert par la recherche que François Furet a consacrée au *Passé d'une illusion*[2].

Une vertu cardinale de *L'Opium* consiste à rappeler hautement, contre les apôtres du matérialisme historique mais aussi

---

1. Raymond Aron, *Les Étapes de la pensée sociologique*, Paris, Gallimard, 1967, p. 18.
2. François Furet, Le Passé d'une illusion. Essai sur l'idée communiste au XXe siècle, Paris, Robert Laffont / Calmann-Lévy, 1995.

les hérauts de toutes les formes de déterminisme – économique, technologique, sociétal... –, l'importance première des idées dans la politique et l'histoire : « Sous les victoires d'Alexandre, on trouve toujours Aristote », martelait de Gaulle dès ses écrits de l'entre-deux guerres. En entreprenant une étude des croyances et des représentations des intellectuels, Aron souligne que les doctrines et les concepts ne sont pas seulement l'affaire d'une catégorie sociale, mais qu'elles exercent une influence majeure sur le destin des peuples. L'histoire des hommes n'est pas mue par les forces matérielles mais bien davantage par la confrontation, souvent explosive, de leurs idéaux et de leurs fois. D'où la responsabilité éminente des intellectuels et les conséquences très graves que peuvent comporter leurs égarements. La liberté est indissolublement une philosophie et un combat politique. Elle est trop précieuse et sérieuse pour être remise entre les mains des intellectuels, mais il est imprudent de sous-estimer la gravité des blessures que leurs divagations peuvent lui porter. Aux hommes de savoir, Aron rappelle qu'ils ne peuvent intervenir dans le débat public sans se plier au principe de responsabilité. Aux hommes d'action, il rappelle que les contraintes propres à la politique ne sauraient les exonérer du jugement qui distingue le vrai du faux et le bien du mal.

L'Opium reste enfin et surtout actuel par son appel en faveur de l'engagement politique et sa conception de la liberté. Les incertitudes qui s'attachent à l'émergence d'un nouveau monde, dominé par le déclin des idéologies, la mondialisation et les nouvelles technologies, aggravées par le changement de millénaire, ont relancé les visions prophétiques annonçant tour à tour la fin de l'histoire, du travail, de la démocratie, des cycles économiques... Dans le même temps, la double euphorie provoquée par la victoire sur le soviétisme et la prospérité retrouvée a alimenté l'espoir illusoire selon lequel les hommes du XXIe siècle pouvaient s'en remettre à une main invisible providentielle qui assureraient le triomphe du droit et du marché, et, partant de la liberté. Les tragédies des Balkans, du Proche-Orient ou de l'Afrique, l'accession du terrorisme au rang d'arme de destruction massive à la dimension planétaire comme la succession des chocs sur l'économie mondiale depuis 1997 ont réduit à néant ces chimères.

INTRODUCTION

D'un côté, le drame du 11 septembre a dynamité la vision irénique d'une fin de l'histoire liée au triomphe ultime de la démocratie : il est aujourd'hui tristement clair que la disparition du marxisme n'a pas supprimé les menaces contre les nations libres et que le pacifisme intrinsèque des démocraties alimente au lieu de les réduire les théologies qui se fixent pour objectif prioritaire de les détruire. De l'autre, le modèle satanique du choc des civilisations fonctionne comme une prophétie autoréalisatrice qui conforte les périls qu'il est censé contenir et alimente la dynamique de la violence qu'il est présumé endiguer. Entre ces fatalismes du bien et du mal, également faux et dangereux, se découvre l'espace de la raison et de l'intelligence politiques où se déploie la pensée d'Aron. La liberté reste une exception historique et non pas la loi commune. Et cette exception historique ne peut être le fruit que d'un effort permanent pour élaborer et développer les institutions, les règles, les mœurs publiques et privées qui fournissent son cadre et son terreau à la démocratie. Après la disparition de l'URSS et du marxisme en tant qu'utopie positive, depuis l'attaque du 11 septembre 2001 et ses répliques en chaîne, chacun sait que la liberté politique reste un combat et non pas un acquis. Ni les guerres, ni les révolutions, ni les crises n'ont déserté l'histoire, même si leur forme a changé. Il est donc indispensable de repenser la liberté, en fonction des immenses transformations qui bouleversent le monde de l'après-guerre froide. *L'Opium* rappelle de manière salutaire qu'il n'est pas de liberté qui ne soit pensée puis traduite en engagement politique.

« Il y a une activité de l'homme qui est peut-être plus importante que la politique : c'est la recherche de la Vérité »[1], affirmait Aron. *L'Opium* est à la fois un grand livre politique et une quête aboutie de la vérité, par delà les mirages des idéologies et les passions des intellectuels. Avec ce livre engagé et libéral, ce livre de combat et de philosophie, Aron a achevé de se forger un destin. Ce faisant il a sauvé l'honneur des intellectuels français, très largement compromis dans la collaboration directe ou indirecte avec le communisme. Au terme du siècle des idéologies, au seuil d'une histoire véritablement universelle, portée par la mondia-

---

1. Raymond Aron, « *Démocratie et Révolution* », in *Introduction à la philosophie de l'histoire*, Paris, Éditions de Fallois, 1997, p. 245.

lisation et les nouvelles technologies, aussi riche de progrès pour la démocratie que de dérives tyranniques et violentes, le sort de la liberté demeure indissociable de la lutte toujours renouvelée entre la raison des compagnons de doute et le fanatisme des compagnons de route.

PRÉFACE

J'AVAIS eu l'occasion, au cours de ces dernières années, d'écrire plusieurs articles qui visaient moins les communistes que les « communisants », ceux qui n'adhèrent pas au parti mais dont les sympathies vont à l'univers soviétique. Je décidai de réunir ces articles et j'entrepris d'écrire une introduction. Le recueil a paru sous le titre de Polémiques [1] : l'introduction est devenue ce livre.

Cherchant à expliquer l'attitude des intellectuels, impitoyables aux défaillances des démocraties, indulgents aux plus grands crimes, pourvu qu'ils soient commis au nom des bonnes doctrines, je rencontrai d'abord les mots sacrés : gauche, Révolution, prolétariat. La critique de ces mythes m'amena à réfléchir sur le culte de l'Histoire, puis à m'interroger sur une catégorie sociale à laquelle les sociologues n'ont pas encore accordé l'attention qu'elle mérite : l'intelligentsia.

Ainsi ce livre traite à la fois de l'état actuel des idéologies dites de gauche et de la situation de l'intelligentsia, en France et dans le monde. Il essaye de donner réponse à quelques questions que d'autres que moi-même ont dû se poser : pourquoi le marxisme revient-il à la mode en une France dont l'évolution économique a démenti les prédictions marxistes?

[1]. *Gallimard*, 1955, collection « Les Essais ».

Pourquoi les idéologies du prolétariat et du parti ont-elles d'autant plus de succès que la classe ouvrière est moins nombreuse ? Quelles circonstances commandent, dans les différents pays, les manières de parler, de penser et d'agir des intellectuels ?

Au début de l'année 1955, les controverses sur la droite et la gauche, la droite traditionnelle et la nouvelle gauche sont revenues à la mode. Ici et là, on s'est demandé s'il fallait me situer dans la droite ancienne ou moderne. Je récuse ces catégories. A l'Assemblée, les fronts se délimitent autrement selon les problèmes en discussion. En certains cas, on distingue, à la rigueur, une droite et une gauche : les partisans de l'accord avec les nationalismes, tunisien ou marocain, représentent, si l'on veut, la gauche, cependant que les partisans de la répression ou du statu quo représentent la droite. Mais les défenseurs de la souveraineté nationale absolue sont-ils la gauche, les partisans de l'Europe, qui consentent à des organisations supranationales, sont-ils la droite ? On pourrait, avec autant de raison, renverser les termes.

« L'esprit munichois » à l'égard de l'Union soviétique se rencontre parmi des socialistes, nostalgiques de la fraternité marxiste, et parmi les nationalistes, obsédés par « le péril allemand » ou inconsolables de la grandeur perdue. Le rassemblement de gaullistes et de socialistes s'opère autour d'un slogan, l'indépendance nationale. Ce slogan dérive-t-il du nationalisme intégral de Maurras ou du patriotisme jacobin ?

La modernisation de la France, l'expansion de l'économie sont des tâches qui s'imposent à la nation entière. Les réformes à accomplir se heurtent à des obstacles qui ne sont pas élevés seulement par les trusts ou les électeurs modérés. Ceux qui s'accrochent à des formes de vie ou à des modes de production anachroniques ne sont pas tous des « grands » et ils votent souvent à gauche. Les méthodes à employer ne relèvent pas davantage d'un bloc ou d'une idéologie.

Personnellement, keynésien avec quelque regret du libéralisme, favorable à un accord avec les nationalismes tunisien et marocain, convaincu que la solidité de l'alliance atlantique est la meilleure garantie de la paix, je serai, selon qu'on se réfère à la politique économique, à l'Afrique du Nord ou aux rapports Est-Ouest, classé à gauche ou à droite.

On n'apportera quelque clarté dans la confusion des querelles françaises qu'en rejetant ces concepts équivoques. Qu'on observe la réalité, que l'on se donne des objectifs, et l'on constatera l'absurdité de ces amalgames politico-idéologiques, dont jouent les révolutionnaires au grand cœur et à la tête légère et les journalistes impatients de succès.

Au-delà des controverses de circonstances, au-delà des coalitions changeantes, on discerne peut-être des familles d'esprits. Chacun est conscient, quoi qu'il en ait, de ses affinités électives... Mais, ayant fini d'écrire ce livre consacré à la famille dont je suis originaire, j'incline à rompre tous les liens, non pour me complaire dans la solitude, mais pour choisir mes compagnons parmi ceux qui savent combattre sans haïr et qui se refusent à trouver, dans les luttes du Forum, le secret de la destination humaine.

Saint-Sigismond, juillet 1954.
Paris, janvier 1955.

PREMIÈRE PARTIE

MYTHES POLITIQUES

CHAPITRE PREMIER

LE MYTHE DE LA GAUCHE

L'ALTERNATIVE de la droite et de la gauche a-t-elle encore un sens? Celui qui pose cette question devient immédiatement suspect. Alain n'a-t-il pas écrit : « Lorsqu'on me demande si la coupure entre partis de droite et de gauche, entre hommes de droite et hommes de gauche a encore un sens, la première idée qui me vient est que l'homme qui me pose cette question n'est certainement pas un homme de la gauche. » Cet interdit ne nous arrêtera pas, car il trahirait plutôt l'attachement à un préjugé qu'une conviction fondée en raison.

La gauche, selon Littré, est « le parti de l'opposition dans les chambres françaises, le parti siégeant à la gauche du Président ». Mais le mot ne rend pas le même son que celui d'opposition. Les partis alternent au pouvoir : le parti de gauche reste de gauche, même s'il forme le gouvernement.

En insistant sur la portée des deux termes, droite et gauche, on ne se borne pas à constater que, dans la mécanique des forces politiques, deux blocs tendent à se former, séparés par un centre, sans cesse entamé. On suggère l'existence soit de deux types d'hommes, aux attitudes fondamentalement contraires, soit de deux sortes de conceptions, dont le dialogue se poursuivrait, semblable à lui-même, à travers les changements de vocabulaires et d'institutions, soit, enfin, de deux camps, dont la lutte remplirait la chronique des siècles. Ces deux sortes d'hommes, de philosophies, de partis existent-elles ailleurs que dans l'imagination des historiens, abusés par l'expérience de l'affaire Dreyfus et par une interprétation contestable de la sociologie électorale?

Entre les différents groupes qui se veulent de gauche, il n'y a jamais eu d'unité en profondeur. D'une génération à une autre, les mots d'ordre et les programmes changent. La gauche qui se battait hier pour un régime constitutionnel a-t-elle encore quelque chose de commun avec celle qui s'affirme aujourd'hui dans les régimes de démocratie populaire?

Mythe rétrospectif.

La France passe pour la patrie de l'antagonisme de la droite et de la gauche. Alors que ces termes, jusqu'à la deuxième guerre mondiale, figurent à peine dans le langage politique en Grande-Bretagne, ils ont dès longtemps acquis droit de cité en France. La gauche a une telle supériorité de prestige que les partis, modérés ou conservateurs, s'ingénient à reprendre certains qualificatifs, empruntés au vocabulaire de leurs adversaires. On rivalise de convictions républicaines, démocratiques, socialistes.

Deux circonstances, d'après l'opinion courante, confèrent en France une gravité exceptionnelle à cet antagonisme. La conception du monde, à laquelle adhéraient les tenants de l'Ancien Régime, était inspirée par l'enseignement catholique. L'esprit nouveau, qui prépara l'explosion révolutionnaire, s'en prenait au principe d'autorité qui semblait celui de l'Église aussi bien que celui du royaume. Le parti du mouvement, à la fin du XVIIIe siècle et au cours de la plus grande partie du XIXe, combattait à la fois le trône et l'autel, il inclinait à l'anticléricalisme parce que la hiérarchie ecclésiastique favorisait ou semblait favoriser le parti de la résistance. En Angleterre, où la liberté religieuse fut occasion et enjeu apparent de la Grande Révolution, au XVIIe siècle, les partis avancés gardent la marque des indépendants, des non-conformistes, des radicaux, des sectes chrétiennes plutôt que du rationalisme athée.

Le passage de l'Ancien Régime à la société moderne s'accomplit en France avec une soudaineté, une brutalité uniques. De l'autre côté de la Manche, le régime constitutionnel a été progressivement instauré, les institutions représentatives sortirent du Parlement, dont les origines remontent aux coutumes médiévales. Au XVIIIe et au XIXe siècle, la légitimité démocratique se substitua à la légitimité monarchique sans éliminer celle-ci entièrement, l'égalité des citoyens effaça peu à peu la distinction des *états*. Les idées, que la Révolution française lança en tempête à travers l'Europe, souveraineté du peuple, exercice de l'autorité conforme à des règles, assemblée élue et souveraine, suppression des différences de statuts personnels, furent réalisées en Angleterre, parfois plus tôt qu'en France, sans que le peuple, en un sursaut prométhéen, secouât ses chaînes. La « démocratisation » y fut l'œuvre commune des partis rivaux.

Grandiose ou horrible, la catastrophe ou l'épopée révolutionnaire coupe en deux l'histoire de France. Elle semble dresser l'une contre l'autre deux France, dont l'une ne se résigne pas à disparaître et dont l'autre ne se lasse pas de prolonger une croisade contre le passé. Chacune d'elles passe pour l'incarnation d'un type humain presque éternel. D'un côté, on invoque la famille, l'autorité, la religion, de l'autre l'égalité, la raison, la liberté. Ici, on respecte l'ordre, lentement élaboré par les siècles, là on fait profession de croire à la capacité de l'homme de reconstruire la société selon les données de la science. La droite, parti de la tradition et des privilèges, contre la gauche, parti de l'avenir et de l'intelligence.

Cette interprétation classique n'est pas fausse, mais elle représente exactement la moitié de la vérité. A tous les niveaux, les deux types d'hommes existent (encore que tous les Français n'appartiennent pas à l'un ou à l'autre), M. Homais contre M. le curé, Alain et Jaurès contre Taine et Maurras, Clemenceau contre Foch. En certaines circonstances, lorsque les conflits revêtent un caractère surtout idéologique, à propos des lois d'enseignement, de l'affaire Dreyfus ou de la séparation de l'Église et de l'État, deux blocs tendent à se former, dont chacun se réclame d'une orthodoxie. Mais comment n'a-t-on pas souligné, avec la même force, que la théorie des deux blocs est essentiellement rétrospective et a pour fonction de camoufler les querelles inexpiables, qui déchirent chacun des prétendus blocs? C'est l'incapacité que montrent, tour à tour, *les* droites ou *les* gauches à gouverner ensemble, qui caractérise l'histoire politique de la France depuis 1789. La mythologie de *la* gauche est la compensation fictive des échecs successifs de 1789, de 1848.

Jusqu'à la consolidation de la IIIe République, mis à part les quelques mois entre la Révolution de février et les journées de juin 1848, la gauche a été, en France, au XIXe siècle, en opposition permanente (d'où la confusion entre gauche et opposition). Elle s'oppose à la Restauration, parce qu'elle se pense elle-même comme l'héritière de la Révolution. De celle-ci, elle tire ses titres historiques, le rêve de sa gloire passée, ses espérances d'avenir, mais elle est équivoque comme l'événement énorme dont elle se réclame. Cette gauche nostalgique ne possède qu'une unité mythique. Elle n'avait jamais été une, de 1789 à 1815, elle ne le fut pas davantage en 1848, lorsque l'effondrement de la monarchie orléaniste permit à la République de remplir le vide constitutionnel. La droite, on le sait, n'était pas plus unie. Le parti monarchiste était divisé, en 1815, entre ultras, qui rêvaient du retour à l'Ancien Régime, et modérés, qui acceptaient les faits accomplis. L'avènement de Louis-Philippe rejeta les légitimistes dans l'émigration intérieure, l'ascension de Louis-Napoléon ne suffit pas à réconcilier orléanistes et légitimistes, également hostiles à l'usurpateur.

Les discordes civiles du XIXe siècle reproduisirent les conflits qui avaient donné aux événements révolutionnaires leur caractère dramatique. L'échec de la monarchie constitutionnelle conduisit à une monarchie semi-parlementaire, l'échec de celle-ci à la République qui, pour la deuxième fois, dégénéra en empire plébiscitaire. De même, Constituants, Feuillants, Girondins, Jacobins s'étaient impitoyablement combattus pour finalement céder tous la place au général couronné. Ils ne représentaient pas seulement des groupes rivaux pour la possession du pouvoir, ils n'étaient d'accord ni sur la forme à donner au gouvernement de la France, ni sur les moyens à employer, ni sur l'ampleur des réformes. Les monarchistes, qui souhaitaient donner à la France une constitution imitée de celle de l'Angleterre, ne s'accordaient avec ceux qui rêvaient d'une sorte d'égalisation des richesses que dans l'hostilité à l'Ancien Régime.

Il ne nous importe pas de chercher ici pourquoi la Révolution prit un cours de catastrophe. G. Ferrero *, dans ses dernières années, aimait à développer la distinction entre les deux révolutions, la révolution constructive qui tendait à élargir la représentation, à consacrer certaines libertés, et la révolution destructive, causée par l'effondrement d'un principe de légitimité et l'absence d'une légitimité de remplacement. La distinction est satisfaisante pour l'esprit. La révolution constructive se confond à peu près avec les résultats des événements que nous estimons heureux : système représentatif, égalité sociale, libertés personnelles et intellectuelles, cependant que l'on attribue à la révolution destructive la responsabilité de la terreur, des guerres, de la tyrannie. On n'a pas de peine à concevoir la monarchie introduisant elle-même, peu à peu, l'essentiel de ce qui nous paraît, avec le recul, avoir été l'œuvre de la Révolution. Mais les idées qui inspiraient cette dernière, sans être, en rigueur, incompatibles avec la monarchie, ébranlaient le système de pensée sur lequel reposait le trône, elles suscitaient la crise de légitimité dont sont sorties la grande peur et la terreur. Le fait est, en tout cas, que l'Ancien Régime s'effondra d'un coup, sans presque se défendre, et que la France mit un siècle à trouver un autre régime accepté par la grande majorité de la nation.

Les conséquences sociales de la Révolution apparaissaient évidentes, irréversibles, dès le début du XIXe siècle. On ne pouvait revenir sur la destruction des ordres privilégiés, sur le Code civil, sur l'égalité des individus devant la loi. Mais le choix entre République et monarchie était encore en suspens. L'aspiration démocratique n'était pas liée aux institutions parlementaires; les bonapartistes supprimaient les libertés politiques au nom d'idées démocratiques. Aucun des écrivains sérieux n'a reconnu, en France, à cette époque, une gauche unie en une seule volonté, qui aurait englobé tous les héritiers de la Révolution contre les défenseurs de la France ancienne. Le parti du mouvement est un mythe d'opposants, auquel ne répondait même pas une réalité électorale.

Clemenceau décréta « la Révolution est un bloc », contre l'évidence historique, quand la République fut assurée de vivre. Cette proposition marquait la fin de la querelle d'hier entre *les* gauches. La démocratie était réconciliée avec le parlementarisme, le principe était consacré que toute autorité dérive du peuple et, cette fois, le suffrage universel favorisait la sauvegarde des libertés et non l'ascension du tyran. Libéraux et égalitaires, modérés et extrémistes n'avaient plus motif de s'exterminer ou de se combattre : les objectifs que s'assignaient les divers partis avaient été, à la fin, tous atteints simultanément. La IIIe République, régime à la fois constitutionnel et populaire, qui consacrait l'égalité légale des individus par le suffrage universel, se donnait fictivement un ancêtre glorieux dans le bloc de la Révolution.

Mais, au moment où la consolidation de la IIIe République mettait fin aux querelles à l'intérieur de la gauche bourgeoise, un schisme, latent depuis la conspiration de Babœuf et peut-être depuis l'origine de la pensée démocratique, éclatait au grand jour. La gauche contre le capitalisme prenait la suite de la gauche contre l'Ancien Régime. Cette gauche nouvelle, qui réclamait la propriété publique des instruments de production et l'organisation par l'État de l'activité économique, s'inspirait-elle de la même philosophie, visait-elle les mêmes objectifs que la gauche d'hier, dressée contre l'arbitraire royal, les ordres privilégiés ou les organisations corporatives ?

Le marxisme avait donné la formule qui, tout à la fois, assurait la continuité et marquait la rupture entre la gauche d'hier et celle d'aujourd'hui. Le IVe État succédait au IIIe, le prolétariat prenait la relève de la bourgeoisie. Celle-ci avait brisé les chaînes de la féodalité, arraché les hommes aux liens des communautés locales, des fidélités personnelles, de la religion. Les individus, soustraits aux entraves et aux protections traditionnelles, se trouvaient livrés sans défense aux mécanismes aveugles du marché et à la toute-puissance des capitalistes. Le prolétariat achèverait la libération et rétablirait un ordre humain à la place du chaos de l'économie libérale.

Selon les pays, les écoles et les circonstances, l'aspect libérateur ou l'aspect organisateur du socialisme était souligné. On insistait tantôt sur la rupture avec la bourgeoisie, tantôt sur la continuité avec la Grande Révolution. En Allemagne, avant 1914, la social-démocratie affichait volontiers de l'indifférence à l'égard des valeurs proprement politiques de la démocratie et ne dissimulait pas une désapprobation, quelque peu méprisante, de l'attitude adoptée par les socialistes français, fermes défenseurs du suffrage universel et du parlementarisme.

Le conflit entre démocratie bourgeoise et socialisme offre, en France, le même contraste que les conflits entre les diverses familles de la gauche bourgeoise : on nie, avec d'autant plus de vigueur verbale, la gravité du conflit que celui-ci éclate avec plus de violence, en réalité. Jusqu'à une date récente, probablement jusqu'à la deuxième guerre mondiale, les intellectuels de gauche ont rarement interprété le marxisme littéralement et admis une opposition radicale entre le prolétariat et tous les tenants du passé, démocrates bourgeois inclus. La philosophie à laquelle ils souscrivaient spontanément était celle de Jaurès, qui combinait des éléments marxistes avec une métaphysique idéaliste et une préférence pour les réformes. Le parti communiste progressa plus vite dans les phases de front populaire ou de résistance patriotique que dans celles de tactique « classe contre classe ». Beaucoup de ceux qui lui donnent leurs suffrages s'obstinent à voir en lui l'héritier du mouvement des Lumières, le parti qui reprend la tâche entreprise par les autres fractions de la gauche, avec plus de succès.

Or, l'histoire sociale d'aucun autre pays d'Europe ne contient d'épisodes aussi tragiques que les journées de juin 1848 ou la Commune. Socialistes et radicaux triomphèrent ensemble aux élections, en 1924 et en 1936, mais ils furent incapables de gouverner ensemble. Le jour où le parti socialiste fut définitivement intégré aux coalitions gouvernementales, les communistes étaient devenus le principal parti ouvrier. Les périodes du bloc des gauches, l'alliance des laïcs et des socialistes au moment de l'affaire Dreyfus et des lois de séparation de l'Église et de l'État — crises qui marquèrent décisivement la pensée d'Alain — sont moins caractéristiques de la France que le schisme entre bourgeoisie et classe ouvrière que révèlent les explosions de 1848, de 1871, de 1936, de 1945. L'unité de la gauche est moins le reflet que le camouflage de la réalité française.

Parce qu'il a été incapable d'atteindre ses objectifs sans vingt-cinq années de bouleversement, le parti du mouvement a inventé après coup la lutte de deux principes, le bien et le mal, l'avenir et le passé. Parce qu'elle n'a pas réussi à intégrer la classe ouvrière à la nation, l'*intelligentsia* bourgeoise a rêvé d'une gauche qui engloberait les représentants et du III⁰ et du IV⁰ État. Cette gauche n'était pas toute mythique. Devant l'électeur, parfois elle faisait bloc. Mais, de même que les révolutionnaires de 1789 ne furent unis que rétrospectivement, quand la Restauration eut rejeté dans l'opposition Girondins, Jacobins et Bonapartistes, ainsi radicaux et socialistes ne se sont réellement accordés que contre un ennemi insaisissable, la réaction, et dans des batailles, déjà anachroniques quand elles furent livrées, celles de la laïcité.

Dissociation des valeurs.

A l'heure présente, surtout depuis la grande crise de 1930, l'idée dominante de la gauche, celle que les étudiants venus d'Afrique ou d'Asie s'instruire dans les universités d'Europe ou des États-Unis ont ramenée avec eux, porte l'empreinte d'un marxisme, d'ailleurs peu doctrinaire. La gauche se donne pour anticapitaliste et combine, en une synthèse confuse, la propriété publique des instruments de production, l'hostilité aux concentrations du pouvoir économique baptisées trusts, la méfiance à l'égard des mécanismes du marché. Serrer à gauche — *keep left* — sur la voie unique, c'est aller par les nationalisations et les contrôles vers l'égalité de revenus.

En Grande-Bretagne, le mot a acquis, au cours de ces vingt dernières années, quelque popularité. Peut-être le marxisme, que charriait avec lui l'anticapitalisme, suggérait-il la vision historique d'une gauche qui, incarnant l'avenir, prendrait la relève du capitalisme. Peut-être l'arrivée au pouvoir du *Labour*, en 1945, exprimait-elle le ressentiment qui s'était accumulé, dans une fraction des non-privilégiés, contre la classe dirigeante. La coïncidence entre la volonté de réformes sociales et la révolte contre une minorité gouvernante crée la situation où naît et prospère le mythe de la gauche.

Sur le continent, l'expérience décisive du siècle est évidemment le double schisme, à l'intérieur de la droite et à l'intérieur de la gauche, créé par le fascisme ou le national-socialisme et par le communisme. Dans le reste du monde, l'expérience décisive est la dissociation des valeurs politiques et des valeurs sociales de la gauche. L'apparence de chaos idéologique vient de la rencontre et de la confusion entre le schisme proprement européen et la dissociation des valeurs européennes, dans les sociétés extérieures à la civilisation occidentale.

On n'applique pas sans danger les termes, empruntés au vocabulaire politique de l'Occident, aux conflits à l'intérieur des nations qui appartiennent à d'autres sphères de civilisation, même et surtout quand les partis aux prises s'ingénient à se réclamer d'idéologies occidentales. Dans un cadre différent, des idéologies sont susceptibles de prendre une signification opposée à leur signification d'origine. Les mêmes institutions parlementaires exercent une fonction de mouvement ou de conservation, selon la classe sociale qui les instaure et les dirige.

Quand des officiers honnêtes, issus de la petite bourgeoisie, dissolvent un parlement, manipulé par les pachas, et accélèrent la mise en valeur des ressources nationales, où se situe la gauche, ou la droite? Des officiers, qui suspendent les garanties constitutionnelles (en d'autres termes la dictature du sabre), ne sauraient être baptisés gauche. Mais les ploutocrates, qui se servaient naguère des institutions électorales ou représentatives pour maintenir leurs privilèges, ne méritaient pas davantage cette épithète glorieuse.

Dans les pays d'Amérique du Sud ou d'Europe orientale, la même combinaison de moyens autoritaires et d'objectifs socialement progressifs s'est plus d'une fois produite. Par imitation de l'Europe, on a créé des parlements, introduit le droit de suffrage, mais les masses étaient illettrées et les classes moyennes faibles : les institutions libérales ont été inévitablement monopolisées par les « féodaux » ou les « ploutocrates », les grands propriétaires et leurs alliés dans l'État. Dira-t-on que la dictature de Peron, soutenue par les *descamidos* et honnie par la grande bourgeoisie, attachée à ses privilèges et au Parlement, par elle créé et défendu, est de droite ou de gauche? Valeurs politiques et valeurs sociales et économiques de la gauche, qui ont marqué les étapes successives du développement et sont en voie d'être finalement conciliées en Europe, demeurent ailleurs radicalement dissociées.

Il s'en faut, d'ailleurs, que cette dissociation ait été ignorée par les théoriciens de la politique. Les auteurs grecs ont décrit les deux situations typiques dans lesquelles surgissent des mouvements autoritaires, qu'on ne saurait attribuer ni à la droite aristocratique ni à la gauche libérale : la « tyrannie ancienne » est contemporaine de la transition entre les sociétés patriarcales et les sociétés urbaines et artisanales, la « tyrannie moderne » sort des luttes de factions à l'intérieur des démocraties, la première plus souvent militaire, la seconde civile. Celle-là s'appuie sur une fraction au moins des classes montantes, la petite bourgeoisie des villes, elle écarte les institutions que dominaient et maniaient à leur profit les grandes familles. Celle-ci, dans les cités antiques, rassemblait en une coalition instable les « riches inquiétés par la menace des lois spoliatrices » et les plus pauvres des citoyens que le régime des classes moyennes laissait démunis, en proie aux créanciers. Dans les sociétés industrielles du XXe siècle, une coalition comparable rassemble les grands capitalistes, que terrifie le socialisme envahissant, les groupes intermédiaires qui se croient victimes des ploutocrates et du prolétariat protégé par les syndicats, les éléments les plus pauvres des travailleurs (ouvriers agricoles ou chômeurs), enfin les nationalistes et activistes de toutes les classes sociales qu'exaspère la lenteur de l'action parlementaire.

Au siècle dernier, l'histoire de France offrit des exemples de dissociations comparables. Napoléon consacra les conquêtes sociales de la Révolution, mais il substitua à une monarchie, affaiblie et tolérante, une autorité personnelle, aussi despotique qu'efficace. Code civil et dictature n'étaient pas plus incompatibles au siècle de la bourgeoisie que plans quinquennaux et tyrannie, au siècle du socialisme.

On a voulu, pour rendre aux conflits de la vieille Europe, une sorte de pureté idéologique, interpréter les « révolutions fascistes » comme formes extrêmes de la réaction. Contre l'évidence, on a nié que les démagogues bruns fussent les ennemis mortels de la bourgeoisie libérale ou de l'aristocratie tout autant que de la social-démocratie. Les révolutions de droite, a-t-on maintenu avec obstination, laissent au pouvoir la même classe capitaliste et se bornent à substituer le despotisme policier aux moyens plus subtils de la démocratie parlementaire. Quel que soit le rôle qu'ait joué le « Grand Capital » dans l'avènement des fascismes, on fausse la signification historique des « révolutions nationales » quand on les ramène à une modalité à peine originale de la réaction ou à la superstructure étatique du capitalisme de monopole.

Certes, si l'on considère, à une extrémité le bolchevisme, à l'autre le franquisme, on n'hésitera pas à appeler celui-ci droite et celui-là gauche : le premier s'est substitué à l'absolutisme traditionnel, il a liquidé l'ancienne classe dirigeante, généralisé la propriété collective des instruments de production, il a été porté au pouvoir par des ouvriers, des paysans, des soldats, affamés de paix, de pain et de la possession du sol. Le second a remplacé un régime parlementaire, il a été financé et soutenu par les privilégiés (grands propriétaires, industriels, Église, armée), il a remporté la victoire sur les champs de bataille de la guerre civile, grâce à des troupes marocaines, à la participation des carlistes, grâce enfin à l'intervention allemande ou italienne. Celui-là invoque l'idéologie de gauche, rationalisme, progrès, liberté, celui-ci l'idéologie contre-révolutionnaire, famille, religion, autorité.

L'antithèse est loin d'être aussi nette dans tous les cas. Le national-socialisme avait mobilisé des masses non moins malheureuses que celles qui suivaient l'appel des partis socialiste ou communiste. Hitler recevait l'argent des banquiers et des industriels, plusieurs chefs de l'armée voyaient en lui le seul homme capable de rendre à l'Allemagne sa grandeur, mais des millions d'hommes ont cru au Führer parce qu'ils ne croyaient plus dans les élections, les partis, le Parlement. En un capitalisme de maturité, la violence de la crise, combinée avec les conséquences morales d'une guerre perdue, reconstitua une situation analogue à celle de l'industrialisation primaire : contraste entre l'apparente impuissance du Parlement et le marasme économique, disponibilité à la révolte des paysans endettés et des ouvriers chômeurs, millions d'intellectuels sans emploi qui détestaient libéraux, ploutocrates et sociaux-démocrates, tous à leurs yeux profiteurs du *statu quo*.

La force d'attraction des partis qui se donnent pour totalitaires s'affirme ou risque de s'affirmer chaque fois qu'une conjoncture grave laisse apparaître une disproportion entre la capacité des régimes représentatifs et les nécessités du gouvernement des sociétés industrielles de masses. La tentation de sacrifier les libertés politiques à la vigueur de l'action n'est pas morte avec Hitler ou avec Mussolini.

Le national-socialisme est devenu de moins en moins conservateur au fur et à mesure que son règne se prolongeait. Les chefs de l'armée, les descendants des grandes familles furent pendus à des crocs de bouchers, côte à côte avec les leaders de la social-démocratie. La direction de l'économie gagnait de proche en proche, le parti s'efforçait de modeler l'Allemagne, s'il avait pu l'Europe entière, conformément à son idéologie. Par la confusion du parti et de l'État, par la mise au pas des organisations indépendantes, par la transformation d'une doctrine partisane en une orthodoxie nationale, par la violence des procédés et le pouvoir démesuré de la police, le régime hitlérien ne ressemble-t-il pas au régime bolchevik bien plutôt qu'aux rêveries des contre-révolutionnaires ? Droite et gauche ou pseudo-droite fasciste et pseudo-gauche communiste ne se rejoignent-elles pas dans le totalitarisme ?

Il est loisible de répliquer que le totalitarisme hitlérien est de droite, le totalitarisme stalinien de gauche, sous prétexte que l'un emprunte des idées au romantisme contre-révolutionnaire, l'autre au rationalisme révolutionnaire, que l'un se veut essentiellement particulier, national ou racial, l'autre universel à partir d'une classe élue par l'histoire. Mais le totalitarisme prétendument de gauche, trente-cinq ans après la Révolution, exalte la nation grand-russe, dénonce le cosmopolitisme et maintient les rigueurs de la police et de l'orthodoxie, autrement dit il continue de nier les valeurs libérales et personnelles que le mouvement des Lumières cherchait à promouvoir contre l'arbitraire des pouvoirs et l'obscurantisme de l'Église.

Plus valable, en apparence, serait l'argumentation qui imputerait au paroxysme révolutionnaire et aux nécessités de l'industrialisation l'orthodoxie d'État et la terreur. Les

Bolcheviks sont des Jacobins qui ont réussi et, à la faveur des circonstances, élargi l'espace soumis à leur volonté. Comme la Russie et les pays gagnés à la Foi nouvelle étaient économiquement en retard sur l'Occident, la secte, convaincue d'incarner la cause du Progrès, doit inaugurer son règne, en imposant aux peuples privations et efforts. E. Burke croyait, lui aussi, que l'État jacobin constituait par lui-même une agression contre les régimes traditionnels, que la guerre entre ces derniers et l'idée révolutionnaire était inévitable, inexpiable. L'épuisement de l'ardeur communiste, l'élévation du niveau de vie aideront demain à surmonter le grand schisme. On découvrira, après coup, que les méthodes différaient plus que la fin.

Rétrospectivement, on a reconnu que la gauche, dressée contre l'Ancien Régime, visait des objectifs multiples qui n'étaient ni contradictoires ni solidaires. Par la Révolution, la France a réalisé l'égalité sociale, sur le papier et dans les textes de lois, avant les autres pays d'Europe. Mais l'effondrement de la monarchie, l'élimination du rôle politique des ordres privilégiés ont prolongé, durant un siècle, l'instabilité de tous les régimes français. Ni les libertés personnelles ni le caractère constitutionnel de l'autorité n'ont été aussi constamment respectés, entre 1789 et 1880, en France qu'en Angleterre. Le parti des libéraux, plus soucieux de l'*habeas corpus*, du jury, de la liberté de la presse, des institutions représentatives que de la forme, monarchique ou républicaine de l'État, n'a jamais représenté qu'une impuissante minorité. La Grande-Bretagne n'introduisit le suffrage universel qu'à la fin du siècle, mais elle ne connut pas l'équivalent des césarismes plébiscitaires, les citoyens n'avaient pas à craindre d'arrestation arbitraire, ni les journaux censure ou saisie.

Un phénomène équivalent, dira-t-on, n'est-il pas en train de se dérouler sous nos yeux? Un conflit de méthodes n'est-il pas faussement interprété comme un conflit de principes? Le développement de la société industrielle et l'intégration des masses sont faits universels. Contrôle, sinon gestion étatique de la production, participation des syndicats professionnels à la vie publique, protection légale des travailleurs constituent le programme minimum du socialisme à notre époque. Là où le développement économique a atteint un niveau assez élevé, où l'idée et la pratique démocratiques sont profondément enracinées, la méthode du travaillisme permet d'accomplir l'intégration des masses sans sacrifier la liberté. En revanche, là où, comme en Russie, le développement économique était en retard et où l'État, demeuré au stade de l'absolutisme, était inadapté aux tâches du siècle, l'équipe révolutionnaire, une fois arrivée au Pouvoir, a dû hâter l'industrialisation et contraindre le peuple, par la violence, à la fois aux sacrifices et à la discipline indispensables. Le régime soviétique porte l'empreinte de la mentalité des Jacobins et de l'impatience des planificateurs. Il se rapprochera du socialisme démocratique au fur et à mesure que progresseront le scepticisme idéologique et l'embourgeoisement.

Même si l'on souscrivait à cette perspective relativement optimiste, la réconciliation de la gauche communiste et de la gauche socialiste serait renvoyée à un avenir indéterminé. Quand les communistes cesseront-ils de croire à l'universalité de leur vocation? Quand l'expansion des forces productives permettra-t-elle le relâchement de la rigueur policière et idéologique? La pauvreté afflige tant de centaines de millions d'êtres humains qu'une doctrine qui promet l'abondance aura besoin, pendant des siècles encore, du monopole de la publicité pour couvrir l'intervalle entre le mythe et la réalité. Enfin, la réconciliation entre les libertés politiques et la planification de l'économie est plus malaisée que la réconciliation, au bout d'un siècle accomplie, entre conquêtes sociales et objectifs politiques de la Révolution française. L'État parlementaire s'accordait, en théorie et en pratique, avec la société bourgeoise : une société d'économie planifiée comporte-t-elle un État autre qu'autoritaire?

Par ses progrès, la gauche ne ramène-t-elle pas, dialectiquement, une oppression pire que celle contre laquelle elle s'était dressée?

Dialectique des régimes.

La gauche s'est formée dans l'opposition, définie par des idées. Elle dénonçait un ordre social, imparfait comme toute réalité humaine. Mais, une fois la gauche victorieuse, responsable à son tour de la société existante, la droite, devenue opposition ou contre-révolution, est parvenue sans peine à démontrer que la gauche représentait non la liberté contre le Pouvoir ou le peuple contre les privilégiés, mais un Pouvoir contre un autre, une classe privilégiée contre une autre. Pour saisir l'envers ou le coût d'une révolution triomphante, il suffit d'entendre la polémique des porte-parole du régime d'hier, transfiguré dans le souvenir ou réhabilité par le spectacle des inégalités présentes, celle des conservateurs au début du XIXe siècle, celle des capitalistes libéraux aujourd'hui.

Des relations sociales, élaborées au cours des siècles, finissent, le plus souvent, par s'humaniser. L'inégalité de statut entre les membres des divers *états* n'exclut pas une sorte de reconnaissance réciproque. Elle laisse place à des échanges authentiques. Rétrospectivement, on chante la beauté des liens personnels, on exalte les vertus de fidélité et de loyauté qu'on oppose à la froideur des rapports entre individus, théoriquement égaux. Les Vendéens combattaient pour leur univers, non pour leurs chaînes. A mesure qu'on s'éloigne de l'événement, on accentue avec complaisance le contraste entre le bonheur des sujets d'hier et les souffrances des citoyens d'aujourd'hui.

La polémique contre-révolutionnaire compare l'État post-révolutionnaire à l'État monarchique, l'individu, abandonné sans protection à l'arbitraire des riches et du Pouvoir, aux Français, des champs et des villes, que l'Ancien Régime unissait dans des communautés à l'échelle humaine. Que l'État du Comité de Salut public, de Bonaparte ou de Napoléon, se chargeât de plus de tâches, fût en mesure d'exiger davantage de la nation que l'État de Louis XVI, le fait est patent. Jamais un souverain légitime n'aurait, au XVIIIe siècle, songé à la levée en masses. La suppression des inégalités personnelles entraîne à la fois le bulletin de vote et la conscription, et le service militaire fut universel bien avant le droit de suffrage. Le révolutionnaire insiste sur la suppression de l'absolutisme, la participation des représentants du peuple à la rédaction des lois, la constitution substituée à l'arbitraire, avec, au terme, l'élection, indirecte, de l'exécutif lui-même. Le contre-révolutionnaire rappelle que le Pouvoir, naguère absolu en principe, était, en fait, limité par les coutumes, par les privilèges de tant de corps intermédiaires, par les lois non écrites. La Grande Révolution (et probablement en va-t-il ainsi de toutes les révolutions) a renouvelé l'État en idée, mais elle l'a aussi rajeuni en fait.

Les socialistes reprennent une partie de la polémique contre-révolutionnaire. En éliminant les diversités de statut personnel, on n'a laissé subsister d'autre distinction entre les hommes que celle de l'argent. La noblesse a perdu positions politiques, prestige et, en large mesure, les fondements économiques de son rang social, la propriété foncière. Mais, sous prétexte d'égalité, la bourgeoisie a monopolisé la fortune et l'État. Une minorité privilégiée en a remplacé une autre. Quel profit en a tiré le peuple? Bien plus, les socialistes ont tendance à s'accorder avec les contre-révolutionnaires dans la critique de l'individualisme. Eux aussi décrivent avec horreur la jungle dans laquelle vivent désormais les individus, perdus au milieu de millions d'autres individus, en bataille les uns contre les autres, tous également soumis aux hasards du marché, aux soubresauts imprévisibles de la conjoncture. Le mot d'ordre « organisation » se substitue ou s'ajoute au mot d'ordre « libération », organisation consciente par la collectivité de la vie économique pour soustraire les faibles à la domination des forts, les pauvres à l'égoïsme des riches, l'économie elle-même à l'anarchie. Mais la même dialectique, qui marquait le passage de l'ancienne France à la société bourgeoise, se reproduit, aggravée, dans le passage du capitalisme au socialisme.

La dénonciation des trusts, des grandes concentrations de moyens de production entre les mains de personnes privées, est un des thèmes favoris de la gauche. Celle-ci se réclame du peuple et vitupère les tyrans. Les hommes des trusts offrent l'image moderne du seigneur qui contraint les simples mortels et fait pièce à l'intérêt public. La solution, appliquée par les partis de gauche, n'a pas consisté à dissoudre les trusts mais à transférer à l'État le contrôle de certaines branches de l'industrie ou de certaines entreprises démesurées. Laissons l'objection classique : la nationalisation ne supprime pas, souvent elle accentue les inconvénients économiques du gigantisme. La hiérarchie bureaucratico-technique, dans laquelle sont intégrés les travailleurs, n'est pas modifiée par un changement apporté au statut de propriété. Le directeur des Usines nationales Renault, celui des Charbonnages de France ne sont pas moins capables de suggérer aux gouvernants des décisions favorables à leur entreprise. La nationalisation élimine, il est vrai, l'influence politique que l'on reprochait aux magnats de l'industrie d'exercer dans l'ombre et qu'ils ont parfois exercée. Les moyens d'action, que perdent les dirigeants des trusts, reviennent aux maîtres de l'État. Les responsabilités de ceux-ci tendent à croître au fur et à mesure que décroissent celles des détenteurs des moyens de production. Quand l'État reste démocratique, il risque d'être à la fois étendu et faible. Quand une équipe s'empare de l'État, elle reconstitue et achève à son profit la combinaison de la puissance économique et de la puissance politique dont la gauche faisait grief aux trusts.

L'appareil moderne de la production implique une hiérarchie, que nous appellerons bureaucratico-technique. A l'échelon supérieur, siège l'organisateur ou le *manager* plutôt que l'ingénieur ou le technicien proprement dit. Les nationalisations, telles qu'elles ont été pratiquées aussi bien en France qu'en Grande-Bretagne ou en Russie, ne protègent pas le travailleur contre ses chefs, le consommateur contre le trust, elles éliminent les actionnaires, les membres des conseils d'administration, les financiers, ceux qui avaient une participation plus théorique que réelle à la propriété ou qui, par manipulation des titres, arrivaient à influer sur le destin des entreprises. Nous ne cherchons pas à établir ici le bilan, avantages et inconvénients, de telles nationalisations, nous nous bornons à constater que, dans ce cas, les réformes de la gauche aboutissent à modifier la répartition de la puissance entre les privilégiés, elles n'élèvent pas le pauvre ou le faible, elles n'abaissent pas le riche ou le fort.

La hiérarchie technico-bureaucratique, dans les sociétés occidentales, est limitée à un secteur de l'appareil productif. Il subsiste une multiplicité d'entreprises, de taille petite ou moyenne, l'agriculture conserve plusieurs statuts (paysan exploitant, fermier, métayer), le système de distribution juxtapose les géants et les nains, les grands magasins et le crémier du coin. La structure des sociétés occidentales est complexe : descendants de l'aristocratie pré-capitaliste, familles riches depuis plusieurs générations, entrepreneurs privés, paysans propriétaires entretiennent une riche variété de relations sociales et de groupes indépendants. Des millions de personnes peuvent vivre en dehors de l'État. La généralisation de la hiérarchie technico-bureaucratique signifierait la liquidation de cette complexité, aucun individu ne serait plus soumis à un autre particulier, en tant que tel, tous seraient soumis à l'État. La gauche s'efforce de libérer l'individu des servitudes proches; elle pourrait finir par le plier à la servitude, lointaine en droit, omniprésente en fait, de l'administration publique. Or, plus est grande la surface de la société que couvre l'État, moins celui-ci a de chances d'être démocratique, c'est-à-dire objet de compétition pacifique entre groupes relativement autonomes. Le jour où la société entière serait comparable à une seule entreprise gigantesque, la tentation ne deviendrait-elle pas irrésistible, pour les hommes du sommet, de se soustraire à l'approbation ou à la désapprobation des foules d'en bas?

Au fur et à mesure de cette évolution, les survivances des relations traditionnelles, des communautés locales, apparaissent moins comme un frein à la démocratie que comme un obstacle à l'absorption des individus dans des bureaucraties démesurées — monstres inhumains surgis de la civilisation industrielle. Désormais, les hiérarchies historiques, affaiblies et épurées par le temps, semblent moins entretenir de vieilles iniquités qu'élever un obstacle aux tendances absolutistes du socialisme. Contre le despotisme anonyme de ce dernier, le conservatisme devient l'allié du libéralisme. Si les freins, hérités du passé, venaient à sauter, rien ne s'opposerait plus à l'avènement de l'État total.

Ainsi, à la représentation optimiste d'une histoire dont la libération marquerait l'aboutissement se substitue une représentation pessimiste selon laquelle le totalitarisme, asservissement des corps et des âmes, serait le terme d'un mouvement qui commence par la suppression des *états* et finit par celle de toutes les autonomies, de personnes ou de groupes. L'expérience soviétique encourage ce pessimisme, auquel inclinaient déjà, au siècle dernier, des esprits lucides. Tocqueville avait montré, avec une insurpassable clarté, à quoi conduirait l'élan irrésistible de la démocratie si les institutions représentatives étaient emportées par l'impatience des masses, si le sens de la liberté, aristocratique d'origine, venait à dépérir. Des historiens, comme J. Burckhardt et Ernest Renan, avaient redouté les césarismes de basse époque, bien plus qu'ils n'avaient espéré la réconciliation des hommes entre eux.

Nous ne souscrirons ni à l'une ni à l'autre vision. Les transformations inévitables de la technique ou des structures économiques, l'expansion de l'État n'impliquent ni libération ni asservissement. Mais toute libération porte en elle le péril d'une nouvelle forme d'asservissement. Le mythe de la gauche crée l'illusion que le mouvement historique, orienté vers une fin heureuse, accumule les acquêts de chaque génération. Les libertés réelles, grâce au socialisme, s'ajouteraient aux libertés formelles, forgées par la bourgeoisie. L'histoire, en vérité, est dialectique. Non pas au sens strict que les communistes donnent aujourd'hui à ce mot. Les régimes ne sont pas contradictoires, l'on ne passe pas nécessairement de l'un à l'autre par rupture et par violence. Mais, à l'intérieur de chacun, autres sont les menaces suspendues sur les hommes et, de ce fait, les mêmes institutions changent de signification. Contre une ploutocratie, on fait appel au suffrage universel ou à l'État; contre une technocratie envahissante, on tâche de sauvegarder les autonomies locales ou professionnelles.

En un régime donné, il s'agit de parvenir à un compromis raisonnable entre des exigences, à la limite incompatibles. Admettons, par hypothèse, l'effort vers l'égalité des revenus. Dans le système capitaliste, la fiscalité constitue un des instruments pour réduire l'écart entre riches et pauvres. Cet instrument n'est pas dépourvu d'efficacité, dès lors que l'impôt direct est équitablement réparti et collecté et que le revenu national par tête de la population est suffisamment élevé. Mais, à partir d'un certain point, variable selon les pays, le prélèvement fiscal suscite dissimulation et fraude, il tarit l'épargne spontanée. Il faut accepter une certaine mesure d'inégalité, inséparable du principe même de la concurrence. Il faut accepter que l'impôt sur les successions accélère la dispersion des grandes fortunes, mais ne détruise pas celles-ci radicalement. On ne progresse pas indéfiniment dans la direction de l'égalité des revenus.

Déçu par la résistance de la réalité, l'homme de gauche

va-t-il souhaiter une économie entièrement planifiée? Mais, en une telle société, une autre sorte d'inégalité surgirait. En théorie, les planificateurs seraient capables de réduire l'inégalité des revenus dans toute la mesure qui leur paraîtrait convenable : quelle mesure leur paraîtrait conforme à l'intérêt collectif, à leur intérêt propre? Ni l'expérience ni la vraisemblance psychologique ne suggèrent une réponse favorable à la cause égalitaire. Les planificateurs ouvriront l'éventail des salaires pour inciter chacun à l'effort : on ne saurait leur en tenir rigueur. La gauche réclame l'égalité tant qu'elle est dans l'opposition et que les capitalistes se chargent de produire les richesses. Le jour où elle est au pouvoir, elle doit concilier, elle aussi, le besoin d'une production maximum avec le souci de l'égalité. Quant aux planificateurs, probablement n'estimeraient-ils pas moins que leurs prédécesseurs capitalistes le prix de leurs services.

A moins d'une augmentation massive des ressources collectives qui se situe au-delà de l'horizon historique, chaque sorte de régime ne tolère qu'une certaine dose d'égalité économique. On peut supprimer une sorte d'inégalité, liée à un certain mode de fonctionnement de l'économie, on en reconstitue automatiquement une autre sorte. La limite à l'égalisation des revenus est tracée par la pesanteur de la matière sociale, l'égoïsme humain, mais aussi par des exigences collectives et morales, non moins légitimes que la protestation contre l'inégalité. Récompenser les plus actifs, les mieux doués, est également juste et probablement nécessaire à l'accroissement de la production [1]. Une égalité absolue, dans un pays tel que l'Angleterre, n'assurerait pas à la minorité, qui maintient et enrichit la culture, les conditions d'une existence créatrice [2].

Les lois sociales, auxquelles la gauche applaudit et que l'opinion presque tout entière approuve, comportent, dès maintenant, un passif et ne sauraient être étendues indé-

---

[1]. Ni les énormes revenus ni les grandes fortunes ne sont, à notre époque, indispensables. Aussi bien ceux-là sont-ils en voie d'être repris par l'État, dans les pays de démocratie capitaliste, celles-ci subsistent mais avec une importance déclinante.

[2]. Bertrand de Jouvenel a calculé que pour porter à 250 livres par an les revenus inférieurs à ce montant, en 1947-1948, il aurait fallu limiter à 500 livres par an les revenus les plus élevés, après taxation. (*The Ethics of redistribution*, Cambridge University Press, 1951, p. 86.)

finiment sans compromettre d'autres intérêts également légitimes. Les allocations familiales financées par une taxe sur les salaires, comme en France, favorisent les pères de famille ou les vieux aux dépens des jeunes et des célibataires, autrement dit aux dépens des plus productifs. La gauche doit-elle être plus soucieuse d'éviter les souffrances que d'accélérer le progrès économique? En ce cas, les communistes n'appartiendraient pas à la gauche. Mais, en une époque obsédée par les considérations de niveau de vie, la gauche non communiste doit être aussi soucieuse de hâter l'augmentation du produit social que l'étaient naguère les capitalistes. Cette augmentation à terme n'est pas moins conforme au bien des individus qu'à celui de la collectivité. Là encore, la matière sociale résiste à la volonté d'idéal, mais aussi la contradiction se révèle entre les différents mots d'ordre, à chacun selon ses besoins et à chacun selon ses œuvres.

En Angleterre, les subventions alimentaires, combinées avec les impôts indirects, aboutissaient à une redistribution à l'intérieur de la famille, entre les diverses dépenses. D'après une statistique, citée par l'*Economist* du 1er avril 1950, les familles de 4 personnes, ayant des revenus inférieurs à 500 livres par an, recevaient en moyenne 57 shillings par semaine et payaient 67,8 au titre des différents impôts et contributions aux services sociaux. En particulier, elles payaient 31,4 d'impôts sur les boissons et le tabac. Arrivée à ce point, la politique de lois sociales et de fiscalité risque de se nier elle-même. La réduction et des dépenses et des impôts d'État aurait peut-être, en 1955, une signification opposée à celle qu'elle aurait eue en 1900. Le « sens unique » est, en politique, la grande illusion, le monoidéisme la cause des désastres.

Les hommes de gauche commettent l'erreur de réclamer, pour certains mécanismes, un prestige qui n'appartient justement qu'aux idées : propriété collective ou méthode de plein emploi doivent être jugées sur leur efficacité, non sur l'inspiration morale de leurs partisans. Ils commettent l'erreur d'imaginer une fictive continuité, comme si l'avenir valait toujours mieux que le passé, comme si le parti du changement ayant toujours raison contre les conservateurs, l'on pouvait tenir l'héritage pour acquis et se soucier exclusivement de conquêtes nouvelles.

Quel que soit le régime, traditionnel, bourgeois ou socialiste, ni la liberté de l'esprit ni la solidarité humaine ne sont jamais assurées. La seule gauche, toujours fidèle à elle-même, est celle qui invoque non la liberté ou l'égalité, mais la fraternité, c'est-à-dire l'amour.

Pensée et réalité.

Dans les pays occidentaux, les divers sens de l'opposition droite-gauche, que nous avons séparés pour les besoins de l'analyse, sont, à un degré ou à un autre, présents. Partout la gauche conserve certains traits caractéristiques de la lutte contre l'Ancien Régime, partout elle est marquée par le souci des lois sociales, du plein emploi, de la nationalisation des moyens de production, partout elle est compromise par les rigueurs du totalitarisme stalinien, qui se réclame d'elle et qu'elle-même n'ose désavouer entièrement, partout la lenteur de l'action parlementaire et l'impatience des masses font surgir le risque d'une dissociation entre valeurs politiques et valeurs sociales. Mais les différences sont extrêmes entre les pays où ces significations se mêlent inextricablement et ceux où *une* signification commande les débats et la formation des fronts. La Grande-Bretagne appartient à cette dernière catégorie, la France à la première.

La Grande-Bretagne a réussi, sans effort, à rendre ridicule le fascisme. William Joyce [1] fut acculé, par le cours des événements, à l'alternative du ralliement ou de la trahison (il choisit la trahison). Les dirigeants des syndicats sont convaincus qu'ils appartiennent à la communauté nationale et qu'ils peuvent améliorer la condition ouvrière, sans renier la tradition ni rompre la continuité de la vie constitutionnelle. Quant au parti communiste, incapable de faire élire un seul député, il détient, par noyautage ou infiltration, quelques positions importantes dans les syndicats, il compte des adhérents ou des sympathisants de

1. Plus connu, pendant la guerre, sous le nom de *lord Haw Haw*. Il tenait le premier rôle à la radio allemande de langue anglaise.

marque parmi les intellectuels, il ne joue pas de rôle sérieux dans la politique ou dans la presse. Les hebdomadaires « gauchistes » sont influents; ils accordent généreusement aux autres — continentaux ou asiatiques — les bienfaits du Front populaire ou de la soviétisation; ils ne songeraient pas à les réclamer pour la vieille Angleterre.

En l'absence d'un parti fasciste ou d'un parti communiste, les discussions d'idées se rapportent aux conflits actuels : sur le plan social, entre l'aspiration égalitaire et la hiérarchie sociale, héritée du passé; dans l'ordre économique entre la tendance collectiviste (propriété collective, plein emploi, contrôle) et la préférence pour les mécanismes du marché. D'un côté, égalitarisme contre conservatisme, de l'autre socialisme contre libéralisme. Le parti conservateur veut arrêter, au point où elle est parvenue, la redistribution des revenus, le parti travailliste, au moins les intellectuels néo-fabiens, voudrait aller plus loin. Le parti conservateur a démantelé l'appareil de contrôle que le travaillisme avait recueilli de la période de guerre, le parti travailliste se demande si, revenu au pouvoir, il le reconstituerait partiellement.

La situation paraîtrait plus claire s'il y avait trois partis au lieu de deux. Le libéralisme des *tories* prête à contestation. Parmi les hommes qui appartiennent à la gauche modérée (à ce que nous appellerions ainsi en France), hommes de raison et de réformes, beaucoup répugnent à donner leurs voix aux socialistes, enclins à l'étatisme. L'esprit de la gauche non conformiste, qui ne se confond pas avec celui de la gauche socialiste, demeure sans représentation.

La disparition du parti libéral, en tant que force politique, tient pour une part à des circonstances historiques (la crise Lloyd George après la première guerre), au régime électoral qui élimine impitoyablement le troisième parti. Mais elle a aussi une signification historique. Le libéralisme essentiel — le respect des libertés personnelles et des méthodes pacifiques de gouvernement — n'est plus le monopole d'un parti, parce qu'il est devenu le bien de tous. Quand on ne met plus en cause le droit à l'hérésie religieuse ou au dissentiment politique, le non-conformisme a, pour ainsi dire, épuisé sa fonction puisqu'il a gagné la partie. L'inspiration morale de la gauche anglaise, issue d'un christianisme sécularisé, a désormais pour objet et pour expression les réformes sociales, dont le parti travailliste a pris l'initiative ou la responsabilité. En un sens, la gauche du XIXᵉ siècle a remporté une victoire trop complète : le libéralisme ne lui appartient plus en propre. En un autre sens, elle a été dépassée par les événements : le parti ouvrier apparaît aujourd'hui l'interprète des revendications des non privilégiés.

Les travaillistes remportèrent, en 1945, une victoire dont l'ampleur les surprit. Pendant cinq ans, ils furent libres de légiférer à leur gré et ils usèrent largement de ce droit. L'Angleterre de 1950 diffère à coup sûr profondément de celle de 1900 ou de 1850. L'inégalité des revenus, il y a un demi-siècle plus marquée qu'en aucun autre pays d'Occident, l'est aujourd'hui moins que sur le continent. La patrie de l'initiative privée offre désormais le modèle presque achevé de la législation sociale. Si le service de santé gratuit avait été introduit en France, on y aurait vu la preuve de l'esprit de théorie et de système. Un secteur de l'industrie est nationalisé, les marchés agricoles sont organisés. Mais, quels que soient les mérites de l'œuvre accomplie, l'Angleterre est reconnaissable. Les conditions de vie et de travail du prolétariat sont améliorées, non pas fondamentalement changées. La diplomatie travailliste, heureuse aux Indes, malheureuse dans le Proche-Orient, ne diffère pas en nature de celle d'un gouvernement conservateur. Ce n'était donc que cela, le socialisme?

Des deux côtés, on s'interroge. Du côté travailliste, surtout parmi les intellectuels, on se demande quoi faire. Du côté conservateur, on a repris confiance et l'on ne doute pas que la vieille Angleterre ait, comme au siècle précédent, importé l'essentiel des révolutions continentales, sans verser le sang, sans sacrifier l'acquis des siècles.

Les *Nouveaux Essais fabiens* [1] révèlent le désir de lutter désormais plus contre la richesse en tant que telle que contre la pauvreté. On peut éliminer les concentrations de fortune, qui permettent à un individu de vivre sans travailler. On veut élargir le secteur public, de manière à rendre possible le rétrécissement de l'éventail des salaires. Tant que le secteur privé couvre la plus grande partie de l'économie,

---

1. *New Fabian Essays*, publié par R. H. S. Crossman, Londres, 1952.

il fixe le niveau des traitements supérieurs. L'État perdrait ses meilleurs serviteurs s'il accordait aux dirigeants des entreprises nationalisées des traitements sensiblement inférieurs à ceux des grandes entreprises privées. Si l'on achevait de ruiner l'ancienne classe dirigeante, on atténuerait le caractère aristocratique qu'a conservé la société anglaise.

Ces sortes de recherches appartiennent au développement normal d'une doctrine. Ayant réalisé la plus grande partie de leur programme, les travaillistes se demandent si la phase actuelle doit être de consolidation ou de nouvelle avance. Les modérés ne sont pas loin, sans le dire ouvertement, d'accepter la thèse de la consolidation et de rejoindre les conservateurs éclairés qui posent, eux aussi, des questions économiques, de portée historique. Comment éviter l'inflation lorsqu'en période de plein emploi les syndicats négocient librement avec les employeurs ? Comment maintenir la souplesse de l'économie, l'initiative des entrepreneurs ? Comment limiter ou réduire le prélèvement fiscal ? Où trouver les capitaux destinés à s'investir dans des entreprises non assurées de l'avenir ? En bref, comment une société libre réussit-elle à assimiler une certaine dose de socialisme, à garantir la sécurité de tous, sans prévenir l'ascension des mieux doués ni ralentir l'expansion de la collectivité tout entière ?

Le dialogue n'est pas impossible entre ceux que déçoit l'insuffisance des réformes travaillistes et ceux qui en redoutent les prolongements, entre ceux qui souhaitent moins d'inégalité et plus de propriété collective et ceux qui se soucient d'inciter à l'effort et de récompenser le rendement, entre ceux qui font confiance aux « contrôles physiques » et ceux qui veulent restaurer la fonction des mécanismes du marché. La classe dirigeante a consenti, avec bonne grâce, à sacrifier une part de ses richesses et de son pouvoir. Elle conserve un style aristocratique, mais elle continue de chercher un accord avec ceux qui incarnent la « vague de l'avenir ». La droite n'aime peut-être guère l'Angleterre nouvelle où la gauche se reconnaît. Par sagesse ou avec enthousiasme, tout le monde l'accepte. Quand Winston Churchill, interprétant *le Chemin de la Servitude* *
au niveau des réunions publiques, fit allusion à la fatalité de la *Gestapo* en une économie dirigée, il ne fit peur à personne, il fit rire beaucoup de ses électeurs. Peut-être prê-

tera-t-on, d'ici quelques dizaines ou centaines d'années, une vérité prophétique à ce qui paraît aujourd'hui argument électoral. La pensée politique est, en Angleterre, contemporaine de la réalité. On n'en saurait dire autant de la pensée politique en France.

Le chaos idéologique, dans la France actuelle, tient à la confusion des divers sens qu'est susceptible de prendre l'opposition droite-gauche, et cette confusion elle-même est largement imputable aux faits. Les structures pré-industrielles sont mieux conservées, en France, que dans les pays du type britannique ou scandinave. Le conflit de l'Ancien Régime et de la Révolution y est aussi actuel que celui du libéralisme et du travaillisme. Mais la pensée anticipe sur l'avenir et dénonce déjà les risques d'une civilisation technique, alors que les Français sont loin d'en avoir recueilli les bienfaits.

Les départements de l'Ouest restent dominés par le conflit du conservatisme, lié à la religion, et du parti du mouvement, laïc, rationaliste et de tendance égalitaire. La droite est catholique et ne se sépare pas des privilégiés, la gauche est surtout représentée par des hommes politiques professionnels, de petite ou de moyenne bourgeoisie. Les socialistes semblent prendre la suite des radicaux, comme les communistes eux-mêmes dans certaines parties du Centre et du Midi de la France.

D'autres départements offrent l'équivalent français des pays sous-développés. Au sud de la Loire, certaines régions peu industrialisées, d'agriculture anachronique, ont conservé une structure individualiste. On y vote volontiers pour des notables locaux, de moyenne bourgeoisie. Le Rassemblement des Gauches Démocratiques et les Indépendants y ont de nombreux élus, les communistes aussi, soit à cause de la tradition de gauche, soit à cause de la lenteur du développement économique.

Les départements industriels, les grandes agglomérations urbaines constituent un troisième type. Le Rassemblement du Peuple Français et les communistes y ralliaient, de 1948 à 1951, les plus gros effectifs, les socialistes y résistaient mal à la concurrence communiste, le M. R. P. avait perdu la plus grande partie de ses suffrages au bénéfice du R. P. F. ou des modérés *.

L'hétérogénéité des structures sociales se reflète dans

celle des partis. A en juger d'après les réponses faites à une enquête par sondages, les électeurs communistes éprouvent en majorité les aspirations qui, en Angleterre, s'expriment par la gauche du travaillisme. Mais, s'il est vrai que beaucoup des électeurs communistes sont des *Bevanistes* * qui s'ignorent, le fait appelle une explication bien plutôt qu'il n'en fournit une. Pourquoi les électeurs français tombent-ils dans la confusion qu'évitent les électeurs britanniques, allemands ou belges? La juxtaposition des trois structures — ouest, régions sous-développées, villes modernes — apporte au moins un début d'explication.

Avec plus de vraisemblance que dans les pays protestants, le communisme se donne pour l'héritier de la révolution bourgeoise et rationaliste. Il recrute une clientèle, dans des régions d'économie peu dynamique qui, souvent, sont aussi traditionnellement d'opinions avancées, pour des raisons comparables à celles qui rendent compte de son succès en Afrique ou en Asie : il attise les conflits entre métayers, fermiers et propriétaires, il amplifie les revendications des plus défavorisés, il exploite le mécontentement que crée la stagnation. Enfin, dans les parties industrialisées du pays, ses troupes lui viennent de la classe ouvrière, séduite par le parti révolutionnaire, à cause de l'échec des syndicats réformistes et du parti socialiste. Cet échec, à son tour, a pour causes, entre d'autres, la persistance d'une faible productivité dans les provinces retardataires et la résistance, dans les provinces les plus dynamiques, d'éléments pré-capitalistes.

La même hétérogénéité sociale explique, avec les millions d'électeurs communistes, la limite de la progression du parti. Il y a trop de paysans propriétaires ou de petits bourgeois hostiles aux rouges pour que, dans les campagnes les moins évoluées, le parti des mécontents rallie plus qu'une importante minorité. La volonté de maintenir un certain style de vie est trop résolue dans toutes les classes de la population pour que les départements de civilisation industrielle accordent aux communistes beaucoup plus que le tiers des suffrages.

Les troupes du Rassemblement du Peuple Français étaient, elles aussi, composites, comme celles du parti communiste et pour la même raison. Là où survit le souvenir de la lutte entre l'Ancien Régime et la Révolution, entre l'Église et l'école laïque, elles se confondaient largement avec celles des partis réactionnaires ou modérés, elles étaient prélevées sur la clientèle de la droite classique et du M. R. P. Dans les villes, dans la partie nord du pays, les électeurs du Rassemblement étaient de type différent, ils rejoignent aujourd'hui tantôt la gauche socialiste, tantôt le M. R. P., tantôt les radicaux ou les modérés. La combinaison de l'anticommunisme et du nationalisme traditionnel rappelle l'idéologie de partis dits « révolutionnaires de droite », qui s'efforcent d'emprunter à la gauche ses valeurs sociales, à la droite ses valeurs politiques.

Le parti socialiste et une fraction du M. R. P. rêvaient de constituer, au lendemain de la seconde guerre mondiale, une sorte de travaillisme, mais ils furent désertés par leurs troupes virtuelles. L'échec n'est qu'en une faible mesure imputable aux hommes : le passé, de la lutte entre l'Église et la Révolution, demeure trop présent, la confusion du communisme et d'un socialisme avancé trompe trop de travailleurs, l'attachement au mode de vie accoutumé incline trop de petits bourgeois au conservatisme. La « travaillisme français » était voué à ne pas sortir du monde rêvé.

Nulle part l'opposition de la droite et de la gauche n'est aussi prestigieuse qu'en France, nulle part elle n'est plus équivoque : le conservatisme français s'exprime aussi en fait d'idéologie. On aime à imaginer que la France a vécu, en sa grande époque, le thème unique de toutes les batailles du siècle. La gauche se donne, par la pensée, une histoire unilinéaire, dans laquelle saint Georges finira par triompher du dragon. Mais ceux qui ne veulent plus connaître ni droite ni gauche, parfois se transportent par l'imagination en une société rationalisée, d'où les planificateurs auraient éliminé la misère, mais aussi la fantaisie, la liberté. La pensée politique, en France, est rétrospective ou utopique.

L'action politique, elle aussi, tend à décoller du présent. Le plan de sécurité sociale, qui a été appliqué en France, est en avance, l'appareil commercial en retard sur le développement industriel. La France est guettée par les erreurs des pays dont l'industrialisation se développe par imitation de modèles étrangers. En important telles quelles des machines, des usines, on risque de confondre l'optimum technique, calculé par les ingénieurs, avec l'optimum économique, variable selon les milieux. La fiscalité moderne n'atteint à l'efficacité que dans la mesure où les contribuables appartiennent au même univers que législateurs et contrôleurs. Sur les entreprises sans comptabilité, agricoles, commerciales ou artisanales, peut-être aucun système d'imposition n'est-il susceptible de réussir pleinement.

On aime, en France, à pourfendre le capitalisme. Mais où sont les capitalistes à pourfendre? Les quelques grands créateurs d'usines ou de circuits commerciaux, les descendants de Citroën ou de Michelin, Boussac? Les familles patronales de Lyon ou du Nord, catholiques et bien pensantes? Les cadres supérieurs de l'industrie, les managers privés et publics? Les grandes banques d'affaires, dont certaines sont contrôlées par l'État? Les dirigeants des petites et moyennes entreprises, dont certaines sont des modèles de gestion intelligente et d'autres des survivances artificielles? Le capitalisme de Marx, celui de Wall Street ou des affaires coloniales offrent une meilleure cible aux invectives que ce capitalisme divers et diffus, cette bourgeoisie qui englobe bien plus qu'une minorité de la nation, si l'on ajoute les candidats aux titulaires.

Il n'est nullement impossible de définir, en France, une gauche anticapitaliste ou une gauche keynésienne et antimalthusienne, mais à une condition : ne pas s'emprisonner dans le schéma droite-gauche ou les schémas marxistes et reconnaître la diversité des querelles qui gardent une actualité, la diversité des structures qui composent la présente société, la diversité des problèmes qui en résultent et des méthodes d'action nécessaires. La conscience historique révèle cette diversité, l'idéologie la dissimule, même quand elle se drape dans les oripeaux de la philosophie de l'histoire.

∗ ∗

La gauche est animée par trois idées, non pas nécessairement contradictoires mais le plus souvent divergentes : *liberté* contre l'arbitraire des pouvoirs et pour la sécurité des personnes, *organisation* afin de substituer, à l'ordre spontané de la tradition ou à l'anarchie des initiatives individuelles, un ordre rationnel, *égalité* contre les privilèges de la naissance et de la richesse.

La gauche *organisatrice* devient plus ou moins *autori-*

laire, parce que les gouvernements libres agissent lentement et sont freinés par la résistance des intérêts ou des préjugés, *nationale*, sinon nationaliste, parce que seul l'État est capable de réaliser son programme, parfois *impérialiste*, parce que les planificateurs aspirent à disposer d'espace et de ressources immenses. La gauche *libérale* se dresse contre le socialisme, parce qu'elle ne peut pas ne pas constater le gonflement de l'État et le retour de l'arbitraire, cette fois bureaucratique et anonyme. Contre les socialismes nationaux, elle maintient l'idéal d'un internationalisme qui n'exigerait pas le triomphe d'une Foi par les armes. Quant à la gauche *égalitaire*, elle semble condamnée à une constante opposition contre les riches et contre les puissants, tantôt rivaux et tantôt confondus. Quelle est la vraie gauche, la gauche éternelle?

Peut-être des gauchistes par excellence, les rédacteurs d'*Esprit*, nous ont-ils fourni, sans le vouloir, la réponse à cette interrogation *. Ils consacrèrent un numéro spécial à « la gauche américaine » et constatèrent, honnêtement, la difficulté de saisir la réalité qui répond, outre-Atlantique, à ce terme européen. La société américaine n'a pas connu l'équivalent de la lutte contre l'Ancien Régime, il n'y a pas de parti ouvrier ou socialiste, les deux partis traditionnels ont étouffé les tentatives de troisième parti, progressiste ou socialiste. Les principes de la Constitution américaine ou du système économique ne sont pas sérieusement mis en question. Les controverses politiques sont plus souvent techniques qu'idéologiques.

A partir de ces faits, on peut raisonner de deux manières. Ou bien on dira, à la manière d'un des collaborateurs américains de la revue : « Les États-Unis ont toujours été une nation socialiste, en ce sens qu'ils ont amélioré les conditions de vie des classes défavorisées et assuré la justice sociale [1] » (A.-M. Rose). Ou bien on souhaitera, en bon socialiste d'Europe, « la création d'un parti travailliste, condition première de toute transformation du monde américain », et on décrétera que « la réalisation du socialisme », aux États-Unis, est un « impératif d'une urgence mondiale [2] ». Évidemment, les rédacteurs français inclinent dans cette dernière direction. Appartiennent, sur le plan

1. *Esprit*, novembre 1952, p. 604.
2. Michel Crozier, p. 584 et 585.

syndical, à la « nouvelle gauche », les ouvriers socialisants du C. I. O. Un parti ouvrier, de style européen, serait seul capable d'atteindre les objectifs de la gauche. Les moyens, parti ouvrier ou planification, sont transfigurés en valeurs essentielles.

Mais, après avoir donné cette preuve involontaire de préjugé, quand vient le moment de conclure, un des rédacteurs oublie soudain le conformisme de l'*intelligentsia* : « Il faut se demander si l'on peut encore parler d'une gauche là où il n'existe plus d'inquiétudes... Car l'homme de gauche — à nos yeux de Français du moins — c'est celui qui ne donne pas toujours raison à la politique de son pays et qui sait qu'il n'existe pas de garantie mystique qu'elle soit juste dans l'avenir; c'est un homme qui proteste contre les expéditions coloniales, c'est un homme qui n'admet pas d'atrocité, fût-elle exercée contre l'ennemi, fût-elle exercée par représailles [1]... » « ... Peut-on parler d'une «gauche » là où s'est émoussé ce simple sentiment d'une solidarité humaine pour les opprimés et les souffrants, qui fit se lever jadis foules européennes et américaines pour la défense de Sacco et Vanzetti [2] ? »

Si tel est l'homme de gauche, hostile à toutes les orthodoxies et ouvert à toutes les souffrances, a-t-il disparu seulement des États-Unis? Est-il de gauche le communiste, pour lequel l'Union soviétique a toujours raison? Sont-ils de gauche ceux qui réclament la liberté pour tous les peuples d'Asie et d'Afrique, mais non pour les Polonais ou les Allemands de l'Est? Le langage de la gauche historique triomphe peut-être à notre époque : l'esprit de la gauche éternelle meurt, quand la pitié elle-même est à sens unique.

---

[1]. Nous avons passé une phrase où J.-M. Domenach parlait d'une guerre bactériologique « qui se déroule peut-être ».
[2]. P. 701-702.

CHAPITRE II

LE MYTHE DE LA RÉVOLUTION

Le mythe de la gauche contient implicitement l'idée de Progrès et suggère la vision d'un mouvement continu. Le mythe de la Révolution a une signification complémentaire et opposée : il nourrit l'attente d'une rupture avec le train ordinaire des choses humaines. Lui aussi, me semble-t-il, naît d'une réflexion sur le passé. Ceux qui nous paraissent, après coup, avoir préparé la Grande Révolution en répandant une manière de penser incompatible avec celle de l'Ancien Régime, n'annonçaient ni ne souhaitaient l'écroulement apocalyptique du vieux monde. Presque tous, audacieux en théorie, marquaient la même prudence que Jean-Jacques Rousseau dans le rôle de conseiller du Prince ou de législateur. La plupart inclinaient à l'optimisme : une fois écartés traditions, préjugés, fanatisme, une fois les hommes éclairés, l'ordre naturel des sociétés s'accomplirait. A partir de 1791 ou 1792, la Révolution fut ressentie par les contemporains, y compris les philosophes, comme une catastrophe. Avec le recul, on finit par perdre le sens de la catastrophe pour se rappeler la seule grandeur de l'événement.

Parmi ceux qui se réclamaient du parti du mouvement, les uns s'efforcèrent d'oublier la terreur, le despotisme, le cycle des guerres, toutes les péripéties sanglantes dont les journées, héroïques et radieuses, prise de la Bastille ou fête de la Fédération, avaient été l'origine. Les luttes civiles, les gloires ou les défaites militaires n'avaient été que l'accompagnement, au fond accidentel, de la Révolution. L'élan irrésistible qui tend à la libération des esprits et des hommes, à l'organisation rationnelle des collectivités, interrompu par la réaction monarchique ou religieuse, continue, pacifique peut-être, par l'emploi limité de la force en cas de besoin.

D'autres, au contraire, mirent l'accent sur la prise du Pouvoir et la subversion. Ils avaient foi dans la violence, seule capable de forger l'avenir. Les tenants du mythe révolutionnaire souscrivent le plus souvent au même système de valeurs que les réformistes, ils escomptent le même aboutissement, une société pacifique, libérale, soumise à la raison. Mais l'homme ne réaliserait sa vocation et ne prendrait en charge son destin que par l'exploit prométhéen — valeur en lui-même ou moyen indispensable.

Les révolutions méritent-elles tant d'honneur? Les hommes qui les pensent ne sont pas ceux qui les font. Ceux qui les commencent en vivent rarement l'épilogue, sinon en exil ou en prison. Sont-elles bien les symboles d'une humanité maîtresse d'elle-même si aucun homme ne se reconnaît dans l'œuvre sortie du combat de tous contre tous?

Révolution et révolutions.

On entend par révolution, dans le langage courant de la sociologie, la substitution soudaine, par la violence, d'un Pouvoir à un autre. Si l'on admet cette définition, on écartera certains usages du mot qui créent équivoque ou confusion. Dans une expression comme révolution industrielle, le terme évoque simplement des changements profonds et rapides. Quand on parle de révolution travailliste, on suggère l'importance, réelle ou supposée, des réformes accomplies par le gouvernement britannique entre 1945 et 1950, mais ces changements, qui ne sont ni brutaux ni accompagnés de vacances de légalité, ne constituent pas un phénomène historique de même espèce que les événements de 1789 à 1797, en France, ou de 1917 à 1921, en Russie. L'œuvre travailliste, essentiellement, *n'est pas* révolutionnaire au sens où ce qualificatif s'applique à celle des Jacobins ou des Bolcheviks.

Même si l'on écarte les usages abusifs, il subsiste quelque équivoque. Les concepts ne recouvrent jamais exactement les faits : les limites de ceux-là sont tracées avec rigueur, les limites de ceux-ci flottantes. On énumérerait de multiples cas où l'hésitation serait légitime. L'accession au pouvoir du national-socialisme fut légale et la violence ordonnée par l'État. Parlera-t-on de révolution à cause de la soudaineté des changements intervenus dans le personnel du gouvernement et le style des institutions, en dépit du caractère légal de la transition? A l'autre extrémité, les *pronunciamientos* des républiques sud-américaines méritent-elles le qualificatif de révolution, si elles remplacent un officier par un autre, à la rigueur un militaire par un civil ou inversement, sans marquer le passage réel ni d'une classe dirigeante à une autre, ni d'un mode de gouvernement à un autre? A un bouleversement effectué dans la légalité, il manque la caractéristique de la rupture constitutionnelle. A la substitution soudaine, avec ou sans bagarres sanglantes, d'un individu à un autre, aux allers et retours du palais à la prison, il manque les transformations institutionnelles.

Il n'importe guère de répondre dogmatiquement à ces interrogations. Les définitions ne sont pas vraies ou fausses, mais plus ou moins utiles ou convenables. Il n'existe pas, sinon en un ciel inconnu, une essence éternelle de la révolution : le concept nous sert à saisir certains phénomènes et à voir clair dans notre pensée.

Il nous paraît raisonnable de réserver le terme de coup d'État soit au changement de constitution décrété illégalement par le détenteur du Pouvoir (Napoléon III en 1851), soit à la saisie de l'État par un groupe d'hommes armés, sans que cette saisie (sanglante ou non) entraîne l'avènement d'une autre classe dirigeante d'un autre régime. La Révolution implique plus que le « ôte-toi de là que je m'y mette ». En revanche, l'accession de Hitler demeure révolutionnaire, bien qu'il ait été nommé légalement chancelier par le président Hindenburg. L'emploi de la violence a suivi plutôt que précédé cette accession et, du coup, certains des caractères juridiques du phénomène révolutionnaire font défaut. Sociologiquement, on retrouve les traits essentiels : l'exercice du pouvoir par une minorité qui élimine impitoyablement ses adversaires, crée un État nouveau, rêve de transfigurer la nation.

Ces querelles de mots, réduites à elles-mêmes, n'ont qu'une signification médiocre, mais, bien souvent, la discussion sur le mot révèle le fond du débat. Il me souvient qu'à Berlin, en 1933, la controverse préférée des Français portait sur le thème : s'agit-il ou non d'une révolution? On ne se demandait pas, raisonnablement, si l'apparence ou le camouflage légal interdisait ou non la référence aux précédents de Cromwell ou de Lénine. Bien plutôt on niait avec fureur, comme le fit un de mes interlocuteurs à la Société française de Philosophie en 1938, que le noble terme de Révolution pût s'appliquer à des événements aussi prosaïques que ceux qui agitaient l'Allemagne de 1933. Et pourtant, qu'exige-t-on de plus que les changements d'hommes, de classe dirigeante, de constitution, d'idéologie?

Quelle réponse donnaient les Français de Berlin, en 1933, à une telle question? Les uns auraient répondu que la légalité de la nomination du 30 janvier, l'absence de troubles dans la rue, constituaient une différence fondamentale entre l'avènement du IIIe Reich et celui de la République en 1792 ou du communisme en 1917. Il importe peu finalement qu'on reconnaisse deux espèces d'un même genre ou deux genres différents.

D'autres niaient que le national-socialisme accomplît une Révolution, parce qu'ils le jugeaient contre-révolutionnaire. On est en droit de parler de contre-révolution quand l'Ancien Régime est restauré, quand les hommes du passé reviennent au pouvoir, quand les idées ou institutions que les révolutionnaires d'aujourd'hui amènent avec eux sont celles que les révolutionnaires d'hier avaient éliminées. Là encore, les cas marginaux sont nombreux. La contre-révolution n'est jamais entièrement une restauration et toute révolution nie toujours pour une part celle qui l'a précédée et, de ce fait, présente quelques caractères contre-révolutionnaires. Mais ni le fascisme ni le national-socialisme ne sont entièrement ou essentiellement contre-révolutionnaires. Ils reprennent quelques formules des conservateurs, surtout les arguments que ceux-ci utilisaient contre les idées de 1789. Mais les nationaux-socialistes s'attaquent à la tradition religieuse du christianisme, à la tradition sociale de l'aristocratie et du libéralisme bourgeois : la « foi allemande », l'encadrement des masses, le principe du chef ont une signification proprement révolutionnaire. Le national-socialisme ne marquait pas un retour au passé, il rompait avec celui-ci aussi radicalement que le communisme.

En vérité, quand on parle de Révolution, quand on se demande si telle ou telle accession soudaine et violente au Pouvoir est digne ou non d'entrer dans le temple où trônent 1789, les Trois Glorieuses, « les dix jours qui ébranlèrent le monde », on se réfère plus ou moins consciemment à deux idées : les révolutions telles qu'on les observe en d'innombrables pays, sanglantes, prosaïques, décevantes, ne ressortissent à la Révolution qu'à la condition de se réclamer de l'idéologie de gauche, humanitaire, libérale égalitaire, elles ne s'accomplissent pleinement qu'à la condition d'aboutir à un renversement des rapports actuels de propriété. Sur le plan de l'Histoire, ces deux idées sont simples préjugés.

Tout changement de régime subit et brutal entraîne des fortunes et des faillites également injustes, il accélère la circulation des biens et des élites, il n'amène pas nécessairement une conception neuve du droit de propriété. D'après le marxisme, la suppression de la propriété privée des instruments de production constituerait le phénomène essentiel de la Révolution. Mais, ni dans le passé, ni à notre époque, l'écroulement des trônes ou des républiques, la conquête de l'État par des minorités actives, n'ont toujours coïncidé avec un bouleversement des normes juridiques.

On ne saurait tenir pour inséparables la violence et les valeurs de gauche : l'inverse se rapprocherait davantage de la vérité. Un pouvoir révolutionnaire est par définition un pouvoir tyrannique. Il s'exerce en dépit des lois, il exprime la volonté d'un groupe plus ou moins nombreux, il se désintéresse et doit se désintéresser des intérêts de telle ou telle fraction du peuple. La phase tyrannique dure plus ou moins longtemps selon les circonstances, mais on ne parvient jamais à en faire l'économie — ou, plus exactement, quand on parvient à l'éviter, il y a réforme, non révolution. La prise et l'exercice du pouvoir par la violence supposent des conflits que la négociation et le compromis ne réussissent pas à résoudre, autrement dit, l'échec des procédures démocratiques. Révolution et démocratie sont des notions contradictoires.

Il est, dès lors, également déraisonnable de condamner ou d'exalter par principe les révolutions. Hommes et groupes étant ce qu'ils sont — obstinés dans la défense de leurs intérêts, esclaves du présent, rarement capables de sacrifices, même quand ceux-ci sauvegarderaient l'avenir, enclins à osciller entre la résistance et les concessions plutôt qu'à choisir virilement un parti (Louis XVI ne réussit pas plus à se mettre à la tête de ses armées qu'à entraîner derrière lui les ultras ou les partisans du compromis) — les révolutions resteront probablement inséparables du train des sociétés. Trop souvent une classe dirigeante trahit la collectivité dont elle a la charge, se refuse à comprendre les exigences des temps nouveaux. Les réformateurs de l'ère Meiji, Kemal Ataturk ont chassé une classe dirigeante sur le déclin pour rénover un ordre politique et social. Ils n'auraient pu accomplir leur œuvre en un délai aussi bref s'ils n'avaient brisé les oppositions et imposé, en employant la force, une conception qu'une majorité de la nation aurait probablement rejetée. Les gouvernants qui rejettent tradition et légalité afin de rénover leur pays, ne sont pas tous des tyrans. Pierre le Grand, l'empereur du Japon étaient souverains légitimes quand ils entreprirent une tâche comparable à celle de Kémal Ataturk et, pour une part, à celle des Bolcheviks.

La paralysie d'un État, l'usure d'une élite, l'anachronisme des institutions rendent parfois inévitable, parfois souhaitable le recours à la violence d'une minorité. L'homme raisonnable, surtout l'homme de gauche, devrait préférer la thérapeutique à la chirurgie et les réformes à la révolution, comme il doit préférer la paix à la guerre et la démocratie au despotisme. La violence révolutionnaire peut lui apparaître parfois accompagnement ou condition nécessaire de changements conformes à son idéal. Elle ne saurait être pour lui un bien en soi.

L'expérience, qui excuse parfois le recours à la tyrannie, montre aussi la dissociation entre l'instabilité du pouvoir et la transformation de l'ordre social. La France du xixe siècle a vécu plus de révolutions, mais connu une évolution économique moins rapide que la Grande-Bretagne. Prévost-Paradol déplorait, il y a un siècle, que la France se payât, de temps à autre, le luxe d'une révolution, mais fût incapable de réaliser les réformes sur lesquelles s'accordaient les meilleurs esprits. A l'heure présente, le mot révolution est devenu à la mode, et le pays semble retombé dans l'ornière.

Les États-Unis, au contraire, ont conservé, depuis près de deux siècles, une constitution intacte. Ils lui ont peu à peu, avec l'aide du temps, conféré un prestige quasi sacré. Cependant la société américaine n'a cessé d'être en constante et rapide transformation. Le progrès économique, le brassage social se sont insérés, sans les ébranler, dans les cadres d'une structure constitutionnelle. Les républiques agraires sont devenues la plus grande puissance industrielle du monde, sans vacances de légalité.

Les civilisations coloniales obéissent probablement à d'autres lois que les civilisations issues d'une longue histoire, sur un sol étroit. L'instabilité constitutionnelle n'en est pas moins un signe de maladie plus que de santé. Les régimes victimes de soulèvements populaires ou de coups d'État témoignent par leur chute non de vices moraux — ils sont souvent plus humains que celui des vainqueurs — mais d'erreurs politiques. Ils ont été incapables soit de donner place aux opposants, soit de briser les résistances des conservateurs, soit d'ouvrir la perspective de réformes susceptibles d'apaiser les mécontents ou d'assouvir les ambitieux. Les régimes qui, tels ceux de Grande-Bretagne ou des États-Unis, ont survécu à l'accélération de l'histoire, ont manifesté la suprême vertu, faite à la fois de constance et de souplesse. Ils ont sauvé la tradition en la renouvelant.

Un intellectuel avancé admettrait sûrement que la multiplication des coups d'État dans tels pays d'Amérique du Sud est un symptôme de crise et une caricature de l'esprit progressiste. Peut-être avouerait-il, mais non sans répugnance, que la continuité constitutionnelle depuis le xviiie siècle a été, pour la Grande-Bretagne ou les États-Unis, une bonne fortune. Il reconnaîtrait volontiers que la prise du pouvoir par le fascisme ou le national-socialisme prouve que les mêmes moyens — la violence, la toute-puissance d'un parti — ne sont pas bons en eux-mêmes mais peuvent être employés à des fins horribles. Il maintiendrait l'espoir ou la volonté d'une Révolution, seule authentique, qui ne viserait pas à remplacer un Pouvoir par un autre, mais à renverser ou du moins à humaniser tous les Pouvoirs.

Malheureusement, l'expérience s'est refusée à offrir l'exemple de la Révolution, conforme à la prophétie marxiste ou aux espoirs humanitaires. Les révolutions, qui n'ont pas manqué, appartiennent à des espèces déjà repérées : la première révolution russe, celle de février, marque l'effondrement d'une dynastie usée par les contradictions entre l'absolutisme traditionnel et le progrès des idées, usée aussi par l'incapacité du tsar et les conséquences d'une guerre interminable, la seconde révolution russe, celle de novembre, est la prise du pouvoir par un parti minoritaire résolu, armé, à la faveur de la désorganisation de l'État et de la volonté de paix du peuple. La classe ouvrière, peu nombreuse, a pris une part importante surtout à la deuxième révolution; dans la guerre civile, l'hostilité des paysans aux contre-révolutionnaires a été probablement décisive. En Chine, la classe ouvrière, encore moins nombreuse relativement, n'a pas fourni le gros des troupes du parti communiste. Celui-ci s'est enraciné dans les campagnes, il y a recruté ses soldats, il y a préparé ses victoires : les intellectuels, bien plus que les travailleurs d'usines, ont fourni les cadres. La procession des classes sociales, portant tour à tour le flambeau, n'est qu'une imagerie historique, à l'usage des enfants.

La révolution du type marxiste ne s'est pas produite parce que la conception même en était mythique : ni le développement des forces productives ni le mûrissement de la classe ouvrière ne préparent le renversement du capitalisme par les travailleurs conscients de leur mission. Les révolutions qui se réclament du prolétariat, comme toutes les révolutions du passé, marquent la substitution violente d'une élite à une autre. Elles ne présentent aucun caractère qui autorise à les saluer comme la fin de la préhistoire.

Prestiges de la Révolution.

La Grande Révolution appartient en France à l'héritage national. Les Français aiment le mot de révolution parce qu'ils se donnent l'illusion de prolonger ou de reproduire la grandeur passée.

L'écrivain [1], qui évoque « la révolution chrétienne et socialiste » manquée au lendemain de la Libération, se soustrait aux exigences de la preuve et de la précision. L'expression suscite des émotions, elle appelle des souvenirs ou des rêves : nul ne saurait la définir.

Une réforme accomplie change quelque chose. Une révolution semble susceptible de tout changer, puisque l'on ignore ce qu'elle changera. Pour l'intellectuel qui cherche dans la politique un divertissement, un objet de foi ou un thème de spéculations, la réforme est ennuyeuse et la révolution excitante. L'une est prosaïque, l'autre poétique, l'une passe pour l'œuvre des fonctionnaires et l'autre du peuple dressé contre les exploiteurs. La Révolution suspend l'ordre coutumier et fait croire qu'enfin tout est possible. La semi-révolution de 1944 a laissé à ceux qui la vécurent (du bon côté de la barricade) la nostalgie d'un temps chargé d'espérance. On regrette l'illusion lyrique, on hésite à la critiquer. Les *autres* — hommes, accidents, Union soviétique ou États-Unis d'Amérique — sont responsables des déceptions.

Féru d'idées et indifférent aux institutions, critique sans indulgence de la vie privée, mais rebelle, en politique, aux considérations raisonnables, le Français est par excellence le révolutionnaire en mots et le conservateur en actes. Mais le mythe de la Révolution n'est pas limité à la France et aux intellectuels français. Il me paraît avoir bénéficié de prestiges multiples, plus souvent empruntés qu'authentiques.

Il a bénéficié d'abord du *prestige du modernisme esthétique*. L'artiste dénonce le philistin, le marxiste la bourgeoisie. Ils pouvaient se croire solidaires dans le même

---

1. François Mauriac.

combat contre le même ennemi. Avant-garde artistique et avant-garde politique ont rêvé parfois d'une aventure menée en commun en vue de la même libération.

En fait, au siècle dernier, la conjonction des deux avant-gardes ne fut pas plus fréquente que leur divorce. Aucune des grandes écoles littéraires ne fut en tant que telle liée à la gauche politique. Victor Hugo, chargé d'ans et de gloire, finit en chantre officiel de la démocratie; il avait chanté auparavant le passé aboli et jamais il ne fut révolutionnaire au sens moderne du terme. Parmi les plus grands écrivains, certains ont été réactionnaires (Balzac), d'autres foncièrement conservateurs (Flaubert). Le « poète maudit » n'était rien moins que révolutionnaire. Les impressionnistes, aux prises avec l'académisme, ne songeaient guère à mettre l'ordre social en accusation et à dessiner des colombes pour les partisans du grand soir.

De leur côté, les socialistes, théoriciens ou militants, n'adhéraient pas toujours au système de valeurs de l'avant-garde littéraire ou artistique. Léon Blum regarda durant des années, peut-être pendant toute sa vie, Porto-Riche comme un des plus grands écrivains de notre temps. A la *Revue Blanche*, avant-garde littéraire, il était un des seuls à incliner vers le parti de la Révolution. Le créateur du socialisme scientifique avait, en matière d'art, le goût classique.

C'est, me semble-t-il, au lendemain de la première guerre mondiale que se noue l'alliance des deux avant-gardes, dont le surréalisme fut en France le symbole. En Allemagne, les cafés littéraires, les théâtres de recherches et de créations originales, avaient partie liée avec l'extrême-gauche, souvent avec le bolchevisme. On dénonçait d'une même voix convention artistique, conformisme éthique, tyrannie de l'argent. On en voulait à l'ordre chrétien autant qu'à l'ordre capitaliste. Ce rassemblement ne fut pas de longue durée.

Dix ans après la révolution russe, on sacrifiait les architectes modernistes à la résurrection du style néo-classique, et j'entends encore Jean-Richard Bloch déclarer, avec la foi du converti, que le retour aux colonnes marquait, il est vrai, une régression artistique, mais, à coup sûr, un progrès dialectique. Les meilleurs de l'avant-garde littéraire ou artistique, en Union soviétique, furent éliminés avant 1939. La peinture fut mise à l'alignement du Salon des Artistes Français d'il y a cinquante ans, les musiciens durent multiplier les aveux et les autocritiques. Il y a trente-cinq ans, on vantait l'Union soviétique pour l'audace qu'y déployaient cinéastes, poètes ou metteurs en scène; aujourd'hui les Occidentaux passent en revue les héros de l'art moderne — y compris ceux qui ont été réduits à la misère par l'incompréhension du public — et dénoncent dans la patrie de la Révolution le foyer d'une orthodoxie réactionnaire.

Au dehors, Aragon passa du surréalisme au communisme et devint le plus discipliné des militants, prêt indifféremment à « conchier » ou « chanter » l'armée française. Breton resta fidèle à sa jeunesse et à la Révolution totale. En se convertissant à l'académisme et aux valeurs bourgeoises, l'Union soviétique dissipe la confusion entre libération de l'esprit et toute-puissance du parti. Mais à quel mouvement historique se raccrocher quand deux « réactions » semblent s'opposer? L'écrivain en est réduit à la solitude ou à la secte. Le peintre a la ressource d'adhérer au parti et d'ignorer le réalisme socialiste.

L'alliance des deux avant-gardes était née d'un malentendu et de circonstances exceptionnelles. Par l'horreur du conformisme, des artistes rejoignent le parti de toutes les révoltes, mais les conquérants sont rarement les profiteurs de la victoire. La classe dirigeante qui s'installe dans la société issue d'un bouleversement est avide de stabilité et de respect. Elle aime les colonnes, le classicisme vrai ou faux. On a décelé des similitudes entre le mauvais goût de la bourgeoisie victorienne et le mauvais goût de la bourgeoisie soviétique d'aujourd'hui, l'une et l'autre orgueilleuses de leur réussite matérielle. La génération des capitalistes ou managers, qui a franchi l'étape de l'industrialisation primaire, réclame les meubles solides et les façades imposantes. La personnalité de Staline explique aussi les formes extrêmes prises en Union soviétique par l'obscurantisme.

L'Union soviétique ouvrira peut-être, d'ici quelques années ou décennies, libre carrière aux recherches de l'école de Paris. Provisoirement elle dénonce l'art décadent et corrompu que vitupérait Hitler. La véritable nouveauté est probablement le cas Fougeron : touché par la grâce politique, un de l'avant-garde artistique s'efforce de créer un académisme conforme à sa foi.

Le *prestige du non-conformisme moral* naît du même malentendu. Une fraction de la bohème littéraire se sentait liée à l'action de l'extrême-gauche; les militants socialistes rejetaient l'hypocrisie bourgeoise. A la fin du siècle dernier, les conceptions libertaires — l'amour libre, le droit à l'avortement — avaient cours dans les milieux politiquement avancés. Tel couple mettait un point d'honneur à ne pas se présenter devant les autorités civiles et le terme de compagne sonnait mieux que celui de femme ou d'épouse, qui sentait sa bourgeoisie d'une lieue.

« Nous avons changé tout cela. » Le mariage, les vertus familiales sont exaltés dans la patrie de la Révolution, le divorce et l'avortement restent légaux dans certaines circonstances, mais la propagande officielle les combat, rappelle aux individus qu'ils doivent subordonner leurs plaisirs ou leurs passions à un intérêt qui les dépasse, celui de la société elle-même. Les traditionalistes n'auraient pu exiger davantage.

Les historiens ont maintes fois constaté le penchant des révolutionnaires à la vertu, commun aux Puritains et aux Jacobins. Ce penchant caractérise l'espèce des révolutionnaires optimistes, qui exigent des autres leur propre pureté. Les Bolcheviks, eux aussi, vitupèrent volontiers les corrompus. Le débauché est suspect à leurs yeux, non parce qu'il ignore les règles admises, mais parce qu'il s'abandonne au vice, parce qu'il consacre trop de temps et trop de forces à une activité sans importance.

La restauration de la famille est un phénomène tout autre. Il marque le retour à la vie quotidienne, une fois dissipée l'obsession de la politique. Les institutions de la famille persistent le plus souvent à travers les bouleversements de l'État ou de la société. Ébranlées par l'effondrement de l'ordre ancien, elles se reconstituent au fur et à mesure que le nouvel ordre dure et que l'élite victorieuse prend confiance en elle-même et en l'avenir. La rupture laisse parfois un héritage de libération. En Europe, la structure autoritaire de la famille fut, pour une part, historiquement liée à la structure autoritaire de l'État. La même philosophie incite à reconnaître au citoyen le droit de suffrage et le droit au bonheur. Quel que soit l'avenir du communisme en Chine, la famille large n'y subsistera pas telle qu'elle exista durant des siècles. La libération des femmes y est probablement un acquis définitif.

La critique de la moralité conventionnelle a servi de trait d'union entre l'avant-garde politique et l'avant-garde littéraire, l'athéisme semble lier la *métaphysique de la révolte à la politique de la Révolution*. Là encore, me semble-t-il, celle-ci bénéficie d'un prestige emprunté; on la donne à tort pour l'aboutissement nécessaire de l'humanisme.

Le marxisme s'est développé à partir d'une critique de la religion que Marx avait recueillie de Feuerbach. L'homme s'aliène en projetant en Dieu les perfections auxquelles il aspire. Dieu, bien loin d'être créateur de l'humanité, n'est lui-même qu'une idole de l'imagination. Sur cette terre, les hommes doivent tendre à réaliser la perfection qu'ils conçoivent et qui leur échappe encore. La critique de la religion conduit à la critique de la société. Pourquoi cette critique aboutirait-elle nécessairement à l'impératif révolutionnaire?

La Révolution ne se confond pas avec l'essence de l'action, elle n'en est qu'une modalité. Toute action est, en effet, négation du donné, mais en ce sens une réforme n'est pas moins action qu'une révolution. Les événements de 1789 ont suggéré à Hegel un des thèmes de ce qui est devenu le mythe révolutionnaire : la violence au service de la raison. Mais, à moins qu'on n'accorde à la lutte entre les classes une valeur par elle-même, l'effort pour écarter les survivances et bâtir une cité conforme aux normes de l'esprit n'exige pas la rupture soudaine et la guerre civile. La Révolution n'est ni fatalité ni vocation, elle est moyen.

Dans le marxisme lui-même, on trouve trois conceptions divergentes de la Révolution : une conception blanquiste, celle de la prise du pouvoir par un petit groupe d'hommes armés qui, une fois maîtres de l'État, transforment les institutions; une conception évolutive : la société future doit mûrir au sein de la société présente avant qu'intervienne la crise finale et salvatrice; enfin, la conception qui est devenue celle de la révolution permanente : le parti ouvrier exerce, par la surenchère, une pression constante sur les partis bourgeois; il utilise les réformes auxquelles consentent ces derniers pour miner l'ordre capitaliste et préparer tout à la fois sa victoire et l'avènement du socialisme. Ces trois conceptions laissent subsister la nécessité de la violence, mais la deuxième, la moins accordée au tempérament de Marx et la mieux accordée à la sociologie marxiste, renvoie à un avenir indéterminé le moment de la rupture.

A chaque époque, une société concrètement considérée, révèle des éléments d'âges et de styles distincts que l'on décréterait aisément incompatibles. Monarchie, parlement, syndicats, service de santé gratuit, conscription, sociétés nationales des houillères, Royal Navy, coexistent dans la Grande-Bretagne actuelle. Si les régimes historiques coïncidaient avec les essences que nous leur prêtons, peut-être une révolution serait-elle inévitable pour aller de l'un à l'autre. Du capitalisme imparfait à un socialisme approximatif, du parlementarisme aristocratique et bourgeois aux assemblées où siègent les représentants des syndicats et des partis de masses, la transition n'exige pas, en théorie, que les hommes s'entretuent. Les circonstances en décident.

Un humanisme historique — l'homme en quête de lui-même à travers la succession des régimes et des empires — n'aboutit au culte de la Révolution que par une confusion dogmatique entre des aspirations permanentes et une certaine technique d'action. Le choix des méthodes ne ressortit pas à la réflexion philosophique, mais à l'expérience et à la sagesse, à moins que la lutte de classes ne doive accumuler les cadavres pour remplir sa fonction dans l'histoire. Pourquoi la réconciliation de tous les hommes devrait-elle sortir de la victoire d'une seule classe?

Marx a été de l'athéisme à la Révolution par l'intermédiaire d'une dialectique de l'histoire. Beaucoup d'intellectuels qui ne veulent rien savoir de la dialectique vont eux aussi de l'athéisme à la Révolution, non parce que celle-ci promet de réconcilier les hommes ou de résoudre le mystère de l'histoire, mais parce qu'elle détruit un monde médiocre ou odieux. Entre l'avant-garde littéraire et l'avant-garde politique, joue la complicité de la haine éprouvée contre l'ordre ou le désordre établi. La Révolution bénéficie du *prestige de la Révolte.*

Le mot révolte, comme le mot nihilisme, est à la mode. On l'emploie si volontiers que l'on finit par ne plus savoir ce qu'il signifie exactement. On se demande si la plupart des écrivains ne souscriraient pas à la formule d'André Malraux : « C'est dans l'accusation de la vie que se trouve la dignité fondamentale de la pensée, et toute pensée qui justifie réellement l'univers s'avilit dès qu'elle est autre chose qu'un espoir. » Au XXe siècle, il est certainement plus facile de condamner le monde que de le justifier.

Métaphysique, la révolte nie l'existence de Dieu, les fondements que la religion ou le spiritualisme donnaient traditionnellement aux valeurs ou à la morale. Elle dénonce l'absurdité du monde et de la vie. Historique, la révolte met en accusation la société en tant que telle ou la société présente. L'une mène souvent à l'autre, ni l'une ni l'autre ne mènent inévitablement à la Révolution ou aux valeurs que prétend incarner la cause révolutionnaire.

Celui qui dénonce le sort que réserve aux hommes un univers dénué de signification rejoint parfois les révolutionnaires, parce que l'indignation ou la haine l'emporte sur toute autre considération, parce que la destruction apaise seule, à la limite, la conscience désespérée. Mais tout aussi logiquement, il dissipera les illusions répandues par les optimistes qui, incorrigibles, s'obstinent à combattre les symptômes sociaux du malheur humain, pour ne pas mesurer l'abîme. Tel révolté voit dans l'action pour elle-même l'aboutissement d'une destinée sans but, tel autre n'y voit qu'un divertissement indigne, tentative de l'homme pour se dissimuler à lui-même la vanité de sa condition. Le parti de la Révolution, aujourd'hui triomphant, accable de son mépris la postérité de Kierkegaard, de Nietzsche ou de Kafka, témoins d'une bourgeoisie qui ne se console pas de la mort de Dieu, parce qu'elle est consciente de sa propre mort. Le révolutionnaire, non le révolté, possède la transcendance et la signification : l'avenir historique.

Les révoltés, il est vrai, se dressent contre l'ordre établi. Ils ne voient que conventions ou hypocrisie dans la plupart des interdits ou des impératifs sociaux. Mais certains n'en affirment pas moins les valeurs couramment admises par leur milieu, alors que d'autres se révoltent contre leur époque, mais non contre Dieu ou le Destin. Les nihilistes russes, au milieu du siècle dernier, au nom du matérialisme et de l'égoïsme, rejoignaient, en fait, le mouvement bourgeois et socialiste. Nietzsche et Bernanos, celui-ci croyant et celui-là proclamant la mort de Dieu, sont authentiquement des non-conformistes. Tous deux, l'un au nom d'un avenir pressenti, l'autre en invoquant une image idéalisée de l'Ancien Régime, disent non à la démocratie, au socialisme, au régime des masses. Ils sont hostiles ou indifférents à l'élévation du niveau de vie, à la généralisation de la petite bourgeoisie, au progrès de la technique. Ils ont horreur de la vulgarité, de la bassesse, que répandent les pratiques électorales et parlementaires. Bernanos lançait ses invectives contre l'État païen, le Léviathan bavard.

Depuis la défaite des fascismes, la plupart des intellectuels de la Révolte et tous ceux de la Révolution témoignent d'un conformisme irréprochable. Ils ne rompent pas avec les valeurs des sociétés qu'ils condamnent. Les colons français d'Algérie, les fonctionnaires corses de Tunisie, ne pratiquent pas le respect de l'indigène et ne croient pas à l'égalité des races. Mais un intellectuel de droite, en France, n'oserait guère développer une philosophie du colonialisme, pas plus qu'un intellectuel russe ne développe une théorie des camps de concentration. Les partisans de Hitler, Mussolini ou Franco ont suscité l'indignation parce qu'ils refusaient de se prosterner devant les idées modernes, démocratie, égalité des hommes, des classes et des races, progrès économique, humanitarisme et pacifisme. Les révolutionnaires de 1950 font parfois peur, ils ne font jamais scandale.

Il n'est pas un chrétien aujourd'hui, même réactionnaire, qui oserait dire ou penser que le niveau de vie des masses n'importe pas. Le chrétien dit de gauche est moins celui qui montre audace ou liberté que celui qui a consenti à absorber la plus forte dose des idées courantes dans le milieu profane. A la limite, le chrétien « progressiste » tiendra un changement de régime ou l'amélioration du sort matériel des hommes pour indispensable à la propagation de la vérité chrétienne. Le message de Simone Weil n'est pas de gauche, il est non-conformiste, il rappelle des vérités que l'on n'avait plus coutume d'entendre.

On chercherait vainement, dans la France présente, deux philosophies incompatibles comme celles de l'Ancien Régime et du rationalisme. Les combattants d'aujourd'hui — mis à part les survivants du fascisme — sont des frères ennemis. Le socialisme reprend les idées directrices de l'âge bourgeois : maîtrise des forces naturelles, souci prédominant du confort et de la sécurité de tous, refus des inégalités de race et d'*état*, la religion affaire privée. Probablement la société soviétique implique-t-elle en profondeur un système de valeurs opposé à celui des Occidentaux : explicitement, ces deux mondes se reprochent réciproquement de violer leurs communes valeurs. La controverse sur le mode de propriété et la planification relève moins des fins que des techniques.

Révoltés ou nihilistes reprochent au monde moderne les uns d'être ce qu'il veut être, les autres de n'être pas fidèle à lui-même. Les seconds sont aujourd'hui plus nombreux que les premiers. Les polémiques les plus vives se déchaînent non entre les uns et les autres, mais entre intellectuels d'accord sur l'essentiel. Pour se déchirer, ils n'ont nul besoin de s'opposer sur le but, il suffit qu'ils diffèrent sur le mot sacré : Révolution.

Révolte et Révolution.

L'échange de lettres ou d'articles entre Albert Camus, Jean-Paul Sartre et Francis Jeanson [1], a pris immédiatement le caractère d'une querelle célèbre *. Nous n'aurons pas la prétention de marquer les coups ou répartir les torts, nous cherchons à saisir l'état du mythe révolutionnaire, dans la conscience des grands écrivains, au cours de l'an VII de la guerre froide.

Les positions métaphysiques des interlocuteurs sont proches. Dieu est mort et l'univers ne donne à l'aventure humaine aucun sens. Sans doute l'analyse de notre condition n'est-elle pas dans l'*Être et le Néant* ce qu'elle est dans le *Mythe de Sisyphe* ou *la Peste* (aussi bien les livres ne sont-ils pas comparables). Mais une même volonté de véracité, un même refus des illusions ou des faux-semblants, un même affrontement du monde, une sorte de stoïcisme actif, s'y affirment, en des styles tout différents. L'attitude de Sartre à l'égard des problèmes derniers et celle de Camus ne devaient pas se heurter.

Quand ils en viennent à exprimer leur approbation et

---

1. Les *Temps modernes*, août 1952, n° 82.

leur désapprobation — celle-ci plus fréquente que celle-là — ils révèlent des valeurs analogues. Ils sont tous deux humanitaires, ils souhaitent atténuer les souffrances, libérer les opprimés; ils combattent le colonialisme, le fascisme, le capitalisme. Qu'il s'agisse de l'Espagne, de l'Algérie ou du Vietnam, Camus n'a commis aucun crime de lèse-progressisme. Quand l'Espagne entra à l'U. N. E. S. C. O., il écrivit une admirable lettre de protestation. L'entrée de l'Union soviétique ou de la Tchécoslovaquie soviétisée l'a trouvé silencieux. Il appartient, lui aussi, pour l'essentiel, à la gauche bien-pensante.

A moins que sa pensée n'ait depuis *l'Être et le Néant* changé profondément, Sartre n'interprète pas l'histoire comme le devenir de l'esprit. Il ne prête pas à une révolution, quelle qu'elle soit, une signification ontologique. La société sans classes ne résoudra pas le mystère de notre destinée, elle ne réconciliera ni l'essence et l'existence ni les hommes entre eux. L'existentialisme de Sartre exclut la croyance à la totalité historique. Chacun est plongé dans l'histoire et choisit son projet et ses compagnons au risque d'erreurs. Camus souscrirait sans peine à de telles propositions.

Pourquoi la rupture? Celle-ci semble avoir pour origine la question unique à propos de laquelle, dans le monde occidental, frères, camarades, amis se quittent à jamais : quelle attitude adopter à l'égard de l'Union soviétique et du communisme? Le dialogue prend une intensité pathétique non pas quand les interlocuteurs ont les uns donné, les autres refusé leur adhésion au parti de Lénine, Staline ou Malenkov. Il suffit que des non-communistes justifient d'autre façon leur refus de rejoindre le parti, que les uns se disent non-communistes, les autres anti-communistes, que les uns condamnent Lénine en même temps que Staline, que les autres réservent leur sévérité à ce dernier, pour que les hommes qui, de l'autre côté du rideau de fer, seraient ensemble liquidés se croient d'inexpiables ennemis.

A l'époque de la polémique, Jean-Paul Sartre n'avait encore fait le voyage ni de Vienne ni de Moscou. Il pouvait encore écrire : « Et si je suis un sous-marin, un crypto, un sympathisant honteux, d'où vient que c'est moi qu'ils haïssent et non vous? Mais n'allons pas nous vanter des haines que nous provoquons. Je vous dirai franchement que je regrette profondément cette hostilité, parfois j'irai presque jusqu'à vous envier la profonde indifférence qu'ils vous témoignent [1]. » Il ne niait nullement les cruautés du régime soviétique, les camps de concentration. Le temps du « Rassemblement Démocratique Révolutionnaire », celui du refus des deux blocs et de l'effort pour tracer une troisième voie, n'était pas encore révolu depuis longtemps. Camus ne dénonçait pas moins clairement que Sartre, l'oppression coloniale ou la honte du « Franquisme ». Tous deux, libres de toute affiliation, condamnent ici et là ce qui à leurs yeux mérite d'être condamné. Où est la différence? En termes vulgaires, la réponse serait : en suprême recours, Camus choisirait plutôt l'Ouest et Sartre plutôt l'Est [2]. En termes nobles, au niveau de la pensée politique, Sartre reproche à Camus de s'acculer lui-même à l'abstention : « Vous blâmez le prolétariat européen parce qu'il n'a pas publiquement marqué de réprobation aux Soviets, mais vous blâmez aussi les gouvernements de l'Europe parce qu'ils font admettre l'Espagne à l'U. N. E. S. C. O.; dans ce cas, je ne vois qu'une solution pour vous : les îles Galapagos. » Admettons que la volonté de tenir la balance égale et de dénoncer avec la même rigueur les injustices qui, effectivement, ne sont absentes d'aucun des deux univers ne débouche sur aucune action proprement politique. Camus n'est pas un homme politique, Sartre non plus, et tous deux agissent par la plume. Quelle est la solution de rechange aux îles Galapagos après la fin du R. D. R.? « C'est qu'il me semble à moi, au contraire, que la seule manière de venir en aide aux esclaves de là-bas, c'est de prendre le parti de ceux d'ici. »

Ce raisonnement est exactement celui des réactionnaires ou des pacifistes, en France, entre 1933 et 1939, qui reprochaient aux hommes de gauche de multiplier les manifestes et les réunions publiques en faveur des Juifs persécutés. « Occupez-vous de vos affaires, disaient-ils, et balayez devant votre porte. La meilleure façon de venir en aide aux victimes du IIIe Reich, c'est d'atténuer les souffrances des victimes de la crise, du colonialisme ou de l'impérialisme. » En fait, ce raisonnement est faux. Ni le IIIe Reich ni l'Union soviétique ne sont radicalement indifférents à l'opinion du monde extérieur. Les protestations des orga-

---

[1]. *Ibid.*, p. 341.
[2]. A condition de vivre à l'Ouest, bien entendu.

nisations juives dans le monde ont probablement contribué au ralentissement de la campagne antisioniste et anticosmopolite sous le couvert de laquelle les Juifs, de l'autre côté du rideau de fer, étaient à nouveau persécutés. La propagande déchaînée en Europe ou en Asie contre la ségrégation aux États-Unis aide ceux qui s'efforcent d'améliorer la condition des nègres et de donner à ceux-ci l'égalité de droits promise par la Constitution.

Laissons les conséquences pratiques de ces deux attitudes. Pourquoi une différence, apparemment de nuances, soulève-t-elle tant de passion? Sartre et Camus ne sont communistes ou « atlantiques » ni l'un ni l'autre; ils reconnaissent tous deux l'existence d'iniquités dans les deux camps Camus veut dénoncer les unes et les autres, Sartre veut dénoncer seulement les unes, du côté occidental, sans nier la réalité des autres. Nuance, à coup sûr, mais qui met en cause toute une philosophie.

Camus n'en a pas seulement à tels ou tels aspects de la réalité soviétique. Le régime communiste lui paraît tyrannie totale, inspirée et justifiée par une philosophie. Il reproche aux révolutionnaires de nier toute valeur éternelle, toute morale transcendante à la lutte des classes et à la diversité des époques, il les accuse de sacrifier les hommes vivants à un bien prétendument absolu, à une fin de l'histoire, dont la notion est contradictoire et, en tout cas, incompatible avec l'existentialisme. Que l'un *ne nie pas* et que l'autre *dénonce* les camps de concentration n'importerait guère, si celui-ci ne donnait à sa dénonciation le sens d'une rupture avec le « projet » révolutionnaire, tandis que l'autre refuse de rompre avec un « projet » auquel il n'adhère pas.

Dans *l'Homme révolté*, Camus analysait l'évolution idéologique de Hegel à Marx et à Lénine, l'écart entre certaines prévisions contenues dans les ouvrages de Marx et le cours des événements. L'analyse n'apportait rien qu'on ne pût trouver aisément ailleurs, mais elle était, sur plusieurs points, difficilement contestable. Le livre de Camus et plus encore « la lettre au directeur des *Temps modernes* » étaient vulnérables. Dans le livre, les lignes maîtresses de l'argumentation se perdent dans une succession d'études mal rattachées les unes aux autres, le style de l'écriture et le ton de moraliste ne permettent guère la rigueur philosophique. La lettre prétendait enfermer les existentialistes dans des alternatives trop simples. (Sartre a beau jeu de répondre que le marxisme ne s'épuise pas dans un prophétisme et une méthode mais comporte aussi une philosophie.) Malgré tout, Camus n'en posait pas moins des questions décisives auxquelles Sartre et Jeanson répondent malaisément.

— Oui ou non, demandait-il, reconnaissez-vous dans le régime soviétique l'accomplissement du « projet » révolutionnaire?

Or, la réponse de Francis Jeanson est à la fois nette et embarrassée : « Ce n'est pas une contradiction subjective qui m'empêche de me prononcer nettement sur le stalinisme, mais une difficulté de fait qui me semble pouvoir se formuler de la sorte : le mouvement stalinien, à travers le monde, ne nous paraît pas être authentiquement révolutionnaire, mais il est le seul qui se prétende révolutionnaire et il rassemble, en particulier chez nous, la grande majorité du prolétariat; nous sommes donc à la fois *contre lui* puisque nous en critiquons les méthodes et *pour lui* parce que nous ignorons si la révolution authentique n'est pas une pure chimère, s'il ne faut pas justement que l'entreprise révolutionnaire passe d'abord par ces chemins-là, avant de pouvoir instituer quelque ordre social plus humain et si les imperfections de cette entreprise ne sont pas, dans le contexte actuel, tout compte fait préférables à son anéantissement pur et simple [1]. » On ne voit pas que Camus ait souhaité « l'anéantissement pur et simple de l'entreprise », (à supposer que cette formule présente un sens). Cet aveu d'ignorance est louable mais surprenant de la part d'un philosophe de l'engagement. L'action dans l'histoire exige que l'on se décide sans savoir ou, du moins, que l'on affirme dans la décision plus qu'on ne sait. Toute action, au milieu du XXe siècle, suppose et entraîne une prise de position à l'égard de l'entreprise soviétique. Éluder cette prise de position, c'est éluder les servitudes de l'existence historique, quand bien même on invoque l'Histoire.

La seule justification, écrivait Camus, de la prise du pouvoir, de la collectivisation, de la terreur, de l'État total édifié au nom de la Révolution, serait la certitude d'obéir

1. *Ibid.*, p. 378.

à la nécessité et de hâter la réalisation de la fin de l'Histoire. Or, les existentialistes ne sauraient souscrire à cette nécessité ni croire à la fin de l'Histoire. A quoi Sartre répond : « L'Histoire a-t-elle un sens, demandez-vous, a-t-elle une fin? Pour moi, c'est la question qui n'a pas de sens, car l'Histoire, en dehors de l'homme qui la fait, n'est qu'un concept abstrait et immobile dont on ne peut dire ni qu'il a une fin ni qu'il n'en a pas, et le problème n'est pas de *connaître* sa fin mais de lui en *donner* une... On ne discutera pas s'il y a ou non des valeurs transcendantes à l'Histoire : on remarque simplement que, *s'il y en a*, elles se manifestent à travers des actions humaines qui sont par définition historiques... Et Marx n'a jamais dit que l'Histoire aurait une fin : comment l'eût-il pu? Autant dire que l'homme un jour serait sans buts. Il a seulement parlé d'une fin de la préhistoire, c'est-à-dire d'un but qui serait atteint au sein de l'Histoire elle-même et dépassé comme tous les buts. » Cette réponse, et Sartre le sait mieux que personne, manque quelque peu aux règles de l'honnête discussion. On ne doute pas que nous donnions un sens à l'Histoire par notre action, mais comment choisir ce sens, si nous sommes incapables de déterminer des valeurs universelles ou de comprendre l'ensemble? La décision qui ne se réfère ni à des normes éternelles ni à la totalité historique n'est-elle pas arbitraire et ne laisse-t-elle pas les hommes et les classes en guerre, sans que l'on puisse, même après coup, trancher entre les combattants?

Hegel affirmait le parallélisme entre dialectique des concepts et procession des empires et des régimes, Marx annonçait, avec la société sans classes, la solution du mystère de l'Histoire. Sartre ne peut ni ne veut reprendre, sur le plan ontologique, la notion de fin de l'Histoire, liée à l'esprit absolu. Mais il en réintroduit, sur le plan politique, l'équivalent. Or, si elle est fin de la préhistoire, la révolution socialiste doit présenter une originalité foncière par rapport au passé, marquer une rupture dans le cours du temps, une conversion des sociétés.

Sartre emprunte, nous dit-il, au marxisme, entre le prophétisme et la méthode, certaines vérités proprement philosophiques. Ces vérités, qui apparaissent dans les textes du jeune Marx, me semblent essentiellement la critique de la démocratie formelle, l'analyse de l'aliénation et l'affirmation de l'urgence d'abattre l'ordre capitaliste. Cette philosophie contient virtuellement le prophétisme : la révolution des prolétaires sera essentiellement autre que les révolutions du passé, seule elle permettra l'humanisation des sociétés. Cette version subtile du prophétisme n'est pas, comme la version vulgaire qui comptait sur la concentration des entreprises et la paupérisation des masses, réfutée par les événements du dernier siècle. Mais elle demeure abstraite, formelle, indéfinie. En quel sens la prise du pouvoir par un parti marque-t-elle la fin de la préhistoire?

Résumée en langage vulgaire, la pensée de Camus manque peut-être de nouveauté. Sur les points où elle soulève la colère des *Temps modernes*, elle apparaît banale et raisonnable. Si la révolte nous découvre la solidarité avec les malheureux et les impératifs de la pitié, les révolutionnaires de type stalinien trahissent, en effet, l'esprit de la révolte. Convaincus d'obéir aux lois de l'Histoire et d'œuvrer pour une fin à la fois inéluctable et bienfaisante, ils deviennent, à leur tour, sans mauvaise conscience, bourreaux et tyrans.

De ces jugements on ne saurait tirer aucune règle d'action, mais la critique du fanatisme historique nous incite à choisir en fonction de circonstances multiples, selon la probabilité et l'expérience. Le socialisme scandinave n'est pas un modèle universel et ne prétend pas l'être. Les concepts tels que vocation du prolétariat, reprise des aliénations, Révolution, témoignent à coup sûr de plus de prétention : je crains qu'ils ne rendent encore moins de services pour s'orienter dans l'univers du XXe siècle.

En dehors de France et de Saint-Germain-des-Prés, une telle polémique serait à peine compréhensible. Ni les conditions intellectuelles ni les conditions sociales de cette polémique n'en sont données, en Grande-Bretagne ou aux États-Unis, où l'on discute, sans grande passion, la sociologie ou l'économie de Marx, comme on discute des œuvres importantes qui marquent les étapes de la science. On est indifférent à la philosophie de Marx, aussi bien à celle de la jeunesse qu'à celle de la maturité, hégélienne encore dans la critique des marchandises-fétiches, plus naturaliste dans d'autres textes et dans les écrits d'Engels. Dès lors que l'on écarte l'hégélianisme, l'interrogation sur la conformité de la révolution soviétique à *la* Révolution perd toute signification. Des révolutionnaires, au nom d'une idéologie, ont bâti un certain régime. Nous en savons assez sur celui-ci pour n'en pas souhaiter l'extension indéfinie. Ce refus ne nous oblige pas à en vouloir « l'anéantissement pur et simple », ni à combattre le prolétariat ou la révolte des opprimés.

L'adhésion à un régime réel, par conséquent imparfait, nous rend solidaires des injustices ou des cruautés dont aucun temps et aucun pays n'ont été exempts. Le vrai communiste est celui qui accepte toute la réalité soviétique dans le langage qui lui est dicté. L'authentique occidental est celui qui n'accepte totalement de notre civilisation que la liberté qu'elle laisse de la critiquer et la chance qu'elle offre de l'améliorer. Le ralliement d'une fraction des ouvriers français au parti communiste affecte profondément la situation dans laquelle l'intellectuel français doit choisir. Le prophétisme révolutionnaire, proclamé il y a un siècle par un jeune philosophe dressé contre l'Allemagne somnolente et les horreurs des premières industries, nous aide-t-elle à comprendre la situation et à choisir raisonnablement? Rêver de révolution, est-ce une manière de changer la France ou de la fuir?

La situation française est-elle révolutionnaire?

Les intellectuels français parlent-ils à l'envi de révolution — chrétienne, socialiste, gaulliste, communiste, existentialiste — parce que, plus sensibles que les hommes du commun aux frémissements de l'histoire, ils sentent venir le temps des grands cataclysmes?

Au cours des dix ans qui précédèrent la deuxième guerre, on posait la question. Mais on ajoutait immédiatement que la menace hitlérienne interdisait aux Français non de se quereller — rien ni personne ne saurait les en empêcher — mais de régler leurs querelles d'un coup et par la violence. La Libération a été accompagnée par une quasi-révolution, que partisans et adversaires s'accordent à tenir pour avortée. En 1950, on se demandait une fois de plus si la France, avec près de 50 % d'électeurs communistes ou gaullistes, en théorie hostiles au régime, n'était pas à la veille d'une explosion. Quelques années plus tard, le conservatisme semblait moins ébranlé qu'entretenu par des velléités d'extrémisme ou des déclamations martiales.

La France a connu des pseudo-révolutions en 1940 et 1944, dont l'aboutissement a été le retour aux institutions, aux hommes et aux pratiques de la IIIe République. La défaite a contraint le Parlement à signer, en juillet 1940, un acte d'abdication. Une équipe composite — quelques transfuges du personnel républicain se mêlaient à des doctrinaires de la droite ou à des jeunes hommes avides d'action — a tenté d'introduire un régime autoritaire mais non totalitaire. La Libération a liquidé cette tentative et amené au pouvoir une autre équipe, elle aussi composite dans son recrutement et ses idées. Contre Vichy celle-ci se réclamait dans la légalité républicaine, tantôt en se rattachant au dernier gouvernement du régime d'hier, tantôt en invoquant la volonté nationale incarnée dans la Résistance. Le plus souvent elle se proclamait révolutionnaire dans ses origines et son projet : elle fondait sa légitimité non sur l'élection mais sur une sorte de délégation mystique — le peuple se reconnaissait dans un homme —, elle prétendait rénover l'État et non pas seulement restaurer la République.

La Révolution s'épuisa dans l'épuration, les réformes dites de structure (nationalisations), qui traînaient dans les programmes du Front populaire, et enfin certaines lois (sécurité sociale), qui prolongeaient une évolution antérieure et n'exigeaient pas de bouleversements. En fait de textes et de pratique constitutionnels, la tradition ou, pour mieux dire, les mauvaises habitudes l'emportèrent aisément sur les velléités de renouveau. Le Parlement et les partis de la IVe République se montrèrent aussi jaloux de leurs prérogatives, aussi hostiles à un exécutif fort que ceux de la IIIe. En 1946, les partis, en particulier les trois grands, étaient accusés de monolithisme. En 1946-1947, radicaux et modérés firent campagne contre eux en profitant et de la popularité que gardait le général de Gaulle et de l'impopularité qui, par suite de l'inflation et du malaise social, s'attachait aux ministres de l'heure. Aujourd'hui, en dehors du parti communiste, les partis sont moins monolithiques que jamais, et tous, dans la plupart des scrutins, se partagent. Le monolithisme n'était pas plus le mal réel que les querelles à l'intérieur des partis ne le sont aujourd'hui.

Par tradition, la démocratie parlementaire se définit en France par la faiblesse de l'exécutif, la capacité de l'Assemblée, non d'avoir une volonté, mais de maintenir des gouvernements instables et incohérents. La défaite et la libération créèrent une chance de renverser cette tradition. Quand le général de Gaulle essaya de créer une deuxième chance, il échoua. Ce que les événements extérieurs avaient permis, la politique française rendue à elle-même ne le toléra pas.

On peut plaider que l'échec du Rassemblement est dû avant tout à des fautes tactiques. Si le « libérateur » était resté au pouvoir en 1946 et avait pris la tête du mouvement contre la première Constitution ou encore, si, quelques mois après sa démission, il était entré dans la bataille, à la veille du premier référendum, la victoire, qui fut remportée sans lui contre le bloc socialiste-communiste, aurait été la sienne. Il aurait pu imposer une Constitution différente de celle qui fut adoptée au deuxième référendum. Peut-être en 1947-1948, après les élections municipales, encore après les élections législatives de juin 1951 s'il avait consenti aux apparentements, aurait-il pu, non obtenir une autorité inconditionnelle, mais constituer un ministère et introduire des réformes. Il fallut une maladresse hors du commun pour aboutir à la désagrégation de 1952. Le président du Rassemblement préférait-il, au fond de lui-même, un échec indiscutable à un succès douteux? Le pouvoir limité auquel il aurait accédé n'aurait permis que des mesures partielles, décevantes : la protestation, sans l'épreuve de la responsabilité, laisse peut-être de plus grands souvenirs.

Un malentendu compromettait la tentative dès l'origine. Une fois dissipée la peur du communisme, la majorité des électeurs, des militants et même des élus gaullistes, souhaitait un gouvernement analogue à celui de Raymond Poincaré. Les chefs étaient plus ambitieux que les troupes. Ils refusaient les compromis que celles-ci auraient approuvés.

Quels que soient les accidents qui ont contribué à

la faillite des révolutions de 1940 et 1944, à la défaite du Rassemblement, le triomphe des forces conservatrices s'explique. Les Français sont mécontents, ils n'ont aucun désir de descendre dans la rue. Les difficultés de ravitaillement, l'inflation, jointes à la menace communiste, de 1946 à 1948, exaspérèrent le mécontentement. Dès 1949, la masse de la population aspirait à retrouver le mode de vie accoutumé. Les travailleurs d'industries sont en majorité hostiles à un régime qui leur refuse le niveau de vie et la participation morale à la communauté auxquels ils prétendent. L'encadrement politique des travailleurs, l'adhésion au parti communiste des dirigeants syndicaux contribuent à entretenir une atmosphère de lutte de classes, non à provoquer un irrésistible soulèvement.

Les révolutions naissent du désespoir ou de l'espérance plus que de l'insatisfaction. Les pressions que subit la France de l'extérieur rendent le sursaut moins probable encore. Dans le jeu parlementaire, la droite tire profit de la force électorale du parti communiste. Si celui-ci n'était pas subordonné à Moscou, s'il coopérait sincèrement avec le parti socialiste, le Front populaire ferait sauter la République conservatrice, qui doit sa résurrection, par un apparent paradoxe, à l'ennemi détesté.

Au moins dans le proche avenir, les deux tactiques entre lesquelles les révolutionnaires ont à choisir — soustraire les travailleurs à l'emprise communiste, réaliser le front commun (ou national ou populaire) de la gauche, communistes et non-communistes joints — n'ont guère de meilleures chances l'une que l'autre. La force du parti communiste est à la mesure de la faiblesse du parti socialiste. Quand celui-ci perd son dynamisme et sa clientèle ouvrière, celui-là réussit à rallier une fraction importante du prolétariat, les deux phénomènes étant solidaires plutôt que l'un cause et l'autre effet. Comment sortir du cercle vicieux? Quelles réformes spectaculaires détacheraient les millions d'électeurs de gauche du parti dans lequel ils ont mis leur espoir? On doute qu'il suffise d'un premier ministre énergique et d'une expansion économique pour que le climat, d'un coup, soit transformé. Du moins faudrait-il du temps.

Protégé par la « stalinisation » du mouvement ouvrier contre une révolution de gauche, protégé par la faiblesse du parti socialiste contre l'impatience des réformes, le conservatisme français a été protégé jusqu'à présent par la solidarité atlantique contre les conséquences de ses propres fautes. De 1946 à 1949, l'aide américaine a permis de ne pas prendre les mesures draconiennes que la crise aurait exigées en l'absence de secours extérieur. L'intégration à un système international, si nécessaire soit-elle, risque d'étouffer la volonté de réforme.

Au regard de beaucoup d'observateurs, en 1946 (j'étais l'un d'entre eux), le parlementarisme, tel que le pratique la France, semblait étrangement inadapté à la guerre froide, à la dissidence communiste, aux exigences d'une économie à moitié dirigée. On oubliait la situation de la France dans le monde. A partir de l'hégémonie macédonienne, on ne se soucia plus d'améliorer les institutions d'Athènes. Partie de l'empire d'Alexandre ou de l'Empire romain, la cité glorieuse ne vivait plus politiquement.

La comparaison ne vaut que partiellement. Les États-Unis ne sont ni doués du talent ni animés du désir d'organiser leur hégémonie. En Europe et en Afrique, la France conserve des responsabilités proprement politiques. Aussi bien l'arrivée au pouvoir de M. Mendès-France et les décisions spectaculaires en Afrique du Nord firent suite au refus américain d'assister les Français en Indochine. La défaite de Dien-Bien-Phu précipita au Parlement la chute des responsables.

Comment aurait-on pu, de 1930 à 1939, ne pas être indigné contre la faiblesse et l'aveuglement de ceux qui gouvernaient la France? A la veille de la guerre, le niveau de production restait de quelque 20 % inférieur à celui de 1929. L'armée française eut à affronter presque seule, en 1940, l'armée allemande. En dix ans, par une succession à peine imaginable d'erreurs, les gouvernants avaient provoqué ou subi la décadence de notre économie et la désagrégation de notre système d'alliances.

On n'est pas sûr que la politique extérieure de la IVe République soit supérieure à celle de la IIIe sur le déclin. Nous avons consacré le meilleur de nos forces à l'Indochine, en une zone du monde où nous n'avions plus ni intérêts ni moyens d'action, en une guerre que, depuis des années, nous pouvions perdre mais non gagner.

En Europe, jusqu'en 1950, notre diplomatie s'est ingéniée à ralentir le relèvement de l'Allemagne occidentale, inévitable et prévisible dès le moment où la Russie entreprenait la soviétisation de l'Est européen, plutôt qu'à profiter des circonstances pour sceller une réconciliation, imposée par la conjoncture. A partir du plan Schuman, notre diplomatie saute à l'autre extrême. Nous entendons édifier avec la République fédérale, l'Italie et le Benelux, une sorte d'État commun. La Fédération des Six devient l'objectif grandiose que proclament nos représentants. Comment fera-t-on l'Europe sans défaire l'Union française? Une majorité, en France et au Parlement, souscrira-t-elle au projet des fédéralistes?

Les grandes décisions dont dépend la paix ou la guerre ne sont pas prises au quai d'Orsay. La faillite éventuelle de notre diplomatie n'entraînerait plus des conséquences aussi catastrophiques qu'il y a vingt ans. Avant 1939, les Français avaient des motifs communs d'en vouloir à leurs dirigeants puisqu'ils avaient encore un objectif précis : éviter la guerre sans perdre l'indépendance. Aujourd'hui, ce minimum de communauté n'existe plus. En faveur d'une Europe indéterminée en ses frontières et son régime, une large majorité se prononce. Dès qu'il s'agit d'une Europe définie — celle des Six — ou d'une Europe fédérale ou pseudo-fédérale, les Français se divisent, comme ils se divisent à propos du réarmement de la République fédérale ou de la libération de l'Europe orientale ou des réformes en Tunisie et au Maroc. Les Français s'accordent à la rigueur pour dénoncer l'incapacité du régime à définir une politique. Ils déplorent de n'avoir pas de volonté une : souhaitent-ils profondément la trouver?

A l'intérieur, la première décennie de la IVe République vaut mieux que la dernière de la IIIe. Ce jugement scandalisera peut-être les libéraux qui mettent l'accent sur la détérioration de la monnaie, la progression de la bureaucratie étatique. L'expansion économique, même si elle entraîne l'inflation, n'en est pas moins préférable à la stagnation, même accompagnée par une monnaie saine. Aussi bien la déflation de 1931-1936, à laquelle contraignit l'effort pour maintenir le taux de change du franc, prépara l'explosion sociale de 1936 et les erreurs économiques du Front populaire.

Qu'il s'agisse de l'agriculture, de l'industrie, de la législation sociale, le pays est moins cristallisé qu'il ne l'était.

On ne saurait dire que le malthusianisme des industriels ait été définitivement éliminé, que les paysans aient tous reconnu la nécessité de moderniser les procédés de culture. Le dirigisme conservateur — la protection accordée à tous les intérêts acquis, le grippage des mécanismes libéraux ou administratifs susceptibles de forcer à la reconversion les entreprises marginales — continue de sévir. Malgré tout, la défaite, l'occupation, la quasi-révolution de 1944 ont secoué les habitudes, rendu les Français moins rebelles aux changements, moins hostiles aux risques.

Si la nation est plus vivante, le régime politique n'est pas meilleur. Les gouvernements sont plus divisés, plus faibles encore que dans les dernières années de la IIIe République. A moins de tenir l'incapacité d'agir pour la suprême vertu de l'État, personne ne saurait approuver la IVe République. On aurait tort de parler de la dissidence des seuls intellectuels, on devrait parler de la dissidence des Français par rapport à la France ou des citoyens par rapport à l'État. Société figée, intelligence idéologique, les deux phénomènes ne sont qu'en apparence contradictoires : ils font système. Moins l'intelligence adhère au réel, plus elle rêve de révolution. Plus la réalité paraît cristallisée, plus l'intelligence voit sa mission dans la critique et le refus.

Les forces de renouvellement qui mûrissent sous la croûte du conservatisme, l'accroissement de la natalité, la modernisation de l'industrie et de l'agriculture ouvrent une perspective d'avenir. Les intellectuels se réconcilieraient avec la France le jour où celle-ci deviendrait moins indigne de l'idée qu'ils en ont. Si cette réconciliation n'intervient pas ou n'intervient que lentement, l'explosion que les révolutionnaires font profession de souhaiter, que les partis politiques craignent au fond d'eux-mêmes et préparent de leur mieux, l'explosion qui, soudain, arracherait les bandelettes, demeure improbable mais possible. Par une sorte de loi non écrite de la République, l'Assemblée transmet ses pouvoirs à un homme quand la crise atteint à un degré tel que le régime, le jeu parlementaire soient menacés. Cette loi, qui permit la durée de la IIIe République a été, semble-t-il, transmise à la IVe. La défaite d'Indochine a ouvert la voie à un ministère Mendès-France.

Les Français ne sont pas assez malheureux pour se

révolter contre leur sort. L'abaissement national leur paraît imputable aux événements plus qu'aux hommes. Incapables de vouloir un avenir en commun, ils manquent de l'espoir qui soulève les foules. Ils n'ont jamais eu la sagesse de se passer d'idéal. Les tâches à accomplir ne les touchent pas, quand aucune idéologie ne les transfigure. Les idéologies les dressent les uns contre les autres. Ils vivent ensemble à condition de tempérer leurs ardeurs contradictoires par le scepticisme. Le scepticisme n'est pas révolutionnaire, même quand il parle le langage de la Révolution.

*
* *

Pas plus que le concept de gauche, le concept de révolution ne tombera en désuétude. Il exprime, lui aussi, une nostalgie, qui durera aussi longtemps que les sociétés seront imparfaites et les hommes avides de les réformer.

Non que le désir d'amélioration sociale aboutisse toujours ou logiquement à la volonté de révolution. Il faut aussi une certaine mesure d'optimisme et d'impatience. On connaît des révolutionnaires par haine du monde, par désir de la catastrophe; plus souvent, les révolutionnaires pèchent par optimisme. Tous les régimes connus sont condamnables si on les rapporte à un idéal abstrait d'égalité ou de liberté. Seule la Révolution, parce qu'elle est une aventure, ou un régime révolutionnaire, parce qu'il consent à l'usage permanent de la violence, semble capable de rejoindre le but sublime. Le mythe de la révolution sert de refuge à la pensée utopique, il devient l'intercesseur mystérieux, imprévisible, entre le réel et l'idéal.

La violence elle-même attire, fascine plutôt qu'elle ne repousse. Le travaillisme, la « société scandinave sans classes » n'ont jamais joui auprès de la gauche européenne, surtout française, du prestige qu'a gardé la Révolution russe, en dépit de la guerre civile, des horreurs de la collectivisation et de la grande purge. Faut-il dire en dépit ou à cause? Tout se passe parfois comme si le prix de la révolution était mis au crédit plutôt qu'au débit de l'entreprise.

Nul homme n'est assez dénué de raison pour préférer la guerre à la paix. Cette remarque d'Hérodote devrait s'appliquer aux guerres civiles. Le romantisme de la guerre est mort dans les boues de Flandre, le romantisme de la guerre civile a survécu aux caves de la Loubianka. On se demande par instants si le mythe de la Révolution ne rejoint pas finalement le culte fasciste de la violence. Aux derniers instants de la pièce, *le Diable et le bon Dieu*, Gœtz s'écrie : « Voilà le règne de l'homme qui commence. Beau début. Allons, Nasty, je serai bourreau et boucher... Il y a cette guerre à faire et je la ferai. »

Le règne de l'homme serait-il celui de la guerre ?

CHAPITRE III

LE MYTHE DU PROLÉTARIAT

L'ESCHATOLOGIE marxiste attribue au prolétariat le rôle d'un sauveur collectif. Les expressions qu'emploie le jeune Marx ne laissent pas de doute sur les origines judéo-chrétiennes du mythe de la classe, élue par sa souffrance pour le rachat de l'humanité. Mission du prolétariat, fin de la préhistoire grâce à la Révolution, règne de la liberté, on reconnaît sans peine la structure de la pensée millénariste : le Messie, la rupture, le royaume de Dieu.

Le marxisme n'est pas disqualifié par de telles comparaisons. La résurrection, sous une forme apparemment scientifique, des croyances séculaires, séduits les esprits, sevrés de foi. Le mythe peut paraître préfiguration de la vérité aussi bien que l'idée moderne survivance de rêves.

L'exaltation du prolétariat en tant que tel n'est pas un phénomène universel. Bien plutôt pourrait-on y voir une marque du provincialisme français. Là où règne la « Foi nouvelle », c'est le parti plutôt que le prolétariat qui fait l'objet d'un culte. Là où le travaillisme l'emporte, les travailleurs d'usines, devenus petits bourgeois, n'intéressent plus les intellectuels et ne s'intéressent plus aux idéologies. L'amélioration de leur sort leur enlève le prestige du malheur et les soustrait à la tentation de la violence.

Est-ce à dire que la ratiocination sur le prolétariat et sa fonction se limite désormais aux seuls pays d'Occident qui hésitent entre la fascination du régime soviétique et l'attachement aux libertés démocratiques? Les controverses subtiles sur le prolétariat et le parti, qui se donnent libre cours dans les colonnes des *Temps modernes* et d'*Esprit*, ressemblent à celles que menaient, il y a un demi-siècle, militants et théoriciens en Russie et en Allemagne. En Russie, elles sont désormais tranchées par voie d'autorité, en Allemagne elles sont épuisées faute de combattants. Mais entre les pays convertis au communisme et les pays occidentaux, où le développement de la production a transformé les damnés de la terre en cotisants de syndicats raisonnables, subsiste encore plus de la moitié de l'humanité qui envie le niveau de vie de ces derniers pays et tourne les yeux vers les premiers.

Définition du prolétariat.

On discute passionnément de la définition exacte du concept, peut-être le plus courant de la langue politique, celui de classe. Nous n'entrerons pas ici dans la discussion qui, en un sens, ne comporte pas de conclusion. Rien ne prouve qu'il existe, circonscrite à l'avance, une réalité, et une seule, qui doive être baptisée classe. La discussion est d'autant moins nécessaire que personne n'ignore quels sont, dans une société moderne, les hommes que l'on s'accorde à baptiser prolétaires : les salariés qui travaillent de leurs mains dans les usines.

Pourquoi la définition de classe ouvrière passe-t-elle souvent pour malaisée? Aucune définition ne trace nettement les limites d'une catégorie. A partir de quel échelon de la hiérarchie le travailleur qualifié cesse-t-il d'appartenir au prolétariat? Le travailleur manuel des services publics est-il un prolétaire bien qu'il reçoive son salaire de l'État et non d'un entrepreneur privé? Les salariés du commerce, dont les mains manipulent les objets fabriqués par d'autres, appartiennent-ils au même groupe que les salariés de l'industrie? Il ne nous importe pas de répondre dogmatiquement à de telles interrogations : les divers critères ne s'accordent pas. Selon que l'on considère la nature du métier, le mode et le montant de la rémunération, le style de vie, on inclura ou non certains travailleurs dans le prolétariat. Le mécanicien de garage, salarié et manuel, n'a pas la même situation, la même perspective sur la société que l'ouvrier employé à une chaîne de montage dans les usines Renault. Il n'y a pas d'essence du prolétariat auquel certains salariés participeraient, mais une catégorie, dont le centre est caractérisé et dont les marges sont indistinctes.

Cette difficulté de délimitation n'aurait pas seule suscité tant de controverses. La doctrine marxiste prêtait au prolétariat une mission unique, de convertir l'histoire, disent les uns, de réaliser l'humanité, disent les autres. Comment les millions d'ouvriers d'usines, dispersés entre des milliers d'entreprises, peuvent-ils être le sujet d'un tel accomplissement? D'où une deuxième recherche, non des frontières mais de l'unité du prolétariat.

On n'a pas de peine à constater, entre les travailleurs manuels de l'industrie, quelques traits communs, matériels et psychologiques : montant des revenus, répartition des dépenses, style de vie, attitude à l'égard du métier ou de l'employeur, sentiments des valeurs, etc. Cette communauté, objectivement saisissable, est partielle. Les prolétaires français, par quelques côtés, diffèrent des prolétaires anglais et ressemblent à leurs compatriotes. Les prolétaires, qui vivent dans les villages ou les petites villes, ont peut-être plus de parenté avec leurs voisins qu'avec les travailleurs des grandes villes. En d'autres termes, l'homogénéité de la catégorie prolétarienne est, de toute évidence, imparfaite, encore qu'elle soit probablement plus marquée que celle des autres catégories.

Ces remarques banales expliquent pourquoi, entre le prolétariat qu'étudie le sociologue et le prolétariat qui a mission de convertir l'histoire, subsiste inévitablement un écart. Pour combler cet écart, la méthode, aujourd'hui à la mode, consiste à reprendre la formule marxiste : « Le prolétariat sera révolutionnaire ou ne sera pas. » « C'est en se refusant à son aliénation que le prolétaire se fait prolétaire [1] » (Francis Jeanson). « L'unité du prolétariat, c'est son rapport avec les autres classes de la société, bref c'est

1. *Esprit*, juillet-août 1951, p. 13.

sa lutte [1] » (J.-P. Sartre). A partir du moment où il est défini par une volonté générale, le prolétariat acquiert une unité subjective. Peu importe le nombre des prolétaires, en chair et en os, qui participent à cette volonté : la minorité combattante incarne légitimement le prolétariat tout entier.

L'emploi que Toynbee fait du mot a suscité des équivoques nouvelles. L'ouvrier d'industrie n'est qu'un exemple, entre d'autres, de ces hommes, nombreux aux époques de désagrégation, qui se sentent étrangers à la culture existante, se rebellent contre l'ordre établi et sont sensibles à l'appel des prophètes. Dans le monde antique, les esclaves et déportés écoutèrent la voix des apôtres. Parmi les travailleurs des faubourgs industriels, la prédication marxiste a gagné des adeptes par millions. Les non-intégrés sont prolétaires, comme sont prolétaires les peuples semi-barbares, situés à la périphérie de la zone de civilisation.

Nous laisserons de côté cette dernière définition selon laquelle les déportés, les concentrationnaires, les minorités nationales mériteraient le qualificatif de prolétariat plus que les ouvriers d'industrie. En revanche, la définition de Jean-Paul Sartre nous mène au thème essentiel. Pourquoi le prolétariat a-t-il, dans l'histoire, une mission unique?

L'élection du prolétariat s'exprimait dans les textes du jeune Marx par les formules célèbres « une classe avec des chaînes radicales, une classe de la société bourgeoise qui ne soit pas une classe de la société bourgeoise, une sphère qui possède un caractère universel par suite de ses souffrances universelles... » La déshumanisation des prolétaires, soustraits à toutes les communautés particulières, en fait des hommes, purement hommes et à ce titre universels.

C'est la même idée que reprennent, sous des formes indéfiniment variées, les philosophes existentialistes, en particulier M. Merleau-Ponty : « Si le marxisme donne un privilège au prolétariat, c'est parce que, selon la logique interne de sa condition, selon son mode d'existence le moins délibéré, en dehors de toute illusion messianique, les prolétaires qui « ne sont pas des dieux » sont et sont seuls en position de réaliser l'humanité... Le prolétariat, à considérer son rôle dans la constellation historique donnée, va

---

[1]. Les Communistes et la paix, dans les *Temps modernes*, octobre-novembre 1952, nos 84-85, p. 750.

vers une reconnaissance de l'homme par l'homme [1]... »
« La condition du prolétaire est telle qu'il se détache des particularités non par la pensée et par un procédé de l'abstraction, mais en réalité et par le mouvement même de sa vie. Seul il *est* l'universalité qu'il pense, seul il réalise la conscience de soi dont les philosophes, dans leur réflexion, ont tracé l'esquisse [2]. »

Le mépris, que professent volontiers les intellectuels pour les métiers de commerce et d'industrie, m'a toujours paru méprisable. Que les mêmes, qui regardent de haut ingénieurs ou chefs d'industrie, croient reconnaître dans l'ouvrier, devant son tour ou à la chaîne de montage, l'homme universel, me paraît sympathique, mais surprenant. Ni la division des tâches ni l'élévation du niveau de vie ne contribuent à cette universalisation.

On conçoit que les prolétaires observés par Marx, qui travaillaient douze heures par jour, que ne protégeaient ni syndicats ni lois sociales, qui subissaient la loi d'airain des salaires, aient paru *départicularisés* par le malheur. Tel n'est pas le cas de l'ouvrier de Detroit, de Coventry, de Stockholm, de Billancourt, de la Ruhr [3], qui ne ressemble pas à un homme universel mais au citoyen d'une nation, au militant d'un parti. Le philosophe a le droit de souhaiter que le prolétaire ne s'intègre pas à l'ordre existant et se réserve pour l'action révolutionnaire. Mais il ne saurait, au milieu du XXe siècle, poser comme un fait l'universalité du travailleur d'industrie. En quel sens le prolétariat français, divisé entre les organisations rivales, peut-il être appelé « la seule inter-subjectivité authentique »?

L'étape ultérieure du raisonnement, qui tend à confirmer l'eschatologie marxiste, n'est pas plus convaincante. Pourquoi le prolétariat *doit-il être révolutionnaire?* Si l'on s'en tient à un sens vague de ce dernier mot, on peut plaider que les ouvriers de Manchester en 1850, comme ceux de Calcutta aujourd'hui, réagissent à leur situation par une espèce de révolte. Ils ont conscience d'être victimes d'une organisation injuste. Tous les prolétaires n'ont pas le sentiment d'être exploités ou opprimés. L'extrême misère ou la résignation ancestrale étouffe ce sentiment,

1. *Humanisme et Terreur*, Paris, 1947, p. 120.
2. *Ibid.*, p. 124.
3. Ou de Moscou.

l'élévation du niveau de vie et l'humanisation des rapports industriels l'atténuent. Probablement ne disparaît-il jamais entièrement, même sous la propagande obsessionnelle de l'État communiste, tant il est lié à la condition du salarié, à la structure des industries modernes.

On n'en saurait conclure que le prolétariat est spontanément, en tant que tel, révolutionnaire. Lénine eut la clairvoyance de constater l'indifférence des ouvriers à leur vocation, leur souci de réformes *hic et nunc*. La théorie du parti, avant-garde du prolétariat, est née précisément de la nécessité reconnue d'entraîner des masses, qui aspirent à un sort meilleur, mais répugnent à l'Apocalypse.

Dans le marxisme du jeune Marx, la vocation révolutionnaire du prolétariat découle des exigences de la dialectique. Le prolétariat est l'esclave qui triomphera de son maître, non pour lui-même mais pour tous. Il est le témoin de l'inhumanité qui accomplira l'humanité. Marx a passé le reste de sa vie à chercher la confirmation, par l'analyse économique et sociale, de la vérité de cette dialectique.

Le communisme orthodoxe n'a pas non plus de peine à postuler la vocation révolutionnaire du prolétariat. Celle-ci est impliquée par l'interprétation globale de l'histoire qu'il tient pour incontestable. L'accent de valeur est, en fait, transporté sur le parti. Or, ni l'existence ni la volonté révolutionnaire de ce dernier ne prêtent au doute. A l'origine, on a donné son adhésion au parti parce que celui-ci incarnait la classe, promue au rôle de sauveur collectif. Une fois à l'intérieur du parti, on s'interroge d'autant moins sur la classe que les camarades viennent de toutes les classes.

Il n'en va pas de même des philosophes français, qui se veulent révolutionnaires, refusent d'entrer dans le parti communiste et pourtant affirment qu'on ne peut « combattre la classe ouvrière sans devenir l'ennemi des hommes et de soi-même [1] ». L'ouvrier d'industrie, au milieu du XXe siècle, n'est plus l'homme réduit à la nudité de la condition humaine, dissolution de toutes les classes et de toutes les particularités. Comment ces penseurs justifient-ils la mission qu'ils lui confient?

Dépouillés des complications de langage, les thèmes

---

1. J.-P. Sartre, *Temps modernes*, juillet 1952, n° 81, p. 5.

paraissent à peu près les suivants. L'ouvrier d'industrie ne peut prendre conscience de sa situation sans se révolter; la révolte est la seule réaction humaine à la reconnaissance d'une condition inhumaine. Le travailleur ne sépare pas son sort de celui des autres; il voit, avec évidence, que son malheur est collectif, non individuel, lié aux structures des institutions, non aux intentions des capitalistes. Aussi la révolte prolétarienne tend-elle à s'organiser, à devenir révolutionnaire sous la direction d'un parti. Le prolétariat ne se constitue en classe que dans la mesure où il acquiert une unité et celle-ci ne peut résulter que d'une opposition aux autres classes. Le prolétariat est *sa* lutte contre la société.

Jean-Paul Sartre, dans ses derniers écrits *, part de l'idée, authentiquement marxiste, que le prolétariat ne s'unit qu'en s'opposant aux autres classes, et conclut à la nécessité d'une organisation, c'est-à-dire d'un parti. Il confond implicitement, subrepticement, le parti prolétarien avec le parti communiste, de telle sorte qu'il tourne au profit de ce dernier les arguments qui démontrent seulement le besoin d'*un* parti, pour défendre les intérêts ouvriers. On ne sait, d'ailleurs, si l'argument vaut pour le prolétariat français de 1955, pour le prolétariat français depuis deux siècles ou pour tous les prolétariats à l'intérieur des régimes capitalistes.

Revenons à des considérations prosaïques. Si l'on convient d'appeler prolétaires les ouvriers des industries, quels sont les aspects de leur condition contre lesquels ils se révoltent? Quels sont ceux qu'une révolution supprimerait? En quoi consiste concrètement l'avènement d'une classe ouvrière « déprolétarisée »? En quoi les travailleurs, victorieux de l'aliénation d'hier, différeraient-ils des travailleurs d'aujourd'hui?

Libération idéelle et libération réelle.

Le prolétaire, nous disent Marx et les écrivains qui lui font écho, est « aliéné ». Il ne possède rien que sa force de travail qu'il loue, sur le marché, au propriétaire des instruments de production. Il est enfermé dans une tâche parcellaire et ne reçoit, pour prix de son effort, qu'un salaire juste suffisant pour l'entretenir, lui et sa famille. Selon cette théorie, c'est la propriété privée des instruments de production qui est l'origine ultime et de l'oppression et de l'exploitation. Dépouillé de la plus-value accumulée par les seuls capitalistes, l'ouvrier est privé pour ainsi dire de son humanité.

Ces thèmes marxistes demeurent à l'arrière-plan de la pensée. Il est difficile de les reproduire tels quels. Le nœud de la démonstration, dans *le Capital*, est la conception selon laquelle le salaire, comme toute marchandise, aurait une valeur, déterminée par les besoins de l'ouvrier et de sa famille. Or, ou bien cette conception est prise en un sens rigoureux et, en ce cas, l'élévation des salaires, en Occident, la réfute sans contestation possible. Ou bien elle est interprétée au sens large, les besoins incompressibles des ouvriers dépendent de la psychologie collective et, en ce cas, la conception elle-même ne nous apprend plus rien. Au milieu du XXe siècle, le salaire ouvrier, aux États-Unis, doit permettre l'achat de la machine à laver ou du poste de télévision.

On n'a guère étudié, en France, *le Capital*, et les écrivains s'y réfèrent rarement. C'est moins l'oubli des théorèmes économiques de Marx qui affaiblit l'analyse de l'aliénation ouvrière que la constatation d'un fait évident : plusieurs des griefs ouvriers n'ont rien à voir avec le système de propriété. Ils subsistent tels quels, quand les moyens de production appartiennent à l'État.

Énumérons les griefs fondamentaux : 1º insuffisance de la rémunération; 2º durée excessive du travail; 3º menace du chômage total ou partiel; 4º malaise lié à la technique ou à l'organisation administrative de l'usine; 5º sentiment d'être enfermé dans la condition ouvrière sans perspective de progression; 6º conscience d'être victime d'une injustice fondamentale, soit que le régime refuse au travailleur une juste part du produit national, soit qu'il lui refuse la participation à la gestion de l'économie.

La propagande marxiste tend à répandre la conscience d'une injustice fondamentale et à la confirmer par la théorie de l'exploitation. Cette propagande ne réussit pas dans tous les pays. Là où les revendications immédiates sont, en grande partie, satisfaites, la mise en accusation du régime devient un radicalisme stérile. Là, en revanche, où elles ne le sont pas ou le sont trop lentement, la tentation de s'en prendre au régime risque de devenir irrésistible.

L'interprétation marxiste du malheur prolétarien ne peut pas ne pas paraître vraisemblable aux prolétaires. Cruautés du salariat, de la pauvreté, de la technique, d'une vie sans avenir, du chômage redouté : pourquoi ne pas mettre tout au compte du capitalisme puisque ce mot vague couvre à la fois les rapports de production et le mode de distribution? Même dans les pays où le réformisme a été poussé le plus loin, aux États-Unis où l'entreprise privée est, dans l'ensemble, acceptée, il subsiste un préjugé hostile au profit, un soupçon, toujours prêt à se réveiller, que le capitaliste ou la société anonyme, en tant que tels, exploitent leurs ouvriers. L'interprétation marxiste rejoint la perspective sur la société, à laquelle inclinent spontanément des travailleurs.

En fait, le niveau des salaires, en Occident, dépend, on le sait, de la productivité, de la répartition du revenu national entre investissements, dépenses militaires et consommation, de la distribution des revenus entre les classes. La répartition des revenus n'est pas plus égalitaire en régime de type soviétique qu'en régime de type capitaliste ou mixte. La part des investissements est plus grande de l'autre côté du rideau de fer. L'expansion économique y a servi à l'accroissement de la puissance plus qu'à l'élévation du niveau de vie. Il n'y a pas de preuve que la propriété collective soit plus propice à l'amélioration de la productivité que la propriété privée.

La diminution de la durée du travail s'est révélée compatible avec le capitalisme. La menace de chômage demeure, en revanche, un des maux de tout régime non pas tant de propriété privée que de marché. A moins qu'on n'élimine radicalement les oscillations de la conjoncture ou que l'on ne consente à une inflation permanente, toute économie de libre embauche impliquera un risque de chômage, au moins temporaire. Il ne faut pas nier cet inconvénient, il faut le réduire autant que possible.

En ce qui concerne le malaise du travail industriel, les psychotechniciens en ont analysé les causes et les modalités multiples. Ils ont suggéré des méthodes, susceptibles d'atténuer la fatigue ou l'ennui, d'apaiser les récriminations, d'intégrer les travailleurs à la cellule d'entreprise ou à l'entreprise tout entière. Aucun régime, capitaliste ou socialiste, n'implique ou n'exclut l'application de ces méthodes. L'infériorité de la propriété privée, à cet égard est que la mise en question du régime incite beaucoup de travailleurs ou d'intellectuels à dénoncer l'application, à des fins de conservation sociale, des enseignements tirés des sciences de l'homme.

Les chances de promotion, pour les ouvriers, sont-elles fonction du régime? La réponse est malaisée : les études comparatives de la mobilité sont trop imparfaites pour permettre un jugement catégorique. De manière générale, l'ascension est d'autant plus facile que la proportion des métiers non manuels augmente. Le progrès économique est, par lui-même, facteur de mobilité. L'effacement des préjugés de caste devrait, dans les pays de démocratie bourgeoise, accélérer le renouvellement de l'élite. En Union soviétique, la liquidation de l'ancienne aristocratie, la rapidité de l'édification industrielle ont multiplié les chances de promotion.

Enfin, la protestation contre le régime en tant que tel logiquement, appelle une révolution. Si le capitalisme, défini par la propriété privée des instruments de production et les mécanismes du marché, est l'origine de tous les maux, les réformes deviennent condamnables puisqu'elles risquent de prolonger la durée d'un système odieux.

A partir de ces remarques, sommaires et banales, on distingue sans peine deux formes de la libération ouvrière ou de la fin des aliénations. La première, jamais achevée, est faite de mesures multiples et partielles : la rémunération ouvrière s'élève en même temps que la productivité, des lois sociales protègent les familles et les vieillards, les syndicats discutent librement les conditions du travail avec les employeurs, l'élargissement du système d'enseignement accroît les chances de promotion. Appelons cette libération *réelle :* elle se traduit par des améliorations concrètes à la condition prolétarienne, elle laisse subsister des griefs (chômage, malaise à l'intérieur de l'entreprise) et, parfois, dans une minorité plus ou moins forte, la révolte contre les principes du régime.

Une révolution du type soviétique donne le pouvoir absolu à la minorité qui se réclame du prolétariat et transforme beaucoup d'ouvriers ou de fils d'ouvriers en ingénieurs ou commissaires. Le prolétariat lui-même, c'est-à-dire les millions d'hommes qui travaillent de leurs mains dans les usines, sont-ils libérés?

Le niveau de vie n'a pas subitement progressé dans les démocraties populaires d'Europe orientale; il a plutôt diminué, les nouvelles classes dirigeantes ne consommant probablement pas une moindre part du produit national que les anciennes. Là où existaient des syndicats libres, n'existent plus que des organismes soumis à l'État, dont la fonction est d'inciter à l'effort, non de revendiquer. Le risque de chômage a disparu, mais ont disparu aussi le libre choix du métier ou du lieu de travail, l'élection des dirigeants syndicaux, des gouvernants. Le prolétariat n'est plus aliéné, parce qu'il possède, selon l'idéologie, les instruments de production et même l'État. Mais il n'est libéré ni des risques de déportation, ni du livret de travail, ni de l'autorité des managers.

Est-ce à dire que cette libération, que nous appellerons *idéelle*, soit illusoire? Ne nous laissons pas entraîner par la polémique. Le prolétariat, disions-nous, est enclin à interpréter l'ensemble de la société, selon la philosophie marxiste : il se croit victime du patron, même quand il est surtout victime de l'insuffisance de la production. Mais ce jugement peut être erroné, il n'en est pas moins authentique. Avec la suppression des capitalistes, remplacés par des managers d'État, avec l'instauration d'un plan, tout devient clair. Les inégalités de rémunération répondent à l'importance inégale des fonctions, la baisse de la consommation à l'augmentation des investissements. Les prolétaires, du moins un bon nombre d'entre eux, acceptent plus aisément la *Zeiss* du manager nommé par l'État que la *Packard* du patron. Ils ne protestent pas contre les privations parce qu'ils en saisissent la nécessité pour l'avenir. Ceux qui croient à la société sans classe, à l'horizon de l'histoire, se sentiront associés à une grande œuvre, fût-ce par leurs sacrifices.

Nous appelons *idéelle* la libération que les marxistes appellent *réelle* parce qu'une idéologie la définit : la propriété privée serait l'origine de toute aliénation, le salarié, au lieu d'être particularisé par le travail au service d'un entrepreneur, serait, en régime soviétique, universalisé par sa participation à la communauté, libre puisqu'il se soumettrait à la nécessité qu'incarnent les plans d'industrialisation, conformes aux exigences d'une histoire commandée par des lois inflexibles.

Qui dénonce le capitalisme, en lui même, préfère la planification, avec ses rigueurs politiques, aux mécanismes du marché, avec leurs imprévisibles alternances. Le soviétisme se situe dans l'histoire. Il veut être jugé moins sur ce qu'il est que sur ce qu'il sera. La lenteur de l'élévation du niveau de vie, au cours des premiers plans quinquennaux, se justifie, non par la doctrine, mais par la nécessité d'accroître la puissance économico-militaire de l'Union soviétique menacée. La libération idéelle, au-delà de la phase d'édification socialiste, ressemblera de plus en plus à la libération réelle.

Aucun des théoriciens du bolchevisme n'avait imaginé, avant la prise du pouvoir, que les syndicats seraient mis au pas par l'État socialiste. Lénine avait saisi le danger que l'État soi-disant prolétarien répète les méfaits de l'État bourgeois et il avait, à l'avance, plaidé la cause de l'indépendance syndicale. La dislocation de l'économie après la guerre civile, le style militaire du commandement adopté par Trotsky et les Bolcheviks pour résister à leurs ennemis firent oublier les idées libérales que l'on professait la veille.

Sans doute a-t-on proclamé aujourd'hui que la revendication, la grève, l'opposition au Pouvoir n'auraient plus de sens puisque l'État est prolétarien. La critique de la bureaucratie demeure légitime, nécessaire. En privé, selon la doctrine ésotérique, on envisage l'élargissement du droit de critique quand le progrès de l'édification socialiste permettra de relâcher la discipline. Le régime n'étant pas mis en cause, les syndicats, comme les syndicats britanniques ou américains, défendraient les intérêts ouvriers contre les exigences des managers. La fonction de revendication s'ajouterait peu à peu à la fonction d'encadrement, les syndicats de toutes les sociétés industrielles étant voués à remplir à la fois l'une et l'autre.

Admettons même cet optimisme à terme : pourquoi les pays d'Occident, qui ont traversé, au siècle dernier, la phase de développement qui correspond à celle des premiers plans quinquennaux, devraient-ils sacrifier la libération réelle au mythe de la libération idéelle? Là où le régime capitaliste ou mixte est paralysé, on invoquera le même argument que dans les régions sous-développées : l'autorité inconditionnelle d'une équipe, maîtresse de l'État, permet seule de briser les résistances des féodaux ou grands propriétaires et d'imposer l'épargne collective. Là où l'expansion économique continue, où le niveau de vie s'est élevé, pourquoi sacrifier les libertés réelles des prolétaires, si partielles soient-elles, à une libération totale qui se confond curieusement avec la toute-puissance de l'État? Peut-être celle-ci donne-t-elle un sentiment de progrès aux travailleurs, qui n'ont pas eu l'expérience du syndicalisme ou du socialisme occidental. Aux yeux des travailleurs allemands ou tchèques, qui connaissaient les libertés réelles, elle est une mystification.

Séduction de la libération idéelle.

Quand le prolétariat suit, en majorité, des chefs acquis à la libération réelle, les intellectuels de gauche ignorent les cas de conscience. Peut-être sont-ils inconsciemment déçus par l'attitude des ouvriers, plus sensibles aux avantages immédiatement accessibles qu'aux tâches grandioses. Les artistes et les écrivains n'ont guère médité sur le travaillisme britannique ou le syndicalisme suédois, et ils ont eu raison de ne pas consacrer leur temps à l'étude de réalisations, à bien des égards admirables, qui pourtant n'appellent pas la méditation d'esprits supérieurs. En Grande-Bretagne, les dirigeants du *Labour*, d'origine ouvrière, montrent d'ordinaire plus de modération que les dirigeants venus des professions intellectuelles. A. Bevan représente une exception : aussi bien est-il entouré d'intellectuels et les secrétaires de syndicats figurent-ils au premier rang de ses adversaires.

Il en va tout autrement en France, où une importante fraction des ouvriers donne ses suffrages au parti communiste, où les syndicats les plus influents ont des secrétaires qui appartiennent au parti, où le réformisme passe pour stérile. Là surgit la contradiction qui déchire et ravit existentialistes, chrétiens de gauche, progressistes : comment se séparer du parti qui incarne le prolétariat ? Comment adhérer à un parti plus soucieux de servir les intérêts de l'Union soviétique que ceux de la classe ouvrière française ?

Posé en termes raisonnables, le problème comporte diverses solutions. Si l'on juge que l'Union soviétique représente, en dépit de tout, la cause du prolétariat, on adhère au parti ou l'on collabore avec lui. Si l'on juge, au contraire, que la libération réelle a de meilleures chances dans le camp occidental ou que, le partage du monde offrant la seule chance de paix, la France se trouve géographiquement du côté des démocraties bourgeoises, on cherche à soustraire les syndicats à l'emprise de ceux qui se sont mis honnêtement au service de Moscou. Enfin, on peut chercher une ligne intermédiaire, progressisme à l'intérieur, neutralité à l'extérieur, sans rupture avec l'Occident. Aucune de ces décisions n'exige des ratiocinations métaphysiques, aucune ne transforme l'intellectuel en ennemi du prolétariat. A une condition pourtant : la décision doit être prise par référence à la conjoncture historique et non par référence au prophétisme marxiste. Existentialistes et chrétiens progressistes ne veulent voir la réalité qu'au travers de ce prophétisme.

La volonté d'être solidaire du prolétariat témoigne d'un bon sentiment, mais n'aide guère à s'orienter dans le monde. Il n'existe pas de prolétariat mondial, au milieu du XXe siècle. Si l'on adhère au parti du prolétariat russe, on combat celui du prolétariat américain, à moins que l'on ne tienne les quelques milliers de communistes, les sous-prolétariats nègres ou mexicains pour les interprètes de la classe ouvrière américaine. Si l'on adhère aux syndicats français noyautés par les communistes, on s'oppose aux syndicats allemands, presque unanimes contre le communisme. Si l'on se réfère aux votes de la majorité, on aurait dû, en France, être socialiste dans les années 30, communiste dans les années 50, on devrait être travailliste en Angleterre et communiste en France.

Les millions d'ouvriers qui travaillent de leurs mains dans les usines, n'ont pas spontanément *une* opinion ou *une* volonté. Selon les pays et les circonstances, ils penchent à la violence ou à la résignation. *Le* prolétariat authentique n'est pas défini par l'expérience vécue des travailleurs d'industries, mais par une doctrine de l'histoire.

Pourquoi des philosophes, soucieux de saisir le concret, retrouvent-ils, au milieu du XXe siècle, après la deuxième guerre mondiale, le prophétisme marxiste du prolétariat, dans une France qui compte plus de paysans et de petits bourgeois que de prolétaires? L'itinéraire de Sartre vers le para-communisme paraît dialectique, il comporte un renversement du pour ou contre. L'homme étant une « passion vaine », on incline à juger les divers « projets » également stériles en dernière analyse. La vision radieuse de la société sans classes succède à la description de la société visqueuse, comme, chez les romanciers naturalistes, l'optimisme politique se combinait volontiers avec la peinture des bassesses humaines : la petite fleur bleue de l'avenir sur le fumier du présent.

La psychanalyse existentielle, comme la critique marxiste des idéologies, disqualifie les doctrines, en démasquant les intérêts sordides qui se dissimulent sous la générosité verbale. Cette méthode risque de conduire à une sorte de nihilisme : pourquoi nos propres convictions seraient-elles plus pures que celles des autres? Le recours au décret de la volonté, individuelle ou collective, dans le style fasciste, offre une issue hors de cette universelle négation. L' « intersubjectivité vécue » du prolétariat ou la loi de l'histoire en offre une autre.

Enfin, la philosophie des existentialistes est d'inspiration morale. Sartre est obsédé par le souci de l'authenticité, de la communication, de la liberté. Toute situation qui paralyse l'exercice de la liberté est contraire à la destination de l'homme. La subordination d'un individu à un autre fausse le dialogue entre consciences, égales puisque libres également. Le radicalisme éthique, combiné avec l'ignorance des structures sociales, le prédisposait au révolutionnarisme verbal. La haine de la bourgeoisie le détourne des réforme prosaïques. Le prolétariat ne doit pas pactiser avec les « salauds », forts de leurs droits acquis. Ainsi, un philosophe, qui exclut toute totalité, réintroduit la vocation de la classe ouvrière, sans prendre conscience d'une contradiction, moins surmontée que dissimulée.

L'inspiration des chrétiens progressistes est autre et le

cas de conscience est parfois émouvant. Il est malaisé, pour un non-catholique, d'approcher le sujet sans être taxé d'hypocrisie ou de fanatisme. Les mesures prises à l'encontre des prêtres-ouvriers ont bouleversé des chrétiens, elles ont été également exploitées par des hommes, indifférents à la religion, qui saisissaient l'occasion de discréditer l'Église et surtout de rendre du prestige au compagnonnage avec les communistes, en invoquant des hommes dont la clairvoyance, mais non la qualité spirituelle, prête à contestation.

Le fait premier, à partir duquel on comprend l'attitude des chrétiens progressistes, est le lien entre un grand nombre de prolétaires français et le parti communiste.

Ainsi, l'auteur de *Jeunesse de l'Église* [1] écrit : « Vous ne pourriez escompter que l'influence de l'Église s'excerce utilement pour le bien de tous si nous n'avions du monde ouvrier où elle doit s'implanter qu'une vue, commode certes, mais abstraite et déformée. Aussi, quoi qu'il puisse en coûter, irons-nous jusqu'au bout. Jusqu'au bout, c'est-à-dire jusqu'à enregistrer comme un fait la *liaison organique* du communisme avec l'ensemble du monde ouvrier. »

Pourquoi cette liaison organique ? L'auteur du livre n'invoque pas des explications historiques : fusion des syndicats au temps du Front populaire, résistance, noyautage à la Libération, il donne des raisons qui, interprétées littéralement, vaudraient partout et toujours. Le parti communiste « a découvert en quelque sorte scientifiquement les causes de l'oppression qui pèse sur la classe ouvrière », il a organisé cette classe autrement portée à la violence « pour une action dont le succès lointain compte plus que les résultats partiels et immédiats ». Enfin, le communisme aurait offert à la population ouvrière « une philosophie dont Jean Lacroix écrivait avec une grande pénétration qu'elle est la philosophie immanente du prolétariat [2] ».

« Ce que nous cherchons, écrit encore *Jeunesse de l'Église*, — mais ce que nous cherchons passionnément car si nous ne le trouvons pas, nous sombrerions dans le désespoir —, c'est une force historique neuve, saine, préservée de toutes les sales combines du passé, capable d'accomplir ce que les autres se sont contentés de penser et d'utiliser égoïstement.

[1]. *Les Événements et la Foi, 1940-1952*, Paris, Éd. du Seuil, 1951, p. 35.
[2]. *Ibid.*, p. 36-37.

Or, précisément cette force existe : nous en avons découvert la densité, les virtualités au fur et à mesure que les événements nous rapprochaient du peuple. Le seul monde moderne digne de notre espoir, c'est le monde ouvrier... Non, les ouvriers ne sont ni des surhommes ni des saints; et ils se montrent parfois assez faibles devant les turpitudes dont les grands donnent l'exemple en les érigeant en vertus. Et cependant, malgré cela, ils portent en eux la jeunesse du monde neuf — neuf par rapport à celui qui se désagrège sous nos yeux — mais qui, par-dessus les siècles ou à travers l'espace, rejoint les civilisations où l'argent, le capital n'avaient point encore tout accaparé ou tout perverti [1]. »

La population ouvrière porte en elle la jeunesse du monde, le parti communiste lui est organiquement lié, mais « il n'y a de promotion ouvrière possible que selon les plans et par les moyens que suggèrent aux travailleurs les conditions d'existence et de lutte qui sont les leurs, à eux [2] ». Dès lors, on n'hésite pas à conclure : « La classe ouvrière redeviendra chrétienne — nous en avons le solide espoir — mais ce ne sera vraisemblablement qu'après qu'elle aura elle-même, par ses propres moyens, guidée par la philosophie immanente qu'elle porte en elle, conquis l'humanité [3]. » Et encore : « L'humanité est en train de retrouver à travers le mouvement ouvrier une nouvelle jeunesse [4]. »

Il ne me paraît pas inutile de relever les erreurs proprement *intellectuelles*, manifestes en ces textes, erreurs qui ne sont pas le fait de tel ou tel, mais qui sont en train de devenir courantes dans certains milieux. Accepter que le marxisme, tel qu'il est propagé par les communistes, soit l'explication scientifique de la misère ouvrière, c'est confondre la physique d'Aristote avec celle d'Einstein ou *l'Origine des Espèces* de Darwin avec la biologie moderne. Le marxisme des staliniens, celui que les chrétiens de gauche adoptent naïvement, attribue au régime, en tant que tel, la responsabilité de l'oppression et de la pauvreté. Il impute au statut de propriété ou aux mécanismes du marché les maux dont souffre la classe ouvrière. Cette prétendue science n'est qu'une idéologie.

1. *Ibid.*, p. 18-19.
2. *Ibid.*, p. 59.
3. *Ibid.*, p. 57.
4. *Ibid.*, p. 56.

Pas davantage le marxisme n'est la « philosophie immanente du prolétariat ». Les salariés d'usines ont peut-être tendance à voir la société entière, dominée et exploitée par les détenteurs des moyens de production. La mise en accusation de la propriété privée des usines, la non-discrimination des causes de la pauvreté, le capitalisme étant chargé de tous les crimes, les ouvriers sont parfois enclins à ces jugements sommaires que la propagande communiste favorise. Mais l'affirmation que seule la révolution permet de libérer la classe ouvrière est bien loin d'exprimer la pensée immanente du prolétariat, elle appartient à la doctrine dont les communistes n'arrivent jamais à convaincre entièrement leurs troupes.

Bien loin que le marxisme soit la science du malheur ouvrier et le communisme la philosophie immanente du prolétariat, le marxisme est une philosophie d'intellectuels qui a séduit des fractions du prolétariat et le communisme use de cette pseudo-science pour atteindre sa fin propre, la prise du pouvoir. Les ouvriers ne croient pas d'eux-mêmes qu'ils sont élus pour le salut de l'humanité. Ils éprouvent bien davantage la nostalgie d'une ascension vers la bourgeoisie.

De ces deux erreurs s'ensuit une troisième sur la lutte de classes et l'avènement d'un monde nouveau. Nous ne songeons pas à discuter les vertus que le chrétien de gauche prête aux ouvriers : nous avouons notre ignorance. Quand nous lisons que « la classe ouvrière est un peuple vrai, c'est par amour de la liberté qu'il s'est un jour consciemment ou inconsciemment écarté moins de l'Église que des structures et des apparences dans lesquelles la bourgeoisie avait enfermé celle-ci [1] », quand nous lisons que « la plupart des hommes et des femmes du peuple... sont fidèles au sermon sur la Montagne [2] », nous ne sommes tentés ni de nier — la bonté des gens simples n'est pas une légende — ni d'approuver — le mythe de la classe élue se mêle manifestement à la description.

Un catholique a le droit de croire que le régime de propriété collective ou de planification est plus favorable au bien du grand nombre que le régime baptisé capitaliste. C'est là une opinion sur une matière profane que l'on peut

1. *Ibid.*, p. 78.
2. *Ibid.*, p. 79.

affirmer ou réfuter. Il a le droit de croire que l'histoire va évoluer vers le régime qui a ses préférences, de reconnaître, comme un fait, la lutte des classes sociales pour la répartition du revenu national ou l'organisation de la société. S'il appelle l'avènement du socialisme *sens de l'histoire*, s'il transfigure le pouvoir du parti communiste en libération ouvrière, s'il confère une valeur spirituelle à la lutte de classes, alors il est devenu marxiste et s'efforce vainement de combiner une hérésie chrétienne avec l'orthodoxie catholique.

Ce qui séduit le chrétien, sans qu'il en prenne conscience, dans le milieu ouvrier et l'idéologie marxiste, ce sont les survivances, les échos d'une expérience religieuse : prolétaires et militants, comme les premiers croyants du Christ, vivent dans l'attente d'un monde neuf; ils sont demeurés purs, ouverts à la charité, parce qu'ils n'ont pas exploité leurs semblables; la classe, qui porte la jeunesse de l'humanité, se dresse contre la vieille pourriture. Les chrétiens de gauche demeurent catholiques subjectivement mais renvoient le fait religieux au-delà de la révolution. « Nous n'avons pas peur : nous sommes sûrs de notre foi, sûrs de notre Église. Et nous savons en outre que celle-ci ne s'est jamais longtemps opposée à un progrès humain réel... Si des ouvriers venaient un jour nous parler de religion, voire solliciter le baptême, nous commencerions, je crois, par leur demander s'ils ont réfléchi aux causes de la misère ouvrière et s'ils participent au combat que leurs camarades mènent pour le bien de tous [1]. » Le dernier pas est franchi : on subordonne l'évangélisation à la révolution. Les progressistes ont été « marxisés » alors qu'ils croyaient christianiser les ouvriers.

La foi catholique n'est pas incompatible avec la sympathie pour les partis avancés, pour le mouvement ouvrier, pour la planification, elle est incompatible avec le prophétisme marxiste parce que celui-ci voit dans le devenir historique le cheminement du salut. La libération, à laquelle tend l'action communiste, se prête à une description objective. Malgré le prix à payer, il n'est pas illégitime, en certains cas, de préférer la violence révolutionnaire à la lente progression des réformes. Mais la libération idéale n'appa-

---

1. *Ibid.*, p. 61-62.

raît condition de tout progrès et ne marque la première étape de la rédemption que dans une interprétation proprement religieuse des événements. Les communistes, qui se veulent athées, en toute quiétude d'âme, sont animés par une foi : ils ne visent pas seulement à organiser raisonnablement l'exploitation des ressources naturelles et la vie en commun, ils aspirent à la maîtrise sur les forces cosmiques et les sociétés, afin de résoudre le mystère de l'histoire et de détourner de la méditation sur la transcendance une humanité satisfaite d'elle-même.

La libération idéelle séduit les catholiques de gauche dans la mesure où elle s'exprime en des termes empruntés à la tradition chrétienne. Elle séduit les existentialistes parce que le prolétariat semble offrir une communauté mystique à des philosophes obsédés par la solitude des consciences. Elle séduit les uns et les autres parce qu'elle garde la poésie de l'inconnu, de l'avenir, de l'absolu.

Prosaïsme de la libération réelle.

Les chrétiens progressistes, au sens strict de ce terme, sont peu nombreux en France. On n'en compte presque pas au-dehors. Beaucoup de catholiques français sont gauchistes. Mais, là encore, il s'agit d'un phénomène français. Quant à la phraséologie révolutionnaire des philosophes existentialistes, elle n'a d'équivalent en aucun pays d'Occident. On pourrait en conclure que la nostalgie de la libération idéelle, le mépris de la libération réelle caractérisent le seul climat, moins encore de la France que de Paris.

Je ne suis pas sûr, malgré tout, que le phénomène n'ait pas une signification bien au-delà de Saint-Germain-des-Prés. La tentation de la libération idéelle est la contre-partie de la déception qu'éveille la libération réelle. La tentation est limitée à un cercle étroit : je crains que la déception soit assez largement répandue. Les ouvriers d'Occident ajoutent au nombre des petits bourgeois, ils n'ont pas apporté un renouvellement de civilisation, bien plutôt ont-ils favorisé la diffusion d'une sorte de culture au rabais. La phase présente, peut-être transitoire, ne peut pas ne pas rebuter les intellectuels.

Les théoriciens du mouvement ouvrier avaient conçu, au siècle dernier, trois méthodes que l'on pourrait, en simplifiant, appeler celle de la révolution, celle de la réforme, celle du syndicalisme révolutionnaire. La première a réussi en Russie et en Chine, la seconde dans la plupart des pays occidentaux, la troisième nulle part. La dernière, à bien des égards la plus attirante, supposait la révolution, sur le lieu du travail, par les ouvriers eux-mêmes, conscients et fiers de leur classe, refusant de se soumettre au paternalisme des capitalistes ou de se confondre avec la petite bourgeoisie. Nulle part les ouvriers n'ont assumé la gestion de la production. Il ne pouvait pas en être autrement.

Le progrès de la technique élargit le rôle des bureaux d'études et de l'administration, il exige des ingénieurs une compétence supérieure, il diminue le nombre des purs et simples manœuvres, mais aussi celui des professionnels, accroît celui des ouvriers spécialisés auxquels quelques semaines d'apprentissage suffisent.

Que pourrait signifier la gestion de la production par les producteurs eux-mêmes? L'élection des dirigeants? La consultation fréquente des comités d'entreprise ou de l'assemblée générale des employés? Ces pratiques seraient absurdes ou dérisoires. On conçoit une transformation progressive de l'entreprise, un partage des bénéfices, des modes équitables de rémunération. La suppression du salariat, dont traitent de temps à autre les démagogues, n'est possible qu'en un sens symbolique. Si l'on convient d'appeler salaire la rémunération fixe, au temps ou aux pièces, payée par un entrepreneur privé, l'ouvrier des usines Renault ou Gorki n'est plus un salarié. Dès lors que la révolution ne s'accomplit pas dans l'entreprise, elle est rejetée vers la politique, syndicats et partis. Dans les syndicats britanniques, les ouvriers sont encadrés par une immense et pacifique administration, dont les chefs finissent souvent leur carrière à la Chambre des Lords ou dans les comités de direction des Houillères ou de l'Électricité. La libération du prolétariat anglais a-t-elle été l'œuvre du prolétariat lui-même? En un sens, oui. Le parti travailliste ne s'est pas élevé sans lutte, il a été et demeure financé et soutenu par les *trade-unions*. Mais ceux-ci représentent les travailleurs, dont la plupart sont passifs et ne souhaitent pas davantage assumer les responsabilités à l'intérieur des compagnies nationales qu'à l'intérieur des compagnies privées. Les ouvriers, dont les leaders syndicaux sont devenus ministres, mettent à peine moins d'ardeur à revendiquer des augmentations de salaires sous un gouvernement Attlee que sous un gouvernement Churchill. Le ministère travailliste est *leur*, à peu près au sens où l'est aussi celui de sir Winston : dans les deux cas, les travailleurs se reconnaissent dans le Pouvoir parce qu'ils ne se séparent pas moralement du reste de la communauté.

L'effacement des barrières historiques entre les classes est peut-être plus achevé dans d'autres nations. Des observateurs ont parlé, à propos de la Suède, de société sans classes tant les manières de vivre des uns et des autres se sont rapprochées, tant la conscience d'appartenir à *une* classe s'est atténuée.

Il y aurait une insupportable hypocrisie, de la part de ceux qui déplorent la misère des prolétaires, à mépriser les résultats obtenus par le socialisme sans doctrine. Peut-être, en notre siècle, ne peut-on ne proposer d'objectif plus haut. Mais, s'il en est ainsi, on n'a pas le droit de s'étonner des réticences des intellectuels qui avaient mis leur espoir dans le mouvement ouvrier.

Que nous répètent indéfiniment les rédacteurs d'*Esprit*? Que le prolétariat est porteur de valeurs universelles et que son combat est, de ce fait, celui de l'humanité entière. D'où tant de formules qui expriment confusément des sentiments vagues. Nous pouvons être « reconnaissants à Marx de nous avoir fait comprendre que le progrès de la philosophie est lié au progrès d'un prolétariat qui se comporte lui-même en porteur de valeurs qui le dépassent ». « C'est pour toutes ces raisons que la promotion ouvrière est l'événement auquel il faut aujourd'hui participer pour pouvoir réfléchir [1].» « Si le prolétariat est porteur de l'avenir, c'est exactement dans la mesure où sa libération se proposera comme la libération de tous et non comme un renversement de pouvoir qui substituerait à une tyrannie de l'argent la dictature du travail déifié [2]. »

---

1. Jean Lacroix, in *Esprit*, 1951, nos 7-8, p. 207.
2. *Esprit*, 1951, nos 7-8, p. 217.

Qu'est-ce que la « promotion ouvrière » à laquelle le professeur de philosophie nous assure qu'il participe? Élévation du niveau de vie, renforcement des syndicats ouvriers, législation sociale, humanisation des rapports industriels, oui. Ces réformes n'élèvent pas la classe ouvrière au premier rang. L'ouvrier, en contact avec la matière, voué à la peine quotidienne, est peut-être protégé contre les turpitudes de ceux qui vivent dans le monde de la parole. Le progrès technique ne le « promeut » pas, qui remplace la main par la machine et l'effort physique par le savoir. Le manuel descend l'échelle sociale, non par la faute du capitalisme ou du socialisme, mais par le déterminisme de la science appliquée à l'industrie.

En un certain sens, la promotion ouvrière est réelle. Le temps où les non-privilégiés, exclus de tout savoir, enfermés en de petites communautés sans communication, demeuraient étrangers au destin historique, est passé. Les hommes savent lire et écrire, ils vivent rapprochés en de grandes métropoles, les puissants les flattent, pour régner en leur nom. Mais — on ne le sait que trop — l'ère des masses est aussi celle des empires, celle des grands fauves et des complots. Les assassinats des empereurs ou des chefs de la police, dans l'ombre des palais, appartiennent à la même époque que le défilé de Nuremberg ou les fêtes du 1er mai à Moscou. La force des organisations ouvrières entraîne une passivité croissante des ouvriers pris individuellement. D'un côté et de l'autre du rideau de fer, la culture, proprement ouvrière, dépérit à mesure que les prolétaires s'embourgeoisent et absorbent avidement l'horrible littérature de la presse dite populaire ou du «réalisme socialiste ».

Plus encore que la formule « promotion de la classe ouvrière », les formules « tyrannie de l'argent » et « civilisation du travail » sont équivoques. On devine les vœux de ceux qui les emploient. Pourquoi les hommes ne donneraient-ils pas le meilleur d'eux-mêmes au service de la collectivité, pour un idéal? Au risque d'être traité de cynique, je ne crois pas qu'aucun ordre social puisse se fier à la vertu et au désintéressement des citoyens. Pour obtenir le rendement maximum, les planificateurs ont, depuis longtemps, rétabli l'inégalité des salaires et même les profits : le directeur soviétique se réserve la plus grande partie d'un fonds où s'accumulent les excédents de l'entreprise.

Les invectives contre l'argent traînent dans la littérature anticapitaliste et antibourgeoise depuis les fameuses pages du jeune Marx. Simultanément, la gauche a adopté l'idéal du confort universel rejeté par les penseurs qui gardent la nostalgie des civilisations aristocratiques. Les ennemis du monde moderne, les Léon Bloy, les Bernanos, les Simone Weil, ont le droit de dénoncer l'argent. Mais les progressistes, indignés que les machines n'aient pas, en deux siècles, triomphé de la millénaire pauvreté, que les classes et les nations prolétariennes ne bénéficient pas d'un partage équitable des richesses, sur quel miracle comptent-ils ? S'ils n'espèrent une soudaine conversion du vieil homme, ils doivent miser sur une augmentation prodigieuse des biens disponibles et, à cette fin, offrir aux plus énergiques, aux plus ambitieux, la promesse de récompenses terrestres. La planification, la propriété collective suppriment certaines formes de profit, mais non l'avidité des biens de ce monde, bref le désir d'argent. Socialiste ou capitaliste, l'économie moderne est inévitablement monétaire.

Il existe, en toute société, une minorité indifférente à l'argent et prête à se dévouer, plus nombreuse dans les partis révolutionnaires ou les régimes à peine sortis d'une révolution que dans les régimes stabilisés. Elle est particulièrement faible dans les civilisations où l'on met au premier rang le succès temporel, la réussite dans les affaires. La nature sociale est rebelle aux vœux des idéologues. L'interdiction, faite aux membres du parti communiste de recevoir des salaires supérieurs à ceux des ouvriers, n'a pas tenu au-delà de la phase d'enthousiasme. Au cours des plans quinquennaux, on a joint à l'émulation socialiste la vieille formule : « Enrichissez-vous. » Les communistes ont eu le droit de cumuler jouissances et puissance. L'élite qui se déclare prolétarienne, en compensation des services qu'elle rend à la communauté, trouve normal de vivre comme l'aristocratie d'hier. Il est possible, probable même que les citoyens soviétiques ne s'indignent pas plus contre les privilèges de leurs directeurs que les citoyens américains contre ceux des capitalistes.

Mais, dira-t-on, en Union soviétique, l'argent ne règne pas puisque les riches ne détiennent pas le pouvoir. Les riches, il est vrai, ne détiennent pas le pouvoir à cause de leur richesse : la classe dirigeante se réclame du parti et de l'idée. Au regard des gouvernés, la légitimité, dont se réclament les gouvernants, importe moins que le mode d'exercice de l'autorité. De l'autre côté du rideau de fer, puissance économique et puissance politique sont dans les mêmes mains, de ce côté-ci elles sont réparties entre des groupes solidaires et rivaux. La division des pouvoirs est la condition de la liberté.

Les révolutionnaires par idéalisme attribuent à la classe ouvrière la mission surhumaine de mettre fin aux maux, trop réels, des sociétés industrielles. Ils n'ont pas le courage d'avouer que le prolétariat, à mesure de son inévitable embourgeoisement, perd les vertus qui semblaient lui conférer une vocation.

L'insatisfaction que laisse la libération réelle, la sagesse prosaïque du syndicalisme libre font que les intellectuels deviennent sensibles à la séduction de la libération idéelle. La libération réelle de l'ouvrier, en Grande-Bretagne ou en Suède, est ennuyeuse comme un dimanche anglais, la libération idéelle de l'ouvrier soviétique, fascinante comme un saut dans l'avenir ou une catastrophe. Peut-être les postes de télévision enlèveront-ils aux prolétaires libérés de Moscou l'auréole des martyrs.

*
* *

Existentialistes, chrétiens de gauche semblent souscrire à la formule de M. Francis Jeanson : « La vocation du prolétariat n'est pas dans l'histoire, elle est d'opérer la conversion de l'histoire [1]. » M. Claude Lefort, lui aussi, décrète : « Parce qu'elle vise un objectif essentiel — l'abolition de l'exploitation — la lutte politique des ouvriers ne peut qu'échouer absolument si elle ne réussit pas [2]. » Faute de définition précise de l'exploitation — à partir de quel moment l'inégalité des revenus ou un contrat de travail entre un entrepreneur et un salarié implique-t-il exploitation? —, cette dernière proposition est équivoque. Quelle que soit la signification qu'on lui prête, elle est fausse : les

1. *Esprit*, 1951, nos 7-8, p. 12.
2. *Temps modernes*, juin 1952, n° 81, p. 182.

prolétariats ont remporté des succès partiels, ils n'ont jamais réussi complètement. Rien ne désigne les ouvriers d'industrie pour la tâche de convertir l'histoire.

Qu'est-ce qui les désignait, dans la pensée des philosophes et des chrétiens, pour ce destin unique? La souffrance, qui témoignait de l'injustice sociale et du malheur humain. Les souffrances des prolétaires d'Occident doivent donner, aujourd'hui encore, mauvaise conscience aux privilégiés. Que sont-elles auprès de celles des « minorités lépreuses », honte et symbole de notre temps, des Juifs exterminés par le IIIe Reich, des trotskystes, sionistes, cosmopolites, Baltes ou Polonais, pourchassés par la colère du secrétaire général du parti communiste, des concentrationnaires voués à la mort lente, des Noirs d'Afrique du Sud dans des Réserves, des personnes déplacées, des sous-prolétariats aux États-Unis ou en France? Si le malheur confère la vocation, c'est aux victimes des persécutions raciales, idéologiques, religieuses qu'elle revient aujourd'hui.

La « contradiction » entre salariés d'industries et entrepreneurs est celle qu'au XXe siècle le communisme a le plus de peine à exploiter, dans les pays sous-développés parce que les prolétaires ne sont pas assez nombreux, dans les pays de capitalisme parce qu'ils ne sont plus assez révolutionnaires. Il remporte de tout autres succès quand il attise les passions nationales ou les revendications des peuples, naguère dominés par les Blancs. Le XXe siècle est celui des guerres de races ou de nations plus que de la lutte des classes, au sens classique de ce terme.

Que les prolétaires en tant que tels soient moins enclins à la violence que les nations privées de leur indépendance, les races traitées en inférieures, le fait s'explique aisément, dès que l'on oublie les doctrines d'école. Les salariés d'industries sont tenus, quoi qu'ils en aient, par la discipline du travail. Ils se déchaînent parfois contre les machines ou contre les patrons, dans les périodes d'accumulation primitive, de chômage technologique ou de déflation. Ces explosions mettent en péril les États affaiblis ou les gouvernants prêts à capituler. Organisés, les travailleurs se trouvent doublement encadrés, par l'appareil de production et l'appareil syndical. Le rendement de l'un et de l'autre augmente simultanément, celui-là produit plus de marchandises et celui-ci en met une fraction croissante à la disposition des salariés. Inévitablement, ces derniers se résignent à leur condition. Les secrétaires de syndicats acceptent sans trop de répugnance une société qui ne leur refuse pas une participation au pouvoir et à ses bénéfices.

Les paysans, qui en veulent aux grands propriétaires parce qu'ils aspirent à la possession des terres, sont autrement portés à la violence. C'est dans la campagne et pour le sol que le régime de propriété a authentiquement une portée décisive. Plus se développe l'industrie moderne, moins le statut de propriété importe. Personne n'est propriétaire ni des usines *Kirov* ni de la *General Motors*. Les différences concernent le recrutement des managers et la répartition de la puissance.

A supposer que la « conversion de l'histoire » signifie quelque chose, la classe la moins capable de l'accomplir me paraît la classe ouvrière. Les révolutions, dans les sociétés industrielles, modifient l'idée que les travailleurs se font de leur situation et de ceux qui les commandent. Elles transforment les relations entre la double hiérarchie, bureaucratico-technique d'une part, syndicale et politique de l'autre. Les grandes révolutions du XXe siècle ont pour résultat de subordonner celle-ci à celle-là.

Dans le IIIe Reich, en Russie soviétique, les dirigeants des organisations ouvrières transmettent les ordres de l'État aux salariés bien plus qu'ils ne font parvenir à l'État les revendications de ces derniers. Les maîtres du Pouvoir, il est vrai, se prétendent investis par la communauté de classe ou de race. Les membres du *Politburo* sont les élus de l'Histoire. Sous prétexte que le secrétaire général du parti se donne pour le guide du prolétariat, quelques philosophes d'Occident trouvent, d'un coup, légitimes les pratiques qu'ils reprochaient au capitalisme (épargne forcée, salaires aux pièces, etc.), ils approuvent les interdits qu'ils dénonceraient si les démocrates s'en rendaient coupables. Les ouvriers d'Allemagne orientale, en grève contre le relèvement des normes, sont traîtres à leur classe. Si M. Grotewohl ne se réclamait pas de Marx, il serait le bourreau du prolétariat. Admirable vertu des paroles !

Les régimes totalitaires rétablissent l'unité de la hiérarchie technique et de la hiérarchie politique. Qu'on les acclame ou qu'on les maudisse, on n'y saurait voir une nouveauté qu'à la condition d'ignorer l'expérience des siècles. Les sociétés libres de l'Occident, où les pouvoirs sont divisés, où l'État est laïc, constituent une singularité de l'histoire. Les révolutionnaires, qui rêvent de libération totale, hâtent le retour aux vieilleries du despotisme.

DE L'OPTIMISME POLITIQUE

Gauche, révolution, prolétariat, ces concepts à la mode sont les répliques tardives des grands mythes qui animaient naguère l'optimisme politique, *progrès, raison, peuple*.

La gauche, qui englobe tous les partis situés d'un côté de l'hémicycle, à qui l'on prête des objectifs constants ou une vocation éternelle, existe à condition que l'avenir vaille mieux que le présent et que la direction du devenir des sociétés soit, une fois pour toutes, fixée. Le mythe de la gauche suppose celui du progrès, il en retient la vision historique sans marquer la même confiance : la gauche ne cessera pas de trouver en face d'elle, lui barrant le chemin, une droite, jamais vaincue ni convertie.

De cette lutte, à l'issue incertaine, le mythe de la Révolution prend acte comme d'une fatalité. On ne brisera que par la force la résistance des intérêts ou des classes, hostiles aux « lendemains qui chantent ». En apparence, Révolution et Raison s'opposent exactement : celle-ci évoque le dialogue et celle-là la violence. Ou bien l'on discute, et l'on finit par convaincre l'*autre*, ou bien l'on renonce à convaincre et l'on s'en remet aux armes. Mais la violence a été et continue d'être le dernier recours d'une certaine impatience rationaliste. Ceux qui savent la forme que devraient revêtir les institutions, s'irritent contre l'aveuglement de leurs semblables, ils désespèrent de la parole et oublient que les mêmes obstacles qu'élève aujourd'hui la nature des individus et des collectivités, surgiraient demain, acculant les révolutionnaires, maîtres de l'État, à l'alternative des compromis ou du despotisme.

La mission, prêtée au prolétariat, témoigne de moins de foi que la vertu, naguère prêtée au peuple. Croire au peuple, c'était croire à l'humanité. Croire au prolétariat, c'est croire à l'élection par le malheur. La condition inhumaine désignerait pour le salut de tous. Peuple et prolétariat symbolisent, tous deux, la vérité des simples, mais le peuple demeure, en droit, universel — on conçoit, à la limite, que les privilégiés eux-mêmes soient inclus dans la communion —, le prolétariat est une classe, entre d'autres, il triomphe en liquidant d'autres classes et ne se confondra avec le tout social qu'au terme de luttes sanglantes. Qui parle au nom du prolétariat retrouve, à travers les siècles, les esclaves aux prises avec les maîtres, il n'attend plus l'avènement progressif d'un ordre naturel, mais il compte sur la suprême révolte des esclaves pour éliminer l'esclavage.

Ces trois notions comportent une interprétation sensée. La gauche est le parti qui ne se résigne pas à l'injustice et qui maintient, contre les justifications du Pouvoir, les droits de la conscience. Une révolution est un événement lyrique ou fascinant (surtout dans le souvenir), souvent inévitable, qu'il serait aussi déplorable de souhaiter pour lui-même que de toujours condamner : rien n'annonce que les classes dirigeantes aient appris leur leçon ni que l'on puisse écarter les gouvernants indignes sans violer les lois ni faire appel aux grenadiers. Le prolétariat, au sens précis de la masse ouvrière créée par la grande industrie, n'a reçu de personne, sinon d'un intellectuel, originaire d'Allemagne et réfugié en Grande-Bretagne au milieu du siècle dernier, la mission de « convertir l'Histoire », mais il représente, au XXe siècle, moins la classe immense des victimes que la cohorte des travailleurs qu'organisent les managers et qu'encadrent les démagogues.

Ces notions cessent d'être raisonnables et deviennent mythiques par suite d'une erreur intellectuelle.

Pour rétablir la continuité de la gauche à travers le temps ou masquer la division des gauches à chaque époque, on oublie la dialectique des régimes, le glissement des valeurs, d'un parti à un autre, la reprise par la droite des valeurs libérales contre la planification et le centralisme, la nécessité d'établir, entre des objectifs contradictoires, un compromis de sagesse.

L'expérience historique du XXe siècle révèle la fréquence et les causes des révolutions à l'âge industriel. L'erreur est de prêter à la Révolution une logique qu'elle n'a pas, d'y voir le terme d'un mouvement, conforme à la raison, d'en attendre des bienfaits incompatibles avec l'essence de l'événement. Il n'est pas sans exemple qu'après l'explosion, la société revienne à la paix et que le bilan soit positif. Le moyen demeure, en tant que tel, contraire aux buts que l'on vise. La violence des uns contre les autres est la négation, parfois nécessaire, toujours évidente, de la reconnaissance réciproque, qui doit unir les membres d'une collectivité. En déracinant respects et traditions, elle risque de détruire le fondement de la paix entre les citoyens.

Le prolétariat ne peut pas ne pas revendiquer et obtenir une place dans les communautés de notre temps. Il a paru, au siècle dernier, le souffre-douleur des sociétés industrielles : le progrès économique en a fait, en Occident, l'esclave le plus libre, le mieux rémunéré de l'histoire et le prestige du malheur devrait se reporter sur les minorités, plus maltraitées que lui. Serviteur des machines, soldat de la Révolution, le prolétariat n'est jamais, en tant que tel, ni le symbole, ni le bénéficiaire, ni le dirigeant d'un régime, quel qu'il soit. C'est par une mystification à l'usage des intellectuels que l'on baptise prolétarien le régime dont les Pouvoirs se réclament d'une idéologie marxiste.

Ces erreurs ont pour origine commune l'optimisme dans le rêve joint au pessimisme sur le réel.

On fait confiance à une gauche qui toujours recrute les mêmes hommes au service des mêmes causes. On ne se lasse pas de haïr une droite éternelle, défendant des intérêts sordides ou incapable de déchiffrer les signes des temps à venir. Les dirigeants de la gauche se situent au milieu de la hiérarchie, ils mobilisent ceux qui sont en bas pour chasser ceux qui sont en haut, ils sont des demi-privilégiés et représentent les non-privilégiés, jusqu'à la victoire qui en fera des privilégiés. De ces banalités, nous ne tirons pas une leçon de cynisme : ni les régimes politiques ni les systèmes économiques ne sont équivalents. Mais le bon sens ordonne de ne pas transfigurer un mot équivoque, un rassemblement mal défini, en les chargeant d'une gloire qui n'appartient qu'aux idées. On a si souvent établi le despotisme en invoquant la liberté que l'expérience enjoint de comparer l'œuvre des partis plutôt que leur programme et d'éviter les actes de foi ou les condamnations sommaires, en ce combat douteux où le langage voile la pensée, où les valeurs sont à chaque instant trahies.

On a tort d'attendre le salut de la catastrophe triomphale, tort de désespérer de la victoire dans les luttes pacifiques. La violence permet de brûler les étapes, elle libère les énergies, elle favorise la montée des talents, mais aussi elle renverse les traditions qui restreignaient l'autorité de l'État, elle répand le goût, l'habitude des solutions de force. Il faut du temps pour guérir les maux légués par une révolution, même quand celle-ci a guéri les maux du régime aboli. Quand le pouvoir légitime s'est effondré, un groupe d'hommes, parfois un homme seul, prend en charge le destin commun, pour que, disent les fidèles, la Révolution ne meure pas. En fait, dans la lutte de tous contre tous, un chef doit l'emporter pour rétablir le premier des biens, la sécurité. Pourquoi un événement qui, semblable à la guerre, élimine le dialogue, ouvre toutes les possibilités parce qu'il nie toutes les normes, porterait-il l'espérance de l'humanité?

Optimisme délirant, la désignation du prolétariat pour une tâche unique, pessimisme excessif, l'indignité des autres classes. On conçoit qu'à chaque époque, une nation soit plus que les autres créatrice. Selon la formule de Hegel, l'Esprit du monde s'incarne tour à tour dans les différentes nations. La succession de la Réforme, de la Révolution bourgeoise, de la Révolution sociale peut être interprétée en termes tels que l'Allemagne du XVIe siècle, la France du XVIIIe et la Russie du XXe apparaissent, l'une après l'autre, les instruments de la Raison. Mais cette philosophie n'attribue à aucune collectivité une vertu politique et morale qui la mette au-dessus des lois communes. Il est des êtres d'exception, il n'est pas de collectivité d'exception.

Les classes se prêtent moins encore que les nations à la discrimination de l'élu et des réprouvés. Ou les classes englobent des ensembles aussi vastes que celui des ouvriers d'industries et, en ce sens, elles participent plus par leurs souffrances que par leur vouloir au destin historique. Ou elles se confondent avec les minorités conquérantes, noblesse ou bourgeoisie, et elles ont une fonction à remplir, une œuvre à édifier, non une conversion à opérer. Le prolétariat, soumis à la rude discipline des usines, ne change pas de nature en changeant de maître, pas plus qu'il ne change la nature des sociétés.

Là est le centre du débat. L'optimisme historique, teinté de pessimisme, exige un bouleversement de l'ordre immémorial des collectivités. Il juge scandaleux ce qui est, il veut essentiellement autre ce qui sera. Ainsi, il compte sur les partis de progrès, sur la violence, sur une classe particulière pour amener ce passage, progressif ou soudain, au règne de la liberté. Toujours déçu, il se condamne lui-même à la déception, parce que les caractères de la structure sociale contre lesquels il invective, apparaissent immuables.

On peut se fier au suffrage populaire et non à la naissance, pour désigner les chefs politiques, on peut attribuer à l'État plutôt qu'à des personnes privées la gestion des moyens de production : la suppression d'une aristocratie héréditaire ou des capitalistes ne modifie pas l'essence de l'ordre social parce qu'elle ne modifie pas l'essence de l'*homo politicus*.

L'existence des cités est, à chaque instant, menacée par la dissolution interne ou l'agression venue de l'extérieur. Pour parer à l'agression, les cités doivent être fortes. Pour résister à la désagrégation, le Pouvoir doit maintenir la solidarité, la discipline des citoyens. Inévitablement, le théoricien incline à une vue, sans illusions, de la politique. L'homme lui paraît instable et glorieux, il ne juge jamais son sort digne de lui, il aspire à la puissance et au prestige. Jugement sommaire et partiel, mais incontestable dans ses limites. Quiconque entre dans la bataille politique et convoite des biens rares, est enclin à troubler la République pour assouvir ses ambitions et se venger d'adversaires heureux.

Ni l'ordre public ni la force de l'État ne constituent l'objectif unique de la politique. L'homme est aussi un être moral et la collectivité n'est humaine qu'à la condition d'offrir une participation à tous. Mais les impératifs fondamentaux survivent aux alternances de régimes : l'*homo politicus* n'acquiert par aucun miracle le souci exclusif du bien public ou la sagesse de se satisfaire de la place que le hasard ou le mérite lui a donnée. L'insatisfaction, qui empêche les sociétés de se cristalliser en une structure accidentelle, l'appétit d'honneurs, qui anime et les grands bâtisseurs et les intrigants de bas étage, continueront d'agiter la Cité que la gauche aura transformée, la Révolution bâtie, le prolétariat conquis.

Gauche, révolution, prolétariat, supposés victorieux, suscitent autant de problèmes qu'ils en résolvent. Si l'on élimine les privilèges des nobles, on ne laisse subsister que l'autorité de l'État ou de ceux qui tirent de lui leurs fonctions. Les droits de la naissance, en disparaissant, laissent libre carrière à ceux de l'argent. La destruction des communautés locales renforce les prérogatives du pouvoir central. Deux cents fonctionnaires prennent la place des deux cents familles. Quand la Révolution a étouffé le respect des traditions, répandu la haine des privilégiés, les masses sont prêtes à s'incliner devant le sabre du chef, en attendant le jour où l'apaisement des passions et le temps auront restauré une légitimité et rendu leur ascendant aux conseils de la raison.

Les trois mythes de la gauche, de la révolution et du prolétariat sont moins réfutés par leur échec que par leurs succès. La gauche s'est définie contre l'Ancien Régime par la libre pensée, l'application de la science à l'organisation de la société, le refus des statuts héréditaires : elle a manifestement gagné la partie. Il ne s'agit plus, aujourd'hui, d'avancer toujours dans le même sens, mais d'équilibrer planification et initiative, rétributions équitables pour tous et incitation à l'effort, puissance de la bureaucratie et droits des individus, centralisation économique et sauvegarde des libertés intellectuelles.

Dans le monde occidental, la Révolution est derrière et non pas devant nous. Même en Italie et en France, nous n'avons plus de Bastille à renverser ou d'aristocrates à pendre à la lanterne. La Révolution, possible à l'horizon, aurait pour tâche de renforcer l'État, de contraindre les intérêts, d'accélérer les changements sociaux. Contre l'idéal ancien d'une société, stable en ses mœurs et en ses lois, la gauche et la droite du milieu du XXe siècle sont également acquises à la révolution permanente, dont se vante la propagande américaine et que l'on impute (en un autre sens) à la société soviétique. Le conservatisme, dans le style de Burcke, limité à un cercle étroit d'intellectuels, prétend freiner, non le progrès économique, mais la décomposition de la morale éternelle.

Sans doute l'intervalle est immense qui sépare les accomplissements des anticipations. Les sociétés, rationalisées par la science, n'en sont pas plus pacifiques, elles ne semblent pas plus rationnelles que celles d'hier. S'il est vrai qu'une seule injustice suffise à marquer d'infamie un régime, pas un, en notre temps, qui ne soit déshonoré. On peut compter le pourcentage des revenus individuels inférieurs au minimum de décence, on doit comparer la répartition des revenus et les modes de domination il y a un siècle et maintenant pour constater que l'accroissement des ressources collectives rend les sociétés moins inégalitaires, moins tyranniques. Elles n'en restent pas moins soumises aux antiques fatalités du travail et du Pouvoir et, du coup, au regard des optimistes, inacceptables.

Quand nous observons le fonctionnement d'une Constitution ou d'un système économique, nous avons l'impression, probablement fausse, certainement superficielle, que le hasard ou le passé ou la folie continuent de régner. Les modes de la vie en commmun des hommes semblent absurdes à ceux qui prennent pour idéal le règne de la raison technicienne.

A cette déception, les intellectuels répondent par la réflexion ou par la révolte. Ils s'efforcent de découvrir les causes de l'écart entre le rêve d'hier et la réalité, ou bien ils reprennent ces rêves et les projettent sur les réalités tout autres d'aujourd'hui. En Asie, ces mythes continuent à forger l'avenir, quelles que soient les illusions qu'ils entretiennent. En Europe, ils sont inefficaces et justifient plutôt l'indignation verbale que l'action.

La Raison a tenu tout ce qu'elle promettait et plus encore, elle n'a pas changé l'essence des collectivités. Plutôt que de délimiter la part de l'homme rebelle au progrès, on prête à un étrange démiurge, l'Histoire, la puissance que ni les partis, ni les classes, ni la violence ne possèdent. Ensemble et avec l'aide du temps, n'achèveront-ils pas cette conversion que le rationalisme, nostalgique des vérités religieuses, ne cesse d'espérer ?

DEUXIÈME PARTIE

IDOLATRIE DE L'HISTOIRE

CHAPITRE IV

HOMMES D'ÉGLISE ET HOMMES DE FOI

Le marxisme ne tient plus guère de place dans la culture de l'Occident, même en France et en Italie, où une importante fraction de l'*intelligentsia* se rallie ouvertement au stalinisme. On chercherait vainement un économiste digne de ce nom que l'on pût qualifier de marxiste au sens strict du terme. Dans *le Capital*, l'un aperçoit le pressentiment des vérités keynésiennes, l'autre une analyse existentielle de la propriété privée ou du régime capitaliste. Aucun ne préfère les catégories de Marx aux catégories de la science bourgeoise quand il s'agit d'expliquer le monde actuel. De même, on chercherait vainement un notable historien dont l'œuvre se réclamerait ou découlerait du matérialisme dialectique.

Aucun historien, aucun économiste, il est vrai, ne penserait exactement comme il fait si Marx n'avait pas existé. L'économiste a acquis une conscience de l'exploitation ou encore une conscience du coût humain de l'économie capitaliste, dont on peut à juste titre faire hommage à Marx. L'historien n'oserait plus fermer les yeux aux réalités humbles qui commandent la vie de millions d'hommes. On n'a plus l'illusion de comprendre une société quand on ignore l'organisation du travail, la technique de production, les rapports entre les classes. Il n'en résulte pas encore qu'on parvienne à comprendre les modalités de l'art ou de la philosophie à partir des outils.

Le marxisme demeure actuel sous sa forme originelle dans le conflit idéologique de notre temps. Condamnation de la propriété privée ou de l'impérialisme capitaliste, conviction que l'économie de marché et le règne de la bourgeoisie tendent d'eux-mêmes à leur fin vers la planification socialiste et le pouvoir du prolétariat, ces fragments détachés de la doctrine ne sont pas acceptés seulement par les staliniens ou les sympathisants mais par l'immense majorité de ceux qui se veulent progressistes. L'*intelligentsia* dite avancée, même dans les pays anglo-saxons où elle n'a jamais lu *le Capital*, souscrit presque spontanément à ces préjugés.

Dépassé sur le plan de la science, plus actuel que jamais sur le plan des idéologies, le marxisme, tel qu'il est interprété à l'heure présente en France, apparaît avant toute interprétation de l'histoire. Les hommes ne vivent pas des catastrophes comparables à celles qui ont ébranlé l'Europe en ce siècle sans s'interroger sur le sens de ces événements tragiques ou grandioses. Marx lui-même a cherché les lois selon lesquelles fonctionne, se maintient et se transforme le régime capitaliste. Ni les guerres ni les révolutions du XXe siècle ne relèvent de la théorie que Marx avait moins démontrée que suggérée. Rien n'empêche de conserver les mots — capitalisme, impérialisme, socialisme — pour désigner des réalités devenues tout autres. Et les mots permettent, non d'expliquer scientifiquement le cours de l'histoire, mais de lui prêter une signification à l'avance fixée. Ainsi les catastrophes sont transfigurées en moyens de salut.

En quête d'espoir, durant une époque désespérée, les philosophes se satisfont d'un optimisme catastrophique.

L'infaillibilité du parti.

Le marxisme est par lui-même une synthèse : il combine les thèmes majeurs de la pensée progressiste. Il se réclame de la science qui garantit la victoire finale. Il exalte la technique qui bouleverse le train immémorial des sociétés humaines. Il fait sienne l'aspiration éternelle à la justice, il annonce la revanche des malheureux. Il affirme qu'un déterminisme commande au déroulement du drame, mais cette nécessité est dialectique, elle implique la contradiction entre les régimes qui se succèdent, la rupture violente au passage d'un régime à un autre et la réconciliation finale entre les exigences apparemment contradictoires. Pessimiste au comptant, optimiste à terme, il répand la foi romantique dans la fécondité des bouleversements. Chaque tempérament, chaque famille d'esprits découvre un aspect de la doctrine accordé à ses propres préférences.

Cette synthèse a toujours été plus séduisante que rigoureuse. Ceux que n'éclaire pas la grâce ont toujours eu peine à admettre la compatibilité entre le caractère intelligible de la totalité historique et le matérialisme. On comprenait la coïncidence finale de l'idéal et du réel, aussi longtemps que l'histoire elle-même passait pour le Progrès de l'Esprit. Le matérialisme métaphysique, aussi bien que le matérialisme historique, rend étrange, sinon contradictoire, cette combinaison de nécessité et de progrès. Pourquoi cette ascension dans un monde livré aux forces naturelles? Pour quoi l'histoire, dont la structure est commandée par les rapports de production, devrait-elle aboutir à une société sans classes? Pourquoi la matière et l'économie nous apportent-elles la certitude que l'utopie s'accomplira?

Le stalinisme aggrave les difficultés internes du marxisme en mettant l'accent sur un matérialisme vulgaire et, plus encore, en éliminant tout schéma de l'évolution historique. L'histoire sacrée que le marxisme dégage de la grisaille des faits profanes va du communisme primitif au socialisme de l'avenir : la chute dans la propriété privée, exploitation, la lutte de classes, ont été indispensables au développement des forces productives et à l'accession de l'humanité à un degré supérieur de maîtrise et de conscience. Le capitalisme précipite sa propre ruine en accumulant des moyens de production, faute de répartir équitablement les richesses. La situation dans laquelle éclatera la Révolution sera sans précédent : immense majorité de victimes, petit nombre des oppresseurs, forces productives démesurément accrues, etc. Au-delà de cette rupture l'idée de progrès deviendra valable. Après la révolution prolétarienne, le progrès social n'exigera plus de révolution politique.

Au temps de la social-démocratie allemande et de la IIe Internationale, la théorie de l'autodestruction du capitalisme passait pour l'essentiel du dogme. Édouard Bernstein fut condamné comme révisionniste par les congrès-conciles de l'Internationale, parce qu'il avait mis en doute un des arguments-clés de cette théorie (concentration). Mais le dogmatisme ne s'étendait pas au-delà de la théorie et de la stratégie qui s'ensuivait (la Révolution au terme de la dialectique du capitalisme). Dans l'action quotidienne, les divergences d'opinions à l'intérieur de chaque parti ou entre les partis nationaux demeuraient légitimes : la tactique n'appartenait pas à l'histoire sacrée. Il n'en va plus de même dans le stalinisme.

La révolution de 1917 en Russie, l'échec de la Révolution en Occident créèrent une situation imprévue qui rendit inévitable une révision de la doctrine. On retient les conceptions relatives à la structure de l'histoire. Mais, puisque le parti prolétarien a triomphé pour la première fois là où les conditions de maturité capitaliste n'étaient pas remplies, on avoue que le développement des forces productives ne détermine pas seul les chances de la Révolution. On ne se résigne pas à proclamer que les chances de la Révolution diminuent au fur et à mesure que progresse le capitalisme. On est contraint d'assouplir la thèse : la Révolution se produit sous forme de révolutions qui éclatent au gré de circonstances multiples. Le mouvement qui va du capitalisme au socialisme, se confond avec l'histoire du parti bolchevik.

En d'autres termes, pour réconcilier les événements de 1917 avec la doctrine, il a fallu abandonner l'idée que l'histoire parcourt les mêmes étapes dans tous les pays et décréter que le parti bolchevik russe était le représentant qualifié du prolétariat. La prise du pouvoir par le parti (ou un parti national se réclamant du parti russe) est l'incarnation de l'acte prométhéen par lequel les opprimés secouent leurs chaînes. Chaque fois que le parti conquiert un État, la révolution progresse, même si les prolétaires de chair et d'os ne se reconnaissent pas dans leur parti et la Révolution. Dans la IIIe Internationale, c'est l'identification du prolétariat mondial et du parti bolchevik russe qui constitue l'objet primaire de la foi. Le communiste, stalinien ou malenkoviste, est avant tout l'homme qui ne distingue pas entre la cause de l'Union soviétique et la cause de la Révolution.

L'histoire du parti *est* l'histoire sacrée, qui aboutira à la rédemption de l'humanité. Comment le parti pourrait-il participer des faiblesses inhérentes aux œuvres profanes? Tout homme, même bolchevik, peut se tromper. Le parti, d'une certaine façon, ne peut ni ne doit se tromper, puisqu'il dit et accomplit la vérité de l'Histoire. Or, l'action du parti s'adapte à des circonstances imprévisibles. Des militants, aussi dévoués les uns que les autres, s'opposent sur la décision à prendre ou sur la décision qu'il aurait fallu prendre. Ces controverses à l'intérieur du parti sont légitimes, à la condition qu'elles ne mettent pas en cause la délégation du prolétariat au parti. Mais quand celui-ci est divisé sur un sujet de grande importance, par exemple la collectivisation de l'agriculture, une des tendances représente le parti, c'est-à-dire le prolétariat et la vérité de l'histoire, et l'autre — l'opposition vaincue — trahit la cause sacrée. Lénine n'a jamais mis en doute sa mission, qui ne se séparait pas, à ses yeux, de la vocation révolutionnaire de la classe ouvrière. L'autorité absolue que s'assure un petit nombre ou un homme seul sur « l'avant-garde du prolétariat » résout la contradiction entre la valeur absolue qui s'est attachée de proche en proche au parti et les détours d'une action, engagée dans une histoire sans structure.

Un parti qui a toujours raison, doit, à chaque instant, définir la ligne juste, entre le sectarisme et l'opportunisme. Où se situe cette ligne juste? A égale distance des deux récifs de l'opportunisme et du sectarisme. Mais ces deux récifs, à l'origine, ont été situés par rapport à la ligne juste. On ne sort du cercle vicieux que par un décret de l'autorité, qui définit à la fois la vérité et les erreurs. Et ce décret est inévitablement arbitraire, pris par un homme qui tranche souverainement entre les individus et les groupes; l'écart entre le monde tel qu'il serait, si la doctrine originelle était vraie, et le monde tel qu'il est, suspend la vérité aux décisions équivoques et imprévisibles d'un interprète qualifié par la puissance.

A l'origine, chaque système économique était défini par un régime de propriété. L'exploitation des travailleurs dans le capitalisme résultait de la propriété privée des instruments de production, la pauvreté suivait l'exploitation, le développement des forces productives éliminerait peu à peu les groupes intermédiaires. La Révolution surgirait au terme de ce procès et le socialisme aurait pour tâche de distribuer équitablement le fruit de l'accumulation capitaliste. Or, la révolution de 1917 a eu pour fonction d'imposer l'équivalent de l'accumulation capitaliste, cependant qu'en Europe et aux États-Unis, en dépit de prévisions fondées sur un marxisme vulgaire, le niveau de vie des masses s'est élevé et que de nouvelles classes moyennes comblent sans cesse les vides qu'ouvre le progrès technique dans le rang des anciennes.

Ces faits bien connus ne réfutent pas l'interprétation communiste de l'histoire. On peut invoquer des raisons philosophiques pour caractériser les systèmes économico-sociaux par le régime de propriété, même si le niveau de vie dépend moins de ce régime que de la productivité. Ces faits n'en obligent pas moins à introduire la distinction entre le sens subtil ou ésotérique et le sens vulgaire des mots.

Nous avons vu un exemple de cette distinction à propos des deux modalités, idéelle et réelle, de la libération. L'ouvrier des usines Ford est exploité, si l'exploitation est, *par définition*, liée à l'appropriation privée des instruments de production et des profits d'entreprises. L'ouvrier des usines Poutilov est « libéré » si, travaillant pour la collectivité, il cesse, *par définition*, d'être exploité. Mais « l'exploitation » de l'ouvrier américain n'exclut ni la libre élection des secrétaires de syndicats, ni la discussion des salaires, ni une rétribution élevée. La « libération » de l'ouvrier russe n'exclut ni le passeport intérieur, ni l'étatisation des syndicats, ni des salaires inférieurs à ceux des travailleurs occidentaux. Les dirigeants soviétiques n'ignorent pas que l'exploitation capitaliste n'implique ni la misère des travailleurs, ni la réduction de la part du revenu national qui leur revient. Plus l'écart est grand entre le sens subtil et le sens grossier des mots, moins les dirigeants peuvent avouer publiquement la réalité de cette distinction. Ils sont tentés, sinon contraints, d'offrir aux masses une représentation du monde telle que sens subtil et sens grossier coïncident. L'ouvrier de Detroit, de Coventry, de Billancourt sera, selon la propagande de Moscou, misérable et l'ouvrier de Kharkov ou de Leningrad jouira d'un bien-être inconnu en Occident. Comme l'État soviétique s'est assuré le monopole de la publicité, comme il interdit aux prolétaires « libérés » de franchir les frontières, la représentation, volontairement fausse, du monde peut être imposée, avec un succès partiel, à des millions d'hommes.

La même discrimination entre sens subtil et sens grossier se retrouve à propos de multiples termes. Toute victoire, même militaire, du parti communiste est une victoire de la paix. Un pays socialiste, par essence, est pacifique, puisque l'impérialisme est l'effet des contradictions capitalistes. La guerre n'est pas condamnée en tant que telle, mais en tant qu'injuste, quand elle ne conduit pas à la victoire du socialisme, c'est-à-dire du parti communiste. D'un autre côté, la paix, au sens grossier, signifie l'absence de guerre. On n'ignore pas, au Kremlin ou au bureau politique du parti français, la doctrine ésotérique de la paix et de la guerre. Mais on se sert, le plus souvent possible, dans la propagande, du mot paix au sens grossier, pour flatter le pacifisme des masses [1].

Cette distinction des deux sens explique la curieuse condamnation que le stalinisme portait, au cours de ces dernières années, sur la notion d'objectivité. Considérer les faits en eux-mêmes, sans référence à la doctrine, c'est commettre une erreur bourgeoise. Or, s'il est légitime de rattacher les données parcellaires à l'ensemble, il ne l'est pas de substituer aux faits une signification qui les contredise sous prétexte d'une compréhension plus profonde. Le renforcement de la police n'annonce pas le dépérissement de l'État ni la mise au pas des syndicats l'approche du socialisme. Aussi ceux qui veulent considérer les données brutes, organisation des pouvoirs, relations des employeurs et des employés, sont-ils sur le chemin de l'hérésie.

Nul ne sait jusqu'où s'étend l'autorité inconditionnelle du parti. Dans l'ère Jdanov-Staline, ce dernier tranchait les controverses relatives à l'hérédité, il formulait la théorie de l'art, se mêlait de linguistique et disait la vérité du passé

---

[1]. A nos yeux, l'impérialisme caractérise tout État qui s'efforce de dominer ses voisins et d'y répandre son système d'institutions par la force. Au regard des communistes, seuls les États capitalistes peuvent être impérialistes : la diffusion du socialisme soviétique, fût-ce par l'armée russe, n'est pas une forme d'impérialisme.

et de l'avenir. Mais jamais « la vérité historique » ne fut aussi rebelle à une interprétation littérale. Le nom de Trotsky a été effacé des annales de la Révolution et le créateur de l'Armée Rouge est devenu rétrospectivement un non-être.

Les dialecticiens, responsables du langage répercuté par les innombrables haut-parleurs de la propagande, font la distinction entre l'authentique doctrine et les idéologies utilisées pour séduire ou gagner telle classe ou telle nationalité. La doctrine, en tant que telle, pose que toute religion est superstition, mais on concède la liberté de culte. On utilisera le métropolite dans les campagnes pour la paix, en vue du ralliement des églises orthodoxes. La doctrine rejette le nationalisme et envisage une société sans classes universelle. Quand il s'agit de vaincre l'agression hitlérienne, on ranime les souvenirs d'Alexandre Nevski ou de Souvorov, on exalte les vertus du peuple grand-russe. Il y a trente ans, les conquêtes des armées tsaristes étaient impérialistes, aujourd'hui elles sont « progressives » en raison de la supériorité de la civilisation apportée par les troupes russes et de l'avenir révolutionnaire promis à Moscou. La mission unique du peuple grand-russe, est-ce une idéologie maniée pour des motifs d'opportunité par les psychotechniciens ou un élément de doctrine ?

Incapables de définir l'orthodoxie, les fidèles s'imposent une stricte discipline dans la manière de parler et probablement une assez grande liberté dans la manière de penser. M. C. Milosz [1] a analysé les mobiles et les systèmes de justification des intellectuels, ralliés ou hésitants, dans les démocraties populaires. Les intellectuels de Pologne ou d'Allemagne orientale ont l'expérience vécue de la réalité soviétique. Ils ont le choix entre la soumission, une résistance sans espoir ou l'émigration. Les intellectuels d'Occident sont libres.

Motifs de l'adhésion et contenu de la croyance varient de personne à personne : la véritable communauté entre les fidèles est celle de l'Église, non celle de la pensée ou des sentiments. Les vrais communistes admettent que le parti bolchevik russe, les partis qui se réclament de lui, incarnent

---

1. Cf. *la Pensée captive*, Paris, 1953.

la cause du prolétariat qui se confond avec le socialisme.

Cet acte de foi n'exclut pas les interprétations les plus diverses. L'un pense que le parti est l'agent indispensable d'une industrialisation accélérée et dépérira avec l'élévation du niveau de vie, l'autre que le socialisme est voué à une diffusion universelle et que l'Occident sera inévitablement conquis ou converti, non parce qu'il est moralement ou spirituellement inférieur, mais parce qu'il est historiquement condamné. Tel tient l'accumulation socialiste pour l'essentiel et les délires idéologiques pour un accompagnement déplorable d'une œuvre que la raison ordonnait. Tel autre tient au contraire la « logocratie » pour annonciatrice des temps nouveaux : les sociétés mécaniciennes, ayant perdu la foi en Dieu, seront unies sous le joug d'une théologie séculière.

Optimistes ou pessimistes, soulevés par une attente infinie ou résignés à un destin inhumain, tous ces fidèles se situent dans une aventure qui n'est pas à l'échelle de l'individu et dont le parti assume la responsabilité. Ils n'ignorent ni les camps de concentration ni la mise au pas de la culture, mais ils se refusent à rompre le serment d'allégeance prêté à la grandiose entreprise. Que l'homme dans l'histoire prenne à l'égard de son temps la distance que l'écoulement de la durée assure à l'historien : nos arrière-neveux se soumettront, et peut-être avec reconnaissance, pourquoi ne pas imiter dès aujourd'hui la sagesse de nos descendants? Entre le militant qui reçoit naïvement du parti la vérité de chaque jour et celui qui connaît *objectivement* le monde, dépouillé des voiles de la signification, tous les intermédiaires existent.

Insaisissable, cette orthodoxie n'en demeure pas moins impérieuse, conquérante. Elle multiplie le prestige des idées marxistes par la puissance d'un fait : le parti est maître de l'État soviétique et d'un immense empire. Ceux qui invoquent les idées, sans s'incliner devant le fait, hésitent sur le seuil, enclins tantôt à vitupérer le fait au nom de l'idée, tantôt à justifier le fait par l'idée. Le stalinien ne sait pas toujours exactement à quoi il croit, mais il croit durement que le parti bolchevik ou le præsidium a été investi d'une mission historique. Cette croyance pouvait sembler burlesque en 1903, étrange en 1917, douteuse en 1939. Depuis lors, elle a été consacrée par le dieu des batailles. Quel autre parti serait digne d'incarner la cause du prolétariat mondial [1]?

L'idéalisme révolutionnaire.

La victoire met toujours à l'épreuve la conscience des révolutionnaires que l'idéalisme avait dressés contre l'ordre établi et qui deviennent, à leur tour, des privilégiés. La société, après l'intermède de lyrisme et de violence, revient à la vie quotidienne. Même s'il n'avait pas été accaparé par Staline et n'avait pas eu à bâtir une grande industrie, le régime édifié par les Bolcheviks aurait déçu les croyants.

Au-dehors et au-dedans, on hésite entre deux attitudes : ou bien maintenir qu'en dépit de tout le nouveau régime, fidèle à son inspiration, progresse vers son but, ou bien dénoncer le décalage entre ce que les prophètes annonçaient avant la prise du pouvoir et l'État que les bureaucrates ont bâti. De l'autre côté du rideau de fer, la première attitude séduit plus que la seconde : la déception s'exprime non par le refus, mais par les réserves mentales. On se justifie par la nécessité, on renonce à la confondre avec l'idéal. De ce côté-ci du rideau de fer, au contraire, en France en particulier, la seconde attitude se rencontre fréquemment parmi les intellectuels.

Les révolutionnaires non staliniens imaginent une révolution qui romprait avec le capitalisme aussi radicalement que le stalinisme, mais éviterait la dégénérescence bureaucratique, le dogmatisme primaire, les excès policiers. Ils représentent une variété du trotskysme, si l'on convient de désigner par ce terme les marxistes qui continuent d'acclamer les événements de 1917 et critiquent, avec une vigueur variable, certains aspects du régime soviétique. Les trotskystes inclinent à prendre parti pour l'Union soviétique aux prises avec les États capitalistes. Hostiles à l'univers bourgeois, qui leur laisse la liberté de vivre et de

---

[1]. Il suffirait de comprendre qu'il n'y a pas de prolétariat mondial, pas de cause du prolétariat mondial, pour dissiper la confusion.

s'exprimer, ils gardent la nostalgie de l'autre univers, qui les éliminerait impitoyablement, qui, fascinant et lointain, porte leur rêve et le sort du prolétariat.

Les révolutionnaires non staliniens n'ont jamais joué, depuis la consolidation de la dictature stalinienne, aucun rôle d'importance politique. Dans les cercles parisiens, ils tiennent le premier rang et les existentialistes, M. Jean-Paul Sartre et M. Maurice Merleau-Ponty, ont donné une sorte de respectabilité philosophique à un idéalisme révolutionnaire que la tragique existence de Trotsky et le réalisme de Staline semblaient avoir ensemble condamné.

Chrétiens ou rationalistes, les révoltés en quête d'une révolution remontent aux écrits de jeunesse de Marx, comme les protestants, dont l'Église ne rassasiait pas la fin spirituelle, relisaient les Évangiles. Le *Manuscrit économico-politique*, l'*Introduction à la Critique de la Philosophie du droit de Hegel*, l'*Idéologie allemande* contiennent le message originel qu'invoquent les existentialistes tout à la fois pour prendre de la distance à l'égard du régime soviétique et pour ne rien abandonner de la critique du capitalisme.

De ce mode de pensée, *Humanisme et Terreur* est l'exposé le plus systématique *. Les collaborateurs d'*Esprit* ou des *Temps modernes* ont, en de multiples occasions, repris des arguments qui, pour la plupart, impliquent les raisonnements développés par M. Merleau-Ponty. Les spéculations de Sartre sur le prolétariat ne constituent qu'un des moments de la démonstration.

Réduite à l'essentiel, celle-ci est à peu près la suivante. La philosophie marxiste est vraie, d'une vérité définitive, en un double sens. Elle a marqué les conditions indispensables à « l'humanisation » des sociétés. Elle a dessiné la voie sur laquelle aurait chance d'être atteinte « la solution radicale du problème de la coexistence », celle de la révolution prolétarienne. Seule « intersubjectivité authentique », « classe universelle », le prolétariat se constituerait en parti, abattrait le capitalisme et libérerait tous les hommes en se libérant lui-même.

On ne saurait ni revenir sur cette philosophie ni la dépasser, mais on se demandera à bon droit si le prolétariat, sous la direction du parti communiste, est en train d'accomplir la mission que la philosophie lui attribuait.

Les raisons de mettre en doute la fidélité de l'Union soviétique à l'humanisme prolétarien sous le règne de Staline sont fortes. Mais aucune classe, aucun parti, aucun individu, ne saurait se substituer au prolétariat : l'échec de celui-ci serait celui de l'humanité elle-même. On accordera justement au camp soviétique un délai de grâce, on le refusera aux démocraties bourgeoises et capitalistes, qui réservent à un petit nombre les bénéfices des libertés et camouflent les violences de fait — colonialisme, chômage, salaires — sous des idéologies hypocrites.

« Considéré de près, le marxisme n'est pas une hypothèse quelconque, remplaçable demain par une autre; c'est le simple énoncé des conditions sans lesquelles il n'y aura pas d'humanité au sens d'une relation réciproque entre les hommes ni de rationalité dans l'histoire. En un sens, ce n'est pas une philosophie de l'histoire, c'est la philosophie de l'histoire, et y renoncer, c'est faire une croix sur la raison historique. Après quoi, il n'y aura plus que rêverie ou aventure [1]. » Ce texte, extraordinaire de dogmatisme et de naïveté, est révélateur. Il exprime la conviction de tant d'intellectuels à travers le monde : le marxisme se confond avec *la* philosophie de l'histoire, il est vrai définitivement.

En quoi consiste, d'après notre auteur, cette vérité définitive? Elle n'inclut ni le primat des rapports de production, ni un schéma du développement historique; elle comporte deux idées essentielles : on doit se référer aux existences vécues pour apprécier les systèmes politico-économiques, la reconnaissance mutuelle est caractéristique de la communauté proprement humaine.

Ces deux idées sont acceptables à la condition de dissiper l'équivoque de la première, de marquer la nature formelle de la seconde. Il est vrai que la critique des idéologies qui peut se réclamer de Marx, est un acquis de la conscience politique. On aurait honte de justifier le capitalisme par le modèle de la concurrence parfaite ou les régimes parlementaires par la fiction de l'autogouvernement. Il ne s'ensuit pas que la personne ne soit rien en dehors de son rôle social, que les relations interhumaines absorbent l'existence de tous et de chacun. Sous le couvert d'une critique effectivement valable, M. Merleau-Ponty glisse

1. *Humanisme et Terreur,* p. 165.

la négation de la transcendance et de la vie intérieure.

Isolée d'une philosophie, la notion de reconnaissance n'est ni plus précise ni plus concrète que celle de liberté. Quelles sont les exigences de cette reconnaissance? Quelle hétérogénéité est compatible avec la reconnaissance? Aucune de ces questions ne trouve réponse dans *Humanisme et Terreur*.

L'idée et le mot de reconnaissance viennent de la philosophie de Hegel plus encore que des écrits du jeune Marx. Dans cette philosophie, la reconnaissance est définie à partir de la dialectique du maître et de l'esclave, de la guerre et du travail. Admettons que M. Merleau-Ponty reprenne cette dialectique et compte, lui aussi, sur le progrès technique et l'État universel pour y mettre fin. A la différence de Marx, il ne dispose pas d'une conception globale de l'histoire. La critique marxiste se développait en fonction d'une idée de l'histoire et de l'homme, tenue à l'avance pour vraie : la réalité n'était pas conforme à l'idée que l'homme, dans *la* philosophie, c'est-à-dire celle de Hegel, avait pu acquérir de lui-même. On s'interrogeait moins sur le but que sur la voie et les moyens. Marx a consacré sa vie non à ratiociner sur des thèmes philosophiques, mais à analyser l'économie et la société pour y discerner le cheminement de la Raison à travers la confusion des événements. Une doctrine phénoménologique, qui décrit les expériences de chacun et ignore si la procession des sociétés accomplit le progrès de l'humanité, doit donner un contenu à la notion de reconnaissance. Faute de quoi, elle ne permet ni de juger du présent, ni de décider de l'avenir.

Toutes les sociétés complexes ont comporté une répartition inégale du pouvoir et des richesses, la rivalité des individus et des groupes pour la possession des biens rares, disons, pour citer notre auteur, « la puissance des uns et la résignation des autres ». Si l'on prétend éliminer radicalement inégalités et rivalités, si l'autorité des uns ne doit plus exiger la résignation des autres, alors l'État postrévolutionnaire exige une transfiguration de la condition sociale de tous. Ainsi le jeune Marx spéculait sur la fin de la distinction entre le sujet et l'objet, l'existence et l'essence, la nature et l'homme. Mais l'on sort par là même de la pensée rationnelle et l'on se borne à traduire, en un vocabulaire philosophique, le rêve millénariste ou l'attente religieuse de la fin des temps.

En revanche, si l'on reste sur la terre, il faut préciser l'organisation de l'État et de l'économie qui assurerait cette reconnaissance réciproque. Marx écrivait, il y a un siècle, à une époque où le prolétariat moderne naissait, où les usines textiles symbolisaient l'industrie moderne, où la société par actions était presque inconnue. Il pouvait imputer à la propriété privée et aux mécanismes du marché tous les maux, prêter à la propriété publique et à la planification des vertus incomparables, sans interroger l'expérience. Définir aujourd'hui l'Union soviétique par la volonté marxiste d'une « solution radicale du problème de la coexistence » équivaut à définir la colonisation par la volonté d'évangéliser les païens.

Comment une révolution changerait-elle d'un coup la condition des prolétaires? Comment inaugurerait-elle l'ère de la reconnaissance réciproque? Dès que l'on passe du plan philosophique au plan sociologique, on a le choix entre deux réponses. Ou bien on définit les institutions par rapport à une idée : si l'ouvrier est « aliéné » qui travaille pour un particulier, l'aliénation disparaîtra à partir du jour où tous les ouvriers, grâce à la propriété collective et à la planification, seront directement au service de la collectivité, c'est-à-dire de l'universalité. Ou bien on considère vulgairement le sort des hommes dans les différents régimes, leur niveau de vie, leurs droits, leurs obligations, la discipline à laquelle ils sont soumis, les perspectives de promotions qui s'ouvrent à eux. Cette alternative nous ramène à celle de la libération idéelle et de la libération réelle, ou encore du sens ésotérique et du sens vulgaire. Au sens subtil, il n'y a plus de classes en Russie, puisque tous les travailleurs sont des salariés, y compris Malenkov, et que, par définition, l'exploitation est exclue. Au sens vulgaire, les régimes diffèrent en degré et non en nature, chacun comporte une certaine sorte d'inégalité, un certain type de pouvoir, et l'on n'aura jamais fini d'humaniser la vie en commun.

Laquelle de ces deux réponses choisit M. Merleau-Ponty? Une réponse de style subtil, mais en utilisant trois critères et non un seul : économie collective, spontanéité des masses, internationalisme. Malheureusement, deux sur trois sont trop vagues pour fonder aucun jugement. Les masses ne sont jamais entièrement passives et leur action n'est jamais toute spontanée. Les masses qui acclamaient Hitler, Mussolini ou Staline, subissaient une propagande, non une pure contrainte. La domination de l'Europe orientale par les partis communistes, grâce à la présence de l'Armée Rouge, est-elle une expression fidèle ou une caricature de l'internationalisme ?

Recueillant sans critique un préjugé de l'*intelligentsia*, le philosophe postule que la propriété privée des instruments de production est incompatible avec la reconnaissance réciproque des hommes. Comme tant de penseurs avancés, il souscrit naïvement aux audaces d'hier et ignore que l'expérience n'a pas laissé grande portée idéologique à l'opposition des deux modes de propriété, quand il s'agit des vastes entreprises industrielles. Les « corporations » américaines ne sont guère moins éloignées de ce que Marx dénonçait sous le nom de propriété privée que les usines soviétiques.

Ces critères n'en suffisent pas moins à marquer l'écart entre l'idéalisme révolutionnaire et la réalité du stalinisme : la cristallisation des inégalités, la prolongation de la terreur, l'exaltation d'un nationalisme ne vont pas dans le sens des valeurs que la Révolution devait promouvoir. Par un nouveau décret, le philosophe tire de ces doutes et inquiétudes une conclusion paradoxale. Comment condamner l'Union soviétique puisque l'échec de l'entreprise serait celui du marxisme, donc de l'histoire elle-même ? Admirons ce mode de pensée, si typique de l'*intelligentsia*. On est parti de la reconnaissance de l'homme par l'homme, on est passé à la Révolution, on a attribué au prolétariat et à lui seul une capacité révolutionnaire, on a souscrit implicitement à la prétention du parti communiste de représenter seul le prolétariat, et quand, finalement, on observe avec déception l'œuvre des staliniens, on ne met en question aucune des démarches antérieures, on ne s'interroge ni sur la reconnaissance, ni sur la mission du prolétariat, ni sur la technique d'action bolchevique, ni sur le Pouvoir qu'implique une planification totale. Si une révolution, faite au nom du marxisme, dégénère en tyrannie, la faute n'en sera ni à Marx ni à ses interprètes. Lénine aura eu raison et M. Merleau-Ponty aussi, mais l'Histoire aura tort ou plutôt il n'y aura pas d'histoire et le monde est un tumulte insensé.

Pourquoi l'épreuve suprême, à la fois celle du marxisme et de l'Histoire, se situerait-elle au milieu du XXe siècle et se confondrait-elle avec l'expérience soviétique? Si le prolétariat ne s'érige pas en classe universelle et ne prend pas en charge le destin des hommes, pourquoi, au lieu de désespérer de l'avenir, ne pas admettre que les philosophes se sont trompés en attribuant aux ouvriers d'usines une mission unique? Pourquoi « l'humanisation » de la société ne serait-elle pas l'œuvre commune et toujours inachevée d'une humanité, incapable de supprimer l'écart entre le réel et l'idée, incapable aussi de s'y résigner? Pourquoi la prise du pouvoir par un parti se réservant le monopole de l'État serait-elle la préface indispensable de cette tâche indéfinie?

Ainsi l'on retombe dans l'erreur que Marx avait eu le mérite définitif de dénoncer : juger les sociétés d'après leur idéologie et non d'après le sort qu'elles font aux hommes. « C'est un mérite définitif du marxisme et un progrès de la conscience occidentale d'avoir appris à confronter les idées avec le fonctionnement social qu'elles sont censées animer, notre perspective avec celle d'autrui, notre morale avec notre politique. » On ne saurait mieux dire. Mais pourquoi les révolutionnaires seraient-ils soustraits à cette confrontation?

Procès et aveux.

Les grands procès, qui avaient abouti en 1936-1938, à la condamnation des compagnons de Lénine et qui se sont reproduits dans les États satellites depuis la dissidence de Tito, apparaissent à beaucoup d'observateurs occidentaux comme les symboles de l'univers du stalinisme. Comparables aux procès de l'Inquisition, ils révèlent l'orthodoxie en mettant en lumières les hérésies. En cette religion historique d'action, l'orthodoxie concerne l'interprétation des événements passés et à venir et les hérésies se confondent avec les déviations, manquements à la discipline ou erreurs de conduite. Puisque la religion ne connaît pas la vie intérieure, la pureté de l'âme ou les bonnes intentions, toute déviation de fait est hérésie en même temps que schisme.

Ces procès, quoi qu'on en dise, ne sont pas mystérieux. De multiples témoignages nous ont appris comment les aveux sont obtenus. Le physicien Weissberg, le résistant polonais Stypolski, l'ingénieur américain Voegeler, entre autres, ont fait le récit détaillé de leurs aventures. Ils ont décrit les méthodes par lesquelles, au cours de la grande purge en 1936-1937, à Moscou vers la fin de la guerre, à Budapest sous la démocratie populaire hongroise, on amenait des communistes ou des non-communistes à confesser des crimes qu'ils n'avaient pas commis, ces crimes étant parfois invention pure, parfois qualification criminelle d'actes réels, mais, en eux-mêmes ou par rapport à leurs auteurs, innocents.

La technique des aveux ne suppose pas chez les accusés un sentiment confus de culpabilité, une solidarité de doctrine entre les juges d'instruction et les coupables. La technique fut appliquée à des non-bolcheviks, socialistes révolutionnaires ou ingénieurs étrangers, avant d'être infligée à des opposants tombés en disgrâce. Elle s'explique à l'origine par des considérations banales d'opportunité. On veut convaincre les masses que les partis rivaux sont composés de gens sans foi ni loi, qui ne reculent devant rien pour assouvir haine ou ambition; on veut les convaincre que les puissances capitalistes conspirent contre la patrie des travailleurs, que les difficultés de l'édification socialiste sont imputables aux ennemis et à leurs méfaits. Le gouvernement soviétique n'est pas seul à chercher des boucs émissaires, et tous les peuples en péril ou frappés par la défaite ont crié à la trahison. Les aveux apportent un perfectionnement à cette pratique séculaire; la victime sur laquelle doit se concentrer la colère des foules proclame elle-même l'équité du châtiment qui l'accable.

Cette explication n'est pas exclue dans le cas des Zinoviev, Kamenev, Boukharine. La cause de la révolution et de la patrie ne se sépare plus de l'équipe stalinienne dès lors que les héros d'hier avouent qu'ils ont comploté contre le parti, préparé ou accompli sabotage et attentats terroristes et, enfin, entretenu des relations avec la police du

IIIe Reich. Tous les procès comportent cette explication par l'objectif visé, les besoins de la propagande gouvernementale. Les moyens par lesquels sont obtenues les confessions sont analogues dans les différents cas, adaptés à la personnalité des accusés, tantôt plus psychologiques, tantôt plus physiques. Rien n'interdit de doser scientifiquement menaces et promesses. Les tortures les plus raffinées se ramènent à des principes élémentaires : art simple, eût dit Napoléon, et tout d'exécution.

Pourquoi tant de ratiocinations, en Occident, sur ce sujet? En laissant de côté la fonction des épurations dans le régime soviétique, deux thèmes appellent réflexion. Les procureurs n'ont-ils pas, à la manière des inquisiteurs, le sentiment d'imposer la confession de la vérité, même s'ils emploient la violence? Et cette vérité ne reflète-t-elle pas une « surréalité », si les faits allégués ne sont pas matériellement exacts? D'autre part, les accusés n'éprouvent-ils pas le sentiment d'être coupables, non pas au sens littéral où Boukharine aurait préparé l'assassinat de Lénine ou Zinoviev rencontré les représentants de la Gestapo, mais au sens subtil où l'opposition serait effectivement, dans la perspective du juge comme dans celle du prévenu, équivalent de la trahison?

Il ne nous importe pas d'analyser la psychologie des Vieux Bolcheviks, de démêler la part qui revient à la contrainte, à la conscience sourde de culpabilité, voire au désir de rendre une dernière fois service au parti (dans le style des kamikhazé japonais). Il nous importe de retrouver, sur cet exemple privilégié, les équivoques de l'insaisissable orthodoxie et de l'idéalisme révolutionnaire, la représentation du monde historique, commune aux hommes d'Église et aux hommes de foi et source de leurs comparables erreurs.

Le stalinien orthodoxe serait-il celui qui croirait, mot pour mot, aux témoignages des accusés ou à l'acte d'accusation? Cet orthodoxe existe-t-il? En haut de la hiérarchie, on ne le rencontre certainement pas. Staline lui-même, ses compagnons, les juges, n'ignorent pas la non-spontanéité des aveux et la fabrication des faits. Les militants du parti qui ont eu l'expérience des épurations, qui ont assisté à la constitution d'un dossier contre eux-mêmes ou leurs amis, gardent difficilement des illusions sur la véracité de ces récits qui se corroborent réciproquement, mais qui ne comportent pas de preuve matérielle. Les faits allégués sont plutôt de nature à éveiller le scepticisme : étranges terroristes qui ont formé des centres, mais non exécuté des attentats, saboteurs qui dirigeaient les secteurs entiers de l'industrie et qui ont agi à la manière de maquisards. Faut-il croire que le Russe moyen, qui n'est pas bolchevik mais qui se soumet au pouvoir établi, prend au pied de la lettre ces romans policiers? Admet-il tour à tour que les médecins du Kremlin sont des assassins en blouse blanche, puisqu'ils ont été injustement soupçonnés? On ne saurait exclure une telle crédulité — on l'observe bien chez certains Français —; je doute qu'elle soit très répandue. Le serait-elle que la technique des procès n'en serait pas plus facilement intelligible. Si les Russes croient aux aveux, ils sont véritablement prêts à croire n'importe quoi. Inutile de se donner tant de peine pour les persuader.

En tout cas, la définition de l'orthodoxe n'est pas de prendre à la lettre les aveux : selon une telle définition, Staline ne serait pas lui-même un orthodoxe et ceux qui ont accès à la vérité ésotérique seraient exclus de l'orthodoxie. A moins de tomber dans le pur cynisme, les cercles intérieurs du parti doivent recourir à une interprétation analogue à celle que Victor Serge a exprimée dans *l'Affaire Toulaev*, M. A. Kœstler développée et popularisée dans *le Zéro et l'Infini*, M. Merleau-Ponty reprise en langage phénoménologico-existentialiste dans *Humanisme et Terreur*, tout en critiquant violemment Kœstler [1].

Les principes de cette interprétation sont simples : le juge n'a pas tort de tenir l'opposant pour un traître; l'opposant, après sa défaite, peut être enclin à donner raison à son rival, à son vainqueur. Le raisonnement qui conduit

---

1. M. Merleau-Ponty reproche à Koestler d'être un mauvais marxiste, de penser le marxisme en termes mécanistes au lieu de reconnaître l'intersubjectivité vécue comme la réalité unique, absolue, et de remettre les perspectives des uns et des autres dans cette coexistence vécue. Koestler pourrait répondre que les communistes (sauf Lukacs, qui a toujours été en marge) n'ont jamais pensé leur marxisme en termes aussi subtils. De plus, M. Merleau-Ponty commet finalement une erreur comparable à celle des mécanistes. Ceux-ci imaginent un socialisme final comme inévitable. Lui se donne la reconnaissance réciproque comme le terme ultime, seul susceptible de justifier l'histoire, vers lequel seule la révolution prolétarienne doit conduire. En ce qui concerne les procès, l'opposition de la dialectique existentialo-marxiste et du mécanisme est sans portée.

à la première proposition est celui de tous les révolutionnaires, il a cours inévitablement dans les périodes de paroxysme. Qui se sépare du parti et de l'homme qui incarne la cause, passe dans l'autre camp et travaille pour la contre-révolution. Boukharine, en combattant la collectivisation agraire, fournissait des arguments aux paysans qui refusaient d'entrer dans les kolkhozes, il aidait ceux qui sabotaient le programme du gouvernement, il s'associait en fait aux ennemis qui, de l'extérieur, s'efforçaient d'affaiblir la patrie de la Révolution. La logique de l'opposition l'amenait à défendre ou à restaurer le capitalisme dans les campagnes. Il agissait *comme* s'il ralliait le camp contre-révolutionnaire et, puisque l'on demande aux politiques compte de leurs actes et non de leurs intentions, il a objectivement trahi le parti et, du même coup, le socialisme. Cette méthode dite des « identifications en chaîne », les Bolcheviks l'emploient d'autant plus volontiers que, parmi les révolutionnaires, ils se singularisent par le culte du parti. La valeur absolue, prêtée à la fin dernière, la société sans classes, se communique au parti. Se séparer de celui-ci, fût-ce en paroles ou en actes et non en intention, c'est commettre la faute suprême.

A ce raisonnement, le compagnon de Lénine qui a succombé dans la lutte des factions n'est pas incapable de souscrire sincèrement. Il continue peut-être de penser que la collectivisation aurait pu être accomplie autrement, mais il n'a plus de plate-forme, plus de perspective. Toute discrimination est devenue impossible entre le parti et sa direction actuelle. A moins de réviser tout son système de pensée — l'identification en chaîne qui va du socialisme à Staline en passant par le prolétariat et le parti — il doit accepter le verdict de l'Histoire, qui a tranché en faveur de celui qu'il continue de détester au fond de son cœur. En « capitulant », peut-être n'a-t-il pas le sentiment qu'il abdique sa dignité ou qu'il cède par faiblesse. Il n'y a pas de vie intérieure, pas de justice divine, il n'y a pas d'Histoire sans révolution, ni de révolution en dehors du prolétariat armé par le parti et il n'y a plus de parti en dehors de la direction stalinienne. En reniant son opposition, le révolutionnaire, en profondeur, ne reste-t-il pas fidèle à son passé?

Cette interprétation subtile, sur laquelle on multiplie aisément les variations, est au fond commune aux hommes d'Église et aux hommes de foi : en quoi ceux-là se distinguent-ils de ceux-ci? J'aperçois trois différences majeures.

1° L'orthodoxe n'ignore pas le plus souvent que les faits sont forgés, mais il n'a jamais le droit d'en convenir publiquement. Il se plie et doit se plier à une discipline de langage. L'idéaliste se réserve le droit de qualifier les procès de « cérémonies de paroles » et de dire plus ou moins nettement que les faits n'existent que dans les actes d'accusation et les confessions. Cette différence a une signification générale. L'orthodoxe, au fond de lui-même, connaît les camps de concentration; en paroles il ne connaît que des camps de rééducation. Disons encore que l'un connaît seulement les faits traduits dans le vocabulaire de la doctrine, l'autre connaît les faits bruts.

2° L'orthodoxe n'a pas plus de certitude que l'idéaliste sur le détail des événements. Il souscrit du bout des lèvres à la disparition de Trotsky, chassé, par son rival triomphant, des annales de la Révolution. Il n'a pas de doute sur les « grandes lignes » de l'interprétation historique que lui enseigne le parti. Selon les militants, « les grandes lignes » sont plus ou moins développées ou précises. Mais elles comprennent toujours les mêmes éléments essentiels : le rôle du prolétariat et l'incarnation de celui-ci dans le parti, la lutte de classes, les contradictions du capitalisme, la phase de l'impérialisme et l'inévitable aboutissement à la société sans classes (chacun de ces éléments prête à des versions multiples). L'histoire du parti bolchevik russe et des partis frères est authentiquement l'histoire sacrée. Le petit Coréen du Nord apprend religieusement les conflits de tendances à l'intérieur du parti communiste bulgare [1]. Le parti reconstruit éventuellement les épisodes du passé pour en rendre la signification plus claire aux profanes ou parce qu'il en a saisi avec retard la signification vraie. Fondamentalement, l'histoire que raconte le parti est vraie, d'une vérité supérieure à la vérité matérielle des faits.

L'idéaliste souhaite que cette histoire soit vraie, mais il n'en est pas assuré. Il accorde un délai de grâce à l'Union

[1]. Ce détail m'a été donné par un Français, prisonnier pendant deux ans des Nord-Coréens.

soviétique, parce qu'elle se recommande de la doctrine qui, seule, donnerait un sens à l'Histoire. Comme il s'autorise à considérer les faits bruts, il en observe qui ne répondent pas à son attente. Il ne voit pas d'avenir pour l'humanité si le parti ment, il n'en tire pas la certitude que le parti dit la vérité. Peut-être n'y a-t-il pas de vérité de l'histoire.

Le doute de l'orthodoxe porte sur les détails, celui de l'idéaliste porte aussi sur l'essentiel.

3° L'orthodoxe tend à élargir le plus possible l'objet de sa foi, à rattacher incidents et accidents aux grandes lignes de l'aventure. Il souhaiterait que les initiatives des individus, les actions des groupes, les péripéties des batailles fussent rapportées à la dialectique des classes et des forces économiques. Tous les événements devraient prendre leur place dans l'histoire sacrée, qui a pour centre le parti. Les ennemis du parti, à l'extérieur ou à l'intérieur, agiraient pour des raisons conformes à la logique de la lutte, unique et globale. Le hasard s'évanouirait et Slansky aurait été voué à la trahison par ses origines bourgeoises.

L'idéaliste admet implicitement l'écart entre les « grandes lignes » de l'histoire et la contingence des événements. En dernière analyse, il faut croire que l'Histoire finira bien, faute de quoi on sera livré à un « tumulte insensé ». En attendant cet heureux aboutissement l'homme risque d'être induit en tentation par les circonstances. Quelle est la ligne juste, à chaque instant? Nul ne saurait le dire avec certitude et la décision prise aujourd'hui en toute bonne foi sera peut-être transformée par l'avenir en crime. Or, les intentions n'importent pas : je serai demain sans recours contre une condamnation portée par l'Histoire.

Le dogmatisme, sincère ou verbal, de l'orthodoxe menace le non-communiste aussi bien que le déviationniste ou le renégat. Si l'homme d'Église détient la vérité universelle, pourquoi ne contraindrait-il pas le païen à confesser la Foi nouvelle? Cette confession prend la forme de l'autobiographie, rédigée par l'incroyant auquel on impose les catégories et le vocabulaire du croyant (comme la doctrine nie la vie intérieure, la confession porte sur la conduite). L'ingénieur américain Voegeler, dans les prisons de Budapest, raconte son passé comme les pères Jésuites le leur, dans les prisons de Chine. Les uns et les autres doivent repenser leur existence selon les catégories de leur geôlier, ce qui suffit à les rendre coupables. Pour que cette culpabilité ne prête pas au moindre doute, ils sont tenus d'ajouter des faits, purement et simplement forgés : l'ingénieur a rencontré le colonel spécialisé dans l'espionnage avant de quitter les États-Unis, les religieux ont pris part aux complots impérialistes, les sœurs de charité seront convaincues « d'avoir mis à mort les petits enfants des prolétaires chinois ».

L'idéaliste ne pousse pas jusqu'à cette horreur absurde la logique du système. Et pourtant la thèse de l'idéaliste, présentée par M. Merleau-Ponty parut plus inacceptable que celle de l'orthodoxe. Bien que la plupart des critiques aient mal compris l'argumentation du philosophe, l'indignation (au sens tout intellectuel) me paraît justifiée.

D'une prétendue justice révolutionnaire.

On s'étonne toujours qu'un penseur paraisse indulgent à un univers qui ne le tolérerait pas, et impitoyable à celui qui l'honore. L'éloge du fanatisme par le non fanatique, une philosophie de l'engagement qui se borne à interpréter l'engagement des autres et ne s'engage pas elle-même, laissent une étrange impression de dissonance. Seule une société libérale tolère l'analyse des procès, telle que M. Merleau-Ponty, après Victor Serge et Kœstler, la pratique : l'indifférence affichée à l'égard du libéralisme équivaut, s'il ne relève pas des sublimes maximes du Christ, à une sorte de reniement. On se méfie des hommes qui affectent de ne pas croire à la valeur de ce qu'ils font. Pourquoi le philosophe raisonne-t-il comme si la liberté, faute de laquelle il serait condamné au silence ou à l'obéissance, était sans prix ?

Toute l'interprétation de l'Histoire que M. Merleau-Ponty appelle marxiste et qui suggère l'espoir d'une solution radicale repose sur une certaine théorie du prolétariat. Or, cette théorie du prolétariat, déjà tout abstraite en elle-même, est invoquée au profit de révolutions dans des pays précapitalistes où le prolétariat ne représentait qu'une faible minorité de la population. Pourquoi la révolution chinoise, menée par des intellectuels encadrant les masses paysannes, offre-t-elle la promesse, à moitié réalisée dans le prolétariat actuel, d'une « coexistence humaine »?

Les comparaisons entre les deux sortes de régimes paraissent menées avec une involontaire mauvaise foi. Par principe, nous l'avons vu, sous prétexte qu'il tend à une « solution radicale », le régime soviétique bénéficie de l'indulgence. L'attitude que symbolise la formule « deux poids deux mesures », difficilement acceptable si l'on est sûr qu'un des deux camps accomplira, un jour, la vérité, devient insupportable quand on hésite à affirmer la fidélité de l'État soviétique à la vocation révolutionnaire. On a raison de rappeler les faits de violence qui jalonnent l'histoire de l'Occident comme celle de toutes les sociétés connues, mais il convient de confronter les procédés de contrainte qu'emploie actuellement ou qu'implique essentiellement chaque type de régime. Quelles libertés possèdent les citoyens soviétiques et les citoyens occidentaux? Quelles garanties sont accordées aux accusés d'un côté ou de l'autre du rideau de fer?

Si la suppression des libertés est justifiée par d'autres mérites du régime soviétique, par exemple la rapidité du progrès économique, encore faudrait-il le dire et le démontrer. En fait, le philosophe se contente de l'argumentation facile : toutes les sociétés comportent injustices et violences, peut-être les sociétés soviétiques en comportent-elles à l'heure présente une mesure supplémentaire, la grandeur du but interdit de les condamner. Il est bien vrai qu'on peut et qu'on doit pardonner à une révolution les crimes qu'on n'excuserait pas s'ils étaient commis par des régimes stabilisés, mais combien de temps vaudra l'excuse de la révolution? Si, trente ans après la prise du pouvoir, la loi des suspects, dans le style robespierriste, continue de s'appliquer, quand tombera-t-elle en désuétude? La prolongation du terrorisme durant plusieurs décennies ne suggère-t-elle pas au moins l'interrogation : jusqu'à quel point le terrorisme est-il lié, non à la Révolution elle-même, mais à l'ordre social qui en est issu?

La méthode d'identification en chaîne par laquelle l'opposition peut devenir trahison, entraîne la permanence de la terreur. M. Merleau-Ponty consacre de nombreuses pages à expliquer ce que Victor Serge et Kœstler avaient déjà expliqué et qui n'est nullement mystérieux : l'opposant agit en certaines circonstances comme un ennemi du parti et, par conséquent, apparaît, aux yeux des dirigeants, traître à la cause. Mais cette assimilation de l'opposant au traître, à la limite, interdirait toute opposition. Georges Clemenceau affaiblit les gouvernements qu'il critique, mais, une fois au pouvoir, il mène la guerre jusqu'à la victoire. Les Bolcheviks ont toujours eu deux formules, l'une pour exiger le monolithisme, l'autre pour encourager les conflits d'idées et de tendances qui entretiennent la vigueur du parti (Lénine usait volontiers de la seconde formule quand il risquait d'être mis en minorité). Quand applique-t-on l'une ou l'autre? En 1917, ni Staline, qui avait, avant l'arrivée de Lénine, adopté une attitude de modération, ni Zinoviev et Kamenev, qui n'avaient pas été partisans du coup d'État d'octobre, ne furent, sur le moment ou après coup, accusés de trahison. On ne les obligea pas à avouer qu'ils avaient été à la solde de Kerensky ou des Alliés. Le système d'identifications en chaîne n'arrive à son terme, logique et absurde, qu'au moment où le conflit de tendances a disparu ou, du moins, s'est enfoncé dans les arcanes de la bureaucratie, où un petit groupe, un homme seul peut-être, maître du parti, de la police, de l'État, dispose souverainement de la vie et de l'honneur de millions d'hommes.

Quoi qu'en ait pensé le philosophe, ce qui a suscité l'indignation, ce n'est pas qu'il ait exprimé en langage phénoménologico-existentialiste les vieilles formules des sectes révolutionnaires ou terroristes — qui n'est pas avec moi est contre moi, toute opposition est trahison, la moindre déviation conduit dans le camp adverse — c'est qu'il ait paru trouver normale la prolongation de ce terrorisme, à un moment où le système de pensée, accaparé par les détenteurs du Pouvoir, achève d'accabler les vaincus et d'exalter les vainqueurs. Dès lors que celui qui interprète l'Histoire est à la fois secrétaire général du parti et chef de la police, la noblesse du combat et du risque s'est effacée. Les puissants veulent être en même temps les hérauts de la vérité. A la place de la terreur révolutionnaire, le césaropapisme s'est instauré : en cette religion sans âme, les opposants deviennent effectivement des hérétiques pires que des criminels [1].

On admet qu'en période de révolution, on refuse aux accusés les garanties qui leur sont accordées dans les époques normales. On comprend que Robespierre élimine Danton, avant d'être éliminé lui-même et que, dans les deux cas, les tribunaux d'exception traduisent en jugement la volonté d'une faction. La mise en forme juridique de décisions prises en dehors du prétoire répond, semble-t-il, à un souci de maintenir une apparence, une continuité légale à travers les bouleversements de l'État. Les tribunaux de la Libération sont contraints d'oublier que le gouvernement de Vichy, en 1940 et 1941, était légal et probablement légitime. Pour que la Cour suprême se crût habilitée à juger le maréchal Pétain, elle devait supprimer rétrospectivement la légalité du régime de Vichy et repenser, requalifier les actions du Maréchal dans le système juridico-historique du gaullisme victorieux.

Incontestablement, une législation consacre une certaine répartition des biens et de la puissance. Il n'en résulte pas que la justice libérale soit solidaire du capitalisme et que l'iniquité de celui-ci compromette la valeur de celle-là. Ce que le philosophe appelle justice libérale, c'est la justice telle qu'on l'a élaborée au cours des siècles, avec la définition rigoureuse des délits, le droit reconnu aux suspects de se défendre, la non-rétroactivité des lois. Avec les formes libérales, l'essence de la justice disparaît : la justice révolutionnaire en est la caricature. Peut-être faut-il admettre qu'en certains cas des tribunaux d'exception sont inévitables, mais on ne doit pas présenter les procédés des temps exceptionnels comme s'ils constituaient une autre justice, alors qu'ils en sont la simple négation.

Si l'État établi se prévaut de la justice révolutionnaire, alors il ne reste plus de sécurité pour personne et la dialectique des aveux débouche sur la grande épuration, sur les millions de suspects confessant des crimes imaginaires. La révolution, la terreur ne sont pas incompatibles avec l'intention humaniste; la révolution permanente, le terrorisme érigé en système de gouvernement le sont. L'objectif de la

---

[1]. Dans les camps, les « droits communs » sont mieux traités que les politiques : le crime politique est, en effet, le plus grave.

violence communiste importe moins que le caractère organique, constant, totalitaire, pris par la violence au service non des prolétaires mais des hommes du parti, c'est-à-dire des privilégiés.

Ce mode de pensée, celui des orthodoxes aussi bien que celui des idéalistes, aboutit à consacrer le verdict de l'Histoire. Que l'on imagine Trotsky à la place de Staline et les rôles de traître et de juge seraient inversés. A l'intérieur du parti, seul l'événement tranche entre les rivaux. Le vainqueur est convaincu qu'il a raison : soit, mais pourquoi le philosophe souscrirait-il à cette prétention? En admettant la même perspective d'ensemble sur l'histoire, n'aurait-il pas été possible de collectiviser l'agriculture en évitant déportations et famines? Celui qui dénonçait, en 1929, les conséquences, depuis lors effectivement intervenues, de la méthode que la direction du parti s'apprêtait à employer, n'est pas réfuté par le succès final de l'opération, à moins qu'on en proclame une fois pour toutes que le coût humain du « succès » n'importe pas [1].

Plusieurs lectures des conduites humaines sont, à chaque instant, possibles, selon qu'on se réfère aux intentions des acteurs, aux circonstances du passé ou bien aux suites des actes. Si, comme on en a le droit en politique, on se désintéresse des intentions des acteurs, on retrouve encore plusieurs lectures selon qu'on se remet par la pensée au moment de la décision ou que, tout au contraire, on interprète la décision à partir de lointaines conséquences, entre-temps réalisées. Le grand homme est celui qui résiste au jugement de l'avenir qu'il ne connaissait pas. Mais l'historien manquerait à l'éthique de sa profession s'il remontait indéfini-

1. M. Merleau-Ponty ne veut pas donner, par principe, raison à l'Histoire. Hitler vainqueur serait resté un misérable. La communauté nationale du nazisme est contraire, la communauté prolétarienne conforme à l'humanisme. L'argument est peu convaincant : à supposer que le prolétariat soit, dès maintenant, « intersubjectivité authentique », pourquoi cette dignité s'étendrait-elle au parti communiste, là où l'on cherche vainement un prolétariat? ... Le prolétariat, il est vrai, peut échouer, l'Histoire n'est donc pas, en tant que telle, tribunal suprême. A la différence de l'orthodoxe, l'idéaliste ne s'est pas incliné à l'avance devant le verdict de l'avenir, il se réserve le droit de condamner et les classes opposées à celle qu'il tient pour l'incarnation de l'espérance humaine, et l'avenir lui-même s'il déçoit cette espérance.

Malgré tout, l'idéaliste n'échappe pas à l'idolâtrie de l'Histoire parce qu'il prête la même dignité au schéma historique qu'à l'idée de la reconnaissance, parce qu'il assimile la cause de l'humanité à celle d'un parti, parce qu'il consacre, fût-ce à titre hypothétique, le jugement du vainqueur.

ment le cours du temps. L'œuvre de Bismarck n'est pas condamnée par la tragédie du III⁰ Reich.

A fortiori, ce mode d'appréciation devient-il scandaleux si un tribunal d'hommes vivants y recourt contre d'autres vivants. L'interprétation par les suites dans la perspective du vainqueur aboutit aux pires injustices. L'erreur deviendrait rétrospectivement trahison [1]. Rien n'est plus faux : la qualification morale ou juridique d'un acte n'est pas modifiée par le cours des événements ultérieurs. Les mérites ou démérites des hommes qui ont imposé l'armistice de 1940 ne se séparent pas de leurs mobiles. Si l'on veut ignorer les intentions, on devra considérer les avantages et les risques de l'armistice, les avantages et les risques de la décision contraire, *tels qu'ils apparaissaient en 1940*. Celui qui estimait que l'armistice réservait mieux les chances de la France, sans nuire à la cause alliée, s'est peut-être trompé. Son erreur n'est pas transformée en trahison par la victoire alliée. Celui qui voulait l'armistice pour épargner des souffrances au pays ou pour préparer la reprise du combat, n'était pas un traître et ne l'est pas devenu. Celui qui voulait l'armistice pour amener la France à changer de camp était un traître, dès ce moment, par rapport à la France de 1939 et de 1945.

Si l'Allemagne l'avait emporté, les gaullistes eussent été des traîtres et les collaborateurs auraient fait la loi? Il en eût été ainsi, en effet. Collaborateurs et gaullistes voulaient deux Frances différentes, incompatibles, entre lesquelles devaient trancher des batailles livrées surtout par d'autres. L'événement était jugé [2]. Les uns et les autres ont accepté ce juge qui, d'ailleurs, dit le fait plutôt que le droit. Quand une lutte à mort est engagée, qu'on ne parle plus de tribunal mais du sort des armes.

Les combattants ont toujours eu tendance à interpréter la conduite des autres dans leur propre système de perception. Si le collaborateur avait pensé comme le gaulliste, il aurait évidemment été ignoble. Reconnaître l'incertitude des décisions prises, la pluralité des perspectives possibles sur l'avenir inconnu, ce n'est pas supprimer les conflits

1. « Le fait de la victoire alliée fait apparaître la collaboration comme une initiative et la transforme, quoiqu'elle ait été ou cru être, en volonté de trahir » (*op. cit.*, p. 43).
2. Ce qui ne signifie pas que, sur un plan supérieur, on ne puisse apprécier la valeur des causes.

inexpiables ni éluder les engagements, mais les assumer sans haine, sans nier l'honneur de l'adversaire.

Orthodoxes et idéalistes commencent par détacher l'acte de l'acteur, de ses intentions et des circonstances; ils le mettent en place dans *leur* lecture des événements. Comme ils postulent la valeur absolue de *leur* objectif, la condamnation qui frappe les autres ou les vaincus, est sans réserve. Que l'on commence par se reporter au moment de la décision et que l'on considère la conjoncture: on laissera moins de place à l'arbitraire des interprétations. Que l'on avoue l'ignorance de la fin, la légitimité partielle des causes contradictoires : on atténuera les rigueurs d'un dogmatisme qui tranche au nom de la vérité.

Qui prétend formuler un verdict définitif est un charlatan. Ou l'Histoire est le tribunal suprême et elle ne prononcera de sentence sans appel qu'au dernier jour. Ou la conscience (ou Dieu) juge l'Histoire et l'avenir n'a pas plus d'autorité que le présent.

*
* *

Il y a trente ans, l'école dominante en Union soviétique, au nom du marxisme, se donnait pour tâche d'analyser l'infrastructure, le développement des forces productives et des luttes de classes. Elle ignorait héros et batailles, elle les expliquait par les forces profondes, impersonnelles, inexorables. Depuis lors, on a réintroduit les nations, les guerres, les généraux. En un sens, il s'agit là d'une réaction heureuse. La résurrection intégrale du passé ne doit négliger ni le déterminisme des machines, ni les initiatives des personnes, ni les rencontres de séries, ni les chocs des armées. Mais la reprise des événements, dans la représentation communiste de l'Histoire, aboutit à un étrange univers, où tout s'explique avec une logique implacable et irréelle.

Dans une histoire dominée par le déterminisme des forces et des rapports de production, des luttes de classes, des ambitions nationales et impérialistes, le détail des événements doit trouver place. On attribue à chaque individu un rôle conforme à sa situation sociale, on transforme chaque épisode en expression d'un conflit ou d'une nécessité, prévus par la doctrine. Rien n'est accidentel et tout présente une signification. Les capitalistes obéissent, une fois pour toutes, à leur essence : Wall Street et la City conspirent contre la paix et contre le pays du socialisme. L'univers des aveux, caricature de l'univers historique des communistes, est celui de la lutte de classes et des services secrets.

Capitalisme et socialisme cessent d'apparaître comme des abstractions. Ils s'incarnent dans des partis, des individus, des bureaucraties. Les missionnaires occidentaux, en Chine, sont agents de l'impérialisme. Les hommes sont ce qu'ils font. La signification de leurs actes apparaît dans la version qu'en donne le détenteur de la vérité. On ne fait pas le mal involontairement, pourrait-on dire en inversant la formule socratique; non parce que les intentions des non communistes sont perverses, mais parce qu'elles ne comptent pas. Seul le socialiste, qui connaît l'avenir, sait le sens de ce que fait le capitaliste et constate que celui-ci, *objectivement*, veut le mal qu'il cause effectivement. Rien n'empêche de prêter finalement aux coupables les actes qui illustrent l'essence authentique de leur conduite : terrorisme ou sabotage.

On était parti de la dialectique hégélienne, on arrive aux romans de la série noire : combinaison qui ne déplaît pas tant aux intellectuels, même aux plus grands. Le hasard, l'inintelligible les irritent. L'interprétation communiste n'échoue jamais. Les logiciens rappelleraient vainement qu'une théorie qui se soustrait aux réfutations, échappe à l'ordre de la vérité.

CHAPITRE V

LE SENS DE L'HISTOIRE

Deux erreurs, apparemment contraires mais, au fond, liées, se trouvent à l'origine de l'idolâtrie de l'Histoire. Hommes d'Église et hommes de foi se laissent prendre au piège de l'absolutisme, pour s'abandonner ensuite à un relativisme sans limites.

Ils se donnent par la pensée un moment, final ou valable absolument, de l'histoire : les uns le baptisent société sans classes et les autres reconnaissance de l'homme par l'homme. Les uns et les autres ne mettent pas en doute la valeur inconditionnelle, l'originalité radicale de ce moment à venir, par rapport à tout ce qui l'a précédé. Cet « état privilégié » donnerait le sens de l'ensemble.

Assurés de connaître d'avance le secret de l'aventure inachevée, ils regardent la confusion des événements d'hier et d'aujourd'hui, avec la prétention du juge qui domine les conflits et distribue souverainement les éloges et les blâmes. L'existence historique, telle qu'elle est authentiquement vécue, oppose des individus, des groupes, des nations aux prises pour la défense d'intérêts ou d'idées incompatibles. Ni le contemporain ni l'historien ne sont en mesure de donner sans réserves tort ou raison aux uns ou aux autres. Non que nous ignorions le bien et le mal, mais nous ignorons l'avenir et toute cause historique charrie des iniquités.

Les combattants transfigurent la cause pour laquelle ils

risquent leur vie et ils ont le droit d'ignorer les équivoques de notre condition. Les doctrinaires de l'Église ou de la foi qui justifient cette transfiguration, justifient en même temps, quoiqu'ils en aient, les délires du fanatisme et de l'épuration. Le croisé du socialisme interprète la conduite des autres selon sa propre idée de l'Histoire et, du même coup, il ne trouve plus d'adversaire digne de lui : seuls se dressent contre l'avenir qu'il incarne les attardés ou les cyniques. Parce qu'il proclame la vérité universelle d'*une* perspective historique, il se donne le droit d'interpréter le passé à sa guise.

Les erreurs jointes de l'absolutisme et du relativisme sont également réfutées par une logique de la connaissance rétrospective des faits humains. L'historien, le sociologue, le juriste dégagent *les* sens des actes, des institutions, des lois. Ils ne découvrent pas *le* sens du tout. L'histoire n'est pas absurde, mais nul vivant n'en saisit *le* sens dernier.

Pluralité des significations.

Les actes humains sont toujours intelligibles. Quand ils cessent de l'être, on met les acteurs en dehors de l'humanité, on les baptise aliénés, on les tient pour étrangers à l'espèce. Mais l'intelligibilité ne ressortit pas à un type unique et ne garantit pas que l'ensemble, dont chaque élément est en lui-même intelligible, apparaisse sensé à l'observateur.

Pourquoi César a-t-il franchi le Rubicon? Pourquoi Napoléon a-t-il dégarni son aile droite à la bataille d'Austerlitz? Pourquoi Hitler a-t-il attaqué la Russie en 1941? Pourquoi le spéculateur a-t-il vendu du franc après les élections de 1936? Pourquoi le gouvernement soviétique a-t-il décrété la collectivisation de l'agriculture en 1930? Dans tous ces cas, la réponse est donnée en rapportant les décisions à l'objectif, s'emparer du pouvoir à Rome, attirer l'aile gauche de l'armée austro-russe, détruire le régime soviétique, tirer profit d'une dévaluation, éliminer les koulaks et accroître la fraction commercialisée des récoltes.

César aspirait à la dictature ou à la royauté, Napoléon ou Hitler à la victoire, le spéculateur voulait accumuler des profits et le gouvernement russe des réserves alimentaires pour le ravitaillement des villes. Mais ce dernier exemple montre déjà l'insuffisance du rapport moyen-fin. On peut dire, à la rigueur, « un seul but, la victoire » ou « un seul but, le profit ». Le planificateur doit toujours choisir entre des buts divers : la production la plus élevée aurait peut-être été fournie, à courte échéance, par des paysans propriétaires, mais ceux-ci auraient constitué une classe hostile au régime soviétique et consommé une fraction importante des récoltes.

Même quand le but est déterminé, l'interprétation ne s'en tient jamais à la seule considération des moyens. Comment comprendre la conduite d'un chef de guerre si l'on n'éclaire chacune de ses décisions en se référant au savoir dont il disposait, aux répliques présumées de l'adversaire, au calcul des chances de l'un et de l'autre, si l'on ne reconstitue pas l'organisation des armées et la technique des combats? En passant de l'art militaire à la politique, la complexité augmente. La décision du politique, comme celle du militaire, est comprise par celui-là seul qui a déchiffré la conjoncture : l'aventure de César, de Napoléon, de Hitler, ne révèle sa signification que remise dans un ensemble qui couvre une époque, une nation, peut-être une civilisation.

L'enquête peut s'engager dans trois directions ou comporte trois dimensions :

1º La détermination des moyens et des fins renvoie aux connaissances de l'acteur et à la structure de la société. Un but n'est jamais qu'une étape vers un objectif ultérieur. Même si la puissance était, en politique, le but unique, il resterait à préciser l'espèce de puissance à laquelle aspire l'ambitieux. La technique d'accession au pouvoir, en régime parlementaire, a peu de traits communs avec celle qui est efficace en régime totalitaire. L'ambition de César, de Napoléon, de Hitler, chacune en ses traits singuliers, ne s'explique que dans et par la crise de la République romaine, de la Révolution française et de la République de Weimar.

2º La détermination des valeurs est indispensable à la compréhension de la conduite humaine, parce que celle-ci n'est jamais strictement utilitaire. Le calcul rationnel des spéculateurs caractérise une activité, plus ou moins étendue selon les civilisations, que limite toujours une conception de l'existence bonne. Guerrier ou travailleur, *homo politicus* ou *homo œconomicus*, obéissent également à des croyances, religieuses, morales ou coutumières, leurs actes expriment une échelle de préférences. Un régime social est toujours le reflet d'une attitude à l'égard du cosmos, de la cité ou de Dieu. Aucune collectivité n'a réduit les valeurs à un commun dénominateur, richesse ou puissance. Le prestige des hommes ou des métiers n'a jamais été mesuré exclusivement par l'argent.

3º On juge inutile de déterminer les mobiles de Napoléon à Austerlitz, mais on invoque la fatigue ou la maladie du même Napoléon à la Moskowa ou à Waterloo. Dès que l'on observe l'échec d'un individu, ou la série d'actes d'un personnage historique, ou la conduite d'un groupe, on remonte, des attitudes ou des actes, au système de *pulsions*, tel qu'il résulte de l'éducation reçue ou de l'existence vécue.

L'historien s'engage de préférence dans la première direction, le sociologue dans la seconde, l'anthropologue culturel dans la troisième, mais chacun des spécialistes a besoin du concours des autres. L'historien doit se libérer de lui-même, faire effort pour découvrir l'autre dans son altérité. Mais cette découverte suppose une certaine communauté entre l'historien et l'objet historique. Si l'univers dans lequel ont vécu les hommes des temps révolus n'avait rien de commun avec celui dans lequel je vis, si ces deux univers n'apparaissaient pas, à un certain degré d'abstraction, comme des variations sur un même thème, l'univers de l'autre me deviendrait radicalement étranger et perdrait toute signification. Pour que l'histoire entière me soit intelligible, les vivants doivent se découvrir une parenté avec les morts. La recherche du sens, à ce moment de l'analyse, équivaut à la détermination des éléments abstraits — pulsions, catégories, situations typiques, symboles ou valeurs — qui, constitutifs de la communauté humaine, réalisent les conditions nécessaires à l'intelligibilité des actes par les spectateurs et des civilisations évanouies par les historiens.

La pluralité des dimensions ouvertes à la compréhension ne consacre pas l'échec de la connaissance, mais la richesse de la réalité. D'une certaine manière, chaque fragment d'histoire est inépuisable. « Chaque homme porte en soi la forme entière de l'humaine condition. » Peut-être une seule collectivité, à condition d'être totalement comprise, révélerait-elle l'essence de toutes les collectivités. L'analyse exhaustive d'une seule campagne de guerre suffirait au génie pour fixer les règles de *la* stratégie, l'étude d'une seule Cité pour dégager les constantes de toutes les constitutions. On n'a jamais épuisé le secret de l'être le plus proche et le plus familier.

Une autre pluralité apparaît à l'intérieur de chacune des dimensions humaines : la mise en place des événements, démarche essentielle de la compréhension, ne rencontre de limites définies ni vers l'élémentaire, ni vers le global. De ce fait, le sens est équivoque, insaisissable, autre selon l'ensemble que l'on considère.

La décision prise par Hitler, à la fin de 1940, d'attaquer l'Union soviétique, s'explique par une conception stratégique — vaincre l'Armée Rouge avant que la Grande-Bretagne soit en mesure de débarquer à l'Ouest — et une intention politique — détruire le régime bolchevik, réduire les Slaves au statut de peuple inférieur, etc. Cette intention, à son tour, renvoie à la formation intellectuelle de Hitler, à la littérature qu'il avait superficiellement étudiée et qui rapportait les péripéties des conflits, à travers les siècles, entre Slaves et Germains. A partir d'un acte, on remonte le cours de l'histoire européenne, sans que l'on ait l'obligation ou le droit de s'arrêter. A l'Ouest, la guerre franco-allemande de 1939 nous entraînerait jusqu'au partage de Verdun, de l'empire carolingien aux royaumes gallo-romains, de ceux-ci à l'empire romain, etc.

Pas davantage on ne saisit, à travers les documents ou par expérience directe, un atome historique. Une bataille a été livrée par des milliers ou des millions de combattants dont chacun l'a vécue d'une certaine façon. Le texte d'un traité est, physiquement, *une* chose. En tant que signification, il est multiple, autre pour ceux qui l'ont rédigé et pour ceux qui l'ont appliqué, autre peut-être pour les adversaires qui l'ont signé avec des arrière-pensées contradictoires. Ensemble de significations, il ne prend d'unité, comme la bataille, que dans l'esprit qui le repense, esprit d'un historien ou d'un personnage historique.

La régression indéfinie dans les deux sens n'implique pas que la matière soit originellement informe. Le caractère humain des événements, qui exclut les atomes, fermés sur eux-mêmes, et n'impose jamais de terme à l'enquête, se manifeste aussi par des ensembles, esquissés dans le réel. L'historien n'agglomère pas des grains de poussière. Élément et ensemble sont notions complémentaires. Rien ne serait plus erroné que d'imaginer celui-là matière et celui-ci forme ou encore celui-là donné et celui-ci construit. La bataille d'Austerlitz est un ensemble par rapport à l'acte d'un grenadier ou à la charge de la cavalerie au centre du champ de bataille, elle est événement par rapport à la campagne de 1805, comme celle-ci est événement par rapport aux guerres napoléoniennes.

Il n'est pas de différence fondamentale entre la bataille d'Austerlitz, la campagne de 1805, les guerres napoléoniennes. Dira-t-on que la bataille d'Austerlitz peut être embrassée d'un seul regard ou qu'elle l'a été par le regard d'un seul homme, non la campagne de 1805 ou les guerres napoléoniennes? Mais, en ce cas, la bataille de la Marne appartiendrait à la même catégorie que la campagne de 1805 plutôt qu'à celle de la bataille d'Austerlitz. En vérité, tout événement intéresse une durée et une étendue, exactement comme un ensemble. Pour qu'on pût dégager une opposition essentielle, il faudrait que l'événement fût instantané ou individuel. Or, il ne l'est pas.

Cette homogénéité des reconstructions historiques n'exclut pas des différences qui paraissent tranchées quand on observe les termes extrêmes. Au fur et à mesure que s'élargissent les ensembles, les limites en sont moins marquées et l'unité interne moins nette. L'unité spatio-temporelle de la bataille d'Austerlitz, la solidarité entre les actions qu'on englobe sous ce titre, ont été évidentes pour les contemporains, elles le demeurent pour l'historien. A un niveau supérieur, l'unité n'a pas été saisie par ceux qui l'ont vécue; le lien entre les éléments est indirect, équivoque. Avec l'élargissement de l'écart entre l'expérience des hommes et la résurrection par l'historien s'accroît le risque d'arbitraire.

Les conduites humaines, à l'intérieur des armées, sont ordonnées par le système d'organisation et de discipline, éventuellement par le projet du chef de guerre. Les conduites humaines sur le champ de bataille résultent du choc entre des projets : projets des chefs qui déterminent les mouvements globaux, projets des combattants, dont chacun veut la mort de l'autre. Les conduites du premier type prennent leur sens par référence à une réglementation ou à une législation, elles-mêmes déterminées par des croyances ou des nécessités pragmatiques. Celles du deuxième type ne couvrent pas seulement le heurt des épées ou l'échange des obus. Elles appartiennent, comme les conflits et les jeux, au genre des conduites de rencontre, mais elles sont aussi, à certains égards, « ordonnées ». La bataille est rarement soustraite à toute convention, l'organisation laisse toujours place aux rivalités. Une constitution fixe les méthodes selon lesquelles gouvernants et législateurs sont choisis. Elle suscite les compétitions des individus et des groupes pour la répartition des places ou des fonctions, elle s'efforce de prévenir la violence en imposant des règles.

La distinction essentielle sépare moins des catégories de conduites que les ensembles idéels et les ensembles réels. Idéel, l'ensemble d'une constitution ou d'une doctrine, réel l'ensemble créé par les hommes qui se gouvernent selon cette constitution ou qui vivent selon cette doctrine. L'historien ou le sociologue vise tantôt le sens spécifique d'un texte dans le système idéel de la constitution ou de la doctrine, tantôt le sens vécu par les consciences. Le juriste ou le philosophe incline à la saisie des œuvres dans leur signification spécifique, l'historien à la saisie des œuvres dans leur surgissement psychique ou social.

Ces deux interprétations ne sont ni contradictoires ni exclusives l'une de l'autre. Le lien entre les moments d'une déduction philosophique ou d'une argumentation juridique est, par définition, hétérogène aux relations qu'établit le psychologue ou le sociologue. Il ne découvre sa signification qu'à celui qui consent à pénétrer dans l'univers du métaphysicien ou du juriste.

Les sens spécifiques ont été vécus par des hommes, à une certaine époque, en des collectivités qui adhéraient à certaines croyances. Aucun philosophe n'a été un esprit pur, aucun n'a été détaché de son temps et de sa patrie. La réflexion critique ne saurait restreindre à l'avance les droits de l'interprétation historique ou sociologique, sinon en rappelant l'hétérogénéité irréductible entre les sens spécifiques et les sens vécus. Par essence, l'étude des origines ne saurait atteindre la signification proprement philosophique ou la qualité proprement artistique d'une œuvre. L'état des sociétés explique les multiples caractères des œuvres, jamais le secret du chef-d'œuvre.

La pluralité de signification, qui résulte de l'indétermination des ensembles et de la discrimination entre sens spécifiques et sens vécus entraîne le *renouvellement* de l'interprétation historique, elle offre d'abord une protection contre la pire forme de relativisme, celle qui se combine avec le dogmatisme. On commence par ignorer les sens spécifiques, on tâche de réduire les œuvres philosophiques à la signification qu'elles prennent dans la conscience du non philosophe, on interprète les sens vécus par référence à un fait baptisé dominant, comme la lutte des classes, et on finit par prêter au monde humain, réduit à une seule dimension, un sens unique, décrété par l'historien. La multiplicité des ensembles, réels et idéels, interdit le fanatisme qui méconnaîtrait la diversité des rôles, que jouent les individus en une société complexe, l'entrecroisement des systèmes en lesquels s'insèrent les activités. La reconstitution historique garde un caractère inachevé, parce qu'elle n'a jamais dégagé toutes les relations, ni épuisé toutes les significations.

Ce renouvellement de l'interprétation entraîne une sorte de relativité : la curiosité de l'interprète influe sur la détermination des ensembles et des sens spécifiques. Le caractère de cette relativité n'est pas le même selon qu'il s'agit d'événements ou d'œuvres. Les événements, rapportés aux acteurs, restent éternellement ce qu'ils ont été, même si le progrès du savoir sociologique, l'enrichissement des catégories ou une expérience élargie permettent une compréhension originale. La relativité des sens spécifiques dépend de la nature des rapports entre les œuvres, autrement dit de l'historicité propre à chaque univers spirituel. C'est au-delà de cette multiplicité, mais sans l'éliminer, qu'éventuellement, l'unité du sens se révélera.

Des unités historiques.

« Une philosophie de l'histoire suppose que l'histoire humaine n'est pas une simple somme de faits juxtaposés — décisions et aventures individuelles, idées, intérêts, institutions — mais qu'elle est, dans l'instant et dans la succession, une totalité en mouvement vers un état privilégié qui donne le sens de l'ensemble [1]. » L'histoire n'est certainement pas une « simple somme de faits juxtaposés »; est-elle « totalité dans l'instant »? Les éléments d'une société sont solidaires les uns des autres, ils s'influencent réciproquement, ils ne constituent pas une totalité.

La séparation entre faits économiques, faits politiques, faits religieux est introduite par les concepts du savant ou la nécessité de la division du travail. La donnée première qui frappe l'observateur sans préjugés, c'est l'interdépendance. L'historien ne commence ni par la juxtaposition ni par la totalité, mais par l'enchevêtrement des ensembles et des relations. Outils, organisation du travail, formes juridiques de la propriété et de l'échange, les institutions qui ressortissent à l'histoire économique touchent d'un côté à la science, qui s'est lentement dégagée de la philosophie et de la religion, de l'autre à l'État, garant des lois. L'homme qui achète et vend, cultive la terre, manie les machines, reste, au fond de lui-même, celui qui croit, pense et prie. L'interdépendance des secteurs, qui appelle la collaboration des disciplines, permet d'entrevoir, à l'horizon du travail scientifique, une sorte d'unité. On doute que, même pour les sociétés simples, on parvienne à mettre au jour un principe unique, dont dériveraient toutes les manières de vivre et de penser. (Le doute est le même quand il s'agit d'une existence humaine.) Les sociétés complexes paraissent à la fois cohérentes et multiples : aucune partie n'en est isolée, aucun ensemble ne constitue une totalité de signification univoquement définie.

Comment pourrait-on dépasser l'unité d'interdépen-

1. M. Merleau-Ponty, *op. cit.* p. 165-166.

dance? La première hypothèse est celle selon laquelle un secteur de la réalité ou une activité de l'homme *déterminerait* les autres secteurs de la réalité ou les autres activités. Les rapports de production constitueraient l'infrastructure dont dépendraient institutions politiques et idéologies.

Sur le plan de la critique de la connaissance, une telle théorie ne serait pas pensable si elle impliquait que l'économie *détermine* la politique ou les idées sans être influencée par elles en retour. Elle serait, pour ainsi dire, contradictoire, en tout cas incompatible avec l'observation naïve. Les faits économiques ne sont isolables en tant que tels ni matériellement ni conceptuellement. Ils englobent les moyens de production, dont la science et la technique, les rapports de production, c'est-à-dire l'organisation du travail, la législation de la propriété, les distinctions de classes (qui sont commandées aussi par le volume de la population et par les modalités de la hiérarchie et du prestige). L'interaction des éléments à l'intérieur du fait économique ne permet pas de concevoir que celui-ci puisse être déterminant sans être partiellement déterminé. La dépendance réciproque des secteurs sociaux ou des activités de l'homme est une évidence.

Dès lors, on ne saurait attacher à la distinction de l'infrastructure et de la superstructure une portée philosophique. Où est la limite précise entre l'une et l'autre? Il peut être commode de prendre pour point de départ, dans l'étude des collectivités, l'organisation du travail plutôt que les croyances religieuses. Comment affirmer *a priori* ou *a posteriori* que l'homme pense le monde selon le style de son travail, mais que celui-ci n'est pas affecté par l'idée qu'il se fait du monde?

L'individu ou le groupe doit, pour survivre, lutter contre la nature et en tirer sa subsistance. La fonction économique revêt, à ce titre, une sorte de priorité. Mais comme les collectivités les plus simples n'accomplissent jamais cette fonction sans s'organiser selon des croyances irréductibles à l'efficacité, cette priorité n'équivaut ni à une causalité unilatérale ni à un *primum movens*.

Quelle est la portée *empirique* de cette priorité? Quels sont les traits communs aux collectivités parvenues à un certain âge technico-économique? Quelles sont les différences entre les sociétés antérieures et les sociétés postérieures à la découverte des machines à vapeur, de l'électricité, de l'énergie atomique? De telles interrogations ressortissent à la sociologie, non à la philosophie.

Peut-être n'est-il pas impossible de déterminer des types sociaux, selon les moyens de production disponibles. Les spécialistes de la protohistoire ou de la préhistoire souscrivent spontanément à une conception de cet ordre, puisqu'ils classent les époques et les groupements d'après les outils utilisés et l'activité principale. En ce qui concerne les sociétés complexes, on dégagerait les conséquences inévitables d'un état donné de la technique et l'on tracerait ainsi le cadre à l'intérieur duquel se situent les variations, politiques et idéologiques.

Il n'est pas démontré, d'ailleurs, que le fait économique soit, à toutes les périodes de l'histoire, dominant. Max Scheler a suggéré que le primat du sang, le primat de la force, le primat de l'économie marquent les trois grandes périodes de l'histoire humaine. Les liens du sang cimentent les communautés étroites, avant l'avènement des nations et des empires. Si l'on suppose les moyens de production à peu près constants, les événements sont commandés avant tout par la politique. La force élève ou précipite les États, elle écrit la chronique de gloire et de sang, dans laquelle les chefs de guerre tiennent le premier rang. A l'âge moderne, les considérations économiques deviennent décisives parce que la technique, en perpétuel changement, mesure la richesse des individus et des groupes.

De telles propositions ne constituent pas des vérités philosophiques, mais des généralisations hypothétiques. Elles ne sont pas contradictoires avec l'idée que le volume des ressources collectives fixe la limite des variations possibles de l'organisation sociale.

La théorie relative à l'efficacité des divers éléments dans l'histoire n'aboutit qu'à des formules assez vagues, rarement démontrées, jamais susceptibles d'épuiser la complexité des relations.

On ne saurait attribuer à un seul type de phénomènes l'origine des changements ou la responsabilité de la structure sociale. Nul ne saurait affirmer que l'invention des machines électriques ou électroniques, l'utilisation de l'énergie atomique n'auront pas d'influence jusque sur les formes subtiles de la littérature ou de la peinture. Mais nul ne saurait non plus affirmer que l'*essentiel* en fait de littérature, de peinture ou d'institutions politiques est *déterminé* par la technique, le statut de la propriété ou les rapports de classes. On n'impose pas à l'avance de bornes à l'action d'une cause, non parce que celle-ci est exclusive ou irrésistible, mais parce que tout s'entremêle : une société s'exprime dans sa littérature aussi bien que dans sa productivité; le microcosme reflète le tout. Mais celui-ci ne sera saisissable que par référence à des points de vue multiples, aussi longtemps que l'homme ne se définira pas tout entier par une question unique, aussi longtemps que les sociétés ne seront pas planifiées selon un projet global.

Aussi bien l'historien, à la différence du sociologue ou du philosophe, cherche l'unité moins dans une cause privilégiée que dans la singularité de l'individu historique, époque, nation, culture. Quels sont les individus historiques? Peut-on saisir l'unité à travers le temps et l'originalité de l'individu?

Personne ne nie la réalité des nations européennes, au début du XXe siècle. Mais cette réalité est équivoque. L'homogénéité de langue et de culture en Grande-Bretagne, en France ou en Espagne est loin d'être complète. Plusieurs nationalités, définies par une langue, un mode de vie ou une culture, ne possèdent pas, au milieu du XXe siècle, un État qui leur appartienne en propre. Dans les États nationaux, en droits souverains, la vie des citoyens et les décisions des gouvernants sont affectées par des événements extérieurs. Pour parler le langage de A. Toynbee, la nation ne constitue pas un champ intelligible d'études. Le devenir de la France ne se sépare pas de celui de l'Angleterre ou de l'Allemagne, il n'est pas l'expression d'une âme unique ou, du moins, celle-ci se révèle progressivement dans le dialogue et l'échange. En termes abstraits, on se pose, à propos des unités historiques, trois questions relatives à leur degré d'*indépendance*, de *cohérence*, d'*originalité*. Les deux dernières questions intéressent surtout les unités du type national, la première a une portée décisive quand on en vient aux champs intelligibles de Toynbee.

A ces trois questions, O. Spengler répond positivement. Chaque culture serait comparable à un organisme, qui se développe selon sa loi et va inexorablement vers sa fin, enfermée en elle-même, incapable de rien recevoir du dehors qui modifie son essence, chacune d'elles exprimerait son âme, incomparable à toute autre, de sa naissance jusqu'à sa mort, en ses œuvres multiples. Ces affirmations dépassent de loin les faits. L'assimilation des cultures à un organisme, à moins qu'elle se réduise à une vague comparaison, relève d'une mauvaise métaphysique. Marquer l'originalité, en chaque culture, des sciences même mathématiques et méconnaître radicalement l'accumulation ou le progrès des connaissances revient à négliger des faits évidents. La négation de l'influence que les cultures exercent les unes sur les autres est tout arbitraire, alors que les emprunts d'outils, d'idées, d'institutions, ne prêtent pas à contestation. Prise à la lettre, la thèse centrale du livre se nie elle-même : elle rendrait impossible la tentative qui se réclame d'elle.

Arnold Toynbee nuance les réponses aux trois questions. Au début du *Study of History*, les civilisations sont données comme des champs intelligibles, à la différence des nations. Au fur et à mesure que progresse l'ouvrage, les contacts entre les civilisations se découvrent de telle sorte que, finalement, entre nations et civilisations, au moins pour l'autonomie de développement, la distinction semble de degré plutôt que de nature. La cohérence interne des civilisations est plutôt affirmée que démontrée. Toynbee répète volontiers que les divers éléments d'une civilisation s'accordent entre eux et qu'on ne saurait en modifier un sans affecter les autres. Mais il en montre plutôt l'interdépendance que l'harmonie. A chaque époque, une civilisation retient des éléments empruntés au passé et non contemporains de l'esprit actuel. Une civilisation recueille des institutions ou des œuvres créées par d'autres. Où se situe la frontière entre la civilisation antique et celle du christianisme occidental ou du christianisme oriental? Quels sont les liens entre le christianisme et l'âge technique?

Toynbee a peine à dégager la cohérence interne des civilisations, parce qu'il ne s'explique pas clairement sur la singularité de chacune d'elles. A quoi tient en fait, qu'est-ce qui définit l'originalité des civilisations? D'après les textes, il faudrait répondre : la religion. Dans certains cas, on n'aperçoit pas cette religion singulière : quelles croyances transcendantes ont marqué le Japon et l'ont fait autre que la Chine? Quand on l'aperçoit clairement, par exemple dans les deux civilisations européennes du christianisme occidental et du christianisme oriental, jamais Toynbee ne parvient à dégager l'esprit unique de la foi et à en déduire les traits singuliers de l'être ou du destin de l'individu historique. On ne sait si l'apparent primat de la religion est d'ordre causal ou traduit la hiérarchie de valeur établie par l'interprète entre les diverses activités humaines. Quand, au dernier volume de son œuvre, Toynbee suggère, à l'horizon de l'histoire, une fusion des civilisations et une Église universelle, le disciple de Spengler se transforme en petit-neveu de Bossuet.

Dès que l'on écarte les deux postulats métaphysiques de Spengler — la métaphysique organiciste des cultures, la négation dogmatique de l'universalité de l'esprit et de la vérité — il ne subsiste plus d'obstacle sur la voie de l'unité humaine. Autonomie de développement, cohérence interne, originalité des civilisations subsistent, esquissées dans les faits, mais non au point de révéler une signification univoque. Les civilisations ne diffèrent pas en nature des autres individus historiques, elles sont plus autonomes et probablement moins cohérentes que les ensembles de dimensions inférieures, plus qu'une juxtaposition et moins qu'une totalité.

Cette conclusion négative rejoint une proposition qui aurait pu être affirmée directement. Il en va de l'histoire comme de l'existence individuelle : elle ne présente pas d'unité empiriquement observable, ni réelle ni significative. Les actes de l'individu s'insèrent dans d'innombrables ensembles. Nos pensées, bien loin d'être fermées sur elles-mêmes, contiennent l'héritage des siècles. On retrouve, d'un bout à l'autre d'une existence, un style unique, irremplaçable, plus aisé à saisir intuitivement qu'à définir. Les biographies, en rapportant les événements à la personne, suggèrent la relative constance d'un caractère ou, en termes plus neutres, d'un mode de réaction, et créent l'impression esthétique d'une unité, de même que les psychologues ou psychanalystes suggèrent l'unité équivoque d'un destin, que chacun s'est fait autant qu'il l'a subi. Que le petit bourgeois d'Aix ait été aussi le peintre Cézanne est un fait d'expérience; l'unité de l'homme et de l'artiste n'est pas illusoire, elle est presque indéchiffrable.

Les éléments d'une histoire collective sont, bien qu'à un

moindre degré, rattachés les uns aux autres, à la manière des épisodes d'une destinée individuelle. On comprend une collectivité à partir de son infrastructure : de l'organisation du travail à l'édifice des croyances, le cheminement de la compréhension ne rencontre peut-être pas d'obstacles insurmontables, il ne découvre pas non plus, d'un moment à un autre, de consécution nécessaire.

En d'autres termes, l'unité de sens ne se conçoit pas en dehors de la détermination des valeurs ou de la hiérarchie des activités humaines. Les marxistes qui imaginent que le « facteur économique » apporte cette unification, mêlent confusément un primat causal et un primat d'intérêt, ils invoquent implicitement celui-ci chaque fois qu'on leur montre les limites de celui-là. Spengler imagine cette unité de signification, il ne la rend vraisemblable que par une métaphysique biologique. Toynbee, enfin, prétend, par la voie de l'empirisme, retrouver l'équivalent de la doctrine spenglerienne : en fait, l'autonomie, la cohérence, l'originalité des civilisations se dissolvent peu à peu au cours de la recherche. Si l'histoire qu'il retrace garde finalement une certaine structure, c'est que le philosophe s'est peu à peu substitué à l'historien et que la dialectique des empires et des églises, cité terrestre et cité de Dieu, oriente et organise le récit.

Au regard de Dieu, chaque existence présente, en effet, une unité de signification, parce que tout, c'est-à-dire cela seul qui importe, est en jeu dans le dialogue de la créature et du créateur, dans le drame où se joue le salut d'une âme. La psychanalyse existentielle postule une unité analogue dans le choix que fait d'elle-même chaque conscience : l'unité n'est pas celle d'*un* acte — la conscience reste toujours libre de se reprendre — elle est celle de la signification que revêt l'existence entière, repensée par l'observateur en se référant à un problème unique, équivalent, dans une philosophie athée, du problème du salut. L'aventure des hommes à travers le temps a *un* sens dans la mesure où tous ensemble cherchent collectivement à faire leur salut.

La logique retrouve ce que la succession des doctrines suggère : les philosophies de l'histoire sont la sécularisation des théologies.

De la fin de l'histoire.

Les sciences sociales accomplissent la démarche première de la philosophie : substituer aux faits bruts, aux actes innombrables qui s'offrent à l'observation directe ou dans les documents, un aspect de la réalité, défini par un problème, lui-même constitutif d'une certaine activité : économique est la conduite qui, aux prises avec la nature, tend à assurer à la collectivité les moyens de subsistance et à surmonter la pauvreté essentielle; politique, la conduite qui tend à la formation de la collectivité, qui s'efforce d'organiser la vie des hommes en commun, donc à fixer les règles de collaboration et de commandement.

Une telle distinction n'est pas *réelle*. Toute activité qui vise à créer ou accroître les ressources du groupe comporte une politique, puisqu'elle exige la coopération des individus. De même, un ordre politique comporte un aspect économique, puisqu'il répartit les biens entre les membres de la collectivité et s'harmonise avec un mode de travail en commun.

Les formules que les philosophies de l'histoire ont mises à la mode, maîtrise des hommes sur la nature et réconciliation des hommes entre eux, renvoient aux problèmes originels de l'économie et de la politique. Défini en termes politiques et économiques, « l'état privilégié qui donne le sens de l'ensemble » se confondrait avec la solution radicale du problème de la communauté ou encore avec la fin de l'histoire.

Les sociétés ne sont jamais rationnelles au sens où la technique, déduite de la science, est rationnelle. La *culture* donne aux conduites sociales, aux institutions — famille, travail, répartition du pouvoir et du prestige — des formes innombrables, solidaires de croyances métaphysiques ou de coutumes sanctionnées par la tradition. La distinction entre les espèces de phénomènes est introduite, dans les sociétés les plus simples, par la philosophie de l'observateur, mais elle est virtuellement donnée, puisque la famille est toujours soumise à des règles complexes et strictes, que les habitudes quotidiennes ne sont jamais abandonnées à l'arbitraire, que la hiérarchie est toujours confirmée par une conception du monde.

Au niveau des mœurs, la diversité s'impose comme un fait d'expérience et on ne voit pas comment on définirait un *état privilégié*. Les formes multiples de la famille ne condamnent pas l'idée du droit naturel, elles obligent à situer celui-ci à un niveau d'abstraction tel que la diversité, empiriquement observée, apparaisse normale. Le terme ultime de l'histoire ne serait pas un statut, concrètement défini, de la famille, mais une diversité qui ne contredirait pas aux règles, inséparables de l'humanité essentielle de l'homme.

Les croyances relatives aux plantes, aux animaux et aux dieux, tout autant que la structure de la famille et de l'État, influent sur les forces et les rapports de production. L'*état privilégié* qui marquerait la fin de l'aventure économique devrait être dépouillé de tous les traits « culturels », de tout ce qui le rattache à une collectivité particulière. De même, la foi, vraie universellement, s'exprime en un langage historique et se mêle d'éléments accidentels.

En quoi consisterait cet *état privilégié* et comment pourrait-il différer des valeurs abstraites, qui jugent les institutions, mais ne représentent pas un ordre institutionnel déterminé?

Le fait nouveau qui a incité à reprendre, en une acceptation rationnelle, la notion théologique de fin de l'histoire, est le progrès technique. Tous les philosophes n'évoquent pas, à la manière de Trotsky, le moment prochain où l'abondance régnera au point que le problème de la distribution sera réglé de lui-même, la bonne éducation et la certitude du lendemain suffisant à limiter les prélèvements de chacun, mais tous doivent imaginer que le développement de la science et des moyens de production changera une des données essentielles de l'existence : la richesse collective permettra de donner à l'un sans prendre à l'autre. La pauvreté du plus grand nombre ne sera pas condition du raffinement de quelques-uns. L'humanité, en compréhension, des meilleurs, n'empêchera pas l'extension de l'humanité à tous.

L'abondance n'est pas impensable ou absurde. Le progrès économique, tel qu'on l'observe depuis deux ou trois siècles, est mesuré approximativement par l'accroissement de la productivité. En une heure de travail, l'ouvrier produit une quantité croissante de biens. Ce progrès est le plus rapide dans le secteur secondaire (industriel), le moins rapide dans le secteur tertiaire (transports, commerce, service). Dans le secteur primaire, il semble appelé à se ralentir à partir d'un certain point, si, du moins, l'on admet que la loi du rendement décroissant joue dans l'agriculture. L'abondance exige donc une limitation du volume de la population. Admettons une population stationnaire, une production agricole répondant à tous les besoins : l'abondance exigerait encore que tous les désirs de produits manufacturés fussent satisfaits. Beaucoup seront tentés de répondre que ces désirs sont, par nature, illimités. Mais supposons qu'ils aient tort et que l'on puisse atteindre à la saturation des besoins secondaires. En ce cas, la notion de désirs, par nature illimités, devrait être réservée au tertiaire : en ce dernier secteur, comment les désirs pourraient-ils être saturés, puisqu'ils comprennent celui de loisir?

Même en multipliant les hypothèses — population stationnaire, saturation des besoins secondaires — la malédiction du travail ne serait pas encore levée. Il faudrait se partager le travail indispensable et répartir équitablement les revenus qui, en face des objets de luxe, demeureraient inégaux.

Revenons sur la terre et au présent. La saturation des besoins primaires et d'une partie importante des besoins secondaires n'est donnée en aucune société historiquement connue. Cet objectif n'est pas au-delà de l'horizon historique des États-Unis. Ceux-ci disposent, il est vrai, d'une surface cultivable par habitant plus grande que les autres pays : le sous-peuplement y facilite l'approche de la relative abondance. L'expérience américaine n'en permet pas moins de donner une dimension probable aux anticipations.

A moins d'inventions, à l'heure présente révolutionnaires, ou de catastrophes atomiques, le progrès technique promet d'assurer à tous des conditions de vie décentes et, de ce fait, la possibilité de participer à la culture. Que les chimistes « fabriquent » la nourriture et les physiciens les matières premières de substitution, que les machines électroniques se substituent aux contrôleurs des machines : cet enrichissement n'en sera pas moins payé. Des gains réalisés dans les usines, il convient de déduire les servitudes et les services de la société industrielle : tel qu'on l'observe au XXe siècle, le progrès économique, dans les pays avancés, suscite proportionnellement plus d'employés que d'ouvriers. Une société d'employés n'est pas nécessairement réconciliée avec elle-même.

L'état stationnaire qu'évoquent certains sociologues [1], traduit à peu près le terme ultime du progrès économique, tel qu'on l'imagine d'après l'expérience actuelle. Il ne modifierait pas l'essence du « problème économique » posé aux collectivités : nécessité de soustraire aux travailleurs une fraction du produit de leur travail pour l'investir, nécessité de répartir des emplois inégalement intéressants et rémunérés, nécessité de maintenir une stricte discipline et d'obtenir le respect de la hiérarchie bureaucratico-technique. En poussant encore plus loin l'utopie, on peut concevoir que le travail manuel ne soit pas imposé seulement à une minorité, mais que chacun passe une partie de sa journée ou de sa vie dans les usines. Nous dépassons ainsi les limites de l'horizon historique sans dépasser celles des possibilités humaines. Même en cette hypothèse extrême, certaines des exigences auxquelles est soumise aujourd'hui la vie économique seraient atténuées (en l'état stationnaire, il ne s'agirait plus d'accélérer l'accroissement de la productivité, mais seulement de maintenir le niveau atteint), aucune ne serait éliminée.

A la différence de ce qui se passerait dans le régime de l'abondance absolue, le « problème économique » ne serait pas résolu radicalement. Les revenus seraient répartis en monnaie et non les biens prélevés sur le tas; la rémunération tiendrait compte des besoins, mais une certaine prime de rendement demeurerait nécessaire; une formation technico-intellectuelle ne serait refusée à personne, mais l'inégalité subsisterait entre les individus selon leurs dons et selon l'emploi qu'ils recevraient dans la collectivité.

L'état stationnaire n'apporterait pas la solution radicale du « problème politique », qui se ramène à la conciliation entre l'égalité des hommes en tant qu'hommes et l'inégalité de leurs fonctions dans la collectivité. Dès lors, la tâche

---

[1]. Jean Fourastié.

essentielle ne différerait pas de ce qu'elle est aujourd'hui : obtenir de l'inférieur qu'il reconnaisse le supérieur sans subir de contrainte, ni aliéner sa dignité. L'atténuation de la rivalité entre les individus et les groupes pour la répartition du revenu national, contribuerait à dépouiller la bataille de son âpreté. Encore l'expérience incite-t-elle à la réserve : les revendications des demi-riches sont souvent les plus ardentes. On se bat pour le luxe, pour la puissance ou pour l'idée avec autant de passion que pour l'argent. On concilie des intérêts non des philosophies.

Si l'on suppose assurée la subsistance de tous et de chacun, les collectivités ne sembleraient plus des entreprises d'exploitation, toujours menacées par leurs rivales. Les inégalités de niveau de vie entre les nations, fait décisif du XXe siècle, se seraient effacées. Mais les poteaux-frontières auraient-ils été arrachés ? Les peuples se sentiraient-ils frères ? Il faut se donner, par une deuxième hypothèse, une humanité non plus divisée en nations souveraines mais pacifiques, grâce à la mort des États ou l'avènement d'un empire universel. Cette hypothèse ne suit pas de la première, celle de l'abondance, relative ou absolue. Les querelles des tribus, des nations ou des empires ont été, de multiples manières, liées à celles des classes, elles n'en ont pas été la simple expression. Les haines de races survivront aux distinctions de classes. Les collectivités ne cesseront pas de se heurter le jour où elles seront indifférentes à l'espoir du butin. Le désir de puissance n'est pas moins originel que celui de richesse.

On *conçoit* la « solution radicale » du problème politique comme la solution radicale du problème économique. On peut même retrouver l'équivalent de la distinction entre « l'état stationnaire » et « l'abondance absolue ». Dans l'état stationnaire politique, à l'intérieur des collectivités, tous participeraient à la cité, les gouvernants commanderaient sans recourir à la force et les gouvernés obéiraient sans éprouver d'humiliation. Entre les collectivités, la paix dévaloriserait les frontières et garantirait les droits des individus. A l'abondance absolue répondrait l'universalité de l'État et l'homogénéité des citoyens, concepts qui ne sont pas contradictoires, mais qui se situent au-delà de l'horizon historique. Ils supposent un changement fondamental des données de la vie en commun.

Le progrès technique dépend du développement de la science, c'est-à-dire de la raison appliquée à la découverte de la nature. Il n'entraînerait pas l'abondance relative si l'on n'y joignait, par la pensée, la constance de la population, ce qui implique la domination de la raison sur l'instinct. Il ne garantirait la paix ni entre les individus, ni entre les classes, ni entre les nations, si l'on n'imaginait la reconnaissance mutuelle des hommes dans leur essence commune et leur diversité sociale, autrement dit la maîtrise de la raison, en tous et en chacun, sur la tentation de la révolte et de la violence. L'humanité, sur cette terre, ne saurait être réconciliée avec elle-même, tant que le luxe de quelques-uns insulte à la pauvreté de presque tous. Mais l'accroissement des ressources et la réduction des inégalités laissent les hommes et les sociétés semblables à eux-mêmes, ceux-là instables, celles-ci hiérarchiques. La victoire sur la nature permet, mais ne détermine pas le règne de la raison sur les passions.

Ainsi défini, le concept de fin de l'histoire ne se confond ni avec un idéal abstrait (liberté, égalité) ni avec un ordre concret. Les mœurs, au sens large de ce mot, ne posent pas de problème et ne comportent pas de solution. Un régime, quel qu'il soit, sera toujours marqué par les contingences historiques. Entre l'abstraction des valeurs isolées et formelles et les caractères singuliers de chaque collectivité, le concept de fin de l'histoire aide à préciser les conditions auxquelles on parviendrait à satisfaire simultanément les exigences multiples que nous formulons à l'égard de la société. La fin de l'histoire est une idée de la Raison, elle caractérise non l'homme individuel, mais l'effort des hommes en groupes à travers le temps. Elle est le « projet » de l'humanité, en tant que celle-ci se veut raisonnable.

Histoire et fanatisme.

En suivant les étapes de l'interprétation historique, nous sommes arrivés au concept de fin de l'histoire (ou de la préhistoire), dont des expressions comme celles d' « état privilégié qui donne le sens de l'ensemble » sont l'équivalent, plus ou moins formalisé. L'analyse précédente nous permet d'approfondir la critique, que nous avions esquissée dans le chapitre précédent, de la philosophie des hommes de foi et des hommes d'Église.

On *conçoit* la solution radicale du problème de la vie en commun, que l'on en tienne ou non la réalisation pour possible. Mais la tentation est permanente de substituer au concept de contradictions résolues soit une formule abstraite — égalité, fraternité — soit une réalité singulière et prosaïque.

M. Merleau-Ponty, nous l'avons vu, commet tour à tour ces deux erreurs. Livrée à elle-même, l'idée de reconnaissance est aussi vide que celle de liberté et de fraternité, à moins qu'elle n'exige l'homogénéité sociale entre ceux qui se reconnaissent : en ce cas, la reconnaissance serait impossible entre soldats et officiers, ouvriers et managers, et la société serait, en tant que telle, inhumaine.

Pour donner un contenu à la notion de reconnaissance, le même auteur recourt [1] à des critères dont les uns sont trop concrets (propriété publique), les autres indéterminés (spontanéité des masses, internationalisme).

Dans la philosophie stalinienne, « l'état privilégié » ou « final » ne se dissout pas en un idéal, il se dégrade en un événement prosaïque. Au regard de l'orthodoxe, dès lors qu'un parti communiste s'est emparé du pouvoir, la rupture est accomplie et l'on est sur la voie de la société sans classes. En fait, rien n'est réglé et les mêmes nécessités d'accumulation, de rémunérations inégales, d'incitations à l'effort, de discipline de travail subsistent après la révolution Mais, au regard de l'orthodoxe, toutes ces servitudes de la civilisation industrielle ont changé de sens, puisque le prolétariat règne et que l'on édifie le socialisme.

Ayant confondu un idéal ou un épisode avec un objectif, à la fois prochain et sacré, hommes d'Église et hommes de foi rejettent, avec indifférence ou avec mépris, les règles de sagesse que les hommes d'État ont élaborées afin de rendre utiles à la collectivité, l'égoïsme et les passions des individus. Limitation des pouvoirs, équilibre des forces, garanties de la justice, l'œuvre de la civilisation poli-

---

1. Cf. *Humanisme et Terreur*, p. 145 et suiv.

tique, lentement édifiée au cours des âges et toujours inachevée, ils l'abattent avec une sérénité somnambulique. Ils consentent à un État absolu, prétendument au service de la Révolution, ils se désintéressent de la pluralité des partis, de l'autonomie des organisations ouvrières. Ils ne s'indignent pas que les avocats accablent leurs clients et que les accusés avouent des crimes imaginaires. La justice révolutionnaire n'est-elle pas orientée vers la « solution radicale du problème de la coexistence », alors que la « justice libérale » applique des lois injustes?

Qui se meut dans l'histoire sans en connaître le dernier mot hésite parfois devant une entreprise souhaitable dont le coût serait trop élevé. Hommes d'Église et hommes de foi ignorent ces scrupules. La fin sublime excuse les moyens horribles. Moraliste contre le présent, le révolutionnaire est cynique dans l'action, il s'indigne contre les brutalités policières, les cadences inhumaines de production, la sévérité des tribunaux bourgeois, l'exécution de prévenus dont la culpabilité n'est pas démontrée au point d'éliminer tous les doutes. Rien, en dehors d'une « humanisation » totale, n'apaisera sa faim de justice. Mais qu'il se décide à adhérer à un parti aussi impitoyable que lui-même contre le désordre établi, et le voici qui pardonnera, au nom de la Révolution, tout ce qu'il dénonçait infatigablement. Le mythe révolutionnaire jette un pont entre l'intransigeance morale et le terrorisme.

Rien n'est plus banal que ce double jeu de la rigueur et de l'indulgence. L'idolâtrie de l'histoire en est, à notre époque, la mise en forme, sinon l'origine intellectuelle. Sous prétexte d'atteindre au sens de l'histoire, on méconnaît les servitudes de la pensée et de l'action.

La pluralité des sens que nous attribuons à un acte révèle non l'incapacité, mais les limites de notre savoir et la complexité du réel. C'est en explorant un monde par essence équivoque que l'on a chance d'atteindre la vérité. La connaissance n'est pas inachevée parce que l'omniscience nous manque, mais parce que la richesse de significations est inscrite dans l'objet.

La pluralité des valeurs auxquelles nous devons nous référer pour juger un ordre social, n'appelle pas un choix radical. On abandonne les mœurs à la pure diversité. On revendique pour les idéaux une validité universelle. Les systèmes économiques ou politiques se situent entre celles-là et ceux-ci. Ils ne sont ni indéfiniment variés comme les coutumes, ni soustraits au devenir comme les principes d'un droit humain. Ils interdisent le consentement au scepticisme anarchique — toutes les sociétés sont également détestables et chacun finalement se décide au gré de son humeur —; ils condamnent aussi la prétention à détenir le secret unique de la société humaine.

Une solution du « problème économique » et du « problème politique » est concevable parce qu'on parvient à préciser les données constantes de l'un et de l'autre. Mais cette constance ne permet pas d'imaginer que jamais l'on saute soudain de l'ordre de la nécessité à celui de la liberté.

La fin de l'histoire selon la religion révélée, peut résulter d'une conversion des âmes ou d'un décret de Dieu. L'abondance relative ou absolue, la pacification des rapports entre les collectivités, la soumission volontaire des gouvernés aux gouvernants n'échappent pas à une définition. On confronte les réalités qui s'offrent à nos regards avec ce terme ultime quand on mesure la distance entre ce qui est et ce qui devrait être. Grâce à cette confrontation, on a chance de choisir raisonnablement, mais à condition de ne jamais assimiler l'objet de notre choix historique à l'idée de la solution radicale.

Cette idée juge les idéologies, cyniques ou naturalistes, qui tiennent l'homme pour un animal et enseignent à le traiter comme tel. Elle autorise à condamner les institutions qui, par elles-mêmes, nient l'humanité des hommes. Elle ne permet jamais de dire quel doit être concrètement, à une époque, l'ordre social, ni quel doit être, à un instant donné, notre engagement.

L'historicité essentielle des choix politiques n'est fondée ni sur le rejet du droit naturel, ni sur l'opposition des faits et des valeurs, ni sur l'étrangeté, les unes aux autres, des grandes civilisations, ni sur l'impossibilité de dialoguer avec celui qui refuse la discussion. Admettons des principes de droit supérieurs au cours de l'histoire, écartons du dialogue l'interlocuteur qui veut la puissance et se moque d'être pris en flagrant délit de contradiction, ignorons l'âme singulière des cultures, incapables de communiquer. Le choix politique n'en resterait pas moins inséparable de circonstances particulières, raisonnable parfois, mais jamais démontré, jamais de même nature que les vérités scientifiques ou les impératifs moraux.

L'impossibilité d'une preuve tient aux lois ingrates de l'existence sociale et à la pluralité des valeurs. Il faut inciter à l'effort afin d'accroître la production; édifier un Pouvoir pour forcer à la coopération les individus querelleurs; ces nécessités inéluctables marquent l'écart entre l'histoire que nous vivons et la fin de l'histoire que nous concevons. Non que le travail ou l'obéissance soient en tant que tels contraires à la destination humaine, ils le deviennent s'ils naissent de la contrainte. Or, en aucune société, à aucune époque, la violence n'a cessé d'avoir sa part. En ce sens, la politique a toujours été celle du moindre mal, elle continuera de l'être tant que les hommes seront ce qu'ils sont.

Ce qui passe pour optimisme est le plus souvent l'effet d'une erreur intellectuelle. Il est loisible de préférer raisonnablement la planification au marché : celui qui attend l'abondance de la planification se trompe sur l'efficacité des fonctionnaires et les ressources disponibles. Il n'est pas absurde de préférer l'autorité d'un parti unique à la lenteur des délibérations parlementaires : celui qui compte sur la dictature du prolétariat pour accomplir la liberté se trompe sur les réactions des hommes et méconnaît les conséquences inévitables de la concentration du pouvoir en quelques mains. On peut transformer les écrivains en ingénieurs des âmes et mettre les artistes au service de la propagande; celui qui s'étonne que les philosophes, prisonniers du matérialisme dialectique ou les romanciers asservis au réalisme socialiste manquent de génie, se trompe sur l'essence de la création. Jamais le sens spécifique des grandes œuvres n'a été commandé par les maîtres de l'État. Les idolâtres de l'histoire multiplient les dévastations, non parce qu'ils sont animés de bons ou de mauvais sentiments, mais parce qu'ils ont des idées fausses.

La réalité humaine en devenir a une structure, les actes s'insèrent dans des ensembles, les individus sont liés à des régimes, les idées s'organisent en doctrine. On ne saurait prêter à la conduite des autres ou à leurs pensées une signification arbitrairement déduite de *notre* lecture des événements. Le dernier mot n'est jamais dit et l'on ne doit pas juger les adversaires comme si notre cause se confondait avec la vérité ultime.

La connaissance vraie du passé nous rappelle au devoir de tolérance, la fausse philosophie de l'histoire répand le fanatisme.

* *

Que signifie donc, en dernière analyse la question tant de fois posée, l'histoire a-t-elle un sens? En une première acception, elle trouve une réponse immédiate. L'histoire est intelligible comme les actes et les œuvres des hommes, aussi longtemps qu'on y découvre un mode commun de penser et de réagir.

En une seconde acception, l'histoire est aussi, de toute évidence, significative. On comprend l'événement par une mise en place dans un ensemble, une œuvre en dégageant soit l'inspiration du créateur, soit la portée de la création pour le spectateur proche ou lointain. Les sens sont multiples comme les orientations de la curiosité, comme les dimensions de la réalité. La vraie question porte, au fond, sur le singulier. Chaque moment de l'histoire a *des* sens, l'histoire entière peut-elle n'en avoir qu'*un*?

La pluralité qu'il faudrait surmonter est triple : celle des civilisations, celle des régimes, celle des activités (art, science, religion).

La pluralité des civilisations serait surmontée le jour où tous les hommes appartiendraient à une seule et immense société; la pluralité des régimes le jour où l'on aurait organisé l'ordre collectif selon le « projet » de l'Humanité; la pluralité des activités, enfin, le jour où une philosophie universellement valable aurait fixé la destination de l'homme.

Un État universel, conforme aux exigences permanentes des hommes, sera-t-il finalement édifié? L'interrogation porte sur les événements à venir et nous ne pouvons répondre dogmatiquement ni oui ni non. Il suffit pour que le devenir *politique* ait *un* sens que l'Humanité ait une vocation, que les sociétés, bien loin de se succéder, étrangères les unes aux autres, paraissent les étapes successives d'une recherche.

Cet État universel résoudrait-il le mystère de l'Histoire? Oui, aux yeux de ceux qui ne voient pas d'autre but que l'exploitation rationnelle de la planète. Non, aux yeux de ceux qui se refusent à confondre l'existence dans la Cité et le salut de l'âme. Quelle que soit la réponse, c'est la philosophie et non la connaissance du passé qui la formule.

L'histoire a, en dernière analyse, le sens que lui attribue notre philosophie; *musée imaginaire* si l'homme, bâtisseur de monuments, s'épuise dans la création de formes et d'images, imprévisibles, sublimes; *progrès* si l'exploration indéfinie de la nature élève seul l'humain au-dessus de l'animalité. Le sens donné par la philosophie à l'aventure historique détermine la structure du devenir essentiel, il ne détermine pas l'avenir.

Le philosophe, non l'historien, sait ce que l'homme cherche. L'historien, non le philosophe, nous apprend ce que l'homme a trouvé, ce que, demain peut-être, il trouvera.

CHAPITRE VI

L'ILLUSION DE LA NÉCESSITÉ

« L'HISTOIRE n'a un sens que s'il y a comme une logique de la coexistence humaine qui ne rende impossible aucune aventure mais qui, du moins, comme par une sélection naturelle, élimine celles qui font diversion par rapport aux exigences permanentes des hommes [1]. »

Nous avons jusqu'à présent écarté la question du déterminisme ou de la prévision, que l'on confond avec celle du sens ultime : à supposer qu'on ait défini l'existence conforme aux exigences permanentes des hommes, est-on en droit d'en proclamer la réalisation nécessaire?

On peut admettre sans absurdité que l'avenir soit prévisible, à l'avance fixé et pourtant contraire aux « exigences permanentes des hommes ». On conçoit aussi que nous sachions ce que devraient être les relations entre les hommes, sans pouvoir affirmer ou nier que les événements élimineront d'eux-mêmes les « aventures qui font diversion ».

La double acception du mot *sens* contribue à la confusion, puisque l'on cherche ou bien la *direction* dans laquelle évoluent les sociétés, ou bien l'*état privilégié* qui accomplirait notre idéal. Les théologies sécularisées de l'histoire postulent l'accord entre cette évolution et notre idéal. Elles doivent leur fortune à ce postulat, tout déraisonnable qu'il est.

1. M. Merleau-Ponty, *op. cit.*, p. 166.

Retrouve-t-on par l'observation l'équivalent de la Ruse de la Raison qui se sert des passions humaines pour atteindre sa fin? Le déterminisme des intérêts ou des forces économiques tend-il irrésistiblement à un terme rationnel?

Déterminisme aléatoire.

Reprenons les exemples que nous citions au chapitre précédent. César a franchi le Rubicon, les ministres autrichiens ont envoyé un ultimatum à Belgrade, Hitler a donné l'ordre de déclencher l'opération « Barberousse » : chacun de ces actes est intelligible, rapporté au projet de l'acteur et à la situation dans laquelle il se trouvait. L'explication courante, telle qu'elle est insérée dans le récit, dégage les motifs et les mobiles, les circonstances qui suggéraient ou imposaient la décision. Parfois l'historien incline à parler de causes, lorsqu'il éclaire l'événement par l'intention du personnage responsable ou par la conjoncture. Mieux vaut parler le langage de la compréhension.

Rien n'empêche de se poser une autre question. La décision de César, celles des ministres autrichiens, celle de Hitler, n'aurait-elle pu être autre qu'elle n'a été? Il ne s'agit pas de mettre en question le principe du déterminisme. L'affirmation : l'état du monde à l'instant A ne permettait pas à l'instant B d'être autre qu'il n'a été, reste extérieure au problème proprement historique. Les décisions de César, des ministres autrichiens, de Hitler, étaient-elles impliquées par les circonstances? Si d'autres hommes à leur place avaient agi autrement, n'en suit-il pas que le cours des événements aurait pu être différent? Peut-on démontrer que les conséquences de la décision, prise par les ministres ou par Hitler, sont limitées dans le temps, de telle sorte que, finalement, « tout serait revenu au même »? Si la guerre de 1914 avait éclaté cinq ou dix ans plus tard, aurait-elle eu la même conclusion? La révolution aurait-elle triomphé en Russie sous la direction de Lénine et de Trotsky?

Nous avons formulé ces remarques sous forme négative *(on ne peut pas démontrer que...)*. On formulerait la même idée en termes positifs. Un événement, en tant qu'il résulte de l'action d'*un* homme, exprime celui-ci en même temps que la conjoncture. La psychologie de l'acteur reflète la formation reçue, l'influence du milieu, mais la décision, prise à un moment donné, n'a pas été l'effet *nécessaire* de la formation ou du milieu. Comme l'arrivée de cet homme au poste où sa conduite affecte la société entière, n'a pas été non plus déterminée rigoureusement par la situation, une série indéfinie a pour origine une initiative individuelle.

L'histoire politique, celle des guerres et des États, n'est ni inintelligible, ni accidentelle. On n'a pas plus de peine à comprendre une bataille que les institutions militaires ou les modes de production. Les historiens n'ont jamais imputé à la seule fortune la grandeur et la décadence des peuples. Mais les défaites militaires ne prouvent pas toujours la corruption des empires : l'invasion étrangère a détruit des civilisations florissantes. Il n'y a pas proportionnalité entre la cause et l'effet. Les événements ne découvrent qu'un déterminisme aléatoire, lié non pas tant à l'imperfection de notre savoir qu'à la structure du monde humain.

Chaque fois que l'on situe un acte par rapport à une situation, on doit réserver la marge d'indétermination. Si l'on considère une longue durée et une civilisation globale, la marge d'indétermination se confond avec la capacité humaine de choisir, vouloir, créer. Le milieu jette un défi et les sociétés affirment ou non la force de le relever. La métaphysique de l'élan vital, des individus ou des collectivités, se borne à traduire en un concept ou une image ce que nous constatons. On explique le destin d'une société par les vertus singulières du groupe humain. Si nous cherchons à mesurer la détermination de ce destin, nous nous demandons quelle est la probabilité que les aptitudes, nécessaires au succès de la réponse, se manifestent une autre fois, face au même défi. Une civilisation, qui naît de la rencontre entre un milieu et une volonté, est comparable à un heureux tirage : rares furent les cas où le milieu laissait sa chance à l'homme, où celui-ci fut capable de saisir la chance offerte.

L'aspect probabiliste de l'explication historique devient

plus visible si l'on se place à un niveau moins élevé. L'attitude de Louis XVI face à la crise financière et aux États généraux, l'attitude de Hitler, en 1940, face à la Grande-Bretagne continuant la guerre et à l'U. R. S. S. mystérieuse et redoutable, n'était pas, à l'avance, fixée par la conjoncture. Un autre roi aurait pu faire front, employer ses troupes contre les émeutes parisiennes, un autre chef de guerre aurait maintenu, plusieurs années, la non-belligérance à l'est, tout en multipliant les efforts pour contraindre les Occidentaux à la paix. Ni la conduite de Louis XVI ni celle de Hitler ne sont inintelligibles. L'une et l'autre découlent de la façon de penser propre au descendant d'une vieille monarchie ou au démagogue parvenu au pouvoir suprême. Mais il suffit, ce que personne ne peut nier, qu'un roi doué par les hasards de l'hérédité d'un autre caractère, eût été capable d'agir autrement pour que les décisions de Louis XVI, par rapport à la situation, revêtent une part de contingence. Il suffit que la stratégie, finalement arrêtée par Hitler, résulte de calculs qui, avec un autre dictateur ou avec le même dictateur autrement informé ou influencé, eussent été différents, pour que le déroulement de la seconde guerre mondiale retrouve son aspect de surgissement unique, surprenant.

L'homme qui se trouve appelé à prendre une décision chargée d'histoire, exprime la société ou l'époque; mais jamais la fortune politique ou militaire de cet homme n'a été rigoureusement déterminée par la structure sociale, considérée en ses traits généraux. La chute de la monarchie, la révolution ouvrait à un officier bien doué, de petite naissance, une perspective sans limites. La carrière de Bonaparte est typique du temps où il a vécu. Mais que l'individu porté au sommet ait été précisément Napoléon Bonaparte, personne n'aurait pu le prévoir. Le fait dépendait de causes innombrables, positives ou permissives, comparables aux causes innombrables qui amènent l'arrêt de la boule sur un numéro plutôt que sur un autre. L'accession de Napoléon au trône est un tirage, entre d'autres concevables, à la grande loterie des révolutions. Que Napoléon, maître de la France, ait mené une politique qui exprime sa personnalité unique et non les penchants communs à tous les aventuriers couronnés, et les circonstances multiples qui ont servi son ambition paraissent développer des suites indéfiniment, aussi longtemps, du moins, que la France et l'Europe porteront, en leurs institutions, la griffe de son génie.

Les hommes d'action se plaisent à invoquer leur étoile, comme s'ils se sentaient le jouet d'une Providence, d'un malin génie ou de la force, anonyme et mystérieuse, que l'on baptise hasard. Ils sentent que l'action rationnelle se contente de calculer les chances.

Le chef de guerre, l'homme politique, le spéculateur, l'entrepreneur ont rarement de la conjoncture un savoir qui autorise la combinaison rigoureuse de moyens en vue de fin. Ils parient et ne peuvent pas ne pas parier. La réplique de l'adversaire n'est jamais entièrement prévisible au moment où l'on établit le plan de bataille, les facteurs dont dépend le succès d'une manœuvre parlementaire sont trop nombreux pour être tous énumérés, le vendeur en bourse néglige l'intervention des pouvoirs publics ou les événements politiques qui modifieront l'atmosphère de la place, l'entrepreneur qui établit un programme d'investissements compte sur une phase d'expansion. Les caractères structurels de l'action humaine — choc des volontés, complexité indéchiffrable des conjonctures, phénomènes aberrants, causes de déviations — ne sont plus méconnus par les théories sociologiques. Comment la compréhension historique pourrait-elle les négliger? Quand elle se reporte au moment du choix, pour évoquer les possibles, elle répète la délibération des acteurs, elle restitue les événements tels qu'ils ont été vécus, non pas déroulement d'une nécessité mais jaillissement du réel.

La probabilité n'en est pas pour autant strictement objective : les décisions se rattachent aux situations dont elles se détachent, les grands hommes « expriment » leur milieu, les séries ne sont jamais radicalement distinctes. C'est l'esprit humain qui n'arrive pas à déchiffrer les conjonctures ou à épuiser l'énumération des causes. Mais les calculs rétrospectifs de probabilité répondent aux calculs prospectifs des acteurs. Le monde historique esquisse de lui-même la distinction des séries, la discrimination entre données massives (volume des populations, moyens de produire, oppositions des classes) et initiatives des personnes, entre le déroulement d'une nécessité et les nœuds d'événements où le destin hésite, les grandes dates qui marquent la fin ou le début d'un âge, les accidents qui détournent le destin d'une civilisation. La structure de l'histoire ressemble assez à une structure aléatoire pour qu'on lui applique le même mode de pensée.

Ces considérations formelles ne visent pas à amplifier le rôle des grands hommes ou la responsabilité des accidents. La négation dogmatique de ce rôle ou de cette responsabilité est impensable : en chaque cas, on doit se demander dans quelle mesure l'homme, choisi par la loterie politique, a marqué de son sceau le cours de son époque, si une défaite a consacré ou provoqué la décomposition de l'État, si l'événement a reflété ou déformé la relation des forces ou le mouvement des idées. Jamais la réponse ne sera blanc ou noir, nécessité ou accident : l'œuvre du héros avait été préparée par l'histoire, même si un autre lui eût donné des caractères différents.

Les historiens inclinent soit à réduire, soit à exagérer l'importance des circonstances imprévisibles ou des faits de rencontre. Leur penchant ne peut être tenu pour une philosophie. Il révèle un préjugé ou une orientation de la curiosité. On ne tranche pas philosophiquement un problème qui relève de l'expérience et ne comporte pas de solution universellement valable. Pourquoi la marge de création ou d'efficace, laissée aux individus et aux accidents, serait-elle, à toutes les époques et en tous les secteurs, également large ou également étroite?

Les événements ne laissent pas d'être intelligibles quand on les rattache aux intentions ou aux sentiments d'un petit nombre, voire d'un seul. Que l'on attribue une victoire à la portée supérieure des canons ou au génie du général, l'explication n'en devient ni plus ni moins satisfaisante pour l'esprit. Peut-être, comme l'affirment tels écrivains militaires, les armes et l'organisation des combattants comptent-elles pour 90 % et le reste, vertus morales des troupes et talent du stratège, pour 10 %. Il s'agit là d'une question de fait, non de doctrine.

On craint que l'intervention des faits parcellaires — initiatives individuelles ou rencontres de séries — efface l'intelligibilité de l'ensemble. Cette crainte est mal fondée. Que les faits, dans le détail, eussent pu être autres qu'ils n'ont été n'empêche pas de comprendre l'ensemble. On eût compris la victoire de Napoléon « si c'eût été Grouchy », on eût compris une industrialisation avec l'aide du capital étranger sous un régime tsariste, progressivement libéral, appuyé sur une classe de paysans propriétaires, si la guerre de 1914 n'avait pas éclaté ou si le parti bolchevik avait été éliminé. Quelle que soit la probabilité que l'on attribue rétrospectivement à ces hypothèses, — en termes rigoureux, quelle que soit l'importance des données que l'on doive modifier par la pensée afin de rendre possible le cours des événements qui ne s'est pas produit — l'histoire effective demeure intelligible. La victoire de Lénine a été peut-être l'issue inévitable de la guerre civile après l'effondrement du tsarisme et la poursuite de la guerre par le gouvernement provisoire. Inévitable en une conjoncture singulière, la victoire des Bolcheviks n'apportait peut-être pas ce qu'attendait le peuple russe ou ce qui eût permis, aux moindres frais, l'édification d'une économie moderne.

L'historien qui retrace une aventure — la carrière de Napoléon entre 1798 et 1815, celle de Hitler entre 1933 et 1945 — rend intelligible l'ensemble. Il ne pose pas qu'à chaque instant, un déterminisme global a régné. Il est tenté de rechercher les causes profondes de ce qui est finalement arrivé. La tentative impériale de Napoléon a échoué parce que la base française était trop étroite, parce que les moyens de communication et d'administration étaient inégaux à une telle entreprise, parce que les armées françaises éveillaient le patriotisme des peuples par le contraste entre les idées qu'elles propageaient et l'ordre qu'elles imposaient. L'entreprise de Hitler était condamnée puisqu'elle provoquait la coalition de l'Union soviétique et des États anglo-saxons. Valables, de telles explications marquent les causes qui rendaient probable l'échec final mais ne déterminaient à l'avance ni le détail ni la durée de l'aventure, et n'excluaient pas les accidents. Une dissociation de l'alliance anglo-austro-russe aurait sauvé Napoléon en 1813, une rupture entre l'Union soviétique et les Anglo-Saxons aurait sauvé l'Allemagne de Hitler, comme Frédéric II fut sauvé par la dissociation de l'alliance anglo-russe. (Pour de multiples raisons, ces éventualités étaient improbables en 1813 et en 1944.) Des armes secrètes, la mise au point de la bombe atomique auraient pu renverser le destin (là encore, pour d'autres raisons, l'éventualité était improbable).

L'enchaînement des faits massifs, que l'on dégage à un certain niveau au-dessus du chaos des événements et des individus, n'exclut pas le rôle des personnes ou des rencontres. La reconstitution intelligible du passé porte sur le réel, elle néglige par principe les possibles et ne s'interroge pas sur la nécessité. Si l'on pose la question de causalité, la réponse est toujours la même : certaines circonstances étant données, la conséquence, entre-temps intervenue, devait, avec une probabilité plus ou moins grande, se produire. (Si, au jeu de boule, un des numéros est considérablement plus large que les autres, il sortira plus souvent.)

L'interprétation déterministe et la vision contingente du cours historique sont moins contradictoires que complémentaires. On ne montre la vérité partielle de l'une qu'en faisant sa part à l'autre. Pourquoi l'historien nierait-il rétrospectivement l'authenticité des drames que nous vivons? L'homme, dans l'histoire, ne se demande pas s'il est esclave de son hérédité ou de son éducation, mais s'il est capable de laisser la trace de son passage sur cette terre. Pourquoi imaginerait-il, après coup, une fatalité que les vivants ignorent?

Prévisions théoriques.

Les événements historiques sont prévisibles dans l'exacte mesure où ils sont causalement explicables. Avenir et passé sont homogènes : les propositions scientifiques ne changent pas de caractère selon qu'elles s'appliquent à l'un ou à l'autre. Pourquoi tant d'historiens inclinent-ils à tenir le passé pour fatal et l'avenir pour indéterminé?

Le plus souvent on ne saurait prévoir la décision que prendra un individu, entre plusieurs possibles, mais on rend intelligible celle qui a été effectivement prise, en la rapportant aux circonstances, aux projets de l'acteur, aux exigences de la politique ou de la stratégie. L'interprétation rétrospective se formule en constatation : « les choses se sont passées ainsi... » ou en hypothèse : « tel motif a été à l'origine de la conduite ». Elle ne permet pas de savoir ce qui se passera demain, à moins qu'elle ne soit suffisamment abstraite pour être applicable à d'autres conjonctures : si l'acte a résulté d'une disposition durable de l'individu ou du groupe, s'il a été imposé par les circonstances, la prévision devient immédiatement possible, parce que l'interprétation recelait implicitement une relation causale.

Quand cette relation apparaît, l'homogénéité du passé et de l'avenir se réintroduit, encore qu'elle soit souvent dissimulée par le langage employé. Comme on connaît l'issue, on n'hésite pas à donner un événement pour l'effet d'*une* cause, oubliant qu'effet et cause résultent d'une sélection et d'un découpage. On néglige les facteurs de déviation qui auraient pu intervenir, on donne pour consécution nécessaire ce qui n'était valable que « toutes choses égales d'ailleurs ». A partir de 1942 ou de 1943, on prévoyait la défaite de Hitler, de même que, regardant en arrière, on en aperçoit le déterminisme : les données fondamentales de la situation rendaient l'issue du conflit prévisible, parce que, selon la probabilité, nécessaire. Il aurait fallu un accident — armes nouvelles, dissociation de la grande alliance — pour que la guerre prît un autre cours. Regardant vers l'avenir, on n'ose exclure de tels renversements.

On ne parviendra jamais à prévoir le moment et les modalités d'une guerre particulière. Peut-être en 1905 ou en 1910, les hommes clairvoyants apercevaient-ils le mûrissement d'une crise dont sortirait une guerre européenne. Ils n'auraient pu dire à quelle date, ni par suite de quelles circonstances celle-ci éclaterait. Les données fondamentales de la situation, en 1914, n'impliquaient pas l'explosion : aussi n'est-il pas sans intérêt de s'interroger sur les hommes qui ont actualisé, en août 1914, un événement qui, à ce moment, n'était pas plus déterminé par le concert européen qu'il ne l'avait été au cours des années précédentes ou qu'il ne l'aurait été au cours des années suivantes si l'explosion avait été évitée en août 1914.

Au-delà de cette prévisibilité en termes vagues ou de cette imprévisibilité en termes précis, peut-on établir les causes qui rendent inévitables, avec une fréquence variable, les conflits armés entre États souverains? On ne saurait, pour l'instant, affirmer ou nier dogmatiquement la possibilité d'une théorie. La guerre paraît liée à trop de phénomènes sociaux pour que l'on puisse énumérer *tous* ceux dont elle dépend. Fait global, elle reflète la nature des relations internationales. Il faudrait probablement modifier l'essence de celles-ci pour éliminer le risque de celle-là.

Les faits de population — natalité, mortalité, répartition par âge — se prêtent le mieux à la prévision : les variables déterminantes sont en petit nombre, ne changent pas rapidement de valeur et ne sont guère affectées par les influences extérieures. Calculer ce que seront, d'ici dix ou vingt ans, les classes d'âges déjà nées comporte peu d'aléas : la formule « toutes choses égales d'ailleurs » équivaut à écarter l'éventualité de catastrophes militaires, d'épidémies, de famines, donc d'une modification soudaine de « l'espérance de vie ». Les prévisions démographiques à vingt ou cinquante ans d'échéance sont plus aléatoires, parce que l'évolution ne continue pas toujours dans le même sens. A la baisse de la natalité — on l'a vu dans le cas de la France — est susceptible de succéder une hausse soudaine.

C'est dans le secteur économique que l'on s'efforce le plus de prévoir, sans que l'on puisse dire qu'aucune méthode soit pleinement satisfaisante ou atteigne à des résultats incontestables. La prévision à très courte échéance, dans le cadre national, suppose la connaissance des principales variables et des échanges à l'intérieur du système. Elle comporte rarement des erreurs graves, parce que la tendance, en dehors de circonstances exceptionnelles, ne se modifie pas brusquement. La prévision n'atteindrait à une entière rigueur qu'une fois connus en détail les innombrables circuits par lesquels passent les produits et déterminées les variables pouvant affecter le mouvement global. Elle demeurerait, en tout état de cause, incertaine : par hypothèse, elle néglige les perturbations d'origine externe; les conduites humaines, en particulier celles des entrepreneurs, obéissent à des mouvements collectifs et inattendus de confiance ou de défiance.

Les prévisions de conjoncture sont, au regard de la logique, de même espèce. En 1953, les spécialistes n'étaient pas d'accord sur le déroulement à venir de la récession américaine, pas même sur les circonstances qui l'avaient provoquée. On discute sur la nature et la portée d'une théorie de la conjoncture : la vulnérabilité à la crise d'une économie en état de plein emploi étant admise, il n'est pas démontré que la variable qui amène le renversement de la tendance, soit toujours la même, ni qu'un modèle mathématique soit utilisable. Le mécanisme de la boule de neige (l'amplification automatique de l'expansion et de la récession) est connu et peut-être dépend-il de la psychologie des consommateurs, des entrepreneurs, des ministres qu'une récession, d'abord limitée, gagne de proche en proche. Chaque crise a son histoire. La solidarité réciproque entre toutes les variables d'un système économique permet d'élaborer une théorie, mais celle-ci découvre moins des régularités que des enchaînements possibles entre lesquels les événements, en chaque cas, déterminent celui qui se réalise.

Vérifiées ou démenties, ces prévisions à court ou à moyen terme ne soulèvent pas d'interrogation de principe. Le scepticisme des hommes politiques est aussi déplorable que l'excès de confiance des spécialistes. A l'expérience, on connaîtra les limites de précision et de certitude des anticipations, limites qui varieront selon les régimes.

Ces remarques élémentaires nous amènent au problème qui nous importe ici : l'évolution des régimes économiques, le passage d'un régime à un autre sont-ils prévisibles? Peut-on démontrer que le capitalisme se détruit lui-même, que le socialisme succédera nécessairement au capitalisme, encore que l'on ne sache ni quand ni comment?

L'imprévisibilité de la conjoncture américaine, à six mois d'échéance, n'implique pas l'imprévisibilité du devenir historique à long terme. Selon les niveaux, les événements paraissent déterminés par des causes calculables ou soumis à d'innombrables influences. Peut-être l'estimation du revenu national américain d'ici vingt ans offre-t-elle moins d'aléas que celle de l'indice de la production d'ici vingt mois (encore que la prévision à vingt ans d'échéance suppose qu'aucune perturbation ne survient, ce qui, en période de guerre ou de révolution, marque une sérieuse réserve). Il reste à savoir si les transformations internes ou la mort d'un régime appartiennent à l'espèce des faits prévisibles, c'est-à-dire déterminés par des causes en petit nombre aux effets saisissables.

Admettons qu'un régime commandé par la recherche du profit et les décisions prises par des millions de consommateurs soit instable, il n'en existe pas moins, il dure. Pour en démontrer l'autodestruction, on doit préciser d'abord les circonstances dans lesquelles il serait paralysé, montrer ensuite que ces circonstances découlent irrésistiblement du fonctionnement du régime. La loi dite de la baisse tendancielle du taux du profit représente une tentative de cet ordre, mais elle n'est plus actuellement qu'une curiosité. Elle suppose, en effet, que le profit soit prélevé sur la seule plus-value, autrement dit la fraction de la valeur qui correspond au coût de la main-d'œuvre. Il faut admettre la loi de la valeur-travail, la conception marxiste du salaire et de la plus-value, souscrire à la thèse selon laquelle le taux du profit diminue au fur et à mesure que diminue la part du capital variable. La formation d'un taux de profit moyen empêcherait de reconnaître que le remplacement de l'ouvrier par la machine réduit les possibilités de profit. Tant d'hypothèses nécessaires pour réconcilier une théorie avec l'expérience incitent à l'abandon de la théorie elle-même.

La loi de la baisse tendancielle du taux du profit n'autoriserait pas l'affirmation que le capitalisme se détruit inévitablement lui-même. Des influences tendent, en effet, à ralentir la baisse du taux du profit (par exemple, la réduction de la valeur des marchandises indispensables à l'entretien de l'ouvrier et de sa famille). Dans le cadre tracé par *le Capital*, la masse de la plus-value augmente avec le nombre des travailleurs. On ne sait ni à quelle allure diminue le taux du profit, ni quel est le taux minimum nécessaire à la survie du régime.

Qu'il n'y ait pas de théorie de la mort fatale du capitalisme ne prouve rien en ce qui concerne les chances d'avenir de celui-ci. Une théorie se ramène d'ordinaire à un modèle simplifié. On construit sans peine des modèles d'harmonie perpétuelle (les libéraux en ont inépuisablement construits). Les pessimistes construisent malaisément des modèles qui confirment leurs sombres perspectives : si le capitalisme était essentiellement défini par un modèle contradictoire, il n'aurait jamais existé. Les pessimistes ne sont pas des théoriciens, mais des historiens; ils aperçoivent devant eux un déclin inévitable.

Ainsi les économistes qui parlent de maturité estiment que le développement de l'économie américaine a créé une situation dans laquelle le plein emploi est devenu, sinon impossible, du moins difficile. Marx avait imaginé que la recherche du profit, âme et principe du système, tendait à tarir la source du profit. Quelques économistes, hier, observant la disparition des frontières, le ralentissement de l'augmentation de la population, la réduction du nombre des investissements profitables, au fur et à mesure du progrès de l'équipement, étaient enclins à craindre que le rapport entre l'utilité marginale du capital et le taux d'intérêt fût tel qu'il subsistât, en permanence, une marge de chômage.

Il y a vingt ans, la doctrine de la maturité — version moderne de l'autodestruction du capitalisme — était à la mode. Elle ne l'est plus aujourd'hui : l'expansion de l'économie américaine incline à l'optimisme. Il n'est pas inconcevable qu'à un certain moment un régime de marché soit freiné par la réduction du nombre des investissements profitables. Les occasions d'investissements que crée le progrès technique, seraient moins fréquentes, plus difficiles à exploiter que les occasions typiques des phases initiales d'industrialisation, construction des routes, des chemins de fer ou des usines d'automobiles. Même en cette hypothèse, les économistes qui ne prétendent pas à prophétiser, ne concluent ni à l'écroulement apocalyptique du capitalisme, ni à la fatalité de la planification généralisée, mais seulement à la nécessité d'interventions des pouvoirs publics (abaissement du taux d'intérêt, investissements d'État) [1].

L'expérience suggère-t-elle que les mécanismes du marché sont refoulés par la planification au fur et à mesure que les capitalismes prennent de l'âge? L'économie russe qui, en termes de revenu par tête de la population ou de capital par ouvrier ou de répartition de la main-d'œuvre entre les trois secteurs, est d'environ un demi-siècle plus jeune que l'économie américaine, est soumise à une planification centrale, alors que cette dernière ne l'est pas. La répartition des régimes dans le monde, au milieu du XXe siècle, est un fait historique, non une fonction de l'âge économique [2].

[1]. Personnellement, je tiens l'hypothèse contraire pour plus probable. Étant donné l'absence de progrès dans le secteur tertiaire, la difficulté, plus ou moins grande selon les phases, me paraît celle du transfert des moyens de production, de la main-d'œuvre en particulier. On ne voit pas de raison décisive pour que le fonctionnement du système devienne, à un certain moment, impossible ou essentiellement autre. Les occasions d'investissements, dans le secondaire, ne disparaissent pas à partir d'un certain développement.

[2]. Même la relation inverse de celle de Marx, la planification centrale

A l'intérieur des économies qui demeurent, pour l'essentiel, capitalistes, le socialisme du fonctionnement progresse-t-il avec la maturité? On ne manque pas d'arguments en faveur de cette thèse : l'État assume la responsabilité de la prospérité et du plein emploi, l'épargne forcée (excédent budgétaire et autofinancement) remplace l'épargne individuelle et spontanée, les prix fixés, contrôlés ou garantis par les pouvoirs publics, sont de plus en plus nombreux, etc. Que l'intervention de l'État ait progressé au XXe siècle, dans tous les pays capitalistes, ne prête pas au doute, mais le rôle de l'État n'est pas proportionnel à l'âge économique des pays. Les nationalisations ne sont pas l'effet adéquat du développement technico-économique, la détermination passe par l'intermédiaire de la politique et des institutions démocratiques. La socialisation de l'économie a été une histoire, diverse en chaque nation, commandée par quelques faits généraux, parmi lesquels le suffrage universel compte autant que l'accroissement de la productivité et l'accumulation du capital fixe dans les grandes entreprises.

On n'observe pas non plus de correspondance entre développement technico-économique et mode de propriété. Rien ne permet d'affirmer que les entreprises géantes imposées par l'optimum technique doivent être propriété publique — à moins que l'on ne convienne de considérer comme tel le statut de la *General Motors*. (Peut-être serait-ce d'ailleurs l'interprétation la plus conforme à la pensée profonde de Marx sociologue, non de Marx prophète : l'apparition des premières sociétés par action inspira à l'auteur du *Capital* des remarques sur un capitalisme nouveau). Le capitalisme des barons d'industrie, caractéristique des usines textiles, pendant la première moitié du XIXe siècle, et de la sidérurgie, pendant la seconde moitié, n'a pas été éliminé, il a été refoulé par d'autres formes, qui toutes apparaissent socialement collectives. C'est la politique, non la technique, qui a déterminé la socialisation de l'Électricité ou du Gaz de France.

En d'autres termes, ou bien l'on interprète les prévisions de l'autodestruction du capitalisme en un sens strict et, dans ce cas, elles ne sont pas confirmées par les événements. Ou bien on les interprète au sens large et elles impliquent

est une nécessité de l'industrialisation primaire, ne serait pas vraie de manière générale.

seulement une « socialisation » progressive (intervention croissante de l'État, entreprises « déprivatisées », même quand elles ne sont pas étatisées) et, dans ce cas, elles sont vraies, mais ne recoupent pas les conflits actuels.

On aurait tort d'accepter sans réserves cette dernière interprétation, d'admettre une évolution indéfinie dans une seule et même direction. La concentration n'est pas un phénomène simple que les exigences techniques ou les modalités de la concurrence accentueraient impitoyablement. L'élargissement des unités de production, dans certains secteurs, résulte de considérations de productivité; en d'autres secteurs, le mouvement serait plutôt de sens contraire. Que l'énergie électrique apporte des possibilités de dispersion est une proposition déjà banale. Quant aux concentrations financières des grandes corporations, elles dérivent plus, semble-t-il, de la volonté de puissance que du souci de rendement. Elles naissent ici de la libre concurrence, ailleurs des décisions des planificateurs. Elles ne condamnent pas plus à mort un régime que l'autre.

On dira que nous avons négligé l'argument central de la thèse, « les contradictions du capitalisme ». La contradiction la plus fréquemment invoquée opposerait forces et rapports de production. Que faut-il entendre par forces de production? L'ensemble des ressources dont dispose une collectivité, connaissances scientifiques, appareillage industriel, capacité d'organisation, volume de main-d'œuvre? En ce cas, le développement des forces productives peut désigner plusieurs phénomènes : augmentation de la quantité des matières premières et du nombre des travailleurs, élévation de la productivité grâce à un progrès du savoir ou à l'application de la science à l'industrie, accroissement du revenu par tête de travailleur ou par tête de la population grâce à la découverte de gisements miniers ou au meilleur rendement du travail. Les rapports de production englobent, semble-t-il, à la fois le statut légal de la propriété, les relations entre les agents de production, la répartition des revenus et les oppositions de classes qui en résultent. Que signifie la contradiction entre ces deux termes équivoques?

Une première interprétation poserait que la législation de propriété, à partir d'un certain développement de la technique, arrête le progrès. Elle est réfutée par les faits :

la législation capitaliste est suffisamment souple pour permettre d'énormes concentrations, industrielles ou financières. La législation a pu parfois favoriser des entreprises traditionnelles aux dépens de formes plus efficaces. Mais la législation n'est pas rigide : nulle part elle ne voue le capitalisme à la mort.

Doit-on entendre par rapports de production moins une modalité juridique que la répartition des revenus, résultant de la séparation entre les prolétaires et leurs instruments de travail? Comme on le dit vulgairement : l'organisation de la production est collective, la distribution des revenus individuelle. Là encore, la contradiction n'existe que dans les mots.

Traduite en termes ordinaires, elle équivaut à une modalité de la théorie, qui n'est pas inconnue des économistes bourgeois, de la sous-consommation. En quête de profit, les entrepreneurs réduiraient les salaires des ouvriers et, faute de débouchés, accumuleraient des moyens de production aux dépens des produits de consommation et du niveau de vie des masses [1]. Historiquement, la répartition inégale des revenus, en tels pays, a pu créer une épargne excessive, placée au-dehors, et, indirectement, freiner l'expansion des forces productives. A l'heure présente, les régimes dits capitalistes savent comment modifier, par la fiscalité, la répartition spontanée des revenus. Les salaires réels, sur la longue distance, n'évoluent pas autrement que la productivité du travail. On n'aperçoit aucune raison pour que la tension entre le système industriel et la répartition des revenus s'aggrave.

Non que nous voulions suggérer une ‹vision optimiste d'un capitalisme évoluant pacifiquement vers le plus haut niveau de prospérité pour tous. Un régime de propriété privée et de marché est, par essence, instable; il comporte des risques de dépression et les réactions aux crises amènent des changements structurels, souvent irréversibles. Le progrès technique modifie irrésistiblement dimensions et organisations des entreprises et, par contrecoup, certains modes de fonctionnement. Un capitalisme mûr fait surgir non des hordes de misérables qui n'ont rien à perdre que leurs

---

[1]. Cette description s'applique mieux au socialisme soviétique qu'au capitalisme occidental.

chaînes, mais des foules de petits bourgeois, ouvriers ou employés, qui souvent se révoltent contre le coût de la compétition. Nous n'excluons pas que le devenir soit orienté vers une économie moins capitaliste, nous affirmons seulement que ce devenir n'est pas soumis à un déterminisme inflexible, lui-même commandé par la contradiction entre quelques variables élémentaires. Même dans ses grandes lignes, ce devenir est une histoire complexe, non une nécessité simple. Bien loin que l'on puisse invoquer les contradictions du capitalisme pour annoncer la victoire fatale d'un parti, entre d'autres, qui se réclame du socialisme, on ne peut même pas prévoir l'avènement d'un socialisme (au sens vague de ce terme).

Les traits du régime futur qui se prêtent à une prévision ne sont pas plus incompatibles avec les régimes que nous baptisons capitalistes qu'avec ceux que nous baptisons socialistes.

Prévisions historiques.

Les « contradictions » entre États capitalistes, celles entre États capitalistes et pays coloniaux ne prêtent pas au doute, si l'on traduit le terme faussement rigoureux de contradiction par le terme neutre de conflit. En peut-on conclure que les guerres entre États capitalistes sont inévitables?

En un sens, la formule est presque évidente : aucun siècle n'a évité le fléau de la guerre. Si l'on supprime l'adjectif capitaliste et se borne à affirmer « les guerres entre États sont inévitables », on ne court pas grand risque d'erreur. Le proche avenir ne s'annonce guère plus pacifique que le passé. L'erreur commence avec l'accent mis sur le caractère capitaliste des États, comme si celui-ci créait la fatalité de heurts sanglants.

Non que la recherche de débouchés, de surprofits, d'investissements avantageux, ne puisse dresser les grandes compagnies ou les nations les unes contre les autres. La liberté du commerce implique la concurrence et celle-ci est une espèce de conflits, mais qui se règlent par compromis plutôt que par les armes. Ces conflits deviennent redoutables pour la paix à partir du moment où les États prennent en charge les intérêts des sociétés privées ou se réservent un monopole dans les colonies ou les zones d'influences. Qui utilise la force pour exclure les autres pays de la légitime compétition se rend effectivement coupable d'agression. Les modalités extrêmes de cette sorte d'agression tendent à disparaître — encore qu'en Afrique, les métropoles, par diverses techniques administratives, s'assurent des avantages illégitimes. Jamais la vie et la mort des économies capitalistes n'ont dépendu de ces frictions marginales, toujours la solidarité (ces économies étaient les unes pour les autres les meilleures clientes) aurait dû, selon la sagesse, l'emporter sur la rivalité. Au reste, tout régime, y compris celui de la propriété collective et de la planification, suscite des occasions de conflits entre unités politiques souveraines : la manipulation, par l'Union soviétique, des conditions des échanges est apparue aux Yougoslaves « exploitation socialiste ». Que le monde soit capitaliste ou socialiste, le plus fort gardera de multiples moyens d'influencer les prix à son bénéfice ou de se réserver des chasses gardées. Aucun régime économique ne garantit la paix, aucun, à lui seul, ne rend les guerres inévitables.

La contradiction entre pays capitalistes et pays d'Asie et d'Afrique est d'ordre historique. Les empires européens d'Asie se sont effondrés, ceux d'Afrique sont ébranlés, le temps de la domination européenne s'achève. La mort du capitalisme en résulte-t-elle inexorablement?

Dans la lecture de l'histoire à laquelle se complaisent les marxistes de tendance stalinienne, le capitalisme n'est plus défini comme un régime, caractérisé par la propriété privée des instruments de production ou les mécanismes du marché, mais comme un ensemble concret de pays dont les économies présentent quelques traits de ce régime, ensemble qui comprend l'Europe occidentale, les États-Unis et le Canada, les dominions blancs britanniques. L'Amérique du Sud, les pays récemment promus à l'indépendance en Asie sont, dans cette perspective, ou bien soumis à des survivances de féodalité, ou bien victimes de l'impérialisme (même s'ils sont formellement souverains), ou bien déjà capitalistes. A la suite de la première guerre mondiale, la

Russie a passé dans le camp socialiste; à la suite de la seconde, l'Europe de l'Est et la Chine l'ont rejointe. Ce camp compte désormais huit cent millions d'hommes. En Asie, dans le Proche-Orient, la révolte contre l'impérialisme gagne de proche en proche et les bourgeoisies locales s'y associent. Privé des « surprofits » coloniaux, le capitalisme est condamné à une mort lente si la coexistence dure assez longtemps, à une mort tragique si la troisième guerre mondiale éclate.

Sur les traits majeurs de la conjoncture présente, nulle contestation ne s'élève entre les staliniens et leurs adversaires, mais les uns et les autres n'emploient pas le même vocabulaire et n'aperçoivent pas l'avenir sous le même angle.

Si l'on refuse de se laisser prendre au piège des mots, on commencera par distinguer entre le déclin d'un ensemble historique, dont la force, absolue ou relative, diminue, et le déclin d'un régime, plus ou moins imparfaitement réalisé à l'intérieur de cet ensemble. Jamais le niveau de vie de la classe ouvrière n'a été aussi élevé que dans la Grande-Bretagne « décadente ». En dépit de deux guerres mondiales, l'Europe occidentale approche plus qu'elle ne l'a jamais fait de ses objectifs économiques [1].

Pour conclure de la fin de la domination européenne à la crise du capitalisme en tant que régime économique, on doit confondre capitalisme et impérialisme, affirmer que le régime fondé sur la propriété privée et les mécanismes du marché *ne peut pas* fonctionner s'il ne dispose pas de territoires à exploiter. Avec ses colonies, l'Europe bourgeoise aurait perdu les moyens de vivre. Personne n'a apporté de démonstration de ce genre. L'Indonésie apportait un pourcentage exceptionnellement important du revenu national de la Hollande (plus de 15 %) : l'Indonésie est indépendante et la Hollande continue de connaître la prospérité. La classe ouvrière britannique a un niveau de vie plus élevé qu'avant-guerre et pourtant l'empire des Indes n'existe plus.

Ces remarques ne prétendent pas à trancher d'un mot des questions controversées. L'exploitation de l'Asie aida,

---

1. On pourrait objecter que le capitalisme européen est profondément transformé, ce qui est incontestable. Mais cette capacité de transformation est un symptôme de vitalité.

au siècle dernier, à l'industrialisation de l'Europe (la mesure seule de cette aide est discutable). Le fonctionnement d'un système international, fondé sur le commerce privé, comporte des difficultés grandissantes, à mesure que s'élargit l'espace soustrait à l'économie mondiale. La reprise des échanges Est-Ouest ne supprimerait pas les effets de la coupure : plus un pays dépendrait de débouchés situés de l'autre côté du rideau de fer, plus il serait vulnérable à une décision prise à Moscou ou dans une autre capitale de démocratie populaire avec des intentions politiques. Pour qu'on pût annoncer avec certitude soit la destruction des sociétés capitalistes, soit leur conversion au socialisme, on devrait démontrer que la conjoncture présente n'offre que deux issues : la victoire du camp socialiste ou la conversion au socialisme du camp capitaliste.

Le manque de nourriture ou de matières premières serait fatal aux sociétés capitalistes. Peut-être l'Europe paiera-t-elle plus cher, en ce siècle et au suivant, les matières premières achetées à des pays indépendants et non plus à des colonies (encore la détérioration du « taux des échanges » n'est-elle due qu'en une faible mesure à la libération de l'Asie et de l'Afrique). Ni l'Europe ni *a fortiori* les États-Unis ne sont sur le point de périr parce que les matières premières leur seraient refusées par des gouvernements soviétiques ». Au cas où l'expansion communiste se poursuivrait, où la zone de l'économie mondiale se rétrécirait encore, où la menace d'une guerre mondiale s'aggraverait, on conçoit que les gouvernements occidentaux puissent être contraints de diminuer la part laissée à l'initiative privée, surtout en fait de relations économiques internationales. Encore cette évolution n'est-elle pas irrésistible : en 1954, provisoirement peut-être, l'évolution, à l'intérieur des pays occidentaux, dans les relations entre pays, va dans le sens du relâchement des méthodes dirigistes.

Au regard des staliniens, l'ensemble historique qu'ils baptisent capitaliste est caractérisé par la propriété privée des instruments de production et les mécanismes du marché. Les Occidentaux eux-mêmes voient l'originalité de leur civilisation dans la pluralité des partis, les institutions représentatives, le dialogue des groupes et les controverses des idées, non dans un statut de propriété aux multiples modalités, ni dans les mécanismes du marché, simple technique selon les cas utile ou périlleuse. Que les circonstances obligent à restreindre la part de cette technique et à élargir le rôle de l'administration, seuls y verront un reniement les économistes qui tiennent une économie conforme au modèle de la concurrence parfaite pour la suprême valeur de l'Occident ou qui aperçoivent l'ombre de la Gestapo derrière le contrôleur de la fiscalité ou le répartiteur des produits.

Les circonstances historiques mettent les sociétés que l'on appelle capitalistes en péril : il suffit de jeter un coup d'œil sur la carte pour s'en convaincre. Les armées russes sont à Weimar, la Chine est associée à la grande croisade du « prolétariat, » des progrès ultérieurs du communisme en Asie sont probables. La révolte contre l'Occident, contre des peuples plus riches, naguère tyranniques, penche vers le communisme moins par sympathie pour un régime mal connu que par communauté d'ennemis. Nul ne saurait dire où s'arrêtera la diffusion d'une croyance servie par des fanatiques et appuyée sur d'immenses armées. Ainsi formulée la prévision prend quelque vraisemblance, mais non une valeur scientifique. Il s'agit d'un jugement comparable à celui que l'on portait hier sur les chances respectives du IIIe Reich et de ses adversaires. La prévision est, en 1954, autrement incertaine qu'elle ne l'était en 1942 ou même en 1940. La rivalité des deux blocs est susceptible de se poursuivre durant des années, des dizaines d'années, sans que la troisième guerre, au sens conventionnel du terme, éclate. On ne saurait pas plus déclarer inévitable la guerre totale entre les deux camps que la guerre totale entre États capitalistes. Limites de notre savoir peut-être, mais impliquées par la structure de la réalité historique.

Que signifierait logiquement l'affirmation que la troisième guerre mondiale éclatera au cours des dix ou vingt années à venir? Que certains faits massifs — intérêts opposés de l'Union soviétique et des États-Unis, caractères des classes dirigeantes ici ou là, rivalités des régimes économiques, etc., — quels que soient les hommes au pouvoir, les incidents imprévisibles, les bonnes ou les mauvaises rencontres, provoqueront à coup sûr la guerre. Rien ne prouve que telle soit la structure de la conjoncture actuelle. Il se peut que les chances soient à peu près également balancées.

Que l'on se donne, par la pensée, la troisième guerre totale ou la prolongation de la guerre froide, la prévision du vainqueur échappe également à nos prises. Il est puéril de prouver par le potentiel supérieur de l'industrie américaine la *nécessité* de la victoire occidentale, il ne l'est pas moins de fonder sur l'expansion plus rapide de l'économie soviétique la *nécessité* de la victoire communiste. Ou bien le conflit pour la domination planétaire sera tranché par la violence et tant de circonstances imprévisibles (qui aura pris l'initiative ? qui aura les meilleurs engins téléguidés ou les meilleurs avions ?) interviendront que personne, en dehors des spécialistes du marc de café, ne prétendra déchiffrer le secret de l'avenir. Ou bien le conflit ne sera tranché qu'à la longue, peut-être jamais décisivement, un nouvel équilibre se dégageant peu à peu à travers les batailles marginales et les transformations des deux univers, et, en ce cas aussi, l'issue nous échappe : chaque univers connaît ses propres faiblesses, mieux que celles de l'autre. Une des faiblesses de l'Occident est d'accorder quelque crédit à la prédiction de l'avènement inévitable du socialisme et de laisser à l'ennemi la conviction d'une complicité avec le destin.

Le destin historique, derrière nous, n'est que la cristallisation, à jamais acquise, de nos actes; devant nous, il n'est jamais fixé. Non que notre liberté soit entière : l'héritage du passé, les passions humaines et les servitudes collectives lui fixent des bornes. La limitation de notre liberté ne nous contraint pas à nous incliner à l'avance devant un ordre détestable. Il n'est pas de fatalité globale. La transcendance de l'avenir est pour l'homme, dans le temps, une incitation à vouloir et une garantie qu'en tout état de cause, l'espoir ne périra pas.

De la dialectique.

Le terme de dialectique est équivoque, chargé de résonances mystérieuses. Appliqué à l'ensemble du devenir, il revêt deux acceptions. Ou bien l'on entend par dialectique historique l'enchaînement, par action réciproque, des causes et des effets avec, au terme, un système différent du système précédent. Ou bien on désigne par ce mot la succession de totalités, elles-mêmes significatives, le passage d'une totalité à une autre étant conforme à une nécessité intelligible.

Le premier terme de l'alternative est éclairé par la référence aux thèmes marxistes. Le développement des forces productives s'accompagnerait d'une concentration de la puissance économique, il entraînerait l'élargissement d'un prolétariat de plus en plus pauvre, qui s'organiserait en parti, irrésistiblement voué à la révolution. Dans une telle représentation, le mouvement historique résulte de l'interaction entre des causes dont les relations réciproques sont telles que l'on va inévitablement d'un régime de propriété privée à un système socialiste.

Une dialectique causale ne pose aucun problème que nous n'ayons examiné dans les pages précédentes. Il n'est pas inconcevable qu'une économie fondée sur la propriété privée et les mécanismes du marché tendent à produire des résultats qui en paralysent le fonctionnement. En fait, aucune des versions courantes de cette théorie ne résiste à la critique. Le capitalisme se modifie en durant, il ne se détruit pas lui-même. La démocratie politique et l'idéologie plutôt que la technique ou l'industrie restreignent peu à peu le rôle de la concurrence et élargissent celui de l'administration étatique. Rien ne prouve ni que l'évolution continuera indéfiniment dans le même sens, ni qu'un parti ou un pays doive être le seul bénéficiaire de cette tendance historique.

La deuxième acception de la dialectique pose, en revanche, des problèmes tout autres. Ils se résument en une seule interrogation : quelle est la nature du lien entre deux moments de l'histoire? Deux époques, deux styles, deux civilisations sont-ils liés l'un à l'autre par un rapport significatif ou, tout au plus, par les rapports équivoques d'un déterminisme aléatoire? On sera tenté de répondre que cette interrogation ressortit moins à la philosophie ou à la critique qu'à l'expérience. On ne saurait déterminer à l'avance la nature des consécutions : observons le passé et l'interrogation trouvera elle-même sa réponse. En fait, la recherche empirique suppose une théorie : la nature des consécutions résulte des caractères intrinsèques du réel.

Tout acte humain est choix entre des possibles, réponse sollicitée, mais non contrainte à une conjoncture : la suite des actes est intelligible, sans être nécessaire. Si, donc, l'on s'attache à reconstituer *l'événement* en tant que tel, l'histoire est, par essence, diversité avec alignement le long du temps. Elle n'est, en tant que telle, ni progrès, ni décadence, ni répétition indéfinie des mêmes ensembles. Du moins, seule l'expérience est-elle susceptible de montrer dans quelle mesure ou dans quels secteurs les événements s'organisent soit en une progression, soit en des cycles.

Sur ce plan, des prévisions du même caractère probabiliste que les explications sont possibles et légitimes. Si l'on a observé plusieurs fois la corruption d'un régime, analysé les causes de cette corruption et si l'on retrouve, en un régime de même espèce les signes du mal, on se risque, sans précision de date, à prévoir un processus analogue jusqu'à un aboutissement semblable. Ou encore, on prolongera par la pensée des séries partielles dont les causes, pense-t-on, continueront d'agir. Ces prévisions, qu'il s'agisse d'un mouvement orienté ou d'un cycle, sont affectées d'un coefficient d'incertitude. Une tendance peut se renverser : l'étatisation de l'économie à laquelle on assiste, au XXe siècle, ne se poursuivra peut-être pas au XXIe. Le progrès de la productivité s'arrêtera peut-être après une catastrophe militaire ou avec l'expansion illimitée de la bureaucratie. La démocratie britannique présente suffisamment de caractères originaux pour que la corruption n'en soit pas à l'avance déterminée.

La succession des *œuvres*, à la différence de la succession des *actes*, comporte une signification, susceptible d'être dégagée par la théorie : le rapport des œuvres les unes aux autres dépend, en effet, de la fin imminente à l'activité dont elles sont l'expression.

Les conquêtes de la science s'organisent en un tout actuel dans lequel trouvent place, modifiées et précisées, les conquêtes antérieures. La vérité scientifique, à son degré d'approximation près, est actuelle aujourd'hui, comme le jour où elle a été pensée pour la première fois. Quel est le terme par lequel il convient de désigner cette histoire de la science en tant que science? Accumulation, progrès, élaboration? En tout cas, la réponse dépend du sens spécifique de l'univers scientifique, non des circonstances dans lesquelles celui-ci s'est développé.

Seule l'exploration du passé nous permet de déterminer comment la science mathématique ou physique, en fait, a cheminé, à quelle date, par quel homme une théorie a été formulée pour la première fois, une démonstration mise au point, une loi exprimée mathématiquement. L'histoire de la science en tant que succession d'actes ne jouit d'aucun privilège par rapport à l'histoire d'autres actes. Mais la relation entre les vérités découvertes hier et le système actuel relève de l'analyse philosophique et non de l'enquête historique.

La mise en relation des savants et des institutions, des idées et des structures économiques peut contribuer à l'élucidation réciproque des consciences et des actes cristallisés en matière sociale. En fait de science, la direction des recherches, l'interprétation philosophique des résultats, les erreurs sont rendues intelligibles par les influences ou le milieu. Mais ces sortes d'explications ne sauraient jamais épuiser la signification de l'œuvre en tant qu'œuvre. Les circonstances expliquent que l'on ait cherché ou que l'on n'ait pas trouvé la solution juste, elles ne déterminent pas la découverte de la vérité à la manière dont la supériorité d'armement détermine la victoire d'une armée. Elles ne sont pas liées à cette découverte comme la situation militaire de 1941 à la décision hitlérienne de déclencher « l'opération Barberousse ». La solution juste d'un problème ou la formulation d'une loi n'est ni effet d'une cause ni réaction à une conjoncture, elle dérive d'une capacité de jugement, présente en l'historien comme en la personne historique, que les événements favorisent ou paralysent, orientent ou détournent mais ne contraignent pas [1].

Dans chaque univers spécifique, la distinction entre actes et œuvres prend une autre portée. L'équivalent de la *vérité* est dans l'art la *qualité*. On rend compte par le milieu des particularités d'un art, on n'explique pas le chef-d'œuvre en tant que tel. L'actualité de ce dernier

---

[1]. Le jugement intervient aussi dans les actes du politique ou du stratège. Mais ces derniers sont éprouvés comme choix entre des possibles. En revanche, le savant aspire à mettre au jour une nécessité intelligible qu ne soit pas la création arbitraire de son esprit ou même de l'esprit humain.

peut-être opposée à celle du vrai. Celui-ci a une signification pour tous les siècles, parce qu'il a, d'une certaine manière, une signification unique, définitivement acquise. Le chef-d'œuvre a une signification pour tous les siècles parce qu'il a une signification inépuisable, parce qu'il révèle à chaque humanité un autre aspect de lui-même.

Les chefs-d'œuvre ne s'intègrent pas en un tout à la manière des propositions scientifiques et peut-être chacun d'eux est-il, en sa signification la plus authentique, l'expression d'un individu — artiste, école ou société. Malgré leur singularité, les œuvres ne se rattachent pas moins les unes aux autres : le technicien retrouve les solutions données à des problèmes posés à tous les architectes. Proportions, forme, composition du Parthénon offrent des leçons constantes, même si chaque génération interprète autrement le message spirituel. L'identité de la recherche et des moyens crée entre les moments de la peinture ou de l'architecture une parenté en profondeur, qui consacre et l'unité de l'univers spécifique et la signification incomparable de chaque création et les liens équivoques entre les diverses créations.

Les œuvres, dans leur sens spécifique, apparaissent, au regard de l'historien spécialisé, comme l'expression d'une communauté dont la loi est moins l'imitation ou la lutte que le dialogue. Un créateur prolonge ceux qui l'ont précédé, même quand il fait profession de s'opposer à eux. La communauté des savants, des artistes ou des philosophes n'est jamais détachée de la société dont elle reflète les aspirations et les conflits, l'idéal ou l'être réel. Elle ne se confond pas non plus avec elle, même quand les penseurs ou les bâtisseurs se croient au service exclusif de la collectivité. Non que les convictions religieuses ou politiques de l'artiste n'inspirent souvent l'effort créateur : celui-ci, quand il atteint à la qualité, s'inscrit dans l'univers spécifique auquel participaient ceux mêmes qui n'avaient pas pris conscience de sa spécificité. Les sculpteurs des cathédrales n'avaient nul besoin, pour appartenir à la communauté des artistes, de penser le concept de l'art.

Qu'il s'agisse de science ou d'art, l'histoire des œuvres présente, donc, par rapport à l'histoire des événements une différence fondamentale : la signification de l'histoire elle-même résulte des caractères de l'univers spécifique.

La relation entre deux moments de l'histoire des sciences peut être saisie ou bien sur le plan des événements : une découverte apparaît accidentelle ou nécessaire, imputable à un génie solitaire ou préparée par un travail collectif; ou bien sur le plan des contenus significatifs : la découverte prend rétrospectivement une apparence de rationalité. On ne peut démontrer que Newton devait inévitablement formuler ou inventer la loi de la gravitation à l'époque et dans la forme où il l'a fait. Après coup, l'historien incline à retracer un développement rationnel des faits connus à la loi qui les commande.

La progression de la science ne ressortit pas aux catégories du déterminisme aléatoire, elle est intelligible en elle-même, sans qu'on la déduise d'une relation générale, ni qu'on l'intègre à un ensemble significatif. La succession des styles artistiques ou des écoles philosophiques se prête à une compréhension qui n'atteint pas à la nécessité d'une démonstration mathématique mais dépasse la contingence de la décision. La prévision de l'avenir peut-elle invoquer la rationalité des univers intelligibles? De quel univers intelligible?

Ni le devenir de la science ni celui de l'art ne sont prévisibles. A supposer que l'histoire globale fût comparable à celle de l'un des univers spécifique, la légitimité des anticipations n'en résulterait pas. Mais il y a plus. Nous avons montré, dans le chapitre précédent, les équivoques de la totalité historique. La référence à un facteur unique supposerait une détermination unilatérale qui n'est pas concevable. La totalité existentielle est approximative et arbitraire. La seule interprétation légitime de la totalité, qui ne supprime ni le caractère aléatoire du déterminisme ni la pluralité des significations, est celle qui s'attache à *un* problème, tenu pour constitutif du destin humain. Si ce problème comporte des solutions, dont chacune est la condition nécessaire de la suivante, si, enfin, on situe, au terme du mouvement, une solution *radicale*, l'histoire deviendra totalité dans la succession : l'état privilégié donnera le sens de l'ensemble.

Telle est, en effet, l'idée maîtresse du système hégélien. Le parallélisme admis entre la dialectique des catégories et celle des sociétés confère à la succession des régimes une nécessité analogue à celle qui relie les catégories les unes aux autres. L'histoire de la philosophie est, en tant que telle, philosophie de l'histoire; les idées que les hommes se sont faites du monde et d'eux-mêmes représentent les moments du devenir de l'esprit. Finalement, l'esprit aura pris conscience de la nature et de lui-même.

Les philosophies de l'histoire diffèrent selon l'univers spécifique qu'elles prennent pour modèle. Comparables aux œuvres d'art, les diverses civilisations seraient enfermées chacune en son originalité, sans autre communication qu'un dialogue sans fin. Comparables aux étapes de la science, elles s'enchaîneraient en une logique inexorable. Selon la dialectique, elles sont comparables à la succession des philosophies.

En fait, nous l'avons vu, on peut déterminer tout au plus formellement l'état qui serait final et encore faut-il se donner par hypothèse la vocation raisonnable de l'humanité. Cet état final ne nous révèle pas rétrospectivement, dans la suite des sociétés, un ordre nécessaire. L'ordre approximatif que l'on dégage de l'accumulation des documents et des faits, s'explique adéquatement par le déterminisme aléatoire, les rencontres imprévisibles entre les situations et les personnes, le milieu naturel, la pesanteur des collectivités et l'initiative de quelques-uns.

A ramener le long apprentissage de l'humanité aux efforts vers l'abondance relative, on appauvrirait l'aventure des collectivités. Pendant de longs siècles, les moyens de production ont peu changé : rejettera-t-on au néant l'édification et l'effondrement des cités, les palais élevés par les princes heureux et les tombeaux qui témoignent de la vaine fidélité du conquérant à la femme aimée? Si l'on se désintéresse des alternances monotones de guerres et de paix, d'États rivaux et d'empires triomphants, décidera-t-on d'oublier ce que jamais on ne verra deux fois, le Législateur, l'artisan de songes pétrifiés? Réduite aux antécédents du socialisme, l'histoire sacrée ne retiendrait presque rien des œuvres et des aventures qui furent, pour tant de millions d'hommes, la justification de leur passage sur cette terre.

Que l'on fixe l'attention sur la seule succession des régimes sociaux : on la comprend, on ne la juge pas nécessaire. De civilisation à civilisation, on retrouve des analogies, passablement grossières. La durée des phases, prétendument homologues, varie de l'une à l'autre [1]. Les empires surgissent avec quelques siècles de retard ou d'avance (si l'on baptise empires toutes les unités politiques imposées, sur de vastes espaces, à de multiples peuples). Les nations qui appartiennent à un même ensemble ne passent pas toutes par les mêmes étapes. Certaines en sautent une : la Russie celle de la démocratie bourgeoise, l'Europe occidentale celle du stalinisme.

La prétendue dialectique de l'histoire sociale résulte d'une métamorphose de la réalité en idée. On durcit chaque régime, on lui attribue un principe unique, on oppose le principe du capitalisme à celui de la féodalité ou à celui du socialisme. Finalement on s'exprime comme si les régimes étaient contradictoires et que de l'un à l'autre, le passage fût comparable à celui d'une thèse à l'antithèse. On commet une double erreur. Les régimes sont différents et non contradictoires et les formes dites intermédiaires sont plus fréquentes et plus durables que les formes pures. A supposer que le principe du capitalisme soit lié à celui de la féodalité comme le néant à l'être ou le spinozisme au cartésianisme, rien ne garantit que le déterminisme aléatoire accomplira cette nécessité intelligible. A supposer que le socialisme réconcilie féodalité et capitalisme, comme le devenir réconcilie l'être et le néant, l'avènement de la synthèse n'est pas prévisible à la manière d'une explosion nucléaire ou de la conjoncture économique.

Selon l'ordre des événements, il n'y a pas de sélection automatique, conforme à nos exigences morales. La recherche d'une intelligibilité supérieure à celle du déterminisme aléatoire, à la pluralité des impératifs actuellement contradictoires, est légitime. Mais cette recherche n'implique pas l'acte de foi selon lequel l'avenir se pliera aux décrets de la raison. L'humanité peut être emportée demain par une catastrophe cosmique, comme notre plume tomber de nos mains à chaque instant. Le chrétien espère son salut de la miséricorde divine. De qui l'humanité sans Dieu exigerait-elle l'assurance de son salut collectif?

*
* *

Les révolutionnaires inclinent à exagérer et la marge de leur liberté et la puissance du destin. Ils imaginent qu'avec

1. Que l'on se réfère à Marx, Spengler ou Toynbee.

eux la préhistoire s'achève. Le prolétariat, transfiguré par sa lutte, donnera aux sociétés humaines une face nouvelle. Soulevés par la foi au-dessus des leçons de la sagesse, ils attendent la paix perpétuelle de la violence illimitée. Ils proclament la fatalité de leur triomphe, parce que la cause, qui porte tant d'espoir, ne peut pas périr. A mesure que le temps passe, qu'ils assument à leur tour les charges du Pouvoir, que la nature immémoriale des collectivités s'affirme à travers les bouleversements, la déception ronge la confiance. On croit moins à la société sans classes, on fait profession de croire d'autant plus à la nécessité qui se joue des hommes et de leurs vaines résistances. L'invocation au destin a été d'abord le soutien de l'optimisme, elle devient l'alibi de la résignation.

Fanatiques par espérance ou par désespoir, les révolutionnaires continuent à ratiociner sur un avenir inévitable; cet avenir qu'ils sont incapables de décrire et qu'ils prétendent annoncer.

Nulle loi, humaine ou inhumaine, n'ordonne le chaos vers un aboutissement, radieux ou horrible.

DE LA MAITRISE DE L'HISTOIRE

History is again on the move : cette formule de Toynbee, difficilement traduisible, répond à un sentiment fort, étrange, que chacun de nous a ressenti, à un moment de sa vie. Je l'éprouvai au printemps de 1930 lorsque, visitant l'Allemagne, j'assistai aux premiers succès du national-socialisme. Tout était remis en question, la structure des États comme l'équilibre des forces dans le monde : l'imprévisibilité de l'avenir me parut aussi évidente que l'impossibilité de maintenir le *statu quo*.

La conscience historique ne naît pas avec les catastrophes de notre temps. L'Europe bourgeoise, confiante dans son destin, pratiquait, à la fin du siècle dernier, les méthodes critiques avec autant de rigueur que l'Europe déchirée d'aujourd'hui. Elle ne connaissait pas toutes les métropoles que nous avons exhumées des sables, elle n'avait pas achevé la revue des dieux morts et des civilisations englouties, elle n'ignorait pas plus que nous la particularité de chaque société et le sort fatal qui avait frappé tour à tour Athènes, Rome et Byzance.

Ce savoir demeurait le plus souvent détaché. Les historiens de l'Occident, il y a cinquante ans, n'auraient pas affirmé que les États nationaux ou les régimes parlementaires échapperaient à la corruption qui ronge les édifices dressés par l'orgueil des hommes en défi contre la loi du devenir. Ils croyaient soit à la singularité d'une aventure, pour la première fois fondée sur la Science, soit à l'éloignement de possibles déclins. Il est facile de dire qu'aucune cité temporelle n'est promise à l'éternité, difficile de vivre l'écroulement.

La fortune des philosophies de l'histoire, en notre siècle, tient aux événements dont nous avons été témoins. On ne vit pas la guerre de Trente Ans, celle du Péloponèse ou celle qui englobe les deux conflits de 1914 et de 1939, sans s'interroger sur les causes et les conséquences. On aspire sourdement à leur trouver un sens, non pas dans l'acception positive de ce terme : les faits majeurs qui permettent de comprendre ce qui s'est passé effectivement. Le sens qui répondrait à notre attente autoriserait la conscience à excuser les horreurs accumulées. Les guerres révoltent moins l'observateur qui parvient à se convaincre que, nées avec le capitalisme, elles disparaîtront avec lui. Les massacres, qui accompagnent la lutte des États et des classes, n'auront pas été vains s'ils frayent la voie à la société sans classes. L'idolâtrie de l'Histoire naît de cette nostalgie inavouée d'un avenir qui justifierait l'injustifiable. La chute de Rome incita saint Augustin à ne pas attendre des cités mortelles ce qui appartient à la seule Cité de Dieu. La chute de l'Europe incite nos contemporains à reprendre les prédictions marxistes, adaptées à notre temps par la technique d'action de Lénine et de Staline. A moins qu'à la manière de Toynbee, ils ne commencent par suivre la voie de Spengler pour rejoindre, par maints détours, l'espérance de saint Augustin : le sens dernier de ces civilisations, singulières mais fraternelles, se situe au-delà d'elles-mêmes; chacune laisse en héritage une Église universelle, dont le message se répercute à travers les siècles et dont le dialogue avec les autres Églises révèle la destination ultime d'une humanité, vouée à l'adoration de Dieu.

L'histoire est faite par des hommes qui agissent en des circonstances qu'ils n'ont pas choisies, selon leurs appétits ou leur idéal, leurs connaissances imparfaites, tour à tour subissant la contrainte du milieu ou en triomphant, courbés sous la pesanteur des coutumes immémoriales ou soulevées par un élan spirituel. Au premier regard, elle semble à la fois un chaos d'événements et un ensemble tyrannique, chaque fragment est significatif et l'ensemble dénué de signification. Science et philosophie de l'histoire, encore que dans un style différent, essaient également de surmonter la contradiction entre le caractère intentionnel du fait élémentaire, rapporté aux acteurs, et l'absurdité apparente du tout, entre le désordre intelligible au niveau microscopique et l'ordre aveugle du destin.

Les philosophies de l'histoire, du type marxiste, ordonnent le chaos des événements en le rapportant à quelques principes simples d'explications, elles situent au terme d'un mouvement inévitable l'accomplissement de la destination humaine. Les classes obéissent à leur intérêt, les individus à leurs passions, mais les forces et les rapports de production font surgir, de cette mêlée confuse, la procession des régimes, inexorable mais aussi bienfaisante, puisque la société sans classes en marquera l'aboutissement.

A ce moment surgit ce que nous appelons idolâtrie de l'Histoire, caricature de la conscience historique. Celle-ci nous enseigne le respect des faits innombrables, incohérents, la multiplicité des significations qu'ils possèdent et qu'on peut leur prêter, selon qu'on les rattache aux acteurs d'un jour, aux traditions cristallisées, aux suites qu'ils ont développées. L'idolâtrie de l'histoire se donne le droit de substituer, de proche en proche, aux faits bruts les significations liées à un système d'interprétation, prétendument définitif. Sans aboutir à l'univers paranoïaque des procès, on risque d'ériger les vainqueurs en juges des vaincus, l'État en témoin de la vérité. L'Occident, à son tour, est affecté par cette frénésie : convaincus de la perversité radicale du communisme, les législateurs américains condamnent les communistes des années 30, selon leurs jugements des années 50. Les accusés, dans les prisons soviétiques ou chinoises, doivent écrire leur autobiographie, les candidats au visa d'entrée aux États-Unis raconter sommairement leur vie. Aux États-Unis, les réponses concernent les faits, alors que l'autobiographie des « capitalistes », de l'autre côté du rideau de fer, doit qualifier les faits selon les valeurs que leur donnent les bourreaux.

La conscience historique fait apparaître les limites de notre savoir. Que nos regards se retournent vers le passé ou tentent de deviner l'avenir, nous ne pouvons atteindre à une certitude, incompatible avec les lacunes de notre information et, plus encore, avec l'essence du devenir. Les mouvements globaux, que nous dégageons de l'enchevêtrement des causes et des effets, sont effectivement intervenus, mais on ne peut pas dire que les causes massives les déterminaient à l'avance. Après coup, il est loisible d'oublier le caractère aléatoire du déterminisme. On ne peut l'oublier quand on est situé avant l'événement.

La conscience historique enseigne le respect de *l'autre*, même quand nous le combattons. La qualité des causes ne se mesure pas à celle des âmes, nous ignorons l'issue de nos luttes, chaque régime réalise un ordre de valeurs, la conciliation de toutes les valeurs n'est qu'une idée et non un objectif prochain. L'idolâtre de l'histoire, au contraire, assuré d'agir en vue du seul avenir qui vaille, ne voit et ne veut voir dans *l'autre* qu'un ennemi à éliminer, méprisable puisqu'il est incapable soit de vouloir le bien, soit de le reconnaître.

Le sens ultime de l'histoire ne découle jamais de la seule considération du passé. Ni la beauté du cosmos ni les tragédies des civilisations n'offrent de réponse à la question que nous élevons vers le ciel. On ne connaît pas l'homme si l'on ne suit le cheminement de ses lentes conquêtes et demain nous apportera une leçon inédite. Peut-être faut-il avoir regardé les statues des caves de l'*Elephanta* pour comprendre, en sa singularité, la statuaire de Reims. Il faut certainement avoir regardé l'Occident de Tokyo ou de Bombay pour échapper à l'envoûtement de nos pseudo-évidences. Faute de dialogues avec l'autre, nous ne prendrions pas conscience de nous-mêmes, en notre être historique. Quand il y va des interrogations dernières, le dialogue nous laisse sur la même incertitude que le monologue. La résurrection de tout le passé ne nous révèle rien de plus sur notre destination que l'examen de notre seule conscience. Métropoles désertes, englouties par la forêt, héroïsme des guerriers, qui ne moururent jamais en vain puisqu'ils s'affirmèrent face à la mort, voix des prophètes annonciateurs de châtiments divins ou de la bonne nouvelle, fureur des foules, pureté des saints, ferveur des croyants, rien de ce que la connaissance historique nous découvre, ne tranche l'alternative du royaume de Dieu et des cités terrestres. Spengler et Toynbee savaient à l'avance, l'un que l'homme est un animal de proie, l'autre qu'il est fait pour adorer Dieu et s'unir à lui.

Si l'on se décide en faveur des cités terrestres, la confusion de la fin conforme à nos vœux et de la fin inévitable tombe d'elle-même, puisqu'elle postule une sorte de Providence. On imagine abstraitement les conditions auxquelles le respect, dû à chacun, ne serait pas incompatible avec la prospérité du tout. On ignore si l'avenir comblera cette attente.

Chaque génération incline à croire que son projet, sans précédent, représente le projet ultime de l'humanité. Cette vanité vaut mieux que l'indifférence aux tâches du jour, qui naîtrait de la conviction que les projets sont tous également vains. Elle n'en est pas moins chargée, à une époque comme la nôtre, de virtualités de fanatisme.

L'issue d'une lutte entre deux immenses empires est commandée par un déterminisme aléatoire, dont le détail nous échappe. Supposons que la propriété privée soit condamnée par la technique de production, que les mécanismes du marché doivent être paralysés, un jour, par le montant des capitaux à accumuler ou par la révolte des masses : le socialisme prévisible ne s'identifierait pas aux pratiques, actuelles ou futures, du soviétisme. La propriété privée, que nie le développement des forces de production, est effectivement niée à Detroit comme à Kharkov. Ce qui constitue l'enjeu des luttes historiques échappe le plus souvent à l'anticipation. La compréhension rétrospective des décisions, cristallisées en destin, saisit un déterminisme aléatoire, parce que la réalité même n'est pas soumise à une autre nécessité. L'action, tournée vers l'avenir, appartient, elle aussi, à l'ordre de la probabilité.

Les lois selon lesquelles les régimes se succéderaient les uns aux autres ne gardent même plus de vraisemblance, dans la version stalinienne du marxisme. Celle-ci, en effet, admet que les sociétés ne parcourent pas toutes les mêmes phases, que l'édification du socialisme n'intervient pas au même point du développement économique et commence au lendemain de la prise du pouvoir, elle-même soumise à d'innombrables aléas. Le stalinisme, qui se réclame d'une histoire universelle, se réduit finalement à l'histoire du parti bolchevik.

Au fur et à mesure que le concept de société sans classes s'appauvrit, que la dialectique perd, et la rationalité de contradictions successives et successivement surmontée, et la nécessité d'une suite causale, une autre idée s'introduit dans le système de pensée, celle de l'action humaine qui triomphe des accidents historiques comme des forces cosmiques. Ayant capté l'énergie atomique et demain l'énergie solaire, pourquoi l'intelligence ne parviendrait-elle pas à écarter, et les hasards qui ont tant de fois détourné le cours des événements, et les sottises qui défigurent la face des sociétés? Deux familles d'esprits sont sensibles au message marxiste, les chrétiens et les polytechniciens : ceux-là y perçoivent l'écho du prophétisme, ceux-ci l'affirmation d'un orgueil prométhéen. L'avenir accomplira la destination humaine parce que l'homme lui-même le forgera.

Le concept de l'action était présent déjà dans le marxisme du jeune Marx. Par l'action, l'homme s'est créé lui-même en transformant la nature. Par l'action, le prolétariat se rendra digne de sa mission, en abattant le capitalisme. L'action du prolétariat s'insère dans la dialectique des régimes : produit du capitalisme, la classe ouvrière se dresse contre les conditions sociales de l'exploitation. Mais la victoire ne sera pas acquise avant que les formes de la société future aient mûri dans le sein de l'ancienne société. L'accent pouvait être mis, selon les interprètes, soit sur le déterminisme qui commande à la transformation des structures, soit sur la révolte de la classe ouvrière.

La substitution du parti à la classe, virtuellement réalisée par Lénine avant 1917, devait rompre l'équilibre en faveur de l'action. Dès lors qu'il n'y a pas de proportionnalité entre le développement de la classe et la force du parti, les chances de la Révolution dépendent bien plus de celui-ci que de celle-là.

On continue d'invoquer les lois de l'histoire, de s'exprimer comme si le parti devait à sa science de l'histoire clairvoyance et succès. Les dirigeants bolcheviks, comme tous les hommes d'État, se sont, maintes fois, trompés dans les prévisions les plus importantes, ils ont cru durant des années, après 1917, à la révolution en Allemagne, ils n'ont pas cru au retournement de Tchang Kaï-chek en 1926, ils n'ont prévu ni, en 1941, l'attaque allemande, ni, en 1945, la prochaine victoire des communistes chinois. Sans doute leurs adversaires ont-ils été bien plus aveugles qu'eux et le bilan d'un demi-siècle ne manque pas d'impressionner. Quelle que soit la part de leurs mérites et des circonstances, les communistes n'ont disposé, pour prévoir et agir, d'aucune science inconnue des bourgeois. Les lois de l'évolution nécessaire servent moins à orienter qu'à justifier leur action.

Il n'était pas besoin d'avoir lu *le Capital* ou *l'Impérialisme, stade final du capitalisme* pour constater, après 1918, l'entrecroisement des conflits entre les classes dans les pays occidentaux, des rivalités entre les grandes puissances et du soulèvement contre l'Europe des territoires colonisés en Asie et en Afrique. La doctrine enseigne que ces conflits aboutiront au socialisme, mais elle ne précise ni quand ni comment; elle se borne à décrire une conjoncture à laquelle l'action humaine tente d'imposer un aboutissement qu'aucune loi objective n'impose ni n'exclut. La théorie traduit, en termes de destin, l'œuvre, miraculeuse ou diabolique, de la volonté, servie par la Fortune.

Le parti s'était chargé de la Révolution que la dialectique du capitalisme tardait à provoquer et que le réformisme des syndicats risquait de prévenir. De même, l'État décida de collectiviser l'agriculture qui, abandonnée à elle-même, suscitait des koulaks par millions. Ministres de l'éducation et de la propagande, les marxistes furent irrésistiblement tentés d'accomplir par décrets ce qui, d'après leur version du matérialisme historique, aurait dû intervenir spontanément. Ils décidèrent de *provoquer* la littérature et la philosophie qui, selon la doctrine, se seraient épanouies spontanément dans une société socialiste en voie d'épanouissement. De la proposition apparemment scientifique — art et pensée sont fonction du milieu historique — on passe au principe du despotisme : la société, dans l'expression que lui donne l'État, impose une orthodoxie aux économistes, aux romanciers, même aux musiciens. Puisque l'art est corrompu par la civilisation bourgeoise, il sera sauvé par le réalisme socialiste.

On ne s'en tient pas là. L'homme lui-même, nous dit-on, sera régénéré par le changement de ses conditions d'existence. L'emploi de procédés typiquement capitalistes, adaptés à l'égoïsme éternel, salaires aux pièces et fonds de profit pour les managers, ne suggère pas que l'homme nouveau naisse de lui-même. Encore une fois, les gouvernants vont aider la nature historique, les ingénieurs des âmes accélérer le déroulement de la dialectique. Éducation, propagande, formation idéologique, campagne contre la religion, par tous les moyens on s'efforce de modeler les individus, selon l'idée que l'on se fait de l'homme et de sa situation sur cette terre. Pavlov prend la relève de Marx et la théorie des réflexes conditionnés celle du matérialisme historique. On imaginait que le sentiment religieux mourrait de lui-même, à mesure que se réduirait l'écart entre la société telle qu'elle devrait être et la société telle qu'elle est. En fait, « la réflexologie » n'épuise pas l'explication de l'existence, pas plus que la sociologie matérialiste ne rend compte de la survivance ou du réveil de la foi parmi les prolétaires libérés ou les bourgeois satisfaits. Une fois de plus, l'échec de la science prépare l'action despotique. Ministres, commissaires, théoriciens, juges d'instruction, armés des méthodes pavloviennes, tenteront de rendre les hommes tels qu'ils seraient d'eux-mêmes, si la philosophie officielle était vraie.

Les procès illustrent ce glissement de la fausse science à l'action tyrannique. On peut reconstruire l'univers historique des accusés et des juges, comme nous l'avons fait, selon une conception à la fois absolutiste et relativiste : valeur inconditionnelle du but dernier, vérité des concepts explicatifs, compréhension des actes, détachés des intentions des acteurs et des circonstances, dans la perspective du vainqueur. Mais cette interprétation, poussée à son terme, est proprement aliénée et les victimes la subissent sans y croire. Les accusés ne jouent pas volontairement le rôle qu'on leur attribue; ils sont soumis à des menaces, au chantage; on n'arrache leur capitulation qu'en les privant de nourriture, de sommeil; on les fait avouer comme on fait saliver les chiens. Le contenu des aveux rappelle Hegel aux philosophes, les expériences de réflexes conditionnés aux psychologues. On ne sait en quelle mesure se mêle, dans l'esprit des inquisiteurs-expérimentateurs, la volonté que les païens ou les hérétiques confessent la vérité et la conviction qu'en dernière analyse, les prévenus finissent par capituler parce qu'ils sont tous des singes plus ou moins savants.

Nous voilà loin de la Providence historique, des lois inflexibles qui commanderaient au déroulement de l'aventure. Mais les étapes, par lesquelles on passe de l'illusion orgueilleuse qui croit détenir le secret de l'avenir, à l'ambition de le forger selon la vérité sont logiques. Une classe est l'instrument du salut commun, les quelques hommes qui s'en proclament les authentiques représentants, traitent le reste de l'humanité en moyen, ils ne voient dans les circonstances que des occasions, favorables ou non, à leur entreprise. Passés de l'opposition au Pouvoir, ils mettent la même ardeur intransigeante au service de la construction socialiste. La liquidation des koulaks ou la déportation des minorités deviennent des épisodes, pénibles mais sans importance, d'une politique tendue vers la réalisation de la Raison dans l'Histoire.

Ceux qui évoquent la maîtrise de l'histoire rêvent, semble-t-il, les uns d'éliminer l'intervention des accidents, des grands hommes ou des rencontres, les autres de rebâtir la société selon un plan d'ensemble et d'écarter l'héritage d'injustifiables traditions, les autres, enfin, de mettre un terme aux conflits qui déchirent l'humanité et la livrent à l'ironie tragique des armes. L'enseignement de la raison est exactement contraire : la politique restera l'art de choix sans retour en des conjonctures imprévues, selon une connaissance incomplète. La pluralité des univers spirituels et l'autonomie des activités voueront à la tyrannie toute velléité de planification globale.

La manipulation des phénomènes physiques, grâce à la technique, a peu à peu dissipé la représentation d'un *cosmos*. Tout au contraire, l'espoir d'une manipulation de l'histoire semble être né de la représentation d'un ordre social ou d'un ordre du devenir, déterminé par des lois inaccessibles aux désirs ou aux révoltes des individus. Les révolutionnaires s'imaginaient qu'ils allaient commander, non à quelques éléments, mais au tout.

Cette ambition prométhéenne est une des origines intellectuelles du totalitarisme. La paix reviendra dans le monde quand, avec l'expérience du gouvernement, la retombée du fanatisme et la prise de conscience d'insurmontables résistances, les révolutionnaires accorderont qu'on ne peut ni refaire les sociétés selon un plan, ni fixer un objectif unique à l'humanité entière, ni refuser à la conscience le droit de s'accomplir dans le refus des cités terrestres.

La politique n'a pas encore découvert le secret d'éviter la violence. Mais la violence devient plus inhumaine encore quand elle se croit au service d'une vérité à la fois historique et absolue.

TROISIÈME PARTIE

L'ALIÉNATION DES INTELLECTUELS

CHAPITRE VII

LES INTELLECTUELS ET LEUR PATRIE

Toutes les sociétés ont eu leurs *scribes*, qui peuplaient les administrations publiques et privées, leurs *lettrés* ou *artistes*, qui transmettaient ou enrichissaient l'héritage de culture, leurs *experts*, légistes qui mettaient à la disposition des princes ou des riches connaissance des textes et art de la dispute, savants qui déchiffraient les secrets de la nature et apprenaient aux hommes à guérir les maladies ou à vaincre sur le champ de bataille. Aucune de ces trois espèces n'appartient en propre à la civilisation moderne. Celle-ci n'en présente pas moins des traits singuliers qui affectent le nombre et la condition des intellectuels.

La répartition de la main-d'œuvre entre les différents métiers se modifie au fur et à mesure du développement économique : le pourcentage de la main-d'œuvre employée dans l'industrie croît, celui de la main-d'œuvre employée dans l'agriculture décroît, tandis que se gonfle le volume du secteur dit tertiaire, qui englobe des professions multiples, de dignité inégale, depuis celle du gratte-papier dans un bureau jusqu'à celle du chercheur dans son laboratoire. Les sociétés industrielles comprennent des travailleurs non manuels en plus grande quantité, absolue et relative, que toutes les sociétés connues. Organisation, technique et administration gagnent en complexité comme pour réduire à une simplicité parfaite les gestes des ouvriers.

L'économie moderne exige aussi des prolétaires qui

sachent lire et écrire. Au fur et à mesure qu'elles deviennent moins pauvres, les collectivités consacrent des sommes croissantes à l'éducation des jeunes : la formation secondaire dure plus longtemps, elle est donnée à une fraction plus large de chaque génération.

Les trois espèces de non manuels, *scribes, experts, lettrés*, progressent simultanément, sinon au même rythme. Les bureaucraties offrent des débouchés aux *scribes* de faible qualification, l'encadrement des travailleurs, l'organisation de l'industrie exigent des *experts* nombreux et de spécialisation croissante, les écoles, les universités, les moyens de distraction ou de communication (cinéma, radio) embauchent des *lettrés*, des *artistes* ou des techniciens de la parole ou de l'écriture, simples vulgarisateurs. Parfois l'intégration dans ces entreprises dégrade le lettré en un médiocre expert : l'écrivain devient un *rewriter*. La multiplication des postes reste un fait crucial, que personne n'ignore, mais dont on ne mesure pas toujours la portée.

Experts ou lettrés n'ont pas toujours constitué des sortes de Républiques, jalouses de leur indépendance. Pendant des siècles, penseurs et artistes ne se séparaient pas spirituellement des *clercs*, de ceux qui avaient pour fonction de maintenir ou de commenter les croyances de l'Église et de la Cité. Socialement, ils dépendaient de ceux qui leur assuraient les moyens de vivre, l'Église, les puissants ou les riches, l'État. La signification de l'art, et non pas seulement la situation de l'artiste, changeait avec l'origine de la commande ou les caractères de la classe cultivée. On opposerait les arts *de* et *pour* croyants aux arts à l'usage des guerriers ou des marchands.

Les savants possèdent, à notre époque, une autorité, un prestige qui les mettent à l'abri de la pression des Églises (les exceptions sont rares et, dans l'ensemble, sans portée). Le droit de libre recherche, dans les matières mêmes qui touchent au dogme — origine de l'homme, naissance du christianisme — n'est guère contesté. A mesure que le public s'élargit et que les mécènes disparaissent, les écrivains et artistes gagnent en liberté ce qu'ils risquent de perdre en sécurité (et encore beaucoup ont la ressource de gagner leur vie par un métier en marge de leur activité créatrice). Ni les employeurs privés ni l'État ne payent sans exiger de contre-partie. Mais les compagnies cinématographiques et les universités n'imposent guère d'orthodoxie, en dehors des studios ou des salles de cours.

Enfin, tous les régimes politiques offrent des chances à ceux qui possèdent le talent de manier les mots et les idées. Ce n'est plus le chef de guerre, fort de son courage ou de la bonne fortune, qui accède au trône, mais l'orateur, celui qui a su convaincre les foules, les électeurs ou les congrès, le doctrinaire qui a élaboré un système de pensée. Clercs et lettrés n'ont jamais refusé de légitimer le Pouvoir, mais, à notre époque, celui-ci a besoin des experts dans l'art de la parole. Théoricien et propagandiste se rejoignent : le secrétaire général du parti élabore la doctrine, en même temps qu'il guide la Révolution.

De l'intelligentsia.

Plus nombreuse, plus libre, plus prestigieuse, plus proche de la puissance, telle nous paraît, en notre siècle, la catégorie sociale que nous désignons vaguement par le terme « professionnels de l'intelligence ». Les définitions qu'on en a données sont, à certains égards, révélatrices; elles aident à dégager les divers traits de la catégorie.

La notion la plus large est celle des travailleurs non manuels. En France, personne n'appellera intellectuel l'employé de bureau, même si celui-ci a passé par l'université et obtenu une licence. Intégré à une entreprise collective, réduit à une activité d'exécutant, le diplômé est un manœuvre, auquel la machine à écrire sert d'outil. La qualification exigée pour mériter le titre d'intellectuel augmente avec le nombre des travailleurs non manuels, c'est-à-dire avec le développement économique. Dans tel pays sous-développé, n'importe quel diplômé passe pour un intellectuel : usage qui n'est pas sans vérité. Un jeune homme qui, venu de tel pays arabe, a étudié en France, prend effectivement, à l'égard de sa patrie, des attitudes typiques des hommes des lettres. Le « ruritanien » diplômé ressemble à l'écrivain d'Occident.

Une seconde notion, moins large, engloberait les *experts*

et les *lettrés*. La frontière est incertaine entre les scribes et les experts : on passe progressivement d'une catégorie à une autre. Certains experts, tels les médecins, demeurent des indépendants, membres, comme on dit, des professions libérales. La distinction entre « indépendants » et « salariés », qui influence parfois les manières de penser, n'en est pas moins secondaire : les médecins de caisses de sécurité sociale ne cessent pas d'être des intellectuels (s'ils l'ont jamais été) sous prétexte qu'ils reçoivent un traitement. L'opposition décisive concerne-t-elle la nature du travail non manuel? L'ingénieur ou le médecin est aux prises avec la nature inorganique ou les phénomènes vitaux, l'écrivain ou l'artiste avec les mots, une matière qu'il pétrit selon l'idée. En ce cas, les juristes ou organisateurs, qui manient des mots ou des hommes, appartiendraient à la même espèce que les écrivains ou artistes, alors qu'ils se rapprochent davantage des experts, ingénieurs ou médecins.

Ces équivoques tiennent à la conjonction, dans le concept d'intellectuels, de plusieurs caractères qui ne sont pas toujours donnés simultanément. Pour éclairer la notion, la meilleure méthode consiste à partir des cas purs avant d'arriver aux cas douteux.

Les romanciers, les peintres, les sculpteurs, les philosophes constituent le cercle intérieur, ils vivent pour et par l'exercice de l'intelligence. Si la valeur de l'activité est prise pour critère, on descendrait peu à peu de Balzac à Eugène Sue, de Proust aux auteurs de romans roses ou noirs, aux rédacteurs de la rubrique des chiens écrasés dans les journaux quotidiens. Les artistes qui œuvrent sans rénover, sans apporter d'idées ou de formes neuves, les professeurs dans leurs chaires, les chercheurs dans leurs laboratoires peuplent la communauté du savoir et de la culture. Au-dessous se situeraient les collaborateurs de la presse et de la radio, qui répandent les résultats acquis, qui maintiennent les communications entre les élus et le grand nombre. Dans cette perspective, la catégorie aurait pour centre les créateurs et, pour frontière, la zone mal définie où les vulgarisateurs cessent de traduire et commencent de trahir : soucieux de succès ou d'argent, esclaves du goût supposé du public, ils deviennent indifférents aux valeurs qu'ils font profession de servir.

Une telle analyse a l'inconvénient de négliger deux considérations : la situation sociale, l'origine des revenus d'une part, l'objectif, théorique ou pratique, de l'activité professionnelle, d'autre part. Il est loisible d'appeler, après coup, Pascal ou Descartes, l'un grand bourgeois de famille parlementaire, l'autre chevalier, des intellectuels. On n'aurait pas songé à les ranger dans cette catégorie au XVIIe siècle, parce qu'ils étaient des amateurs. Ceux-ci ne sont pas moins intellectuels que les professionnels, si l'on considère la qualité de l'esprit ou la nature de l'activité, mais ils ne se définissent pas socialement par cette activité [1]. Dans les sociétés modernes, le nombre des professionnels s'accroît, celui des amateurs diminue.

D'un autre côté, le professeur de droit nous paraît mériter le qualificatif d'intellectuel plus que l'avocat, le professeur d'économie politique plus que le journaliste qui commente les mouvements de la conjoncture. La raison en est-elle que ce dernier est d'ordinaire un salarié, au service d'entreprises capitalistes, celui-là un fonctionnaire? Il ne le semble pas, puisque, dans l'autre exemple, l'avocat est membre d'une profession libérale, cependant que le professeur est un fonctionnaire. Ce dernier nous paraît plus intellectuel, parce qu'il n'a d'autre objectif que le maintien, la transmission ou l'élargissement du savoir lui-même [2].

Ces analyses ne permettent pas de choisir dogmatiquement une définition, elles montrent les diverses définitions possibles. Ou bien l'on tient pour un des traits majeurs des sociétés industrielles le nombre des experts et l'on baptise *intelligentsia* la catégorie des individus qui ont reçu, dans les universités, les écoles techniques, la qualification nécessaire à l'exercice de ces métiers d'encadrement. Ou bien l'on met les écrivains, les savants et les artistes créateurs au premier rang, les professeurs ou critiques au deuxième, les vulgarisateurs ou journalistes au troisième, les praticiens, juristes ou ingénieurs, sortant de la catégorie au fur et à mesure qu'ils s'abandonnent au désir d'efficacité et perdent le souci de culture. En Union soviétique, on penche vers la

---

1. Au XVIIIe siècle français, la catégorie des intellectuels est aisément reconnaissable. Diderot, les Encyclopédistes, les philosophes sont des intellectuels.
2. Ces deux derniers critères, sans être contradictoires, divergent visiblement. Les professionnels de l'intelligence ont été de plus en plus mis au service de la pratique, administrative ou industrielle. C'est parmi les purs savants ou les lettrés que l'espèce des amateurs a survécu.

première définition : l'*intelligentsia* technique passe pour représentative et les écrivains mêmes sont des ingénieurs de l'âme. En Occident, on pencherait plus souvent vers la seconde, qu'on rétrécirait encore en la limitant à ceux dont « la principale profession est d'écrire, d'enseigner, de prêcher, de paraître sur la scène ou de pratiquer les arts ou les lettres [1] ».

Le terme d'*intelligentsia* a été, semble-t-il, employé pour la première fois en Russie, au XIXe siècle : ceux qui avaient passé par les universités et reçu une culture, pour l'essentiel d'origine occidentale, constituaient un groupe peu nombreux, extérieur aux cadres traditionnels. Ils se recrutaient parmi les cadets des familles aristocratiques, les fils de la petite bourgeoisie ou même de paysans aisés; détachés de l'ancienne société, ils se sentaient unis par les connaissances acquises et par l'attitude qu'ils adoptaient à l'égard de l'ordre établi. L'esprit scientifique et les idées libérales contribuaient également à incliner vers la révolution l'*intelligentsia* qui se sentait isolée, hostile à l'héritage national et comme acculée à la violence.

Dans les sociétés où la culture moderne sortit spontanément, progressivement, du terroir historique, la rupture avec le passé n'eut pas cette soudaineté. Les diplômés ne se distinguaient pas aussi nettement des autres catégories sociales; ils ne rejetaient pas inconditionnellement la structure séculaire de la vie en commun. On ne les a pas moins accusés, on continue de les accuser d'avoir fomenté les révolutions, accusation que l'intellectuel de gauche acceptera comme un hommage : sans les révolutionnaires, résolus à transcender le présent, les vieux abus dureraient encore.

En un sens, l'accusation n'est pas fondée. Il n'est pas vrai que les intellectuels soient, en tant que tels, hostiles à toutes les sociétés. Les lettrés chinois ont défendu et illustré la doctrine, plus morale que religieuse, qui leur donnait le premier rang et consacrait la hiérarchie. Les rois ou les princes, les héros couronnés ou les marchands enrichis ont toujours trouvé des poètes (qui n'étaient pas nécessairement mauvais) pour chanter leur gloire. Ni à Athènes, ni à Paris, ni au Ve siècle avant notre ère, ni au XIXe siècle après Jésus-Christ, l'écrivain ou le philosophe ne penchait spon-

---

1. Crane Brinton, *Visite aux Européens*, Paris, 1955, p. 14.

tanément vers le parti du peuple, de la liberté ou du progrès. Les admirateurs de Sparte se rencontraient nombreux, à l'intérieur des murs d'Athènes, comme ceux du IIIe Reich ou de l'Union soviétique dans les salons ou les cafés de la rive gauche [1].

Toutes les doctrines, tous les partis — traditionalisme, libéralisme, démocratie, nationalisme, fascisme, communisme — ont eu et continuent d'avoir leurs chantres ou leurs penseurs. Les intellectuels sont, en chaque camp, ceux qui transfigurent des opinions ou des intérêts en une théorie; par définition, ils ne se contentent pas de vivre, ils veulent penser leur existence.

Il n'en reste pas moins un fond de vérité dans la représentation banale que des sociologues [2] ont reprise, sous une forme plus subtile, des intellectuels révolutionnaires par équation professionnelle.

L'*intelligentsia* n'est jamais en droit, elle est rarement en fait rigoureusement fermée. Toute classe privilégiée, qui se définit par le savoir ou les vertus de l'intelligence, autorise, fût-ce contre son gré, l'ascension des mieux doués. Platon appartenait au parti aristocratique, il n'en affirmait pas moins que l'esclave était capable d'apprendre les vérités mathématiques. Aristote ne niait pas la nécessité sociale de l'esclavage, mais il en sapait le fondement. Il niait que chacun occupât une place conforme à sa nature. En mourant, il libéra ses esclaves, qui peut-être n'étaient pas nés pour l'esclavage. En ce sens, le professionnel de l'intelligence se refuse difficilement à une démocratie de droit, quitte à souligner d'autant plus fortement l'aristocratisme de fait : seule une minorité accède à l'univers dans lequel il se meut.

Selon les sociétés, le recrutement de l'*intelligentsia* varie. Le système des examens semble avoir permis, en Chine, la promotion de fils de paysans, encore qu'on discute sur la fréquence de ces cas. Le premier rang accordé aux penseurs n'a pas été incompatible, dans l'Inde, avec le régime des castes et le maintien de chacun dans la condition où il était né. Dans les sociétés modernes, l'université facilite la promotion sociale. Dans certains pays d'Amérique du Sud ou

1. Il est clair que l'éloge de Sparte ou de Hitler, à Athènes ou à Paris, était pour l'intellectuel une manière de faire de l'opposition.
2. J. Schumpeter.

du Proche-Orient, les écoles d'officiers, l'armée offrent une voie similaire d'ascension. Bien que l'origine des diplômés soit différente selon les pays d'Occident, — les étudiants d'Oxford et de Cambridge se sont recrutés, jusqu'à la guerre de 1939, dans un milieu étroit, les élèves des grandes écoles françaises venaient rarement de familles d'ouvriers et de paysans, mais souvent de milieux petits-bourgeois, c'est-à-dire à deux générations d'écart, des milieux populaires — toujours l'*intelligentsia* est socialement plus large, plus ouverte que la classe dirigeante et cette démocratisation tend à s'accentuer parce que les sociétés industrielles ont un besoin croissant de cadres et de techniciens. Cet élargissement de l'*intelligentsia* a favorisé, en Union soviétique, les hommes au pouvoir qui pouvaient attribuer au socialisme ce qui résultait du développement économique. Le même phénomène risque d'ébranler les régimes démocratiques, si les fils de petits-bourgeois, passés par les universités, au lieu d'adhérer au système de valeurs et de gouvernement créé par l'ancienne classe dirigeante, gardent la nostalgie d'un bouleversement. Le risque est d'autant plus grand que le penchant à la critique est pour ainsi dire l'équation professionnelle des intellectuels. Ceux-ci jugent volontiers leur pays et ses institutions en confrontant les réalités actuelles à des idées plutôt qu'à d'autres réalités, la France d'aujourd'hui à l'idée qu'ils se font de la France plutôt qu'à la France d'hier. Nulle œuvre humaine ne supporte sans dommage une telle épreuve.

Écrivain ou artiste, l'intellectuel est l'homme des idées, savant ou ingénieur, l'homme de science. Il participe de la foi en l'homme et en la raison. La culture que diffusent les universités est optimiste, rationaliste : les formes de la vie en commun qui s'offrent au regard paraissent gratuites, l'œuvre des siècles, non l'expression d'une volonté clairvoyante ou d'un plan réfléchi. L'intellectuel, dont l'activité professionnelle n'exige pas la réflexion sur l'histoire, porte volontiers sur « le désordre établi » une condamnation sans appel.

La difficulté commence dès que l'on ne se borne pas à condamner le réel. Logiquement, on aperçoit trois démarches. Par la *critique technique*, on se met à la place de ceux qui gouvernent ou administrent, on suggère les mesures qui atténueraient les maux que l'on dénonce, on accepte les servitudes de l'action, la structure immémoriale des collectivités, parfois même les lois du régime existant. On ne se réfère pas à une organisation idéale, à un avenir radieux, mais à des résultats accessibles avec plus de bon sens ou de bonne volonté. La *critique morale* dresse contre ce qui est, la notion, vague mais impérative, de ce qui devrait être. On refuse les cruautés du colonialisme, l'aliénation capitaliste, on refuse l'opposition des maîtres et des esclaves, le scandale de la misère à côté du luxe étalé. Même si l'on ignore les conséquences de ce refus et les moyens de le traduire en actes, on se sent incapable de ne pas le proclamer comme une dénonciation ou un appel, face à l'humanité indigne d'elle-même. La *critique idéologique ou historique*, enfin, s'en prend à la société présente, au nom d'une société à venir, elle impute les injustices dont le spectacle offense les consciences au principe de l'ordre actuel — le capitalisme, la propriété privée portent en eux la fatalité de l'exploitation, de l'impérialisme, de la guerre —, elle trace l'esquisse d'un ordre radicalement autre, où l'homme accomplirait sa vocation.

Chacune de ces critiques a sa fonction, sa noblesse, chacune aussi est menacée par une sorte de dégradation. Les techniciens sont guettés par le conservatisme : les hommes ne changent pas, ni les ingrates nécessités de la vie en commun. Les moralistes oscillent entre la résignation de fait et l'intransigeance verbale : dire non à tout, c'est finalement tout accepter. Où marquer la limite entre les injustices qui ne se séparent pas de la société présente ou de toute société, et les exactions attribuables à des individus, qui ressortissent au jugement éthique? Quant à la critique idéologique, elle joue volontiers sur les deux tableaux. Elle est moraliste contre une moitié du monde, quitte à accorder au mouvement révolutionnaire une indulgence toute réaliste. Jamais la démonstration de la culpabilité n'est satisfaisante, quand le tribunal siège aux États-Unis. Jamais la répression n'est excessive, quand elle frappe les contre-révolutionnaires. Démarche conforme à la logique des passions. Combien d'intellectuels ont été vers le parti révolutionnaire par indignation morale, pour souscrire finalement au terrorisme et à la raison d'État!

Chaque pays est plus ou moins porté à l'une ou l'autre de ces critiques. Britanniques et Américains mêlent critique technique et critique morale, les Français oscillent entre critique morale et critique idéologique (le dialogue des révoltés et des révolutionnaires est l'expression typique de cette hésitation). Peut-être la critique morale est-elle, le plus souvent, l'origine profonde de toute critique, au moins chez les intellectuels, ce qui leur vaut à la fois la gloire du « redresseur de torts », de l'esprit qui toujours dit non, et la réputation moins flatteuse du professionnel de la parole, qui ignore les rudes servitudes de l'action.

La critique n'est plus, depuis longtemps, preuve de courage, au moins dans nos sociétés libres d'Occident. Le public préfère trouver, dans les journaux, des arguments qui justifient ses ressentiments ou ses revendications plutôt que des motifs d'avouer que, les circonstances étant données, l'action du gouvernement n'aurait pu être très différente de ce qu'elle a été. En critiquant, on échappe à la responsabilité des conséquences déplaisantes qu'entraîne une mesure, même heureuse dans l'ensemble; on se soustrait à l'impureté des causes historiques. L'opposant, quelle que soit la violence de ses polémiques, ne souffre guère de ses prétendues hérésies. Signer des motions pour les Rosenberg ou contre le réarmement de l'Allemagne occidentale, traiter la bourgeoisie de bande de gangsters ou prendre régulièrement position en faveur du camp contre lequel la France prépare sa défense, ne nuit pas à la carrière, même des fonctionnaires de l'État. Que de fois les privilégiés ont acclamé les écrivains qui les fustigeaient! Les Babbits américains ont été pour beaucoup dans le succès de Sinclair Lewis *. Les bourgeois et leurs fils, traités par les hommes de lettres les écrivains qui les fustigeaient! Les Babbits américains ont été pour beaucoup dans le succès de Sinclair Lewis. Les bourgeois et leurs fils, traités par les hommes de lettres hier de philistins, aujourd'hui de capitalistes, ont assuré la fortune des révoltés et des révolutionnaires. Le succès va à ceux qui transfigurent le passé ou l'avenir : on doute qu'il soit possible, en notre temps, de défendre sans dommages l'opinion modérée que le présent n'est, à beaucoup d'égards, ni pire ni meilleur que d'autres époques.

L'intelligentsia *et la politique.*

Quand on observe les attitudes des intellectuels en politique, la première impression est qu'elles ressemblent à celles des non-intellectuels. Le même mélange de demi-savoir, de préjugés traditionnels, de préférences plus esthétiques que raisonnées se manifeste et dans les opinions des professeurs ou des écrivains et dans celles des commerçants ou des industriels. Tel romancier célèbre poursuit de sa haine la bourgeoisie bien pensante, dont il est issu, tel autre, bien que sa philosophie soit incompatible avec le matérialisme dialectique, est attiré, avec quinze ans de retard, par le soviétisme, ainsi que l'ont été, à un moment ou à un autre, presque tous les hommes de gauche.

Quand il s'agit de leurs intérêts professionnels, les syndicats de médecins, de professeurs ou d'écrivains ne revendiquent pas dans un style très différent de celui des syndicats ouvriers. Les cadres défendent la hiérarchie, les cadres supérieurs de l'industrie s'opposent très souvent aux capitalistes ou aux financiers. Les intellectuels-fonctionnaires tiennent pour excessives les ressources d'autres catégories sociales. Titulaires de revenus fixes et employés de l'État, ils inclinent à condamner le mobile du profit.

Les attitudes des intellectuels s'expliquent aussi par l'origine sociale de chacun. En France, il suffit de comparer le climat des facultés — professeurs aussi bien qu'étudiants — pour s'en convaincre. L'École normale supérieure est à gauche ou à l'extrême gauche, l'Institut d'Études politiques, à part une minorité, conservatrice ou modérée (les modérés de 1954 sont éventuellement socialistes, M. R. P. ou « révolutionnaires mendésiens »). Le recrutement des étudiants y est sûrement pour quelque chose. Dans les universités de province, chaque faculté a sa réputation, le plus souvent celles de médecine et de droit passent pour « plus à droite » que celles des lettres ou des sciences : le milieu dont sortent et le niveau de vie dont jouissent les professeurs, ici et là, ont quelque relation avec les opinions politiques.

Peut-être l'équation professionnelle intervient-elle en même temps que l'équation sociale. Les normaliens de la rue d'Ulm pensent les problèmes politiques, en 1954, dans les termes de la philosophie marxiste ou existentialiste. Hostiles au capitalisme en tant que tel, anxieux de « libérer » les prolétaires, ils connaissent mal le capitalisme ou la condition ouvrière. L'étudiant des Sciences Politiques connaît moins « l'aliénation » et mieux le fonctionnement des régimes (au degré près, les mêmes remarques s'appliqueraient aux maîtres qu'aux étudiants).

Inévitablement, le professionnel de l'intelligence transfère à l'ordre politique les habitudes de pensée qu'il a contractées dans son métier. Les anciens élèves de l'École polytechnique, en France, ont donné aussi bien au libéralisme qu'au planisme leur expression achevée, comme si, obsédés par les modèles, ils exigeaient de la réalité une impossible conformité aux schémas de la raison. L'exercice de la médecine n'incline pas à une vue optimiste de la nature humaine. Souvent humanitaires, les médecins ont aussi le souci de sauvegarder le statut de profession libérale [1] et ils jugent avec quelque scepticisme les ambitions des réformateurs.

De telles analyses, que l'on devrait prolonger en comparant les mêmes professions de pays à pays ou les différents spécialistes à l'intérieur du même pays, conduiraient peu à peu à une sociologie des intellectuels. A défaut des résultats de telles études, il n'est pas impossible de marquer les circonstances qui influent décisivement sur l'attitude des intellectuels et de dégager des particularités nationales.

La situation de l'*intelligentsia* se définit par une double relation, à l'Église et aux classes dirigeantes. La cause lointaine de l'opposition entre le climat idéologique des pays anglo-saxons et celui des pays latins est manifestement le succès de la Réforme et la multiplicité des confessions chrétiennes d'un côté, l'échec de la Réforme et la puissance du catholicisme de l'autre.

L'Europe médiévale connaissait plutôt des *clercs* que des *intellectuels*. Les lettrés se rattachaient en grand nombre à des institutions ecclésiastiques, parmi lesquelles figuraient les universités. Même laïcs, les professeurs d'université

[1]. Aux États-Unis, les associations professionnelles de médecins sont farouchement opposées à la Sécurité sociale.

n'entraient pas en compétition avec les serviteurs du pouvoir spirituel, établi et reconnu. Les diverses catégories de l'*intelligentsia* moderne se constituèrent peu à peu : légistes et fonctionnaires dépendaient de la monarchie, les savants eurent à défendre, contre un savoir érigé en dogme, les droits de la libre recherche, les poètes ou écrivains, issus de la bourgeoisie, trouvèrent la protection des grands et purent vivre de leur plume, de la faveur du public. En quelques siècles, les diverses espèces d'intellectuels — scribes, experts, lettrés, professeurs — évoluèrent vers une laïcisation, aujourd'hui totale. L'union en un seul homme d'un physicien, ou philosophe, et d'un prêtre passe pour une curiosité. Le conflit entre les clercs et les intellectuels, ou entre le pouvoir spirituel de la foi et celui de la raison, aboutit à une sorte de réconciliation dans les pays où la Réforme réussit. L'humanitarisme, les réformes sociales, les libertés politiques n'apparurent pas contradictoires avec le message chrétien. Le congrès annuel du parti travailliste commence par une prière. En France, en Italie, en Espagne, malgré des mouvements de démocratie chrétienne, les partis qui se réclament du siècle des Lumières ou d'idées socialistes ont, en général, le sentiment de combattre l'Église.

La relation des intellectuels aux classes dirigeantes est fonction à la fois de celles-ci et de ceux-là. Plus les premiers apparaissent éloignés des soucis de ceux qui gouvernent, administrent, créent des richesses, plus les professionnels de l'argent ou de l'efficacité donnent libre cours au mépris ou à l'antipathie que leur inspirent les professionnels de la parole. Plus les privilégiés paraissent rebelles aux exigences des idées modernes et incapables d'assurer la puissance de la collectivité ou le progrès économique, plus les intellectuels inclinent à la dissidence. Le prestige que la société accorde aux hommes d'idées influe aussi sur le jugement que ceux-ci portent sur les hommes de la pratique.

Grâce au double succès de la Réforme et de la Révolution, aux XVIe et XVIIe siècles, l'*intelligentsia* britannique ne s'est trouvée en lutte permanente ni avec l'Église ni avec la classe dirigeante. Elle a régulièrement fourni le contingent de non-conformistes, faute desquels l'orthodoxie étoufferait la mise en question des valeurs et des institutions. Mais elle a été, dans ses controverses, plus proche de l'expérience, moins portée à la métaphysique que les classes intellectuelles du continent, surtout françaises. Les hommes d'affaires ou les hommes politiques avaient assez confiance en eux-mêmes pour n'éprouver à l'égard des écrivains ou professeurs ni sentiments d'infériorité ni hostilité vive. Ceux-ci, de leur côté, n'étaient pas isolés des riches ou des puissants, ils obtenaient une place — qui n'était pas la première — dans l'élite et ils songeaient rarement à une subversion totale. Ils appartenaient souvent à la classe qui exerçait le gouvernement. Les réformes suivaient d'assez près les revendications pour que le système politico-économique lui-même ne fût pas l'enjeu des polémiques.

En France, jusqu'à la fin du XIXe siècle, la forme de l'État ne fut jamais unanimement acceptée, le dialogue de la tradition et de la révolution se poursuivait sans terme. Les intellectuels prirent l'habitude d'une sorte de permanente opposition, et quand les institutions parlementaires étaient compromises par la monarchie, et quand les principes démocratiques étaient exploités par un Bonaparte, et quand la République semblait trop favorable ou trop hostile aux socialistes.

Aussi une crise quelconque, celle de 1934, celle de 1940, suffit à ranimer les querelles éteintes. Même la Grande-Bretagne fut ébranlée au cours des années 30. Sensibles aux événements, aussi incapables que les autres hommes d'échapper à l'envoûtement de l'actualité, les intellectuels britanniques ou américains, au spectacle de la crise économique, connurent la tentation de la dissidence, le mirage du paradis soviétique. Gauchisme et fascisme demeurèrent phénomènes marginaux. Ils furent, en France, au centre des discussions. Une fois de plus, on oublia le pays et ses humbles problèmes pour s'abandonner au délire idéologique.

Les termes dans lesquels la politique est pensée viennent d'une tradition propre à chaque nation. On retrouve dans tous les pays d'Occident les mêmes doctrines ou les mêmes conglomérats idéologiques : conservatisme, libéralisme, catholicisme social, socialisme. Mais la répartition des idées entre les partis [1] varie, les enjeux politiques ou les fondements philosophiques ne sont pas les mêmes. Le libé-

---

[1]. Souvent, d'ailleurs, les idées passent d'un parti à un autre. Les partis de droite ont été pacifiques, hostiles au *jusqu'auboutisme*, en 1815, en 1840, en 1870. Le patriotisme révolutionnaire était cocardier et belliqueux. La gauche n'est devenue pacifiste et la droite nationaliste qu'à la fin du

ralisme économique — libre échange, non-intervention de l'État dans la production et les échanges — a eu davantage partie liée avec le conservatisme social en France qu'en Angleterre, il a plus servi à paralyser la législation sociale qu'à liquider les entreprises inadaptées de l'agriculture ou de l'industrie. On ignorait, de l'autre côté de la Manche, la dissociation de la démocratie et du libéralisme, du Parlement et de la République. Des idées, analogues peut-être en leurs conséquences, étaient élaborées ici en un vocabulaire dérivé d'une philosophie utilitariste, là dans les termes d'un rationalisme abstrait, avec une interprétation jacobine des droits de l'homme, là enfin, dans un langage de tradition hégélienne ou marxiste.

Par un autre biais encore, les intellectuels sont liés à la communauté nationale : ils vivent avec une particulière acuité le destin de leur patrie. L'*intelligentsia* allemande de l'empire wilhelmien était, en son immense majorité, loyale au régime. Les universitaires, qui occupaient une place élevée dans la hiérarchie du prestige plus encore que dans celle de l'argent, n'étaient rien moins que révolutionnaires. A peu d'exceptions près, ils se montraient indifférents à la question du régime, monarchie ou république, qui passionnait leurs collègues français. Conscient des problèmes sociaux que la rapidité de l'industrialisation rendait en Allemagne plus aigus qu'en France, ils cherchaient des solutions réformistes dans le cadre impérial et capitaliste. Les marxistes étaient peu nombreux dans l'université et se recrutaient parmi les intellectuels en marge. Probablement les écrivains et les artistes qui, au rebours de ce qui se passait en France, jouissaient d'un statut inférieur à celui des professeurs, étaient-ils moins intégrés au régime que ces derniers. Particulièrement typique du contraste entre les deux pays était le penchant nationaliste de la majorité des instituteurs allemands, le penchant vers la gauche de la majorité des instituteurs français.

Plus tard, la dissidence d'une grande partie de l'*intelligentsia*, sous la République de Weimar a eu pour origine, une hostilité quasi esthétique à l'égard d'un régime sans éclat, dirigé par les hommes du peuple ou de la petite

---

XIXᵉ siècle. Les positions de la droite et de la gauche en politique étrangère s'inversent fréquemment. Face à l'hitlérisme, le penchant au munichisme et à la collaboration était à droite, face au stalinisme il est à gauche.

bourgeoisie, et surtout l'humiliation que causait l'abaissement du pays. L'ouvrier et le paysan ressentent les atteintes portées à l'indépendance et à la prospérité, l'intellectuel les oscillations du prestige national. Ce dernier peut se croire indifférent à la richesse, à la force (mais combien resterait-il de staliniens en France, si l'U. R. S. S. possédait dix fois moins de divisions?), il ne l'est presque jamais à la gloire nationale, car d'elle dépend pour une part le rayonnement de son œuvre. Tant que sa patrie commande aux plus gros bataillons, il feint d'ignorer cette relation, mais il a peine à se résigner, le jour où l'Esprit de l'Histoire, avec la puissance, a émigré vers d'autres cieux. Les intellectuels souffrent plus de l'hégémonie des États-Unis que les simples mortels.

L'influence du destin national sur l'attitude des intellectuels s'exerce parfois par l'intermédiaire de la situation économique. Au chômage, à la lenteur de la promotion, à la résistance des vieilles générations ou des maîtres étrangers, l'*intelligentsia* tout entière réagit avec plus de passion que les autres catégories sociales, parce qu'elle nourrit des ambitions plus hautes et disposent de moyens d'action plus étendus. Elle s'indigne sincèrement contre les injustices, la pauvreté, l'oppression dont les autres hommes sont victimes : comment n'élèverait-elle pas la voix quand elle est directement atteinte.

Il suffit d'énumérer les situations dans lesquelles les diplômés se sentent frustrés pour retrouver les conjonctures révolutionnaires du XXe siècle. La grande dépression survenant dix ans après la défaite, mit sur le pavé, en Allemagne, des dizaines de milliers de candidats à des fonctions semi-intellectuelles : la révolution semblait la seule issue. L'accaparement des postes par les Français en Tunisie et au Maroc entretient l'amertume des diplômés sortis des universités françaises et les entraîne irrésistiblement vers la révolte.

Là où d'anciennes classes dirigeantes — propriétaires fonciers, riches marchands, chefs de tribus — se réservent le quasi-monopole du pouvoir et des richesses, la disproportion entre ce que la culture rationaliste de l'Occident promet et ce que la réalité offre, entre les aspirations des diplômés et leurs chances, suscite progressivement des passions que les circonstances orientent contre la domination coloniale ou contre la réaction, vers une révolution nationale ou vers une révolution marxiste.

Même les sociétés industrielles d'Occident sont mises en péril par la conjonction d'experts déçus et de lettrés aigris. Les uns en quête d'efficacité, les autres à la poursuite d'une Idée s'unissent contre un régime coupable de n'inspirer ni l'orgueil de la puissance collective, ni la satisfaction intime de participer à une grande œuvre. Peut-être l'événement ne répondra-t-il à l'attente ni des polytechniciens ni des idéologues. Ceux-ci achèteront une relative sécurité en chantant les louanges du Pouvoir, ceux-là se consoleront en construisant des barrages.

Le paradis des intellectuels.

La France passe pour le paradis des intellectuels et les intellectuels français passent pour révolutionnaires : tels sont les deux faits dont la conjonction semble paradoxale.

Un écrivain anglais d'avant-garde, dont les membres du Parlement ignorent le nom, est transporté d'enthousiasme quand, débarqué à Paris, il s'installe à Saint-Germain-des-Prés. D'un coup le passionne la politique dont la sagesse, dans sa patrie, décourageait son attention. Les controverses sont élaborées avec une telle subtilité qu'elles ne peuvent laisser indifférent aucun professionnel de l'intelligence. Le dernier article de Jean-Paul Sartre est un événement politique ou, du moins, est accueilli comme tel par un milieu étroit mais assuré de son importance. Les ambitions politiques des romanciers à succès se heurtent aux ambitions littéraires des hommes d'État. Ceux-ci rêvent d'écrire un roman et ceux-là de devenir ministres.

On dira que cette impression est superficielle et ce paradis réservé aux touristes. Peu nombreux sont les littérateurs qui vivent de leur plume. Instituteurs, professeurs de lycées ou de facultés végètent avec des traitements médiocres (mais la « traction » ou « la 203 » sont accessibles aux ménages d'universitaires à deux traitements), les chercheurs travaillent dans des laboratoires mal équipés. On spécule sur le cas d'un intellectuel, riche de gloire et de droits d'auteur, qui n'en met pas moins sa plume au service d'une Révolution mal définie, on oublie ceux qu'aigrit le contraste entre les bénéfices (non déclarés) des commerçants, des chirurgiens ou des avocats et la modestie de leur condition.

Les intellectuels ne sont pas moins sensibles que les autres Français aux soucis d'ordre économique. Quelques-uns imaginent que les éditions d'État élargiraient le tirage de leurs livres et qu'un Pouvoir soviétique leur offrirait, sans compter, les instruments de travail sur lesquels lésine la République. De l'autre côté de l'Atlantique, tels spécialistes du mot écrit, que l'on hésite à qualifier d'intellectuels, atteignent à des revenus considérables [1]. La générosité des grandes entreprises, qui transforment en marchandise appréciée un talent de plume, sans qualité spirituelle, la générosité de l'État, patron unique des Sciences et des Arts, inspirent peut-être quelque envie aux intellectuels d'un pays trop petit pour que les capitalistes ou le Trésor public répandent l'argent avec une telle prodigalité.

Je doute pourtant que ce genre d'explications touche l'essentiel. L'écart entre le salaire d'un ouvrier qualifié et le traitement d'un professeur de faculté est au moins aussi large en France, probablement plus qu'aux États-Unis. Que les activités nobles (livres scientifiques ou philosophiques) rapportent moins que les activités inférieures (journalisme), le phénomène n'est pas spécifiquement français. Ceux qui se consacrent aux activités nobles — savants, philosophes, romanciers à petit tirage — jouissent de prestige et d'une liberté à peu près totale. Pourquoi tant d'intellectuels détestent-ils — ou s'expriment-ils comme s'ils détestaient — une société qui leur donne un niveau de vie honorable, compte tenu des ressources collectives, ne met pas d'entraves à leur activité et proclame que les œuvres de l'esprit représentent les suprêmes valeurs?

La tradition idéologique, celle de la gauche rationaliste et révolutionnaire, explique les termes dans lesquels s'exprime la dissidence des intellectuels. Cette dissidence elle-même tient à la situation. La plupart des intellectuels qui s'intéressent à la politique sont amers parce qu'ils se

---

1. Tel rédacteur de *Times* a un traitement de 30.000 dollars.

sentent frustrés de ce qui leur revenait de droit. Révoltés ou sages, ils ont le sentiment de prêcher dans le désert. La IVe République, soumise aux directives velléitaires d'un personnel parlementaire sans doctrine commune, aux sollicitations contradictoires des groupes d'intérêts, décourage les Conseillers du Prince comme les prophètes de la subversion. Elle est riche de vertus négatives, conservatrice face à un univers qui change.

Le régime n'est pas seul responsable de l'apparent divorce entre l'intelligence et l'action. Les intellectuels semblent plus intégrés qu'ailleurs à l'ordre social parce que l'on songe aux milieux parisiens, où le romancier occupe une place, égale ou supérieure à celle de l'homme d'État. L'écrivain, sans compétence, obtient une large audience, même quand il traite de ce qu'il se vante d'ignorer, phénomène inconcevable aux États-Unis, en Allemagne ou en Grande-Bretagne. La tradition des salons, sur lesquels règnent les femmes et les causeurs, survit en un siècle de technique. La culture générale permet encore de disserter agréablement de politique, elle ne protège pas des sottises et ne suggère pas de réformes précises. En un sens, l'*intelligentsia* est moins engrenée sur l'action en France qu'ailleurs.

Aux États-Unis, en Grande-Bretagne, en Allemagne même, entre économistes et milieux dirigeants de la banque et de l'industrie, entre ceux-ci et les hauts fonctionnaires, entre la presse sérieuse et l'université ou l'administration, les idées et les personnes ne cessent de circuler. Le patronat français ne connaît guère les économistes et, jusqu'à une date récente, il inclinait à les mépriser — de confiance. Les fonctionnaires ne sont pas sensibles aux conseils des professeurs, les journalistes ont peu de contacts avec les uns ou avec les autres. Rien n'importe autant à la prospérité d'une nation que l'échange du savoir et des expériences entre les universités, les salles de rédaction, les administrations et le Parlement. Hommes politiques, chefs syndicalistes, directeurs d'entreprises, professeurs ou journalistes ne doivent être ni mis au pas en un parti qui se réserve le monopole du pouvoir, ni séparés les uns des autres par les préjugés et l'ignorance. A cet égard, aucune classe dirigeante n'est aussi mal organisée que celle de la France.

L'écrivain ne reproche pas à nos gouvernants d'ignorer les enseignements de la science politique ou économique.

Bien plutôt reprocherait-il à la civilisation américaine de mépriser le lettré ou le penseur et d'employer les intellectuels à titre d'experts. En revanche, l'économiste ou le démographe déplorent que parlementaires et ministres soient plus sensibles aux plaidoyers des groupes d'intérêts qu'aux consultations impartiales. Les uns et les autres finissent par se rejoindre, disponibles, sans responsabilité, ivres de critique, tous conquis à une Révolution qui se ramène, pour les uns, à un grand effort de productivité et qui s'élargit, pour les autres, en une conversion de l'Histoire. L'équipe Mendès-France rassemble des experts et des lettrés, les fonctionnaires de la commission des comptes de la nation et M. François Mauriac. Peut-être la participation au pouvoir apaiserait-elle la nostalgie des uns et des autres.

La perte de puissance, de richesse et de prestige est commune à toutes les nations du Vieux Continent. France et Grande-Bretagne sortent vaincues des deux guerres mondiales, autant que l'Allemagne, par deux fois écrasée. La supériorité de richesse par tête de la population, la supériorité de puissance mobilisable, aux États-Unis, se seraient, de toute manière, ajoutées à la supériorité naturelle, due à la dimension de l'unité. Mais, sans les deux guerres du XXᵉ siècle, France et Grande-Bretagne auraient continué à faire grande figure dans le monde, à financer sans peine leurs importations grâce aux revenus des investissements au-dehors. A l'heure présente, menacées à leurs frontières par un empire continental, elles ont peine à vivre sans aide extérieure, se sentent incapables de se défendre seules et l'écart entre productivité américaine et productivité européenne semble s'élargir plutôt que se rétrécir. Comment les Européens pardonneraient-ils les conséquences de leurs propres folies à ceux qui en ont tiré profit, si, du moins, l'hégémonie est une bonne fortune? Même si les Américains étaient sans reproches, les Européens auraient peine à ne pas leur tenir rigueur d'une ascension qui fut la contre-partie de leur propre décadence. Dieu merci, les Américains ne sont pas sans reproches.

Il est normal que le *leader* soit blâmé. La Grande-Bretagne n'a jamais été aimée au temps où elle dominait le monde. La diplomatie britannique a regagné quelque prestige depuis la fin de la deuxième guerre mondiale, depuis le jour où elle ne prend plus les grandes décisions et se réserve le rôle critique. Elle marque les coups, exerce une sorte de droit de veto et tire avantage, dans les négociations avec le camp soviétique, du respect qu'inspire à Moscou ou à Pékin la force américaine. La distance entre l'action des États-Unis, telle qu'elle a été en fait, et l'image que les Européens en dessinent, appelle une autre explication. En gros, la diplomatie américaine a été conforme aux désirs et aux refus des Européens. Elle a, par des dons massifs, contribué au relèvement économique du Vieux Continent, elle n'a pris aucune initiative pour libérer les pays d'Europe orientale, elle a réagi à l'agression nord-coréenne mais n'a accepté ni les risques ni les sacrifices qu'aurait impliqués une victoire militaire, elle n'a pas tenté de sauver l'Indochine. Les deux seuls reproches précis portent sur le franchissement du 38e parallèle (décision que l'on peut, aujourd'hui encore, justifier) et la non-reconnaissance du gouvernement de Pékin, erreur dont la portée est faible.

Fondamentalement, la stratégie des États-Unis n'a pas été très différente en *actes* de ce que souhaitent, au fond d'eux-mêmes, la majorité des Européens, intellectuels inclus. Quels sont donc les griefs ou les motifs profonds des griefs ? J'en aperçois trois, d'importance croissante : obsédés par la résistance au communisme, les États-Unis en viennent parfois à soutenir des gouvernements « féodaux ou réactionnaires » (au reste, une propagande bien orchestrée traite de « fantoche » ou de « réactionnaire » tout anticommuniste militant). Possesseurs d'un stock de bombes atomiques, les États-Unis deviennent symboliquement responsables d'une guerre possible, qui fait justement horreur à l'humanité. M. Khrouchtchev, il y a quelques mois, à Prague, se vantait que l'Union soviétique eût, la première, mis au point la bombe à l'hydrogène : la phrase ne fut pas reproduite par les agences de presse. L'Union soviétique ne travaille pas moins que les États-Unis (peut-être plus) à la mise au point des armes nucléaires, elle en parle moins. Enfin — et cette raison nous apparaît décisive — on reproche aux dirigeants de Washington d'admettre la division du monde en deux blocs et de durcir cette division en la reconnaissant. Or, une telle interprétation rejette inévitablement les nations d'Europe au second rang.

On traitait de haut, naguère, à Paris ou à Londres, le

nationalisme des intellectuels d'Europe centrale ou orientale, on lui imputait, non sans quelque raison, la balkanisation du Vieux Continent : le nationalisme qui a désormais acquis droit de cité dans les cercles français de gauche est-il très différent? Les nations appelées grandes ne réagissent pas plus raisonnablement à leur abaissement que les nations dites petites n'avaient réagi hier à leur soudaine résurrection. Aucun mot d'ordre n'a plus de succès que celui de « l'indépendance nationale », lancé par les communistes. Pourtant, il n'est pas besoin d'une clairvoyance hors du commun pour observer le sort de la Pologne ou de la Tchécoslovaquie, ni d'une intelligence supérieure pour confronter les ressources militaires de la France aux nécessités de la défense européenne. L'intellectuel français, qui refuse toute organisation collective de la diplomatie ou des forces militaires de l'Occident n'est pas moins anachronique que l'intellectuel de Pologne qui, entre 1919 et 1939, revendiquait jalousement pour sa patrie la liberté de manœuvre diplomatique. Encore ce dernier avait-il, jusqu'en 1933, l'excuse de la faiblesse des deux grands, Russie et Allemagne.

Nous ne suggérons pas une « défense et illustration » de la Communauté Européenne de Défense, dont les intentions étaient meilleures que les institutions. Un État fédéral des Six prête à de multiples et fortes objections. On conçoit même un plaidoyer raisonnable en faveur d'une Europe que la force américaine protégerait de l'invasion soviétique, sans qu'un traité d'alliance en bonne et due forme fût signé, sans que des contingents américains fussent cantonnés sur le Rhin ou sur l'Elbe. Mais les intellectuels ne sont pas mus par ces arguments complexes — si les États-Unis sont indispensables au maintien de l'équilibre, le pacte de l'Atlantique représente la formule la plus simple — ils sont sensibles à la représentation d'une Europe qui aurait, en apparence, retrouvé son autonomie d'action.

Ils n'éprouvent pas des émotions inconnues de leurs compatriotes. L'homme de la rue n'ignore ni le ressentiment contre l'allié trop puissant, ni l'amertume de la faiblesse nationale, ni la nostalgie de la gloire d'hier, ni l'aspiration à un univers transformé. Mais les intellectuels devraient apaiser ces émotions, montrer les raisons d'une solidarité permanente. Au lieu de remplir cette tâche de guide, ils préfèrent, surtout en France [1], trahir leur mission, attiser les sentiments médiocres de la foule en leur apportant de prétendues justifications. En vérité, ils ont contre les États-Unis une querelle qui leur appartient en propre.

Dans la plupart des pays, ils sont plus antiaméricains que les simples mortels. Certains textes de Jean-Paul Sartre [2], au moment de la guerre de Corée, de l'affaire des Rosenberg, rappellent ceux des antisémites contre les juifs. On fait des États-Unis l'incarnation de ce que l'on déteste et l'on concentre ensuite, sur cette réalité symbolique, la haine démesurée que chacun accumule au fond de lui-même, en une époque de catastrophes.

L'attitude quasi unanime des intellectuels français, à propos des Rosenberg, nous paraît caractéristique et, encore aujourd'hui, étrange. Après les tribunaux d'État de

1. Je parle de ceux qui ne sont ni communistes ni communisants. Les communistes font honnêtement leur métier au service de l'Union soviétique.

2. « Sur un point, vous aurez gain de cause : nous ne voulons de mal à personne : le mépris et l'horreur que vous nous inspirez, nous refusons d'en faire de la haine. Mais vous n'arriverez pas à nous faire prendre l'exécution des Rosenberg pour un « regrettable incident » ni même pour une erreur judiciaire. C'est un lynchage légal qui couvre de sang tout un peuple et qui dénonce une fois pour toutes et avec éclat la faillite du pacte atlantique et votre incapacité d'assumer le *leadership* du monde occidental.

« ... Mais si vous cédiez à votre folie criminelle, cette même folie demain pouvait nous jeter pêle-mêle dans une guerre d'extermination. Personne ne s'y est trompé en Europe : selon que vous donniez la vie ou la mort aux Rosenberg, vous prépariez la paix ou la guerre mondiale.

« ... Et qu'est-ce que c'est que ce pays dont les chefs sont forcés de commettre des meurtres rituels pour qu'on leur pardonne d'arrêter une guerre?

« ... Et ne vous récriez pas qu'il s'agit de quelques excités, d'éléments irresponsables : ce sont eux les maîtres de votre pays, puisque c'est pour eux que votre gouvernement a cédé. Vous rappelez-vous Nuremberg et votre théorie de la responsabilité collective? Eh bien! c'est à vous aujourd'hui qu'il faut l'appliquer. Vous êtes collectivement responsables de la mort des Rosenberg, les uns pour avoir provoqué ce meurtre, les autres pour l'avoir laissé commettre; vous avez toléré que les États-Unis soient le berceau d'un nouveau fascisme; en vain vous répondrez que ce seul meurtre n'est pas comparable aux hécatombes hitlériennes : le fascisme ne se définit pas par le nombre de ses victimes mais par sa manière de les tuer.

« ... En tuant les Rosenberg, vous avez tout simplement essayé d'arrêter les progrès de la science par un sacrifice humain. Magie, chasse aux sorcières, autodafés, sacrifices : nous y sommes, votre pays est malade de peur. Vous avez peur de tout : des Soviets, des Chinois, des Européens; vous avez peur les uns des autres, vous craignez l'ombre de votre propre bombe.

« ... En attendant, ne vous étonnez pas si nous crions, d'un bout à l'autre de l'Europe : Attention, l'Amérique a la rage. Tranchons tous les liens qui nous rattachent à elle, sinon nous serons à notre tour mordus et enragés. »

(*Les Animaux malades de la rage*, article paru dans *Libération*, le 22 juin 1953.)

Rien ne manque au rapprochement avec les textes antisémites, pas même l'accusation de meurtre rituel.

l'occupation et les cours de justice de la Libération, on ne saurait attribuer aux Français un sens aigu de la justice. Les intellectuels au grand cœur, ceux des *Temps modernes* ou d'*Esprit*, n'ont pas été émus par les excès de l'épuration, ils étaient plutôt de ceux qui reprochaient au gouvernement provisoire le manque de vigueur dans la répression. Ils avaient témoigné aux procès de type soviétique une sympathique compréhension. Pourquoi, dans l'affaire Rosenberg, affectaient-ils une indignation que leurs grands-pères avaient, eux, sincèrement éprouvée, au temps de l'affaire Dreyfus? Ces derniers, qui avaient horreur de la raison d'État et de la « justice militaire », auraient hésité à prendre part à la campagne [1]. On devait déplorer que le juge eût condamné à mort pour des actes commis à une date où l'Union soviétique était un pays allié et non ennemi. Le long séjour en prison rendait l'exécution plus cruelle et touchait la sensibilité. Mais la sentence du juge, incontestablement légale, appelait le regret ou la désapprobation (si l'on souscrivait au verdict du jury) et non pas la dénonciation virulente du moraliste. Or, la culpabilité des Rosenberg était, pour le moins, extrêmement probable. La propagande communiste ne s'empara du cas que plusieurs mois après le procès, lorsque les dirigeants du parti furent convaincus que, pour la première fois, des militants, accusés d'espionnage atomique, nieraient jusqu'au bout avoir accompli des actes que tout bon stalinien juge légitimes. La propagande réussit à transfigurer en erreur judiciaire une sentence dont la rigueur, influencée par le climat au moment du procès, ne tenait pas compte de l'opinion au moment du crime. Le succès de la campagne en France s'explique moins par le souci de la justice ou l'efficacité de la psychotechnique que par le goût de mettre les États-Unis en accusation.

Le paradoxe s'accuse encore si l'on songe qu'à beaucoup d'égards, les valeurs qu'invoquent les États-Unis ne se distinguent guère de celles que leurs critiques ne cessent de proclamer. Bas niveau de vie ouvrier, inégalité des conditions, exploitations économique et oppression politique, tels sont les vices de l'ordre social que dénonce l'*intelligentsia* de gauche; elle y oppose l'élévation du niveau de

---

[1]. En Grande-Bretagne, où l'on a gardé le sens de la justice, la campagne communiste à propos des Rosenberg fut un échec.

vie, l'atténuation des différences de classes, l'élargissement des libertés individuelles et syndicales. Or, l'idéologie officielle outre-Atlantique est pleine de cet idéal et les défenseurs de l'*American way of life* peuvent, sans vanité, prétendre que leur pays s'est approché du but autant et peut-être plus que n'importe quel autre.

Les intellectuels européens en veulent-ils aux États-Unis de la réussite d'ensemble ou de la part d'échec? Explicitement, ils leur font reproche surtout des contradictions entre l'idée et le réel, dont le sort de la minorité noire est l'exemple privilégié et le symbole. Pourtant, en dépit du préjugé racial profondément enraciné, des discriminations s'atténuent, la condition des noirs s'élève. La lutte dans l'âme américaine entre le principe de l'égalité des hommes et la barrière de couleur appelle la compréhension. En fait, la gauche européenne en veut surtout aux États-Unis d'avoir réussi sans suivre des méthodes conformes à l'idéologie préférée. Prospérité, puissance, tendance à l'uniformité des conditions, ces résultats ont été atteints par l'initiative privée, par la concurrence plutôt que par l'intervention de l'État, autrement dit par le capitalisme, que tout intellectuel bien né a le devoir non de connaître mais de mépriser.

Réussite empirique, la société américaine n'incarne pas une idée historique. Les idées, simples et modestes, qu'elle continue de cultiver, sont passées de mode sur le Vieux Continent. Les États-Unis restent optimistes à la manière du xviiie siècle européen : ils croient à la possibilité d'améliorer le sort des hommes, ils se méfient du pouvoir qui corrompt, ils demeurent sourdement hostiles à l'autorité, aux prétentions de quelques-uns à connaître mieux que le *common man* la recette du salut. On n'a de place ni pour la Révolution ni pour le prolétariat, on ne connaît que l'expansion économique, les syndicats et la Constitution.

L'Union soviétique asservit, épure les intellectuels : du moins les prend-elle au sérieux. Ce sont des intellectuels qui ont donné au régime soviétique la doctrine, grandiose et équivoque, dont les bureaucrates ont tiré une religion d'État. Aujourd'hui encore, discutant des conflits de classes ou des rapports de production, ils goûtent tout à la fois les joies de la discussion théologique, les satisfactions austères de la controverse scientifique et l'ivresse de la méditation sur l'Histoire universelle. L'analyse de la réalité américaine n'offrira jamais plaisirs de même qualité. Les États-Unis ne persécutent pas assez leurs intellectuels pour exercer, à leur tour, la trouble séduction de la terreur; ils donnent à quelques-uns d'entre eux, temporairement, une gloire qui rivalise avec celle des stars de cinéma ou des joueurs de base-ball; ils laissent la plupart dans l'ombre. L'*intelligentsia* supporte mieux la persécution que l'indifférence.

À cette indifférence s'ajoute un autre grief, mieux fondé : le prix de la réussite économique paraît souvent trop élevé. Les servitudes de la civilisation industrielle, la brutalité des relations humaines, la puissance de l'argent, les composantes puritaines de la société américaine, heurtent l'intellectuel de tradition européenne. A la légère, on impute aux réalités ou plutôt aux mots que l'on n'aime pas, le coût, peut-être inévitable, peut-être temporaire, de l'avènement des masses. On compare les *Digests* ou les productions d'Hollywood aux œuvres les plus hautes à l'usage des privilégiés et non à la nourriture réservée naguère à l'homme du commun. La suppression de la propriété privée des instruments de production ne modifierait pas la vulgarité des films ou de la radio.

Là encore, les intellectuels sont plus antiaméricains que le grand public qui, en Angleterre, se passerait difficilement des films américains. Mais pourquoi les intellectuels ne s'avouent-ils pas à eux-mêmes qu'ils sont moins intéressés au niveau de vie ouvrier qu'au raffinement des œuvres et des existences? Pourquoi s'accrochent-ils au jargon démocratique, alors qu'ils s'efforcent de défendre, contre l'invasion des hommes et des marchandises de série, des valeurs authentiquement aristocratiques?

L'enfer des intellectuels.

Le dialogue entre intellectuels français et américains est d'autant plus difficile que la situation de ces derniers est, à bien des égards, exactement opposée.

Le nombre des diplômés ou des professionnels du langage est, absolument et relativement, plus élevé qu'en France, puisqu'il augmente avec le progrès économique.

Mais l'*intelligentsia* a désormais pour représentant typique non un lettré[1], mais un expert, fût-il économiste ou sociologue. On fait confiance au technicien et non à l'homme cultivé. La division du travail, même en matière littéraire, gagne de proche en proche. L'échelle de prestige sur laquelle se distribuent les métiers non manuels est-elle différente, outre-Atlantique, de ce qu'elle est en Grande-Bretagne? Il est difficile, faute d'enquête précise, de répondre avec certitude. La hiérarchie, de toute manière malaisée à établir, varie probablement selon les groupes, à l'intérieur du même pays. Chaque milieu professionnel a son équation propre. Le fait simple, massif, n'en demeure pas moins : le romancier ou le philosophe, qui tient le devant de la scène en France, n'impose ni sa marque, ni son langage à l'*intelligentsia* américaine.

Si le Paris de la rive gauche est le paradis des écrivains, les États-Unis pourraient en être qualifiés l'enfer. Et pourtant, la formule *Retour à l'Amérique* pourrait être mise en épigraphe à une histoire de l'*intelligentsia* américaine au cours de ces quinze dernières années. La France exalte ses intellectuels qui la vomissent, les États-Unis sont sans indulgence à l'égard des leurs qui les exaltent.

Dans les deux cas, le mobile paraît le même : les Français réagissent à l'humiliation, les Américains à la grandeur de leur nation, les uns et les autres demeurent foncièrement nationalistes, dans la nostalgie d'une revanche ou dans le ralliement à la gloire. Curieusement, aux États-Unis, la même année 1953 vit se déclencher la querelle des *Egghead* et paraître l'enquête l'*Amérique et les intellectuels* dans la *Partisan Review*. Celle-ci révélait la conversion au patriotisme « grand-américain » des professionnels de la pensée, celle-là l'hostilité latente qu'éprouve à l'égard des hommes d'idées une partie importante de l'opinion.

Le mot *Egghead* est d'origine obscure — on lui attribue plusieurs créateurs — mais il obtint un succès foudroyant. En quelques jours, il fit le tour des États-Unis : journaux, hebdomadaires et revues publiaient des articles pour ou contre les *Eggheads*. La polémique était inséparable de la campagne électorale : l'entourage de M. A. Stevenson pas-

---

1. Parmi les lettrés, les professeurs tiennent un rôle plus important, dans les discussions d'idées, que les romanciers : à l'inverse de ce qui se passe en France.

sait pour composé de représentants typiques de la catégorie et les Républicains tâchaient de compromettre le candidat démocrate en le confondant avec eux. Comme la polémique était menée par des journalistes ou écrivains, qui n'étaient pas moins intellectuels, au sens sociologique, que ceux qu'ils dénonçaient, il reste à préciser quels traits font d'un écrivain ou d'un professeur une méprisable « tête d'œuf ».

Peut-être ne sera-t-il pas mauvais d'emprunter cette définition à Louis Bromfield, un des plus intellectuels parmi les anti-intellectuels. « Une personne de fausses prétentions intellectuelles, souvent un professeur ou le protégé d'un professeur, fondamentalement superficiel. Exagérément émotif et féminin dans ses réactions à n'importe quel problème. Arrogant et dégoûté, plein de vanité et de mépris pour l'expérience des hommes plus sensés et plus capables. Essentiellement confus dans sa manière de penser, plongé dans un mélange de sentimentalité et d'évangélisme violent, Partisan doctrinaire du socialisme et du libéralisme d'Europe centrale, en opposition aux idées gréco-franco-américaines de démocratie et de libéralisme. Soumis à la philosophie morale démodée de Nietzsche, philosophie qui le conduit souvent à la prison et à la honte. Pédant plein de lui-même, porté à considérer une question sous tous les aspects au point de se vider le cerveau. Un cœur saignant mais anémique[1]. »

Cette définition collectionne les accusations classiquement dressées contre les intellectuels : ils prétendent être plus compétents que les hommes ordinaires, ils le sont moins; ils manquent de virilité, de résolution; à force de voir tous les aspects des problèmes, ils ne saisissent plus l'essentiel et deviennent incapables de décision (l'allusion à l'homosexualité marque la forme extrême de l'argument). Enfin, le socialisme centre-Europe, de caractère doctrinaire, caractérise l'idéologie de la « tête d'œuf », qui se complaît dans un marxisme atténué et fraye la voie au communisme.

Cette sorte de polémique n'est pas limitée aux États-Unis. « Songe-creux », « rêveurs », « hommes de paroles », « ignorants des réalités et de la pratique » ont toujours été

---

1. *The freeman*, 1ᵉʳ décembre 1952.

les injures que le père de famille bourgeois a lancées à son fils quand celui-ci voulait s'engager dans la carrière des lettres ou des arts, que l'homme politique, le chef d'entreprise ont pensées, sinon exprimées, chaque fois que le professeur, le moraliste lui reprochaient la rudesse de sa conduite.

La polémique américaine n'en a pas moins certaines singularités. Les hommes d'action, dans la France actuelle, affichent trop de respect pour les valeurs intellectuelles, ils ne se risqueraient pas à formuler ouvertement de tels jugements. On continue à penser du mal des lettrés, on n'ose guère en dire. Les insinuations de non-virilité ou d'homosexualité, qui ne sont pas ignorées de ce côté de l'océan, n'ont guère d'audience, elles passent pour vulgaires, béotiennes. Plus caractéristique encore du climat américain est la conjonction des reproches adressés aux intellectuels en tant que tels et des reproches qui visent ceux que nous appelons intellectuels de gauche et que M. L. Bromfield appelle « libéraux ».

Ces derniers sont traîtres à la vraie et seule tradition américaine, le libéralisme « de Voltaire et des Encyclopédistes, d'hommes comme Jefferson, Franklin et Monroe, Lincoln et Grover, Cleveland et Woodrow Wilson ». Les faux libéraux dérivent tous d'un psychopathe appelé Karl Marx, ils apportent non un idéal mais la sécurité, achètent des votes à coups de subventions et d'allocations, « dans le style même qui précipita la ruine de Rome, de Constantinople et de la Grande-Bretagne ». Ils sont planificateurs, ils croient à *leur* sagesse, non à celle de l'homme de la rue, ils ne sont pas communistes, mais ils pensent confusément et se laissent duper par les staliniens, à Yalta et à Potsdam.

Le maccarthysme, lui aussi, met en cause l'intellectuel de gauche, non américain, disciple honteux de Karl Marx, coupable d'introduire le socialisme centre-Europe dans le pays de Jefferson et de Lincoln. Lui aussi unit dans la même réprobation le planisme et l'homosexualité, laisse entendre que le doctrinaire du *welfare State* participe aux turpitudes du communisme international, soit parce qu'il en partage les fausses théories, soit parce qu'il en facilite l'action, soit parce qu'il a, consciemment ou inconsciemment, partie liée avec lui.

Ce conformisme anti-libéral (au sens américain de ce mot) est une réplique, avec décalage temporel, à un conformisme opposé. Les libéraux ont cru en majorité, dans les années 30, qu'il existait effectivement une continuité ou une solidarité entre les adversaires des trusts, les partisans des lois sociales et les Bolcheviks. Elle a défendu et illustré cette unité de la gauche ou du progressisme, durant la deuxième guerre mondiale, bien au-delà des nécessités de l'alliance avec l'Union soviétique, elle a, le plus longtemps possible refusé de croire à la culpabilité d'Alger Hiss. Les hommes sensibles à la séduction du communisme, il y a vingt ans se recrutaient parmi les bourgeois et les intellectuels bien plus que parmi les ouvriers ou les minorités opprimées [1].

Il y a plus encore. L'intellectuel européen, qui voyage aux États-Unis, rencontre un peu partout le conformisme anti-MacCarthy, bien plus qu'il ne parvient à déceler la toute-puissance du maccarthysme. *Tout le monde* est contre le fameux sénateur (la seule exception notable est James Burnham qui s'est refusé à une condamnation pure et simple du sénateur et fut, de ce fait, exclu de la communauté de la *Partisan Review* *. Malheureusement, *tout le monde* ne se sent pas moins une minorité, avec une vague mauvaise conscience pour le passé d'alliance avec le communisme [2] et la peur d'une opinion populaire, qui envelopperait dans la même hostilité les rouges, les roses et les roses pâles, communistes, socialistes et *new dealers*.

Dans une université américaine, celui qui ne serait pas anti-MacCarthy serait sévèrement jugé par ses collègues (encore n'aurait-il rien à craindre pour sa carrière). Et pourtant, ces mêmes professeurs hésitent parfois à s'exprimer publiquement sur certains sujets, par exemple le communisme chinois. Le conformisme anti-MacCarthy se combine curieusement avec le conformisme anticommuniste. En dénonçant les procédés du sénateur, on ajoutera que l'on ne déteste pas moins le communisme que

---

1. L'absence de succès de la propagande communiste parmi les Nègres américains est un des phénomènes intéressants. Le Nègre veut être un Américain 100 %. Il en appelle de la réalité américaine à l'idéal américain : il ne choisit pas la Révolution.
2. Cette erreur ayant été celle des intellectuels plus que celle du *common man*, celui-ci y découvre la confirmation de la supériorité du bon sens sur l'intelligence.

lui. Presque unie contre le maccarthysme, la communauté intellectuelle éprouve sourdement une menace qui la vise elle-même : une fraction du peuple américain, qui se méfie des experts, des étrangers, des idées et se reconnaît dans la presse Hearst ou MacCormick, se juge trahie par ses dirigeants d'hier et risque de tourner sa colère contre les professeurs, les écrivains, les artistes, responsables tout à la fois de l'abandon de l'Europe orientale aux armées russes, de la défaite de Tchang Kaï-chek et de la socialisation de la médecine.

Inquiétés par la vague d'anti-intellectualisme, ces intellectuels n'en sont pas moins réconciliés avec les États-Unis. Le Vieux Continent a perdu son prestige : la brutalité et la vulgarité de certains aspects de la vie américaine ne sont rien auprès des camps de concentration de l'Allemagne hitlérienne ou de l'Union soviétique. La prospérité de l'économie permet d'atteindre les objectifs que la gauche européenne préconisait. Les experts du monde entier viennent chercher à Detroit le secret de la richesse. Au nom de quelles valeurs européennes se dresser contre la réalité américaine? Au nom du charme et de la culture que détruisent les machines et que souillent les fumées? La nostalgie de l'ordre préindustriel incite quelques lettrés, en effet, à préférer la vie française à l'*American way of life*. Mais quel est le prix, pour le grand nombre, de ces réussites exceptionnelles? Les Européens ne sont-ils pas prêts, eux aussi, à les sacrifier à la productivité, prêts à absorber n'importe quelle dose d'américanisme pour élever le niveau de vie des masses? Vue des États-Unis, l'édification socialiste — industrialisation accélérée sous l'impulsion du parti communiste, seul maître de l'État — paraît non soustraire mais ajouter aux maux de la civilisation technique.

Quelques intellectuels demeurent fidèles à la tradition d'anticonformisme et s'en prennent simultanément aux *Digests*, aux trusts, à MacCarthy, au capitalisme. Anticonformisme qui ne va pas sans un certain conformisme puisqu'il reprend les thèmes du libéralisme militant d'hier. Les intellectuels américains sont, à l'heure présente, en quête d'ennemis. Les uns combattent le communisme et font profession de le retrouver partout, les autres MacCarthy, les derniers, enfin, à la fois le communisme et

MacCarthy, sans compter ceux qui, en désespoir de cause, en sont réduits à dénoncer l'anti-anticommunisme : tous croisés à la poursuite de l'infidèle à pourfendre.

.*.

La Grande-Bretagne est probablement le pays d'Occident qui a traité ses intellectuels de la manière la plus raisonnable. Comme le disait un jour D. W. Brogan à propos d'Alain, *We British don't take our intellectuals so seriously*, nous autres, Britanniques, ne prenons pas nos intellectuels tellement au sérieux. Ainsi sont évités et l'anti-intellectualisme militant sur lequel débouche parfois le pragmatisme américain et l'admiration qui, en France, s'adresse indifféremment aux romans et aux opinions politiques des écrivains, donne à ces derniers un sentiment excessif de leur importance, les incline à des jugements extrêmes et à des articles au vitriol. Je veux bien que les intellectuels soient les clercs du XXe siècle : les affaires de l'État relèvent de plus en plus des experts et les erreurs de ceux-ci ne justifient pas l'éloge de l'ignorance.

Jusqu'à la deuxième guerre mondiale, il est vrai, le recrutement des *publics schools* et des universités était tel que la classe dirigeante assimilait aisément les nouveaux venus. Les dissidents tranchaient sur le conformisme social sans l'ébranler. Les conflits d'intérêts entre les privilégiés ne mettaient en cause ni la Constitution ni la méthode de la politique. Les intellectuels élaboraient des doctrines qui inspiraient des réformes, sans donner aux foules la nostalgie des belles catastrophes. Les réformes de ces dernières décennies ont considérablement élargi le nombre des étudiants et les milieux où ils se recrutent. L'intellectuel de gauche qui, systématiquement, prend le parti de l'avenir contre le passé, qui éprouve une sorte de solidarité avec tous les révolutionnaires du monde, règne sur une partie de la presse hebdomadaire : il n'a pas encore rompu avec sa patrie. Il ne marque pas moins d'attachement à Westminster et au Parlement que les conservateurs. Il réserve au monde extérieur les bienfaits du front populaire, dont la faiblesse du parti communiste anglais le protège. Volontiers, il dirait que la force du communisme est, en chaque pays, inversement proportionnelle aux mérites du régime.

Ainsi, il payerait tribut à l'excellence du régime britannique, reconnaîtrait la légitimité du communisme en France en Italie ou en Chine et s'affirmerait aussi bon nationaliste qu'internationaliste. Le Français rêve de cette réconciliation par la conversion de tous les non-Français à la France. L'Anglais, volontiers, croirait que personne, en dehors des îles heureuses, n'est tout à fait digne de jouer au cricket et aux débats parlementaires. Orgueilleuse modestie, qui peut-être aura sa récompense : les peuples, instruits et libérés par les Britanniques, ceux de l'Inde en Asie, ceux de la Côte d'Or en Afrique, continueront de jouer au cricket et aux débats parlementaires.

CHAPITRE VIII

LES INTELLECTUELS ET LEURS IDÉOLOGIES

Les idéologies politiques mêlent toujours, avec plus ou moins de bonheur, des propositions de fait et des jugements de valeur. Elles expriment une perspective sur le monde et une volonté tournée vers l'avenir. Elles ne tombent pas directement sous l'alternative du vrai et du faux, elles n'appartiennent pas non plus à l'ordre du goût et des couleurs. La philosophie dernière et la hiérarchie des préférences appellent le dialogue plutôt que la preuve ou la réfutation; l'analyse des faits actuels ou l'anticipation des faits à venir se transforme avec le déroulement de l'histoire et la connaissance que nous en prenons. L'expérience corrige progressivement les constructions doctrinales.

En Occident, le climat, au lendemain de la seconde guerre mondiale, est conservateur. Si l'Union soviétique ne semblait menaçante, si la Chine, après avoir chassé les Occidentaux, ne réveillait les fantômes d'un impérialisme jaune, si la bombe atomique n'entretenait l'angoisse, Européens et Américains jouiraient de la paix retrouvée, ceux-ci dans l'orgueil d'une prospérité unique, ceux-là satisfaits d'une confortable sagesse, après tant de folies. Mais la rivalité continue entre les deux univers. La révolution soulève les peuples extérieurs à la minorité occidentale. Marx remplace Confucius et les compagnons de Gandhi rêvent de bâtir d'immenses usines.

A l'automne de 1954, pour la première fois depuis 1939 ou plutôt depuis 1931, les canons se sont tus, — non les mitraillettes : il serait prématuré de fermer les portes du temple de Janus.

Les faits majeurs.

En Occident, la querelle du capitalisme et du socialisme est en train de perdre son potentiel affectif. Dès lors que l'on confond l'Union soviétique avec le socialisme, celui-ci n'a manifestement pas pour fonction de recueillir l'héritage du capitalisme, mais d'assurer, lui aussi, le développement des forces productives. Rien ne suggère qu'il doive partout succéder au régime de la propriété privée. L'idée d'un parallélisme entre les phases de la croissance et la succession des régimes, est écartée par les événements.

Les sociétés dites socialistes retrouvent, sous des formes modifiées, les nécessités inhérentes à tout système moderne. Ici et là, « les cadres décident de tout ». Les directeurs soviétiques retiennent l'équivalent des profits. Les incitations à l'effort, les salaires ou les primes au rendement ressemblent aux pratiques du capitalisme occidental d'hier. Jusqu'à présent, les planificateurs, en raison de la pénurie et de la volonté d'accroître rapidement la puissance du pays, ne se sont souciés ni de la productivité des divers investissements ni des préférences des consommateurs. Ils ne vont pas tarder à connaître les périls de la mévente et les exigences du calcul économique.

La mise en question des institutions représentatives constitue le deuxième fait majeur de notre siècle. Jusqu'en 1914, ce que la gauche défendait et illustrait par-dessus tout, ce que les non-Occidentaux tâchaient d'imiter, c'étaient les libertés : la presse, le suffrage universel et les assemblées délibérantes. Le Parlement semblait le chef-d'œuvre de l'Europe, que les « cadets » de Russie ou les jeunes Turcs rêvaient de reproduire.

Les régimes parlementaires ont fait faillite, entre les deux guerres, dans la plus grande partie de l'Europe.

L'Union soviétique a démontré que la pluralité des partis et le gouvernement par discussion ne comptaient pas parmi les secrets de la puissance que les sociétés d'Asie voulaient dérober aux conquérants. Les crises qui, en Amérique du Sud, dans le Proche-Orient, en Europe orientale, ont paralysé le fonctionnement des démocraties, ont suscité des doutes sur la possibilité d'exporter les coutumes britanniques et américaines. Le système représentatif, dont Westminster et le Capitole offrent le modèle achevé, laisse aux groupes professionnels, aux syndicats, aux familles spirituelles, aux individus le droit de défendre leurs intérêts, de se quereller avant et pendant l'action. Il exige un personnel capable de maintenir la modération des controverses, une classe dirigeante consciente de son unité et résolue, en cas de besoin, à des sacrifices. Il est menacé par l'ardeur excessive des querelles (les coups de revolver n'ont pas été inconnus dans l'hémicycle de parlements balkaniques), par le conservatisme aveugle des privilégiés, par la faiblesse des classes moyennes.

L'alternative des libertés politiques et du progrès économique, du Parlement ou des barrages, de la gauche libérale et de la gauche socialiste est une fausse alternative en Occident. Elle peut paraître inéluctable en certaines circonstances. La promotion d'un pays non capitaliste, au premier rang des grandes puissances, a consacré par le succès la formule de « l'occidentalisation sans la liberté » ou encore de « l'occidentalisation contre l'Occident ».

L'harmonie préétablie entre la dénonciation du capitalisme au XIXe siècle par un intellectuel d'Occident et les passions des intellectuels d'Asie et d'Afrique constitue un troisième fait majeur de notre temps. La doctrine marxiste, par ses erreurs autant que par sa vérité partielle, rejoint la représentation que le diplômé d'Asie est enclin à se faire du monde. Les grandes sociétés, commerciales ou industrielles, installées en Malaisie, à Hong-kong, dans l'Inde, ressemblent au capitalisme qu'a observé Marx, plus qu'à l'industrie de Detroit, de Coventry ou de Billancourt. Que l'essence de l'Occident soit la recherche du profit, que les missions religieuses et les croyances chrétiennes soient le camouflage ou le point d'honneur d'intérêts cyniques, que, finalement, victime de son propre matérialisme, l'Occident doive se déchirer en des guerres impérialistes, une telle interprétation est partiale, incomplète, injuste : elle n'en convainc pas moins les peuples dressés contre des maîtres étrangers.

En adhérant à cette idéologie, l'intellectuel d'Asie change la signification de ce qu'il est résolu à accomplir. Les réformateurs japonais de l'ère Meiji ont rédigé une Constitution, parce que celle-ci, comme les chemins de fer, le télégraphe, l'instruction primaire, la science, appartenait au système social et intellectuel auquel l'Europe devait, semble-t-il, sa prééminence. En imitant la modalité russe de la société industrielle, la nation, humiliée hier par la France ou la Grande-Bretagne, aujourd'hui révoltée contre elles, se donne l'illusion de ne rien devoir aux Occidentaux et même de les devancer sur la route de l'histoire.

Inévitablement — et c'est là le quatrième fait majeur de la conjoncture — on ne donne pas au grand schisme entre le camp soviétique et l'Occident la même signification, à Londres et à Bombay, à Washington et à Tokyo. Le régime soviétique, qui supprime la libre discussion entre partis, entre parlementaires, entre intellectuels, parfois entre savants, paraît aux Européens ou aux Américains étrange, terrifiant. Comme il apporte avec lui la concentration de millions d'hommes dans les villes, des usines gigantesques, le culte de l'abondance et du confort, la promesse d'un espoir radieux, il paraît, au regard des Asiatiques, chargé des mêmes vertus et des mêmes vices que le régime occidental (peu importe qu'on lui attribue des vertus ou des vices supplémentaires).

Les Américains aiment à imaginer que la Russie menace les peuples libres et qu'eux-mêmes les protègent. Les Asiatiques veulent croire que la querelle entre les États-Unis et l'Union soviétique ne les concerne pas et que la morale, autant que l'opportunité, leur ordonne la neutralité. Les Européens préféreraient l'interprétation des Asiatiques : les armées russes, à deux cents kilomètres du Rhin, les rappellent à la réalité. Japonais, Chinois ou Indiens ne peuvent pas ne pas détester l'impérialisme occidental, refoulé d'Asie mais non d'Afrique, autant que l'éventuel impérialisme d'un communisme russe ou chinois. Les Européens ne peuvent pas ignorer que l'Union soviétique est encore pauvre, que les États-Unis sont déjà riches, que la domination de celle-là impose une technique assez primitive d'industrialisation, que la domination de ceux-ci s'exprime surtout par la distribution de dollars.

Les débats idéologiques sont autres de pays à pays, selon que tel aspect de la conjoncture est souligné ou méconnu, selon l'angle de vision, selon la tradition de pensée. Parfois les débats expriment les problèmes que les nations doivent effectivement résoudre, parfois ils les déforment ou les transfigurent pour les insérer dans des schémas à prétention universelle.

Les débats nationaux.

En Grande-Bretagne, le débat est essentiellement technique, et non idéologique, parce que l'on a conscience de la compatibilité et non de la contradiction des valeurs. A moins d'être un économiste professionnel, on peut se disputer mais non s'entretuer à propos du service de santé gratuit, du volume de la fiscalité ou du statut des aciéries.

Les Britanniques n'en offrent pas moins le même éventail d'opinions, la même galerie d'intellectuels que le reste de l'Europe. La différence maîtresse porte sur l'enjeu : ailleurs, on s'interroge sur les choix à faire, ici on s'interroge sur les choix des autres. Les rédacteurs du *New Statesman and Nation* sont transportés d'enthousiasme à l'idée d'une collaboration entre socialistes et communistes, en France bien entendu.

Si le monde extérieur était aussi sage que l'Angleterre, le grand débat y serait paralysé par l'ennui. Heureusement, les sénateurs américains, les intellectuels français et les commissaires soviétiques offriront inépuisablement matière à dispute.

Le débat américain est très différent, dans le style, du débat britannique, bien qu'il soit, au fond, analogue. Les États-Unis ne connaissent pas de conflit idéologique, au sens français du mot; les intellectuels n'y sont pas liés à des doctrines ou des classes opposées et ignorent des antithèses comme celles de l'ancienne France ou la France moderne, du catholicisme ou de la libre pensée, du capitalisme ou du socialisme. Bien qu'ils n'aperçoivent pas d'alternative au présent régime, les intellectuels britanniques n'ont pas de peine à imaginer comment la querelle idéologique surgirait. L'hostilité à la classe dirigeante, l'envie sociale, le mépris de la hiérarchie ont été évités ou étouffés, en dépit de deux guerres mondiales. Rien ne garantit que la société britannique échappera toujours aux déchirements des sociétés continentales.

On ne retrouve outre-Atlantique ni les traditions ni les classes qui donnent un sens aux idées européennes. L'aristocratie et le style aristocratique de vie y ont été impitoyablement détruits par la guerre de Sécession. La philosophie optimiste des Lumières, l'égalité des chances pour tous, la maîtrise de la nature sont restées inséparables de l'idée que les Américains se font de leur histoire et de leur destin. La religiosité, de tendance moralisatrice, la multiplicité des confessions et des sectes ont prévenu le heurt des clercs et des intellectuels, qui a joué un tel rôle dans l'Europe moderne. Le nationalisme n'était pas enflammé par les luttes contre l'ennemi héréditaire ou la révolte contre une domination étrangère.

La doctrine de l'égalité n'était pas combative, puisqu'elle ne se heurtait ni à une aristocratie ni à une Église. Le conservatisme de style anglais ne trouvait pas de relations humaines ou d'institutions à conserver contre la pression des masses, l'esprit de libre examen ou la technique. Tradition, conservation, libéralisme se joignaient, puisqu'on avait le devoir de maintenir la tradition de Liberté. Le vrai problème américain fut de réconcilier les idées avec l'ordre réel, sans trahir celles-là ni sacrifier celui-ci. On agissait selon le style des conservateurs britanniques, tout en usant parfois du langage des philosophes français.

Ayant commencé leur existence historique avec les doctrines des non-conformistes britanniques et du siècle des Lumières, les États-Unis ne connurent pas de grand mouvement socialiste : la rapidité de l'expansion économique, la chance ouverte aux plus énergiques, le perpétuel renouvellement, grâce à l'immigration et aux nègres, d'un sous-prolétariat, l'éparpillement des masses par la multiplicité des nationalités empêchèrent la formation d'un parti comparable à la social-démocratie allemande ou au *Labour* anglais. La relation entre conflits d'intérêts et querelles d'idées fut différente du modèle européen.

La société et non l'État a la tâche d'intégrer les nouveaux venus à la communauté. En s'opposant au régime, on se dépouillerait soi-même de la citoyenneté à laquelle on aspire. Les socialistes ont toujours été suspects, parce que leurs théories semblaient empruntées au-dehors, surtout à l'Europe, dont on condamnait le despotisme, les incartades et les vices. Le nationalisme ressemblait plus à la conviction orgueilleuse de la valeur unique de l'*American way of life* qu'à la reprise, par la collectivité entière, de la volonté de puissance des États.

La formation des partis, selon des considérations régionales autant que sociales, interdisait de baptiser l'un gauche et l'autre droite. Le parti de la libération des esclaves était à gauche, mais le défenseur des états contre le pouvoir fédéral était-il à droite? Le parti de Lincoln, allié aux milieux industriels ou bancaires de l'Est, n'était pas passé pour autant de gauche à droite.

L'antithèse a retrouvé peut-être quelque signification, au cours de ces dernières années, en raison de la grande crise et du *New Deal*. Dans les villes, en dehors du Sud, le parti démocrate est devenu celui des minorités nationales, de la majorité des ouvriers et des nègres. La bonne société, les milieux de banques et d'affaires demeuraient favorables aux républicains. L'hostilité aux trusts, à Wall Street, l'introduction des lois sociales, la réglementation de la concurrence, l'appui donné aux syndicats, se combinaient dans les programmes et la pratique des démocrates, au cours des années 30. La plupart des transformations, intervenues sous la présidence de Roosevelt, sont irréversibles, le fait essentiel étant d'ailleurs l'extraordinaire prospérité 1941-1954, dont les mesures gouvernementales ne sont que partiellement responsables.

Ce « libéralisme » ressemblait à celui de la gauche européenne plus qu'à aucune époque, puisqu'il comportait des éléments, atténués et américanisés, du socialisme (du travaillisme plutôt que du socialisme doctrinaire). Du même coup, il était vulnérable. Les réformes du *New Deal* allaient dans le sens de l'étatisme et, par suite, trahissaient la tradition américaine.

Les conflits d'ordre économique, dans les États-Unis

d'aujourd'hui, sont d'ordre technique et non idéologique. Les républicains, hostiles par principe à l'expansion de l'État fédéral, aux dépenses publiques, ont réduit substantiellement le seul budget de défense nationale. Ils n'ont pas touché aux lois sociales, ils en ont amélioré quelques-unes, ils ont, avec répugnance, lancé un modeste programme de construction. Ils n'aiment guère le régime dont ils ont pris la charge, de même que les conservateurs anglais déplorent le service de santé gratuit et les impôts démesurés sur l'héritage. Ni les uns ni les autres ne sont capables de renverser l'évolution. En Grande-Bretagne, les hommes d'affaires et les intellectuels ne remettent pas en cause les faits accomplis. Aux États-Unis, on s'exprime souvent comme si la médecine socialisée était la première étape du socialisme, lui-même mal discernable du communisme, comme si l'essence de l'américanisme était menacé par la manipulation du taux d'intérêt ou l'augmentation du nombre des fonctionnaires.

Ni les conflits entre les idéologies venues d'Europe ni les controverses sur les modalités d'un régime incontesté ne sont proprement américains. En revanche, l'effort pour dégager les traits originaux de l'économie américaine par rapport aux économies européennes, de la civilisation américaine face au défi soviétique domine peu à peu les querelles traditionnelles.

En quoi le capitalisme américain diffère-t-il du capitalisme britannique, allemand ou français? Quelle est la manière dont fonctionne effectivement la concurrence? Jusqu'à quel point les concentrations économiques sont-elles favorables ou contraires au progrès technique? Des libéraux ont pris parti pour les grandes corporations (David Lilienthal). Des économistes (J. K. Galbraith) ont élaboré une théorie de la concurrence économique, qui transpose la théorie politique de l'équilibre des forces. En marge des invectives contre « le socialisme envahissant », en dehors des républicains qui rêvent d'une société d'individus libres, égaux et responsables, ou des doctrinaires qui aspirent à un mécanisme des prix, non faussé par les pouvoirs publics, une fraction de l'*intelligentsia* américaine tâche de saisir l'originalité d'une expérience historique sans équivalent.

La rivalité mondiale avec l'Union soviétique impose cette prise de conscience. L'ennemi invoque une idéologie :

de quelles idées se réclament les États-Unis? La propagande n'a pu donner de réponse. La réussite américaine ne se prête pas à une mise en forme systématique. Prolétariat, révolution permanente, société sans classes, *la Voix de l'Amérique* s'efforce d'arracher au communisme quelques-uns de ces mots sacrés, sans convaincre ses auditeurs. La révolution communiste est transférable, parce qu'elle est l'œuvre d'un parti et de la violence, la révolution américaine ne l'est pas, parce qu'elle suppose l'action des entrepreneurs, la multiplication des groupements privés, l'initiative des citoyens.

Les controverses de politique étrangère sont un autre aspect de cette prise de conscience. Au niveau inférieur, on échange des arguments ou des invectives sur les mêmes sujets qu'en Europe : quelle part accorder aux préparatifs militaires et à l'aide économique? Faut-il ou non reconnaître le gouvernement de Mao Tsé-toung? Bien que ces questions soient sans rapport avec l'interprétation du stalinisme ou l'intensité de l'anticommunisme, la loi de l' « amalgame passionnel » joue : les mêmes hommes inclinent à expliquer le totalitarisme par l'industrialisation accélérée, à recommander le point IV élargi aux dimensions de la planète, à plaider pour la reconnaissance de Mao Tsé-toung, à dénoncer MacCarthy et le maccarthysme et ils deviennent suspects aux yeux de l'autre école, qui veut économiser les deniers du contribuable, oscille entre l'isolationnisme et la haine du communisme chinois et n'est jamais satisfaite des mesures de sécurité.

Peut-être ces débats passionnés, dont celui qui suivit le rappel du général MacArthur fut le plus célèbre, marquent-ils les étapes d'une éducation politique. Pour la première fois, les États-Unis connaissent le sort qui fut celui des pays européens depuis des siècles : ils coexistent avec un ennemi, dont ils éprouvent quotidiennement la menace. Contre les moralistes, prêts à la croisade, contre les militaires proclamant qu'il n'y a pas de substitut à la victoire, président et secrétaire d'État acceptèrent en Corée un compromis, dont la portée morale et les conséquences diplomatiques étaient également importantes.

La renonciation à la victoire rompait avec la stratégie des deux guerres mondiales : elle signifiait une sorte de conversion au réalisme. On négociait avec l'agresseur au lieu de le punir. Isolés volontairement des remous de la politique mondiale au siècle dernier, les États-Unis ont pu se consacrer à la mise en valeur de leur territoire, sans se soucier de ce qu'ils représentaient parmi les nations du monde. La grande République a pris conscience tout à la fois de sa puissance et des limites de sa puissance. Condamnée à un rôle mondial, elle découvre sa singularité. Une philosophie, pluraliste et empirique, de la politique internationale pourrait être l'aboutissement de l'examen de conscience.

La grande querelle des intellectuels français a aussi le communisme pour enjeu, mais en un style tout autre. Bien qu'il y ait un grand parti communiste en France, les intellectuels staliniens ne sont pas engagés dans des véritables débats avec leurs confrères non communistes. Les physiciens, chimistes, médecins, de tendances ou de convictions communistes, ne disposent ni de laboratoires, ni de méthodes qui leur soient propres; sauf dans les revues du parti, ils ignorent tout du matérialisme dialectique [1]. Le spécialistes des sciences humaines, à quelques exceptions près, ne s'en soucient pas davantage. Quant aux professeurs de Sorbonne qui, sans être inscrits au parti, signent des pétitions contre le réarmement de l'Allemagne ou la guerre bactériologique, ils écrivent des livres sur la vertu, le néant ou l'existentialisme qui ne seraient pas sensiblement différents si Staline n'avait jamais existé. Quoi qu'on en dise, le communisme pose à la France un problème politique, non spirituel.

La collectivité française souffre d'un ralentissement du progrès économique. Le mal, tant de fois dénoncé par les économistes de droite et de gauche, se manifeste par les alternances d'inflation et de stagnation, la survivance d'entreprises anachroniques, la dispersion de l'appareil de production, la faible productivité d'une partie importante de l'agriculture. Cette crise, amplifiée par les erreurs de la période 1930-1938 et la deuxième guerre, a été préparée par la baisse de la natalité et le protectionnisme agricole

---

1. Cela ne veut pas dire : *a)* que les intellectuels communistes ne cherchent pas à « noyauter »; *b)* que, dans les spécialités qui touchent à l'objet de leur foi, ils se montrent objectifs : les livres des géographes communistes sur l'Union soviétique sont discrètement orientés, mais orientés par leurs préférences, non par le matérialisme dialectique.

introduit dès la fin du siècle dernier. Elle est, depuis dix ans, en train d'être surmontée.

Régime et structure de l'économie, en France, n'ont été voulus par personne. On peut l'imputer à la bourgeoisie ès-qualité, si l'on pose que la bourgeoisie est la classe dirigeante. Mais, autant que les dirigeants des trusts, les hommes politiques, les simples électeurs ont voulu les mesures, qui ont peu à peu freiné l'expansion. Les Français ont préféré collectivement les loisirs à l'élévation du niveau de vie, les subventions et allocations de l'État aux rigueurs de la concurrence.

Le capitaliste par excellence, avant 1914, était le propriétaire d'immeubles ou de terres : depuis lors, il a été plus maltraité que toute autre catégorie sociale. Les revenus du capital — des valeurs mobilières ou du capital foncier et immobilier — représentent aujourd'hui, en France, un pourcentage du revenu national plus faible qu'en aucun pays d'Occident (moins de 5 %). Les « puissances d'argent », betteraviers ou autres, exercent sur les pouvoirs publics des pressions indiscrètes pour la défense de leurs intérêts. La loi de 40 heures fut également une mesure malthusienne. Nul gouvernement n'a été plus malthusien que celui du Front populaire.

Le débat sur l'attitude à l'égard des communistes à l'intérieur se distingue, sans se séparer, du débat sur la diplomatie à l'égard du camp soviétique. Les experts, férus d'expansion, se demandent si une majorité de droite ou du centre serait capable de promouvoir le progrès économique. Les lettrés reprennent, pour des raisons différentes, les arguments des experts : seule une majorité de gauche présente, à leurs yeux, des garanties contre le règne de l'argent et pour une politique de paix. Tous les pays d'Europe ont leurs bevanistes, neutralistes, adversaires du pacte atlantique ou de l'O. T. A. N. Les Français ont élaboré, avec plus de subtilité les diverses conceptions possibles, parce qu'ils ont plus que les Britanniques et les Américains le goût des discussions d'idées (même ou surtout sans portée pratique).

Ces sortes de discussions sont probablement moins stériles qu'elles ne le paraissent. Les communistes ont admis, une fois pour toutes, que les deux camps se livrent une guerre au terme de laquelle le camp socialiste survivra seul. Les non-communistes ne doivent pas accepter cette vision du monde, même avec inversion des valeurs. Refusant le dogmatisme, ils n'acceptent ni que l'Occident soit défini adéquatement par la propriété privée, la recherche du profit ou les institutions représentatives, ni que l'univers soviétique, à jamais fixé dans le stalinisme, soit incapable de donner, de sa propre foi, une interprétation qui tolère la pacification progressive. Le communiste veut que la stratégie soviétique soit conforme à l'image qu'en donne la doctrine à l'usage du vulgaire. L'anticommuniste veut qu'elle soit conforme à la doctrine ésotérique (guerre inexpiable...) L'histoire est rarement à ce point logique. La réalité se situe ou se situera quelque part, entre le sens vulgaire et le sens ésotérique; la stratégie de conquête mondiale est susceptible de demeurer l'arrière-pensée des dirigeants, sans dicter leur conduite effective.

Ces deux débats, économique et diplomatique, les intellectuels se plaisent à les mener en des termes idéologiques. La meilleure manière d'accélérer le progrès économique, la combinaison parlementaire susceptible de favoriser l'expansion sans permettre la répétition du « coup de Prague » intéressent les Français, non l'humanité. Les spéculations sur une politique étrangère, qui ne serait ni celle des satellites de l'Union soviétique ni celle des partenaires du pacte de l'Atlantique, ne restent pas sans conséquences si elles paralysent la diplomatie française, mais elles sont sans signification universelle. Habitués à parler pour tous les hommes, ambitieux d'un rôle à la mesure de la planète, les intellectuels français s'ingénient à camoufler le provincialisme de leurs controverses sous les débris des philosophies de l'histoire du siècle dernier. Les communistes, en acceptant les prophéties marxistes au profit du parti communiste, les révolutionnaires, en reprenant les mêmes prophéties, formalisées, à titre hypothétique, réussissent également à se soustraire à l'étroitesse d'une nation de deuxième ordre. Au lieu de poser la question raisonnable : que faire quand les ouvriers votent en grand nombre pour le parti communiste, en un pays qui est, géographiquement et spirituellement, à l'intérieur du camp occidental? ils méditent sur la vocation révolutionnaire d'un prolétariat rêvé par Marx, ils posent l'équivalence mythique du prolétariat et du parti communiste.

En un sens, ce débat français garde une portée exemplaire. La France n'a été créatrice ni des institutions politiques (libertés personnelles, assemblées délibérantes) ni des institutions économiques, caractéristiques du monde moderne. Mais elle a élaboré et diffusé les idéologies typiques de la gauche européenne : égalité des hommes, liberté des citoyens, science et libre examen, révolution et progrès, indépendance des nations, optimisme historique. De ces idéologies, les deux « géants » se prétendent également héritiers. Les intellectuels d'Europe ne se reconnaissent ni dans l'un ni dans l'autre. Doivent-ils pencher vers l'Union soviétique, en reprenant les thèmes du prophétisme marxiste ou vers les États-Unis, malgré tout respectueux du pluralisme spirituel? Ou rejeter l'aboutissement actuel de la civilisation technique, sous l'une et l'autre forme? Les intellectuels de France ne sont pas seuls à formuler ces interrogations : dans tous les pays qu'humilie le déclin national et qui gardent la nostalgie des valeurs aristocratiques, d'autres intellectuels leur font écho.

L'art des intellectuels britanniques est de réduire à des termes techniques des conflits souvent idéologiques, l'art des intellectuels américains de transfigurer en querelles morales des controverses qui concernent bien plutôt les moyens que les fins, l'art des intellectuels français d'ignorer et, bien souvent, d'aggraver les problèmes propres à la nation, par volonté orgueilleuse de penser pour l'humanité entière.

Les intellectuels japonais et le modèle français.

Les intellectuels souffrent de leur impuissance à modifier le cours des événements, mais ils méconnaissent leur influence. A terme, les hommes politiques sont les disciples des professeurs ou des écrivains. Le doctrinaire du libéralisme a tort d'expliquer les progrès du socialisme par la diffusion d'idées fausses. Il n'en reste pas moins que les théories, enseignées dans les universités, deviennent, quelques années plus tard, des évidences acceptées par les administrateurs ou les ministres. Les inspecteurs des finances sont keynésiens en 1955, ils se refusaient à l'être en 1935. Les idéologies des lettrés, en un pays comme la France, forment, elles aussi, la manière de penser des gouvernants.

Dans les pays non occidentaux, le rôle des intellectuels, au sens le plus large de ce terme, est encore plus grand. En Russie et en Chine, non en Angleterre ou en Allemagne, des partis, à l'origine peu nombreux, recrutés surtout parmi les diplômés, ont infléchi le destin des peuples et, une fois maîtres de l'État, imposé une vérité officielle. En Asie ou en Afrique, les diplômés prennent aujourd'hui la direction des mouvements révolutionnaires ou des États récemment promus à l'indépendance.

Le rôle des intellectuels d'Asie, leur penchant vers le marxisme ont été souvent expliqués. Nous rappellerons, en quelques mots, l'essentiel. Les idées progressistes, qui imprègnent maîtres et étudiants dans les universités d'Occident, tendent à « aliéner » le jeune intellectuel des sociétés traditionnelles et à le dresser contre la domination européenne. Cette domination tourne en dérision les principes démocratiques, ces sociétés, presque toujours hiérarchiques et inégalitaires, justifiées par des croyances que l'esprit de libre examen ne respecte pas, apparaissent scandaleuses à l'optimisme qu'inspire la philosophie rationaliste. L'exemple de la révolution russe et les écrivains d'Occident ont rendu populaires les idées socialistes. Aussi bien le marxisme de Lénine qu'ont adopté les communistes met l'accent sur l'exploitation du monde par les Européens. Peu importe que les analyses de Lénine doivent autant aux sociologues bourgeois, critiques de l'impérialisme, comme Hobson, qu'à Marx lui-même.

Au-delà de ces généralités, quelles sont les circonstances qui déterminent, en chaque cas, le contenu et le style du débat? Prenons d'abord l'exemple du Japon, où les intellectuels (surtout au sens étroit d'écrivains et d'artistes) semblent se conformer au modèle français. Ils penchent en majorité vers la gauche, plus ou moins proches du communisme, mais sans franchir le seuil. Comme en France également, le gouvernement pratique une alliance étroite avec les États-Unis, désapprouvée avec résignation par la plupart des lettrés.

Des analogies s'offrent immédiatement au regard. Au Japon aussi, les intellectuels se sentent humiliés que leur pays soit entretenu et protégé par les États-Unis. Le Japon a été hier l'ennemi, la France l'allié du protecteur, mais ce passé autre ne supprime pas la similitude de la condition présente. Ni l'un ni l'autre pays n'aperçoivent, à l'horizon, une perspective de grandeur temporelle. Dès lors que la Chine, unifiée sous un gouvernement fort, se lance dans la carrière industrielle, le Japon est condamné à une position subordonnée, soit à l'intérieur du système maritime des États-Unis, soit à l'intérieur du système continental sino-russe. A supposer que ce dernier se désagrège, le Japon ne retrouverait pas la chance de conquêtes, tout au plus la possibilité de manœuvre en une diplomatie d'équilibre à plusieurs grands. De même, la France, qu'elle s'intègre ou non à l'Europe occidentale, reste capable de tenir une place honorable sur la scène du monde. Par ses dimensions et ses ressources, elle est exclue du premier rang.

Le Japon se sent lié à ceux dont le sépare l'alliance américaine, étranger à ceux dont le rapproche l'opposition des deux blocs. Le phénomène se manifeste tout autrement ici et là, la ressemblance en profondeur n'en est pas moins frappante. La France hésite à s'unir à l'Allemagne, même réduite de moitié, à se sentir ennemie de la Russie, même communiste. Le Japon n'est accueilli par aucun des pays anticommunistes d'Asie, ni par la Corée du Sud et les Philippines, entièrement acquises à la cause des États-Unis, ni par l'Indonésie ou la Birmanie, indépendantes, neutres et « gauchisantes ». Bien qu'ayant été l'ennemi de la Chine, le Japon ressent l'absurdité d'un rideau de bambous entre les deux grandes civilisations de l'Asie septentrionale. La résistance à l'Union soviétique serait le seul aspect de la politique présente, soutenu et justifié par un sentiment national.

Économiquement, la situation du Japon n'est pas sans présenter quelques traits communs avec celle de la France. Les différences sont évidentes : la population des quatre îles a dépassé l'optimum de puissance, aussi bien que l'optimum de bien-être. Soixante millions d'habitants tireraient leur nourriture du sol et n'auraient à importer que les matières premières de l'industrie. Peuplé de quatre-vingt-dix millions d'hommes, le pays doit choisir entre des investissements coûteux pour accroître encore les récoltes et l'importation d'un cinquième du riz consommé. La France est largement au-dessous de l'optimum de puissance et de bien-être, en dépit de la reprise de la natalité. Le revenu par tête de la population, le niveau de vie sont, au Japon, très inférieurs à ce qu'ils sont en France (un professeur d'une université de Tokyo touchait 25.000 à 30.000 yens par mois, en 1953, soit, au cours du change, trois ou quatre fois moins que son collègue à Paris).

Si l'on tient compte de l'écart entre Europe et Asie, la condition du Japon est comparable à celle de la France. Ici et là, les intellectuels ne reçoivent pas de traitements accordés à leurs aspirations. Ici et là, les usines modernes côtoient des ateliers de caractère plus artisanal qu'industriel. Les opposants dénoncent les dirigeants des trusts (plus réels au Japon qu'en France), ils oublient que la poussière des entreprises naines est parfois plus nuisible à la productivité que la concentration du pouvoir économique en quelques mains.

Le Japon a encore moins connu que la France l'authentique capitalisme, de style protestant, la libre concurrence, le recrutement des plus aptes selon le critère du succès. L'État a pris une part décisive à l'industrialisation, il a confié ou transféré les corporations à de grandes familles. La gestion passait pour un service public, elle était monopolisée par les « féodaux ». La dénonciation marxiste des capitalistes, barons de l'ère moderne, y obtient aisément audience. Bien que la société japonaise ne soit nullement stagnante, que l'économie y soit dynamique, les circonstances ont créé une disproportion entre ce que les intellectuels attendent de la nation et ce que celle-ci peut leur apporter, que l'on observe dans la France actuelle.

La culture japonaise est essentiellement littéraire et artistique. Les intellectuels emploient le jargon démocratique et se croient sincèrement attachés aux idées simultanément libérales et socialistes. Au fond d'eux-mêmes, peut-être mettent-ils au-dessus de tout l'art de vivre et la beauté. Verbalement, ils en ont au capitalisme américain, affectivement ils détestent le débraillé du style américain, la vulgarité de la culture de masses. Les valeurs traditionnelles appartenaient à une morale noble, comparable à celle des chansons de geste de l'Europe médiévale : sens des obligations, loyauté à l'égard du supérieur, subordination des passions à la morale. Les thèmes fréquents des œuvres littéraires sont les conflits entre les devoirs ou entre amour et devoir. La vie quotidienne est stylisée par des règles strictes qui répriment la spontanéité et soumettent chacun au respect de l'ordre social. L'occupant séduit les simples, il heurte les délicats par son laisser-aller, l'égalité apparente dans les relations humaines. Au souci japonais de donner à chaque instant, à chaque fleur, à chaque mets une beauté irremplaçable s'oppose le souci américain de l'efficacité. Le sentiment que l'*American way of life*, avec le *Readers Digest*, les distractions pour tous, la publicité tapageuse, est coupable d'agression contre les formes supérieures de culture est aussi répandu parmi les intellectuels au Japon qu'en France (encore que les premiers l'expriment peut-être moins clairement que les seconds). Dans les deux cas, les emprunts aux institutions américaines caricaturent les modèles : les *comics* de Tokyo dépassent en grossièreté ceux de Detroit. En même temps, on hésite à invoquer l'argument de culture, qui rendrait un son réactionnaire. On préfère imputer tout le mal au « capitalisme ».

Là est peut-être le motif profond des attitudes communes aux intellectuels du Japon et de France. Les uns et les autres souscrivent au système de pensée progressiste, ils dénoncent les féodaux, rêvent d'investissements, de niveau de vie, de rationalisation. En vérité, ils détestent l'américanisme non à cause de MacCarthy ou des capitalistes, mais parce qu'ils sont humiliés par la puissance américaine et sentent les valeurs de culture menacées par les masses dont ils doivent pourtant, au nom de leurs idéologies, souhaiter la promotion.

A partir de là également, on saisit les différences profondes entre la situation de l'*intelligentsia* japonaise et celle de l'*intelligentsia* française. Science positive, technique industrielle, rationalisation, banques et crédit, les institutions de l'économie moderne ne sont pas moins indigènes en France qu'aux États-Unis. Probablement l'écart entre les deux modalités, française et américaine, de la société industrielle est-il plus large qu'entre deux modalités européennes, France et Allemagne ou France et Grande-Bretagne. Ni les usines d'automobiles, ni les institutions représentatives, ni les syndicats ouvriers, ni l'organisation du travail ne marquent une rupture avec les traditions nationales. Il n'est pas besoin d'admettre la métaphysique, selon laquelle chaque culture constituerait une unité, promise à un destin unique, pour reconnaître que rien, dans le Japon d'hier, n'annonçait le Parlement, les appareils photographiques ou les principes de 1789.

Les intellectuels de Tokyo, nostalgiques de Montparnasse ou de Saint-Germain-des-Prés, peuvent bien développer les mêmes idéologies politico-économiques que l'*intelligentsia* française. Ces idéologies, là-bas, se répandent en un milieu tout autre, elles appartiennent à la civilisation occidentale qui, depuis un siècle, ronge l'édifice du Japon historique.

La plupart des cultures se sont développées non à la manière d'une monade de Leibnitz, selon leur loi, sans rien recevoir ni donner, mais, au contraire, en multipliant les emprunts et en transformant les idées, coutumes et croyances empruntées. La culture japonaise a reçu une religion, originaire de l'Inde, qui avait cheminé par l'Iran et la Chine, elle avait tiré de la Chine son système d'écriture et les formes initiales de l'architecture, de la sculpture et de la peinture : sur tous ces emprunts, elle avait mis la marque de son génie. Les réformateurs de l'ère Meiji tentèrent d'arracher à l'Occident ce qu'ils jugeaient indispensable à la puissance militaire, elle-même condition de l'indépendance. Ils comprirent que la puissance militaire n'exigeait pas seulement canons et discipline, mais un système social; ils introduisirent une législation de type occidental, des universités, la recherche scientifique. Simultanément, ils s'efforcèrent de restaurer le culte de l'empereur, l'esprit de coutumes séculaires. Cette combinaison était instable, comme le seront, des siècles durant, toutes les combinaisons de la société industrielle, venue d'Occident, et des croyances asiatiques. Elle n'en permit pas moins l'édification d'une grande puissance et peut-être aurait-elle duré longtemps sans l'aventure des conquêtes et la catastrophe.

L'occupation américaine a renforcé l'influence occidentale, affaibli les traditions. La morale, peu distincte de la religion, était liée à la continuité impériale, à l'exaltation patriotique, au rôle de la noblesse des daïmons et des samouraïs dans la rénovation du pays. Les militaires ont perdu la face, l'ancienne classe dirigeante s'est pliée à la loi du vainqueur, l'empereur est allé saluer le général MacArthur et se conduit désormais en souverain constitutionnel. Des réformes imposées par les occupants, l'exemple des Barbares ont frappé des habitudes séculaires. La camaraderie, dont les Américains donnent, tous les jours, le spectacle, entame le respect des supérieurs et de l'autorité.

Provisoirement, les intellectuels paraissent partagés, à l'intérieur d'eux-mêmes, entre la culture héritée et la culture empruntée. Ils n'adhèrent ni à l'une ni à l'autre, avec toute leur âme. Les institutions parlementaires, que les réformateurs Meiji avaient introduites sans toucher aux principes autoritaires de la Constitution, fonctionnent péniblement, privées de prestige et de rayonnement. La force des partis conservateurs est dans les campagnes. Les habitants des villes, à demi déracinés, votent, en nombre croissant, pour les partis socialistes. La politique est de style occidental, comme le sont la musique, le théâtre, la littérature, le sport. Des foules immenses assistent aux matches de base-ball, se pressent dans les salles de concert. Les pièces du Nô deviennent des curiosités pour érudits. Bouddhisme et shintoïsme n'apportent pas un objet de foi à la plupart des intellectuels.

Ceux-ci seront-ils finalement gagnés au communisme? Je répondrais plutôt négativement pour le proche avenir. L'*intelligentsia* japonaise ne se ralliera probablement pas d'elle-même au communisme, à moins que la Chine n'en offre une version améliorée. Si les événements — désagrégation interne, difficultés accrues d'ordre économique, rattachement inévitable à l'Asie soviétique — favorisaient la victoire du parti communiste, l'*intelligentsia* n'opposerait guère de résistance spirituelle. Le communisme au pouvoir n'aurait ni religion de salut à chasser des âmes ni puissance temporelle de l'Église à briser. A la faveur du vide laissé par l'épuisement de l'ordre ancien, il n'aurait qu'à dresser une nouvelle hiérarchie, confirmée par de nouvelles croyances.

L'Inde et l'influence britannique.

Le mode de pensée des intellectuels japonais n'a été que dans une faible mesure formé par l'influence française[1]. Celle-ci s'est exercée parce que la situation, les complexes et les contradictions des deux *intelligentsias* étaient, en partie, les mêmes. Les Japonais lisent André Gide et Jean-Paul Sartre avec la même passion. Ils se sentent justifiés dans leur progressisme par les opinions de ce dernier, nullement ébranlés par le *Retour d'U. R. S. S.* de celui-là.

Il n'en va pas de même dans les pays d'Asie qui furent gouvernés par les Britanniques et qui ont accédé à l'indépendance au lendemain de la deuxième guerre mondiale, Inde ou Birmanie. Les intellectuels y sont aussi, en majorité, progressistes, mais ils ne sont pas communistes, en paroles plus portés à l'antiimpérialisme qu'à l'anticommunisme, au fond d'eux-mêmes plus inquiets des projets de Mao Tse-toung que de ceux du président Eisenhower.

Trois facteurs me semblent, à cet égard, déterminants : la modalité nationale de l'influence de l'Occident, l'attitude envers la religion et le passé, la force relative des convictions libérales et des convictions socialistes.

Rien ne fascine davantage le voyageur que la *nationalité* des institutions, venues d'Europe ou d'Amérique, qu'il retrouve à Tokyo, à Hong-Kong, à Saigon ou à Calcutta. Le Japon, qui n'avait pas subi avant 1945 la domination étrangère, a envoyé ses juristes, écrivains, hommes d'État, philosophes, dans différents pays. La plupart des professeurs japonais parlent *une* langue étrangère, pas toujours la même. Les restaurants occidentaux de Tokyo sont français, allemands, anglais ou américains, les institutions politiques ou les écoles scientifiques portent tour à tour la marque de la France, de l'Allemagne, de la Grande-

---

1. Peut-être cette affirmation est-elle trop tranchée. La littérature française a eu, dès la fin du siècle dernier, une influence sur la littérature japonaise. Les écrivains ont imité le style artistique des Français avant d'imiter leurs attitudes politiques.

Bretagne ou des États-Unis. Rien de pareil dans l'Inde où l'Occident est connu dans la seule version qu'en offre la culture britannique. Les intellectuels influencés par l'Angleterre réagissent autrement à la politique que ceux qui ont été soumis à l'influence française ou américaine.

L'influence française multiplie le nombre des révolutionnaires. Le culte de la Révolution, le penchant a l'abstraction sublime, le goût de l'idéologie et l'indifférence aux réalités ingrates qui commandent le destin des collectivités, sont vertus ou vices contagieux. Les intellectuels habitués à ce climat seront souvent français et nationalistes à la fois. Notre culture excite l'impatience qui naît du contraste entre ce qui est et ce qui devrait être, entre la démesure des ambitions et le conservatisme des mœurs, elle prépare même à se plier à une stricte discipline au nom de l'extrême liberté.

Par d'autres chemins, l'influence américaine risque d'aboutir à des résultats analogues. Elle n'enseigne pas qu' « il n'y a pas d'ennemis à gauche » ou que le capitalisme est le mal en soi. Mais elle répand un optimisme sans limites, déprécie le passé et incite à adopter des institutions en elles-mêmes destructrices de l'unité collective.

Les États-Unis passent aujourd'hui pour les protecteurs de la réaction contre le communisme. Les nécessités, bien ou mal interprétées, de la guerre froide les ont parfois rejetés sur une défensive contraire à une vocation qui, telle que les Américains eux-mêmes l'interprètent, s'exprime dans la formule célèbre « le gouvernement du peuple, par le peuple, pour le peuple ». Toutes les sociétés traditionnelles, inégalitaires et hiérarchiques, sont condamnées par ce message, qui fait confiance aux hommes mais non au Pouvoir, enseigne à partager l'autorité, à renforcer les syndicats, les administrations locales ou provinciales. (Au Japon, les autorités d'occupation allèrent jusqu'à supprimer la police d'État.)

L'influence américaine ne parvient pas à diffuser ce qui, dans la patrie d'origine, a rendu la faiblesse de l'État, la force des groupements professionnels, l'absence d'unité religieuse compatibles avec la puissance, la prospérité, la cohérence de la collectivité : l'adhésion quasi unanime à la patrie américaine, le sens civique de l'individu, le respect des droits personnels, la religiosité non dogmatique, combinée avec un pragmatisme poussé jusqu'au culte de l'efficacité. Faute de ces croyances ou de ces attitudes, l'optimisme des Lumières, qui proclame l'égalité des hommes et le droit au bonheur, crée le même vide dans l'âme individuelle que dans la société, il pousse au communisme contre l'*American way of life* et non dans le prolongement de l'idéologie française.

L'éducation britannique moins idéologique que la française, moins optimiste que l'américaine, n'aliène pas l'intellectuel au même degré. Elle crée des habitudes plutôt qu'elle n'élabore des doctrines, elle fait naître le désir d'imiter les pratiques plutôt que de reproduire un langage. L'admirateur de la Grande-Bretagne voudrait que le Parlement de New Delhi ressemblât à celui de Westminster. Je ne crois pas qu'un seul intellectuel d'Indochine ou du Maroc puisse rêver d'une assemblée semblable à celle du Palais-Bourbon. Les élèves des Britanniques prennent modèle sur la réalité, les élèves des Français sur l'idéologie de l'Occident. La réalité est toujours plus conservatrice que l'idéologie.

A Ceylan, en Birmanie, dans l'Inde, ceux qui ont pris en charge les États indépendants ont le sens de la légalité, ils préfèrent les méthodes progressives, ils résistent à l'enrégimentement, ils répugnent à la violence. On dit souvent que le bouddhisme détourne les intellectuels du communisme : sous cette forme, l'affirmation me paraît sujette à caution. D'autres circonstances, en dehors de l'affinité ou de la répugnance spirituelle, déterminent le cours de l'histoire politique dans l'Asie du XXe siècle. Il est vrai que le communisme attire d'autant plus que le trône de Dieu est vide. Quand l'intellectuel ne se sent plus attaché ni à la communauté ni à la religion de ses pères, il demande aux idéologies progressistes de remplir l'âme entière. La différence majeure entre le progressisme du disciple de H. Laski ou de B. Russell et le communisme du disciple de Lénine concerne moins le *contenu* que *style* des idéologies et de l'adhésion*. C'est le dogmatisme de la doctrine et le ralliement inconditionnel des militants qui constituent l'originalité du communisme, inférieur, sur le plan intellectuel, aux versions, ouvertes et libérales, des idéologies progressistes, supérieur peut-être pour qui est en quête de foi. L'intellectuel, qui ne se sent plus lié à rien, ne se satisfait pas d'opinions, il veut une certitude, un système. La Révolution lui apporte son opium.

Les dirigeants de Birmanie, demeurés bouddhistes, se sont courageusement battus contre le communisme, bien qu'ils adhèrent à une conception progressiste. Dans tel autre pays bouddhiste, les intellectuels se rallient en grand nombre au communisme : la séduction du communisme dépend moins du contenu de la croyance ancienne que du déracinement. Selon que l'influence occidentale incite à rejeter ou à épurer la religion nationale, l'intellectuel se sent disponible pour le fanatisme ou, au contraire, enclin à insérer les idées progressistes dans un cadre religieux, hérité de la tradition ou imité de l'Occident.

L'État indien, qui compte proportionnellement le plus d'électeurs communistes, est aussi celui où le nombre des chrétiens, des missions, de ceux qui savent lire et écrire est le plus élevé. Le pessimiste suggère que la condition du paysan est telle que celui-ci est porté à la révolte dès qu'il sort du sommeil ancestral. En le réveillant, le missionnaire, contre son gré, le livre désarmé aux propagandistes de la Foi nouvelle. D'autres observateurs supposent qu'entre une religion historique comme le christianisme et une religion de l'Histoire comme le communisme, l'affinité explique la contagion. Qui a rompu avec l'hindouisme et souscrit à la divinité du Christ, à l'espérance de la fin des temps, sera plus vulnérable au prophétisme d'une hérésie chrétienne que le fidèle d'une Église essentiellement aristocratique ou d'un dogme cosmique.

Peut-être le fait essentiel est-il la rupture entre l'individu et le milieu, dont le prosélytisme d'une religion venue du dehors est l'agent. Les élèves des écoles chrétiennes, souvent ceux-là mêmes qui ont reçu le baptême, détachés de l'hindouisme, imparfaitement intégrés à l'univers occidental, n'ont plus de point fixe, ils ne possèdent plus d'évidences. Ils sont progressistes en matière d'économie ou de politique, sans que leurs idées aient de fondement assuré. Le communisme met leurs opinions, dispersées et probables, en un système satisfaisant pour l'esprit, soustrait au doute il leur impose une discipline. Discipline qui rebutera l'intellectuel, convaincu des vertus de la liberté de l'esprit, mais donnera aux déracinés l'encadrement auquel ils aspirent sourdement.

La force ou la faiblesse du libéralisme explique aussi le nombre ou la qualité des ralliements au communisme. L'essence de la culture occidentale, le principe de ses triomphes, le foyer de son rayonnement, c'est la liberté. Non le suffrage universel, institution tardive et discutable de l'ordre politique, non les joutes parlementaires, procédure, entre d'autres, du gouvernement d'opinion, mais la liberté de recherche et de critique, progressivement conquise, dont la dualité du pouvoir temporel et du pouvoir spirituel, la limitation de l'autorité étatique, l'autonomie des universités ont été des conditions historiques.

Bien loin d'être un prolongement du libéralisme bourgeois, le communisme est un retour en arrière. On parviendra difficilement à le convaincre d'imposture, ou du moins à convaincre les intellectuels progressistes de son imposture, parce que toute traduction institutionnelle de l'idéal démocratique est une trahison. Il n'y a pas de gouvernement du peuple par le peuple : la démonstration que les élections et la pluralité des partis sont des traductions moins imparfaites de la souveraineté populaire que le parti unique, si évidente puisse-t-elle paraître à certains, prête à des contestations indéfinies.

Le doute disparaît dès que l'on envisage les valeurs qui définissent l'Occident, le respect des personnes et la liberté d'enquête. Les diplômés sortis des universités d'Occident ont tous acquis le goût de cette liberté. Les Européens, il est vrai, ont trop souvent violé, en dehors d'Europe, leurs propres principes; ils ont rendu suspects leur plaidoyer en faveur de la démocratie, leur réquisitoire contre le soviétisme. Malgré tout, le prestige de ces valeurs est tel que les communistes n'osent les mépriser qu'en s'en réclamant. C'est au nom d'un pseudo-rationalisme que les communistes répandent une nouvelle orthodoxie. L'intellectuel qui a trouvé l'équilibre intérieur dans une attitude conforme à la raison se refusera au dogme.

Peut-être finira-t-il, malgré sa répugnance, par l'accepter si l'expérience démontre l'échec des méthodes libérales, en politique ou en économie. Aucun pays d'Europe n'a traversé la phase du développement économique que vivent actuellement l'Inde et la Chine, sous un régime à la fois représentatif et démocratique. Nulle part, pendant les nombreuses années où la population augmentait massivement, où les usines surgissaient dans les faubourgs, où l'on construisait les chemins de fer, n'ont été combinés libertés personnelles, suffrage universel et parlement. On a connu des césarismes — suffrage universel avec pouvoir absolu d'un seul —; on a connu des régimes parlementaires, mais le suffrage était censitaire et l'assemblée aristocratique, on a connu des monarchies constitutionnelles. Le contact des civilisations a provoqué une tentative comme celle de l'Inde : république démocratique et parlementaire, qui s'efforce de combiner suffrage universel, règne de la loi et plans quinquennaux.

Les difficultés sautent aux yeux. Un régime démocratique, à notre époque, implique liberté d'expression pour tous les intérêts coalisés, syndicats ou partis, il interdit aux gouvernants les décisions arbitraires. En Europe, les institutions représentatives avaient pour fonction de limiter ou de remplacer les monarchies, elles prenaient la relève d'un pouvoir fort. En Asie, elles prennent la relève d'un pouvoir absolu, colonial ou impérial, mais l'effondrement de celui-ci avait ouvert un vide que la République de l'Inde ou celle d'Indonésie ont eu à combler. On a rarement bâti un État en se pliant aux normes de la démocratie libérale.

La tâche économique qui incombe, en Asie, aux gouvernements des diplômés est également lourde. Les élites des nations indépendantes adoptent presque unanimement l'impératif de l'expansion, qui signifie l'industrialisation plus encore que l'augmentation des ressources alimentaires. Elles ont emprunté à la gauche européenne une prédilection pour les techniques socialistes. Celles-ci sont parfois accordées à la situation : on aurait tort de compter sur l'entreprise privée dans un pays où n'existent pas d'*entrepreneurs*, où les riches se plaisent aux dépenses somptuaires. Mais on n'aurait pas moins tort de miser sur une planification, en l'absence de statistiques et de fonctionnaires compétents, d'énumérer les bienfaits dus à l'abondance de dollars, si les gouvernements sont incapables d'ouvrir les chantiers qui absorberaient les capitaux offerts.

En Asie comme en France, les intellectuels ont tendance à entrechoquer les idéologies à prétention universelle, propriété privée contre propriété publique, mécanismes de marché contre plans, au lieu d'analyser concrètement les milieux nationaux, afin de préciser en quelle mesure l'une ou l'autre méthode répondrait aux circonstances. Pas plus que l'imitation de l'actuel régime parlementaire anglais n'apporte à l'Indonésie ou à l'Inde la garantie d'une démocratie efficace, la transposition des pratiques du capitalisme américain ou du travaillisme ne répond aux exigences du développement économique dans les pays dits sous-développés. Quels que soient leurs emprunts au-dehors, les peuples ont à forger eux-mêmes leur avenir.

Une théorie générale prendrait pour point de départ l'idée des phases de la croissance économique. Marx avait cherché à rattacher à la succession de ces phases les transformations des régimes. Il avait malheureusement suggéré un schéma inspiré par les faits connus à son époque et démenti par l'histoire ultérieure. La technique socialiste, au sens que les communistes donnent à ce terme, n'est pas plus la conséquence nécessaire de la maturité qu'elle n'est indispensable à l'industrialisation accélérée.

La théorie qui n'imposerait en aucune phase une technique particulière, montrerait quels sont, à chaque époque, les problèmes à résoudre. Elle laisserait une large place aux controverses, tant les aspirations de l'intellectuel sont, au XXe siècle, malaisément compatibles avec la condition des pays à peine promus à l'indépendance et pas encore sortis de la pauvreté.

Les intellectuels resteraient progressistes et continueraient à ne voir d'autre alternative que celle des méthodes démocratiques et des méthodes violentes. Mais ils ne confondraient plus le travaillisme en Grande-Bretagne, où le revenu annuel par tête de la population dépasse sept cents unités internationales, avec l'application de la même philosophie dans le sous-continent indien. Un service de santé gratuit ne serait même pas concevable dans l'Inde. Une assurance contre le chômage y sacrifierait les forts aux faibles et l'avenir au présent. Les sociétés pauvres ne peuvent pas subordonner le souci de la production à celui d'une répartition égalitaire. Non que toutes les inégalités soient favorables à la production. Au contraire, le luxe des riches est un scandale économique en même temps que moral. Les lois garantissant la sécurité à une minorité de travailleurs employés dans les usines, choisis au hasard parmi des millions d'hommes sans emploi, serait une erreur économique par anticipation.

Qu'il s'agisse des valeurs, des moyens ou de l'avenir lointain, la science n'interdit pas les joutes d'idées, elle les rend contemporaines de la réalité. Elle préserve les intellectuels de la nostalgie du passé et de la révolte vaine contre le présent : penser le monde avant de prétendre à le changer.

*
* *

Nul pays d'Asie n'était autant que la Chine légitimement orgueilleux de son histoire et de sa culture. Nul, depuis un siècle, ne fut plus humilié. Non qu'elle ait été conquise : on ne conquiert pas la Chine, à la rigueur on s'empare du trône comme le firent les Mandchous. La guerre de l'opium, le sac du Palais d'Été, les concessions étrangères, les traités inégaux ou la liberté pour les missions étrangères, imposée sous la menace des canons, ont laissé des ressentiments qui s'effaceront lentement. Les communistes, dès la prise du pouvoir, ont détruit les communautés chrétiennes; peut-être n'importe quel gouvernement fort aurait-il agi de même, en un style différent.

La doctrine traditionnelle qui soutenait l'ordre séculaire était, avant tout, morale et sociale. Le confucianisme justifiait l'accession des lettrés à l'exercice de fonctions administratives et gouvernementales. L'écroulement de l'empire entraîna la ruine de l'idéologie. La restauration du bouddhisme ou de l'hindouisme se déroulait sous l'œil des Barbares, sous la protection de l'*Indian civil service*. Une rénovation du confucianisme aurait pu suivre mais non préparer le retour de la Chine à son rang de grande puissance.

Les intellectuels qui se sont ralliés spontanément au communisme, avant 1949, n'ont été qu'une minorité. Le prestige de la révolution russe qui, dès 1920, provoqua l'adhésion de quelques lettrés, ne se distinguait pas essentiellement de celui des autres idées révolutionnaires venues d'Europe. Les longues années de guerre, la corruption progressive du Kuomintang, l'inflation, les rigueurs du régime policier aliénèrent l'*intelligentsia* et en firent l'alliée de Mao Tsé-toung.

Le communisme séculier, matérialiste, peut-il devenir la doctrine des lettrés chinois? La dévalorisation de la famille, la promotion du parti et de l'État représentent, par rapport au passé, un bouleversement que l'on aurait, hier encore, considéré comme impossible. Mais le parti communiste n'en reconstitua pas moins une hiérarchie, au sommet de laquelle trônent ceux qui savent. Marxistes-léninistes se nomment aujourd'hui ces savants qui sont, en même temps, des guerriers. La conjonction des chefs de guerre et des lettrés était, depuis des siècles, inconnue. Peut-être a-t-il fallu l'influence occidentale pour la restaurer. Contre une domination détestée, les lettrés retrouvèrent la ferveur de croisade et, vainqueurs, reconnurent à l'Occident sa plus secrète victoire : la doctrine au nom de laquelle ils ont chassé les Barbares, appartient à l'essence de l'Occident, elle met au premier rang l'*action* et l'*histoire*.

Les Occidentaux ont appris aux peuples d'Asie à repenser leur passé. Déjà au XIXe siècle, la philosophie russe avait pour thème essentiel le contraste entre le destin russe et le destin européen. Le marxisme, dans la version léniniste, offre aux intellectuels de tous les continents le moyen de réinterpréter sans humiliation leur histoire et celle de leurs anciens maîtres.

La substitution de la vérité scientifique à la vérité religieuse ne va pas sans crise spirituelle : on se satisfait malaisément d'une vérité provisoire, incontestable mais limitée, qui n'est pas toujours consolante. Peut-être les enseignements de la science historique sont-ils les plus amers, parce qu'ils sont équivoques et que le sujet lui-même est entraîné dans le perpétuel renouvellement de l'objet et du savoir. Le marxisme retrouve un absolu. La doctrine désormais officielle, en Chine, n'est pas liée à l'ordre du cosmos ou à la singularité exemplaire de l'Empire du Milieu, elle est vraie parce qu'elle reflète l'ordre du changement, nécessaire et bienfaisant. Le marxisme-léninisme surmonte le relativisme qu'apporte avec elle la conscience historique, il cicatrise les blessures qu'inflige, depuis un siècle, la supériorité technique de l'Europe.

On se demande si l'Asie manifestera demain l'intolérance religieuse qui fut le fléau de l'Occident et que lui avait épargnée le bouddhisme, ou si elle interprétera la Foi nouvelle de telle manière que les hérétiques gardent la chance de vivre, méprisés peut-être mais non de force convertis ou conquis, sous prétexte de conversion.

CHAPITRE IX

LES INTELLECTUELS EN QUÊTE D'UNE RELIGION

On a maintes fois rapproché socialisme et religion, la diffusion du christianisme à travers le monde antique et celle du marxisme à notre époque. L'expression religion séculière est devenue banale [1].

La controverse autour de ces comparaisons est également classique. Une doctrine sans Dieu mérite-t-elle d'être appelée religion? Les fidèles eux-mêmes rejettent cette assimilation, ils affirment que leur croyance reste compatible avec la foi traditionnelle. Les chrétiens progressistes ne démontrent-ils pas la compatibilité du communisme et du catholicisme en vivant simultanément l'un et l'autre?

En un sens, la querelle est verbale. Tout dépend de la définition que l'on donne aux mots. La doctrine découvre aux vrais communistes une interprétation globale de l'univers, elle leur insuffle des sentiments proches de ceux des croisés de tous les temps, elle fixe la hiérarchie des valeurs et détermine la conduite bonne. Elle remplit quelques-unes des fonctions, dans l'âme individuelle et dans l'âme collective, que le sociologue attribue d'ordinaire aux religions. Quant à l'absence de transcendance ou de sacré, on ne se refuse pas à l'admettre mais on se rappelle que bien des sociétés, à travers les siècles, ont ignoré la notion de l'être divin sans ignorer les modes de penser ou de sentir, les impératifs

1. Je crois avoir employé pour la première fois, l'expression dans deux articles, parus dans *la France libre*, en juin-juillet 1944.

ou les dévouements que l'observateur d'aujourd'hui tient pour religieux.

Ces arguments laissent intact le vrai problème. On peut définir la religion de telle sorte qu'elle embrasse les cultes, rites et passions des tribus dites primitives, les pratiques du confucianisme et les sublimes élans du Christ ou de Bouddha, mais quel est le sens d'une religion séculière en Occident, en un milieu imprégné de christianisme?

Opinion économique ou religion séculière.

Le communisme s'est développé à partir d'une doctrine économique et politique, à une époque où déclinaient la vitalité spirituelle et l'autorité des Églises. Les ardeurs qui, en d'autres temps, auraient pu s'exprimer en croyances proprement religieuses, prirent pour objet l'action politique. Le socialisme apparut moins comme une technique applicable à la gestion des entreprises ou au fonctionnement de l'économie que comme une rupture avec le malheur séculaire des hommes.

Les idéologies de droite et de gauche, le fascisme aussi bien que le communisme, s'inspirent de la philosophie moderne de l'immanence. Elles sont athées, même quand elles ne nient pas l'existence de Dieu, dans la mesure où elles conçoivent le monde humain sans référence au transcendant. De cette sorte d'athéisme, Descartes, selon la polémique de La Berthonnière, peut être tenu pour l'initiateur, tout bon catholique qu'il était. Il s'intéressait davantage à la conquête de la nature qu'à la méditation sur l'au-delà. Les marxistes de la IIe ou de la IIIe Internationale répètent volontiers que la religion est affaire privée, mais ils regardent l'organisation de la Cité pour la seule affaire sérieuse. Le transfert des passions suivait logiquement le déplacement du centre d'intérêt. On s'entretuait pour déterminer non plus quelle Église était investie de la mission d'interpréter les textes sacrés et d'administrer les sacrements, mais quel parti ou quelle méthode offrait la meilleure chance de répandre, dans cette vallée de larmes, le confort matériel pour tous.

La démocratie ou le nationalisme, il est vrai, ont suscité des ardeurs non moins passionnées que la société sans classes. A une époque où les valeurs suprêmes sont liées à la réalité politique, les hommes ne servent pas avec moins de fanatisme l'indépendance nationale qu'un ordre prétendument idéal. En ce sens vague, tous les mouvements politiques qui ont agité l'Europe moderne ont eu un caractère religieux. On n'y retrouve pourtant pas les cadres ou l'essence d'une pensée religieuse. A cet égard, le communisme est unique.

Le prophétisme marxiste, nous l'avons vu, est conforme au schéma typique du prophétisme judéo-chrétien. Tout prophétisme porte condamnation de ce qui est, dessine une image de ce qui doit être et sera, choisit un individu ou un groupe pour franchir l'espace qui sépare le présent indigne de l'avenir rayonnant. La société sans classes qui comportera progrès social sans révolution politique est comparable au royaume de mille ans, rêvé par les millénaristes. Le malheur du prolétariat prouve la vocation et le parti communiste devient l'Église à laquelle s'opposent les bourgeois-païens qui se refusent à entendre la bonne nouvelle, et les socialistes-juifs qui n'ont pas reconnu la Révolution dont ils avaient eux-mêmes, pendant tant d'années, annoncé l'approche.

On peut traduire invectives ou prévisions en termes rationnels. Les forces de production, développées grâce à la science mise au service de l'industrie, n'assurent encore des conditions de vie décentes qu'à une minorité. Demain, l'expansion de la technique, combinée avec un changement du mode de propriété et de gestion, répandra sur tous les hommes les bienfaits de l'abondance. On passe aisément du prophétisme marxiste au « grand espoir du XXe siècle », de la foi révolutionnaire à la théorie du progrès économique.

Comment le prophétisme bascule-t-il soit vers l'opinion raisonnable sur le devenir des sociétés modernes, soit vers le dogme pseudo-religieux?

Ou bien l'on assouplit la théorie et l'on admet que l'œuvre de rénovation appelle la coopération de toutes les victimes du capitalisme, de tous ceux qui, sans souffrir personnellement du régime, en reconnaissent les tares et les veulent éliminer. La vocation du prolétariat ne disparaît pas pour autant, elle cesse d'être exclusive. Par leur nombre, par leurs souffrances, les ouvriers d'industrie sont appelés à un rôle éminent dans l'humanisation des sociétés techniciennes; ils ne sont ni les seuls à subir l'injustice ni les seuls à forger l'avenir.

Ou bien, sans refuser aucun concours, on renforce *verbalement* le caractère prolétarien du sauveur collectif et du parti qui représente ce dernier. Il faut et il suffit que le parti soit proclamé avant-garde du prolétariat, quelle que soit la part que prennent les ouvriers d'industries, en chair et en os, à la direction et à l'action du parti. Celui-ci se rapproche d'une église, dépositaire du message de salut. Quiconque y pénètre, d'un coup reçoit le baptême : c'est l'Église qui exprime la volonté essentielle du prolétariat; les non-prolétaires, qui lui obéissent, participent de cette essence, les vrais prolétaires, qui se refusent à la suivre, n'appartiennent plus à la classe élue.

La première méthode, celle de la social-démocratie, est celle du sens commun, des réformes pacifiques, de la démocratie. La méthode du communisme est celle de la violence, de la Révolution.

Dans la première direction, le prophétisme se dégrade en opinions, variables de nation à nation, raisonnablement prosaïques; le marxisme se décompose en ses éléments, hypothèses historiques, préférences économiques. Dans la seconde direction, le parti-Église durcit la doctrine en dogme, élabore une scolastique; animé d'une vie passionnée, il rallie d'immenses cohortes

Pour que le système d'interprétation communiste ne soit jamais en défaut, la délégation du prolétariat au parti ne doit souffrir ni exceptions ni réserves. Ce décret, à son tour, oblige à nier des faits incontestables, à substituer aux conflits réels et multiples la lutte stylisée d'êtres collectifs, définis par leur fonction dans un destin à l'avance écrit. De là résulte la scolastique que nous avons rencontrée à plusieurs reprises, au cours des pages précédentes, les ratiocinations interminables sur l'infrastructure et la superstructure, les discriminations entre sens subtil et sens grossier, la mise en accord verbal des prédictions avec un déroulement historique exactement opposé, le refus de l'objectivité, la substitution aux événements bruts (la prise du pouvoir par le parti bolchevik en 1917) de la signification historique de l'événement (révolution prolétarienne).

Les sociaux-démocrates ont renoncé à cette scolastique, ils ne cherchent pas à concilier les faits et les prévisions d'hier, à faire entrer la richesse innombrable des sociétés humaines dans quelques cadres conceptuels, mais, du même coup, ils perdent le prestige du système, de la certitude, de l'avenir dévoilé. Les communistes, au contraire, prétendent à rattacher chaque épisode de leur mouvement au cours total de l'histoire, l'histoire elle-même à une philosophie de la nature; ils n'ignorent rien, ils ne se trompent jamais, et l'art de la dialectique permet d'accorder n'importe quel aspect de la réalité soviétique avec une doctrine ployable en tous sens.

Prophétisme et scolastique joints suscitent des sentiments analogues aux sentiments religieux : foi dans le prolétariat et dans l'Histoire, charité pour ceux qui aujourd'hui souffrent et demain seront triomphants, espérance que l'avenir apportera l'avènement de la société sans classes, ces vertus théologales n'apparaissent-elles pas dans le militant d'une grande cause? Mais cette fois s'attache moins à l'Histoire qu'à une Église dont les liens avec le Messie se détendent peu à peu; l'espérance va à un avenir qui, faute d'être accompli par des forces spontanées, sera l'œuvre de la violence; la charité pour l'humanité souffrante se durcit en indifférence à l'égard des classes ou des nations ou des individus condamnés par la dialectique. Aujourd'hui, et pour longtemps, la foi communiste justifie tous les moyens, l'espérance communiste interdit d'accepter qu'il y ait plusieurs chemins vers le royaume de Dieu, la charité communiste ne laisse même pas aux ennemis le droit de mourir avec honneur.

Psychologie de secte plutôt que d'Église universelle. Le militant est convaincu d'appartenir au petit nombre des élus chargés du salut commun. Les fidèles, accoutumés à suivre les tournants de la ligne, à répéter docilement les interprétations, successives et contradictoires, du pacte germano-soviétique ou du complot des assassins en blouses blanches, deviennent d'une certaine façon, des « hommes nouveaux ». D'après la conception matérialiste, les hommes, formés selon une certaine méthode, seraient dociles au Pouvoir, pleinement satisfaits de leur sort. Les ingénieurs des âmes ne doutent pas de la plasticité du matériau psychique.

A une extrémité, le socialisme se dégrade en vagues préférences pour la direction étatique de l'économie et la propriété collective; à une autre extrémité, il s'élargit en un système global d'interprétation qui englobe à la fois le cosmos et les péripéties des luttes civiles au Guatemala.

On dira que la *foi* communiste ne se distingue d'une *opinion* politico-économique que par l'intransigeance. Une foi neuve n'est-elle pas toujours intransigeante? Les Églises inclinent à la tolérance à mesure qu'elles sont rongées par le scepticisme. Mais il ne s'agit pas d'une simple intransigeance. Rien de comparable à la religion séculière du communisme n'est sorti du nationalisme ou de la démocratie. On peut parler de fanatisme, à condition de désigner par ce terme les décrets par lesquels un parti, et un seul, est transfiguré en guide du prolétariat mondial, un système d'interprétation surimposé à l'incohérence des faits, une voie unique vers le socialisme proclamée impérative pour tous les peuples. Fanatique est le communiste, qui divise les hommes en deux camps, selon leur attitude à l'égard de la cause sacrée, le militant, qui contraint le païen-bourgeois à écrire son autobiographie, conformément à la vérité révélée par l'État prolétarien.

Militants et sympathisants.

Le communisme est une idéologie que le culte du parti, la scolastique interprétative, manipulée par l'État révolutionnaire, et l'éducation-dressage, donnée aux militants, ont transformée en un dogmatisme de paroles et d'actions. Aussi, selon que l'on considère le point de départ ou le point d'arrivée, le marxisme de 1890 ou le stalinisme de 1950, on est tenté de prendre au sérieux ou à la légère le concept de religion séculière.

Rien ne marque mieux cette hésitation que l'histoire, tourmentée, pathétique, de la rivalité entre socialistes et communistes. Ces derniers, eux, n'hésitent pas : depuis 1917, ils dénoncent, en leurs frères ennemis, les traîtres qui ont passé au camp du capitalisme le jour où ils n'ont pas reconnu dans la Révolution russe le premier accomplissement des prophéties. Les socialistes, en revanche, dénoncent volontiers la cruauté des Bolcheviks, le scandale d'un socialisme sans démocratie ou une dictature *sur* le prolétariat, baptisée dictature du prolétariat. Mais ils n'arrivent jamais à triompher entièrement d'une sorte de mauvaise conscience : si la voie est horrible, y a-t-il une autre voie?

Socialistes et communistes ne sont-ils pas, les uns et les autres, d'accord contre le capitalisme, également hostiles à l'anarchie du marché, favorables à la planification et à la propriété collective? Quand les Bolcheviks liquident mencheviks et socialistes-révolutionnaires, quand sévit la grande purge ou que les paysans, réfractaires à la collectivisation, sont déportés par millions, les socialistes d'Occident, humanitaires, habitués aux méthodes parlementaires, réagissent avec horreur et se sentent presque aussi éloignés de ces farouches bâtisseurs que des fascistes eux-mêmes. Il suffit que Staline meure, que les successeurs atténuent quelques modalités extrêmes et comme pathologiques du régime, qu'ils tendent la main aux progressistes et aux chrétiens pour que les marxistes de la social-démocratie recommencent de s'interroger : tout compte fait, la technique du despotisme et des plans quinquennaux n'était-elle pas la seule possible en Russie et dans les pays sous-développés? L'industrialisation accélérée a rendu inévitables les excès de la terreur, l'édification socialiste les rendra peu à peu inutiles. Le grand schisme se résoudra de lui-même avec la démocratisation du soviétisme.

Ces alternances de désespoir et de confiance ne tiennent pas seulement à l'inépuisable naïveté des socialistes, promis à tous les camps de concentration, sous tous les régimes. Elles tiennent à l'équivoque de la religion séculière. Celle-ci n'est que le durcissement dogmatique d'opinions, courantes dans les milieux de gauche quand il s'agit du communisme, dans les milieux de droite quand il s'agit du fascisme.

Celui qui sympathisait avec le national-socialisme de 1933 ne croyait pas toujours au racisme, il déplorait les excès de l'antisémitisme, il affirmait la nécessité d'un pouvoir fort pour rétablir l'unité de la nation, surmonter les querelles partisanes, mener une politique extérieure dynamique. Cette adhésion réticente ne caractérise pas les seuls hommes du seuil ou les compagnons de route, elle n'est pas inconnue parmi ceux qui appartiennent au parti, parfois même au cercle intérieur du parti. La foi de Gœring n'était probablement guère plus orthodoxe que celle des nationalistes de vieille tradition, ralliés par opportunisme au démagogue à chemise brune.

En 1954, comment pense le chrétien progressiste qui n'est pas membre du parti? Reportons-nous au livre publié par les prêtres-ouvriers. Ils ont — du moins quelques-uns d'entre eux — adopté l'interprétation des événements qu'enseigne le parti : « Les guides du prolétariat avaient raison, les leçons des derniers événements politiques et sociaux nous le prouvent : Plan Marshall, C. E. D., chômage, bas salaires, Vietnam, Afrique, misère, sans abri, illégalité, répression [1]. » Attribuer au Plan Marshall, qui a raccourci de plusieurs années la durée nécessaire à la reconstruction économique de la France, une responsabilité quelconque dans les bas salaires ou la misère, représente un exemple typique de la substitution des dogmes aux faits, substitution caractéristique de la scolastique stalinienne.

Les prêtres-ouvriers ont assimilé, peut-être sans en prendre une exacte conscience, les grandes lignes de la philosophie communiste de l'histoire. Ils attribuent à la classe ouvrière une mission unique, des vertus singulières. « Notre classe nous est apparue belle, malgré ses blessures, riche de valeurs humaines authentiques, jamais ne s'est présenté un motif de la déprécier, de la sous-estimer. Et les perspectives qu'elle ouvre à l'histoire de l'humanité sont trop grandes et trop vraies pour que les autres classes s'en désintéressent » (p. 268). De l'appartenance de classe dépendrait essentiellement la manière de penser. « Subissant dans toute leur existence les conditions de vie prolétarienne et étant sans cesse intimement liés aux masses ouvrières, un certain nombre d'entre nous sont en train d'acquérir (ou de retrouver) une mentalité nouvelle, une autre conscience de classe. Ils participent aux réactions ouvrières, ils naissent à la conscience prolétarienne : par exemple, sens de la lutte de classes pour la suppression de celles-ci,

---

1. *Les Prêtres-ouvriers*, Paris, Éd. du Seuil, 1954, p. 268.

sentiment d'être inévitablement solidaires les uns des autres, conviction que l'on ne peut se délivrer que tous ensemble de l'exploitation capitaliste... » (p. 207)[1]. La conscience prolétarienne à laquelle accèdent ces chrétiens apparaît tout entière modelée par l'idéologie communiste : « nous savons maintenant que le prolétariat laissé à lui-même, sans conscience de classe, sans organisation, ne réussira jamais à vaincre un ennemi qui l'assaille de toutes parts et qui est cent fois supérieur, sinon en nombre et en qualité, du moins en moyens d'oppression et de répression, qui vont de la lutte ouverte et brutale jusqu'à la bienveillance hypocrite et au narcotique religieux » (p. 230)[2].

Voici en quels termes les prêtres-ouvriers jugent et condamnent le réformisme socialiste : « Et dans les pays où cette social-démocratie bourgeoise résiste, elle se débat dans des contradictions : répressions, injustices, misères, guerres agressives, dues à ce « déclin désormais inévitable » pour reprendre l'expression de l'*Osservatore Romano*... » (p. 272).

Les prêtres-ouvriers, il est vrai, demeurent catholiques : « Si nous conservons une foi très solide en Jésus et en son Père, maîtres de l'Histoire, et donc de cette histoire sociologique, politique que vivent nos frères du prolétariat, elle est aussi vive pour notre Église » (p. 269). Ils nient que le drame du prolétariat remplace celui du salut. Mais souvent les expressions suggèrent que l'événement profane, peu à peu, revêt la signification de l'événement sacré, dans la conscience divisée du chrétien progressiste. « Nous portons dans notre chair les drames du prolétariat et pas une seule de nos prières et de nos Eucharisties n'est étrangère à ces drames... Notre foi, qui fut un moteur puissant pour cette communion charnelle avec notre classe ouvrière, n'en est en rien diminuée ou souillée » (p. 268). On imagine l'Église catholique recevant la classe ouvrière, désormais ouverte, grâce à la libération temporelle, à la Vérité du Christ. Pour l'instant, « nous pensons et sentons, avec l'Église, que, sans ces conditions matérielles minima,

---

1. L'auteur de *Jeunesse de l'Église* attribue les doutes coupables qu'il pourrait éprouver sur la divinité de l'Église au péché bourgeois : « Ou, s'il cède à ce doute, c'est que, déformé par son passé en bourgeoisie, il n'aura pas tiré de la vie et des luttes de la classe ouvrière, le sens de l'histoire et les leçons de patience qui s'en dégagent. » (*Les Événements et la Foi*, p. 79.)
2. Narcotique religieux = opium du peuple.

« aucune vie spirituelle n'est possible », qu'un homme qui a faim ne peut croire à la bonté de Dieu, qu'un homme qui est opprimé ne peut croire à sa toute-puissance » (p. 270). Ainsi, on n'aurait pas dû porter la bonne nouvelle aux esclaves, avant que l'esclavage eût été supprimé grâce à la lutte des classes...

Ces textes en témoignent : le communisme signifie, pour ces hommes de cœur, pour ces chrétiens affamés de dévouement, plus que des opinions sur le régime économique d'aujourd'hui et de demain, plus même qu'une idéologie entre d'autres. Ils ont parcouru les deux premières étapes de la voie qui mène de l'idéologie à la religion : vocation du prolétariat et incarnation de celui-ci dans le parti communiste, interprétation des faits du jour et de l'histoire globale selon le dogme (le capitalisme est le mal en soi, la prise du pouvoir par le parti constitue par essence la libération, etc.). La dernière étape, le catholique ne peut la franchir : si la société sans classes devait résoudre le mystère de l'Histoire, si l'humanité, ayant organisé au mieux l'exploitation de la planète, devait être satisfaite de son sort, guérie de l'espérance, l'homme ne serait pas celui pour lequel le Christ a été crucifié mais celui auquel Marx a prophétisé la fin de la préhistoire, grâce à la puissance des machines et la révolte des prolétaires.

Le chrétien ne peut jamais être un authentique communiste, pas plus que ce dernier ne saurait croire en Dieu et au Christ parce que la religion séculière, animée par un athéisme fondamental, professe que le destin de l'homme s'accomplit tout entier sur cette terre et dans la Cité. Le chrétien progressiste se dissimule à lui-même cette incompatibilité.

Tantôt il réduit le communisme à une technique d'organisation économique, il sépare radicalement la foi religieuse de l'existence collective et se refuse à reconnaître que l'Église chrétienne ne tolère pas plus cette séparation que l'Église séculière : celle-ci ne tient pas le communiste pour une technique neutre, comparable aux machines mises à la disposition des sociétés, celle-là veut inspirer la vie de tous et de chacun, au long des jours, et non pas se confiner dans l'administration des sacrements.

Tantôt le chrétien progressiste est à la limite d'une erreur de sens contraire. Il est à ce point ému par les souffrances du prolétariat, il participe avec tant de passion à la lutte du parti communiste qu'il reprend les mêmes mots, à résonance chrétienne, pour qualifier les péripéties de l'histoire profane et les mystères de l'histoire sacrée. Le sens chrétien de l'histoire, que ne découvre jamais la succession des empires, tend à se perdre dans le sens marxiste, la civilisation du travail, l'avènement des masses, la libération du prolétariat. On ne sait si les progressistes aspirent à une prospérité universelle qui, enfin, arracherait les hommes aux servitudes millénaires et les élèverait à la méditation de l'au-delà, ou si la société sans classes, plus que la Cité de Dieu, n'est pas devenue l'objet de la foi.

Ni l'exemple des socialistes ni celui des progressistes ne permet de tracer la ligne de séparation entre membres du parti et compagnons de route. Il est des membres du parti qui pensent et sentent à la manière des chrétiens progressistes : par dévouement, par esprit de sacrifice, pour surmonter une résistance intérieure qui leur paraît une survivance bourgeoise ils sont entrés en religion; ils ne croient pas au matérialisme, ils veulent servir. Nombre de compagnons de route, en revanche, sont étrangers à la nostalgie religieuse, ils estiment les chances du parti et ils approuvent sans répugnance le montage des réflexes, quitte à se réserver à eux-mêmes les bénéfices d'une demi-liberté.

On chercherait vainement, à l'intérieur du parti, une version unique du dogme historique ou de la scolastique quotidienne. Nous l'avons vu [1], on ne saurait dire à quoi les membres du parti croient tous ensemble (sinon au parti lui-même). Quand un communiqué officiel proclame que neuf médecins du Kremlin ont assassiné quelques dignitaires du régime, choisis parmi les morts, et comploté l'assassinat d'autres dignitaires, encore vivants, les militants, du haut en bas de l'échelle, savent ce qu'ils ont à dire (mais non ce qu'ils auront à dire d'ici trois mois), ils ne connaissent pas les causes et objectifs de l'opération. Personne, en son for intérieur, n'admet sans réserves l'interprétation que répercutent les paroles de tous, les innombrables motions, votées par d'innombrables réunions, à travers l'immense Union — et chacun se choisit pour lui-même son interprétation ésotérique.

---

1. Cf. ci-dessus, chap. IV, pp. 122-123.

L'équivoque est autre, elle n'est pas moindre quand le décret de l'État porte sur les grandes lignes du dogme. Quel sens donnent les fidèles — hommes du cercle intérieur, militants de haut grade, responsables locaux — aux concepts majeurs? Croient-ils à l'équivalence du prolétariat et du parti, en Grande-Bretagne, où le parti existe à peine? Croient-ils au dépérissement de l'État soviétique, alors que jamais régime n'a commandé à une police aussi nombreuse? Comment imaginent-ils la société sans classes alors que se cristallise une nouvelle hiérarchie?

Nous avons distingué les hommes d'Église et les hommes de foi, ceux qui d'abord adhèrent au parti et ceux qui d'abord souscrivent au prophétisme. La distinction ne coïncide pas avec celle du militant et du sympathisant. Le militant a franchi le pas décisif et accepté la discipline, cependant que le sympathisant reste sur le seuil. Mais celui-ci n'est pas nécessairement un homme de foi, au sens où nous avons pris ce terme, ni le premier, toujours, au fond de lui-même, un homme d'Église. Georges Lukacs croit au prophétisme marxiste et se résigne non sans peine à reconnaître dans le parti l'incarnation du prolétariat *. Certains compagnons de route ignorent la vocation de la classe ouvrière ou la société sans classes et se soumettent à la fatalité historique, révélée par l'unification de huit cent millions d'hommes sous les mêmes lois. Tels militants sont des idéalistes en quête de sacrifices, tels compagnons de route des cyniques qui guettent l'occasion d'une carrière.

Où est le vrai communiste? En théorie, il doit avoir parcouru les trois étapes — culte du parti, scolastique interprétative, formation du militant — mais, une fois parvenu au terme, il acquiert le droit de « repenser » à sa façon le dogme, aussi bien les thèmes principaux que les applications quotidiennes. Il adoptera en lui-même une version symbolique de l'identité parti-Église, de la révolution mondiale — version qui, éventuellement, sera identique à celle qu'en donnent les hommes rebelles à l'engagement. Les militants ne sont pas tous des « vrais croyants ». Bien plutôt n'ignorent-ils ni l'envers du décor ni les significations ésotériques. En dépit de ce savoir, ils maintiennent, intégrales, l'adhésion au mouvement et l'attente d'un avenir, à la fois inévitable et forgé par le parti.

Faut-il prendre au sérieux une religion séculière qui

enseigne à ses dignitaires autant le scepticisme que la foi, dont la doctrine échappe aux prises, qui n'existe comme telle que grâce à une série de décrets, intellectuellement absurdes? Dès que l'on renonce à l'égalité prolétariat-parti et à la scolastique interprétative, la religion se dissout en un ensemble d'opinions. Une religion durable peut-elle être fondée sur des affirmations contraires aux faits ou au bon sens?

La réponse à une telle interrogation me paraît malheureusement loin d'être acquise.

De la religion civile au stalinisme.

Les intellectuels ont inventé les idéologies, systèmes d'interprétation du monde social qui impliquent un ordre de valeurs et suggèrent des réformes à accomplir, un bouleversement à craindre ou à espérer. Ceux qui ont condamné l'Église catholique au nom de la Raison, acceptent un dogme séculier, parce qu'ils sont déçus par la science partielle ou parce qu'ils ambitionnent le pouvoir, donné aux seuls prêtres de la Vérité.

Les philosophes français du XVIIIe siècle sont déjà des intellectuels, au sens moderne du mot; ils tirent leurs revenus de leur plume et réclament le droit, dont ils usent généreusement, d'exprimer leur opinion, critique le plus souvent, sur les sujets de l'histoire ou de la politique. Ni dans leur pensée ni pour leurs moyens d'existence, ils ne dépendent de l'Église, ils sont liés aux riches plus qu'à la noblesse vieille et ils répandent une conception du monde qui rompt avec celle de la France catholique et monarchique.

Le conflit entre les clercs et les philosophes fut historiquement; non pas métaphysiquement, inévitable. L'Église n'a pas à condamner l'effort pour organiser, aussi confortablement, que possible, l'existence terrestre du grand nombre, elle peut accorder le droit de libre recherche en des matières sur lesquelles la Révélation est silencieuse. Ambition de savoir, volonté de progrès technique passent désormais pour méritoires, même si les encycliques continuent de condamner l'optimisme sur la nature humaine et maintiennent le principe d'autorité en fait de dogme et de morale. Une fois la philosophie de l'Ancien Régime chassée de la doctrine catholique, lettrés ou experts n'avaient plus, en théorie, de querelle avec l'Église.

La querelle fut prolongée, en France, par le rôle social et politique que jouait le plus souvent l'Église et qu'on lui attribuait toujours. Société hiérarchique qui proclame une vérité, révélée, l'Église rompt malaisément ses liens avec les Pouvoirs et avec les partis qui, eux non plus, ne consentent pas que l'autorité vienne d'en bas ou que les hommes, en leur faiblesse, soient capables de se gouverner eux-mêmes.

La compromission [1] de l'Église avec les mouvements d'inspiration antidémocratique n'est pas la seule, ni même la principale cause de la persistante rivalité entre les clercs et les intellectuels. Peut-être les uns se résignaient-ils avec peine à l'existence d'un État qui se voulait laïc, peut-être les autres n'acceptaient-ils pas de ne pas occuper le premier rang. Libérés du despotisme ecclésiastique, ils aspiraient à remplacer ce qu'ils pensaient avoir détruit.

Athées avec joie, hostiles à la vie religieuse, des intellectuels de gauche ont voulu répandre l'incroyance comme les missionnaires répandent la croyance, convaincus qu'ils libéraient les hommes, en tuant les dieux et en abattant les autels. D'autres s'inquiétaient de l'irrémédiable déclin du christianisme et imaginaient des dogmes acceptables à la raison, susceptibles de rétablir l'unité spirituelle. Le bolchevisme participe de ces deux intentions : l'ardeur combattante des sans-Dieu l'anime ; il a élaboré une orthodoxie, prétendument conforme à l'enseignement de la science. En Russie, ce sont les intellectuels qui accordent la suprême investiture. Le communisme est la première religion d'intellectuels qui ait réussi.

Ce n'est pas la première qui ait cherché le succès. Peut-être Auguste Comte a-t-il formulé plus clairement que tout autre les idées qui inspirent la recherche d'une religion de remplacement.

Théologie et métaphysique d'une part, savoir positif de

1. Cette remarque ne vaut ni pour tous les pays d'Occident ni même, en France, pour l'ensemble du XIXe siècle.

l'autre sont incompatibles. Les religions du passé sont en train de perdre leur vitalité parce que la science ne permet plus de croire ce qu'enseigne l'Église. La foi disparaîtra peu à peu ou se dégradera en superstition à l'usage du vulgaire.

La mort de Dieu laisse un vide dans l'âme humaine, les besoins du cœur subsistent qu'un nouveau christianisme devra satisfaire. Seuls les intellectuels sont capables d'inventer, peut-être même de prêcher, un substitut des dogmes anciens qui soit acceptable aux savants.

Enfin, les fonctions sociales que remplissait l'Église subsistent elles aussi. Sur quoi sera fondée la morale commune? Comment sera sauvegardée ou restaurée, entre les membres de la collectivité, l'unité de croyance, faute de laquelle la civilisation elle-même est en péril?

On sait comment Auguste Comte crut répondre, en son système, à ce défi historique. Les lois établies par la science révèlent un ordre cosmique, un ordre permanent des collectivités humaines, un ordre du devenir enfin. Le dogme est scientifique et pourtant il offre à l'esprit des vérités définitives et au cœur un objet d'amour. La société de l'avenir sera totale, non totalitaire. Elle intégrera toutes les ressources de la nature humaine, équilibrera la puissance par l'opinion, la force par la charité, rendra le passé présent, ouvrira la carrière du Progrès sans bouleversement, accomplira l'Humanité.

Sauf au Brésil, le positivisme n'a jamais dépassé le cadre d'une secte. Pas plus que le *Nouveau Christianisme* de Saint-Simon et des saint-simoniens, il n'est devenu la doctrine d'un mouvement et d'un parti. Œuvre d'un mathématicien, il est demeuré la foi d'un petit nombre.

La recherche d'une religion à l'usage de la Cité est antérieure à la crise révolutionnaire. Le chapitre du *Contrat social*, que J.-J. Rousseau consacre à la religion civile, exprime les deux idées qu'il avait lui-même recueillies dans les livres de ses prédécesseurs et qui ont l'esprit hanté des théoriciens. La séparation du pouvoir temporel et du pouvoir spirituel est un principe de faiblesse : « ...les humbles Chrétiens ont changé de langage, et bientôt on a vu ce prétendu royaume de l'autre monde devenir sous un chef visible le plus violent despotisme dans celui-ci. Cependant, comme il y a toujours eu un prince et des lois civiles, il a résulté de cette double puissance un perpétuel conflit de juridiction qui a rendu toute bonne politique impossible dans les États chrétiens; et l'on n'a jamais pu venir à bout de savoir auquel du maître ou du prêtre on était obligé d'obéir ». Et J.-J. Rousseau ajoute : « Hobbes est le seul qui ait proposé de réunir les deux têtes de l'Aigle et de tout ramener à l'unité politique, sans laquelle jamais État ni Gouvernement ne sera bien constitué. » On n'a pas oublié la phrase fameuse « une société de vrais chrétiens ne serait plus une société d'hommes », que Hitler aurait approuvée.

Le souci politique — quelle religion favorise la prospérité et la puissance de l'État? — aurait pu inciter J.-J. Rousseau à proclamer, lui aussi, comme Machiavel, la supériorité des religions nationales. Sa propre religion — christianisme réduit à une sorte de théisme — l'arrête sur cette pente. Il ne nie pas les avantages de la religion nationale qui « réunit le culte divin et l'amour des lois » et qui « faisant de la patrie l'objet de l'adoration des citoyens leur apprend que servir l'État, c'est en servir le Dieu tutélaire ». Mais, fondée sur l'erreur, elle trompe les hommes, « elle rend un peuple sanguinaire et intolérant », elle le met dans un état naturel de guerre avec tous les autres. Rousseau se contente finalement d'une profession purement civile, qui fera aimer ses devoirs à chaque citoyen. L'existence de Dieu, l'autre vie et la punition des coupables, tels sont les dogmes de cette religion qui attachera le citoyen à son État sans qu'il voie, en tout autre État, un ennemi. Entre la religion nationale ou païenne, dont un philosophe de l'âge des Lumières ne pouvait tenir la restauration pour possible ou souhaitable, et la religion universelle de salut qui inspire l'indifférence aux grandeurs temporelles, la religion civile éviterait le fanatisme sans affaiblir le dévouement de l'individu au Souverain, ni porter dans le corps social un principe de division.

Les cultes révolutionnaires participent de l'équivoque de la religion civile. Ils ont pour base le patriotisme, « l'amour de la Société idéale, fondée sur la justice, beaucoup plus que l'amour du sol national [1] ». Mais, en même

---

1. A. Mathiez, *Contribution à l'histoire religieuse de la Révolution*, Paris, Alcan, 1907, p. 30, cité par H. Gouhier, in *La Jeunesse d'Auguste Comte et la formation du positivisme*, Paris, 1930, p. 8.

temps, les législateurs ne consentent pas à la séparation de l'Église et de l'État. Celui-ci se séparait de l'ancienne Église mais tentait de garder un caractère religieux, de s'imposer « aux foules sous l'aspect d'une Église avec ses fêtes et ses rites obligatoires ». Être suprême, Raison seraient l'objet d'une croyance qui, épurée de toute superstition, servirait de fondement à une patrie, promise par sa vertu à un destin sans frontière.

Les cultes révolutionnaires demeurèrent un épisode sans lendemain, bien qu'ils aient eu une signification, symbolique et historique, qui n'avait pas échappé à Auguste Comte. Ni la nostalgie d'une religion nationale, ni le sentiment que la Révolution apporte avec elle une foi civique et universelle ne disparurent avec la restauration de la monarchie et de l'Église catholique.

Le shintoïsme représente l'équivalent d'une religion nationale, il comporte, en dehors d'éléments qui plongent dans le passé le plus lointain, le culte de l'empereur, descendant du Soleil et confondu avec le Japon éternel. L'aristocratie, qui décida d'emprunter à l'Occident les secrets de la puissance militaire, prit simultanément la décision de rendre vie à ces croyances et pratiques ancestrales, afin que l'occidentalisation technique ne portât pas atteinte à l'authenticité de la culture japonaise. Au lendemain de la première guerre mondiale, Ludendorff donnait le shintoïsme en modèle au peuple allemand, en quête d'unité spirituelle; il retrouvait les propos des théoriciens, de Machiavel à Rousseau, sur les méfaits de la dualité et sur l'ardeur que communique aux foules la conviction de combattre et de mourir pour la Cité et pour Dieu.

Le « christianisme allemand » fut une tentative consciente pour « nationaliser » une religion de salut. Dans l'éloge funèbre de Hindenburg, Hitler employa le mot germanique *Walhalla*. Les jeunes hitlériens célébrèrent une sorte de culte du feu. On est tenté d'imputer ces épisodes autant à l'exaltation de boy-scouts qu'à la remontée de rites païens. En cas de victoire dans la guerre mondiale, Hitler aurait probablement déclenché la bataille contre le christianisme, il aurait moins invoqué le « christianisme allemand » ou la « foi germanique » que le matérialisme et le racisme, l'ensemble confus d'idées opposées à la doctrine rationaliste et démocratique. Inégalité des races, doctrine du chef, unité de la nation, III⁰ Reich, ces thèmes, moins organisés en système qu'orchestrés par la propagande, auraient inspiré la gestion de l'État et l'éducation des élites, ils auraient établi l'échelle des valeurs, inspiré des passions ardentes, suscité la communion des fidèles, ils auraient été consacrés par des cérémonies. En une civilisation marquée par l'empreinte chrétienne, auraient-ils été vécus comme authentiquement religieux? La même question se pose à propos du communisme, qui semble imposer enfin la religion de remplacement, rêvée par les militants de la Révolution, les positivistes et les saint-simoniens.

Au communisme s'applique la formule de Michelet : « La Révolution n'adopta aucune Église. Pourquoi? C'est qu'elle était une Église elle-même. » Comme la religion civile, il sanctifie les devoirs de l'individu à l'égard du parti, de l'État socialiste, de l'avenir humain. Religion de la Cité, dès lors que le parti est au pouvoir, il demeure dans l'opposition, dans l'enseignement ésotérique, religion universelle. A la manière du positivisme, il prétend recueillir les créations du passé et les transmettre à la société qui accomplira la vocation humaine. Il rompt avec l'individualisme de l'âge des Lumières, mais il annonce le bonheur pour tous. Il refuse pitié aux faibles et confiance aux foules, mais il justifie par les sentiments humanitaires l'édification socialiste et par la nécessité d'instruire les masses l'autorité inconditionnelle des meneurs. Il met la science au pas, mais au nom de la science. Il renverse le sens du rationalisme occidental, mais il continue de s'en réclamer.

A quoi tient le succès? Le prophétisme marxiste transfigure un schéma d'évolution en une histoire sacrée, dont la société sans classes marquera l'aboutissement. Il prête une importance démesurée à quelques institutions (régime de propriété, mode de fonctionnement), il fait de la planification par un État tout-puissant une étape décisive de l'histoire. L'*intelligentsia* tombe facilement dans ces erreurs auxquelles prédispose le conformisme de gauche. Obsédée par le souci d'accroître le produit national, elle est prête à emprunter le raccourci soviétique vers l'abondance.

Le contenu du dogme est une interprétation de l'histoire : le stalinisme se répand en un siècle bouleversé par des catastrophes. L'astrologie n'a pas été, d'un coup, éliminée par l'astronomie scientifique, l'histoire positive ne chasse pas les mythologies historiques. Avant la physique mécaniste, l'ordre du cosmos s'offrait aux regards émerveillés des observateurs. Naguère, chaque société se croyait exemplaire. Inconsciente de l'immensité du temps, elle ne se situait pas à sa place, modeste, dans un devenir mystérieux. Les mythologies historiques expriment moins des croyances anachroniques que la révolte contre les leçons de l'expérience.

A notre époque, le progrès technique constitue effectivement le fait majeur. C'est lui qui déracine les vieilles bâtisses des civilisations et nos contemporains ne voient pas d'objectif plus haut que la puissance et la prospérité dues aux machines. On mêle la priorité d'intérêt du travail au primat causal des forces de production et l'on est prêt à voir, dans cette synthèse confuse, une conquête du savoir.

L'idéologie marxiste découvre un ordre du devenir sous l'aveugle mêlée des intérêts. Chacun n'obéit qu'à lui-même et tous les hommes ensemble produisent ce que l'intelligence supérieure aurait dû vouloir. Les capitalistes, en quête de profit, entraînent vers la mort le régime auquel ils doivent leur fortune. De la lutte des classes sort la société sans classes. Le marché parfait, comme la ruse hégélienne de la Raison, utilise l'égoïsme des individus en vue du plus grand bien pour tous. Mais il y a une différence décisive : le libéral tient pour permanente l'imperfection des hommes, il se résigne à un régime où le bien sera le résultat d'actions innombrables et jamais l'objet d'un choix conscient. A la limite, il souscrit au pessimisme qui voit dans la politique l'art de créer les conditions où les vices des hommes contribuent au bien de l'État. Le marxiste admet, pour le passé, l'hétérogénéité des intentions et des événements, il se fait fort, quand est dévoilé le jeu des forces profondes, d'échapper à la tyrannie du milieu. Grâce à la connaissance des lois de l'histoire, l'homme atteindra les buts qu'il s'assigne. L'anticipation de l'avenir permet de manipuler ennemis et partisans.

A ce point précis, l'idéologie devient contenu d'un dogme. Le sauveur collectif ne subit plus l'histoire, il la crée, il édifie le socialisme, il forge l'avenir. Cette transfiguration du parti en Messie reste une aberration de secte aussi longtemps que le parti végète et milite dans l'opposition, impuissant, irréconciliable. C'est la prise du pouvoir qui authentifie ses prétentions. Il incarne avec d'autant plus de vraisemblance le prolétariat qu'il se confond plus étroitement avec un État.

La raison du succès remporté par le léninisme-stalinisme, entre toutes les tentatives de religion de remplacement, est, en dernière analyse, fort simple : c'est la victoire de la Révolution qui a permis la diffusion du communisme, non la séduction de la religion séculière qui a préparé les dix jours qui ébranlèrent le monde. Les prophètes désarmés périssent. L'avenir de la religion séculière dépend surtout des rivalités de puissance.

Cléricalisme séculier.

Les intellectuels de France ont les premiers entrepris la quête d'une religion de remplacement : aujourd'hui, leurs collègues de l'Europe prolétarienne fondent la légitimité de l'absolutisme soviétique comme les légistes, jadis, fondaient celle de l'absolutisme royal, ils interprètent les écritures sacrées et les déclarations des congrès ou du secrétaire général dans le style des théologiens. L'*intelligentsia* de gauche commença par la revendication de la liberté, elle finit par se plier à la discipline du parti et de l'État.

L'idéologie est-elle effectivement devenue l'équivalent d'une religion? Une fois de plus, on hésite entre le oui et le non. Le chef de l'État se confond avec le chef de l'Église, dans la tradition byzantine et dans le régime soviétique. L'idéologie, de même que naguère la foi transcendante, détermine cela qui, par-dessus tout, importe; elle justifie l'autorité et promet, non à l'individu mais aux êtres collectifs, une juste rétribution dans l'au-delà historique, c'est-à-dire dans l'avenir. Mais le communisme ne se donne pas lui-même pour une religion, puisqu'il tient toute religion comme une survivance; il combat l'Église au nom de l'athéisme, il la met au pas au nom du socialisme comme il met au pas les autres institutions. Le totalitarisme élargit démesurément le sens d'une doctrine partielle, afin qu'elle paraisse englober toutes les puissances de l'homme.

L'ambivalence des relations entre chrétiens et communistes permettrait, semble-t-il, aux gouvernements des démocraties populaires de provoquer des hérésies, des tentatives comparables à celles du « christianisme allemand » pour composer la foi chrétienne avec des fragments de l'idéologie officielle. Il ne semble pas que telle soit la tendance dominante de l'autre côté du rideau de fer [1]. Les autorités communistes s'efforcent d'abord de rompre les liens entre l'Église nationale et la papauté : toute internationale leur est intolérable. Puis elles dictent aux dignitaires ecclésiastiques l'adhésion verbale à l'orthodoxie d'État. Mais elles ne l'imposent guère autrement aux musiciens, aux joueurs d'échecs ou aux romanciers. Elles s'efforcent de communiquer un caractère politique à l'activité ou, du moins, au langage des popes ou des évêques, elles ne favorisent pas l'interprétation proprement religieuse des idéologies historiques. C'est en Occident plutôt qu'en Europe orientale que certains croyants distinguent mal entre le drame de la croix et celui du prolétariat, entre la société sans classes et le royaume millénaire.

Le communisme est donc moins une religion, dont le christianisme continue d'offrir le modèle aux Occidentaux, qu'une tentative politique pour en trouver un substitut dans une idéologie érigée en orthodoxie d'État. Orthodoxie qui nourrit encore des prétentions, abandonnées par l'Église catholique. Les théologiens avouent sans ambages que la Révélation ne contient pas de science astronomique ou physique, ou contient une science tout élémentaire, exprimée en termes accessibles aux esprits des peuples, à l'époque du Christ. Le physicien n'apprend rien dans la Bible, sur les particules nucléaires, il n'en apprend pas

---

1. On signalait cependant en Pologne l'activité de « prêtres patriotes », marxistes et catholiques à la fois. Le nouveau séminaire catholique de Varsovie s'efforcerait de donner une formation marxiste en même temps que catholique. Cf. *New York Times*, 19 décembre 1954.
On se reportera aussi au livre récent de W. Banning, *Der Kommunismus als politische-soziale Weltreligion*, Berlin, 1953.

davantage dans les textes sacrés du matérialisme dialectique.

La foi chrétienne peut être dite totale, en ce sens qu'elle inspire l'existence entière; elle a été totalitaire quand elle a méconnu l'autonomie des activités profanes. La foi communiste devient totalitaire dès qu'elle se veut totale, car elle ne crée l'illusion de la totalité qu'en imposant des vérités officielles, en soumettant aux consignes du Pouvoir des activités dont l'essence exige l'autonomie.

On conçoit que des poètes soient animés par la foi communiste, comme d'autres par la foi chrétienne, que des physiciens ou des ingénieurs désirent passionnément servir le prolétariat. Encore faut-il que conviction et dévouement soient authentiques et non pas dictés du dehors par les bureaucrates préposés à la culture. Encore faut-il que ceux-ci laissent l'artiste trouver spontanément sa forme et le chercheur sa vérité. Le réalisme socialiste ou le matérialisme dialectique ne rassemblent pas une collectivité dans une croyance ou un savoir unanimement vécus. La pseudo-unité est obtenue en subordinant le sens spécifique de chaque univers spirituel à la fonction sociale qu'on lui assigne, en érigeant des propositions, équivoques ou fausses, en fondement d'une doctrine prétendument scientifique et philosophique à la fois.

Nous n'avons pas, en Occident, à chercher l'équivalent du matérialisme historique, comme si une philosophie pouvait et devait fixer aux sciences naturelles leurs principes, leurs concepts, les grandes lignes de leurs résultats. Nous devons préserver jalousement l'indépendance des Républiques de savants ou de lettrés que compromet, de l'autre côté du rideau de fer, le souci obsessionnel du service social ou de la fin révolutionnaire.

Nous aurions d'autant plus tort de souhaiter une réplique positive que la critique suffit à écarter le fantôme de l'unité de la culture soviétique et que, d'elle-même, cette synthèse artificielle se dissoudra. Dès maintenant, les mathématiciens, les physiciens, les biologistes savent que le marxisme-léninisme offre peut-être un langage — au début et à la fin du livre — pour mettre en accord les résultats avec les théories officielles, non un instrument d'exploration. Les historiens, même s'ils admettent, en gros, la validité des catégories marxistes, se sentent prisonniers d'une orthodoxie, impérative et changeante, qui, tour à tour, exalte la résistance des peuples allogènes à l'impérialisme grand-russe et la mission civilisatrice de celui-ci. Le dogme catholique contenait, il est vrai, en dehors d'affirmations indémontrables, relatives à des objets qui échappent aux prises de la raison humaine, le résumé ou la systématisation d'un savoir imparfait. Mais, en se débarrassant des connaissances profanes qu'il charriait avec lui, le dogme religieux s'épurait sans se renier, il s'approfondissait, conformément à son essence. Au contraire, l'orthodoxie communiste ne saurait s'épurer ou consentir à une expression rationnelle sans se dissoudre en ses composantes, sans se disperser en un ensemble d'opinions plus ou moins équivoques sur la société d'aujourd'hui et de demain.

L'idéologie devient dogme en consentant à l'absurdité. Que l'on accepte de reconnaître, qu'en chaque société une minorité exerce les fonctions directrices : du coup, l'assimilation de la dictature du parti à celle du prolétariat tombe d'elle-même, et il reste à comparer, selon l'expérience, avantages et risques du parti unique et du parlement élu par compétition pacifique. Il suffirait que l'on renonçât à l'universalité, non pas même du prophétisme marxiste mais de la version léniniste, pour échapper à la mystification. La société socialiste demeurerait le terme prochain de l'évolution historique, mais plusieurs chemins mèneraient vers elle. Les partis social-démocrates ne seraient pas traîtres mais frères, ils rempliraient la fonction de salut dans l'Occident où les rigueurs de la technique bolchevique sont inutiles. En bref, les communistes accepteraient sincèrement l'interprétation que leur suggèrent, avec une bonne volonté inquiète, les marxistes qui n'ont pas pris congé de la raison, qui admirent les plans quinquennaux et détestent les camps de concentration. Les communistes penseraient ce qu'ils disent du bout des lèvres, sur ordre, quand l'intérêt de l'Union soviétique le commande.

Une telle conversion paraît facile, elle suffit pourtant à mettre en question l'essentiel : si la délégation du prolétariat au parti communiste n'est pas universelle, indiscutable, la révolution de 1917 perd la place que lui assigne l'Histoire sacrée, elle devient un coup de main heureux. Dès lors, comment prévoir quels pays sont voués aux rudes bienfaits de l'industrialisation accélérée? Si les tenants de la II⁰ Internationale ne sont pas excommuniés, comment maintenir que le passage d'un régime à un autre exige une transition violente? Sans l'idée d'une révolution qui marque la fin de la préhistoire, la réalité soviétique ne serait plus que ce qu'elle est, une méthode brutale de modernisation, sous le commandement d'un parti unique, désigné non par le Destin mais par les péripéties imprévisibles des luttes entre les hommes.

Si le parti communiste russe maintient la prétention d'incarner le prolétariat mondial, il s'enfonce dans les arcanes de la scolastique mystificatrice. S'il renonce à cette prétention, il abdique. Bientôt, adoptant les conseils de la sagesse travailliste, il en partagerait l'infortune. Bourgeois et ennuyeux comme elle, il marcherait résolument, revenu des illusions et guéri de la terreur, vers le Louis-Philippisme du xx⁰ siècle.

Cette conversion n'est-elle pas, malgré tout, inévitable? Ne commence-t-elle pas de se dérouler sous nos yeux? Déjà le parti semble restreindre le rayon de son activité. Il a rendu quelque liberté à la controverse scientifique, il a toléré des œuvres littéraires — romans ou pièces de théâtre — qui tournaient en ridicule des aspects du régime. Les formes extrêmes et comme monstrueuses auxquelles atteignait l'asservissement de l'intelligence créatrice, au cours des dernières années de la vie de Staline, se sont atténuées. La scolastique interprétative demeure obligatoire, elle n'entretient pas en permanence une sorte de délire logique. Le régime s'embourgeoise et la pratique, sinon la théorie, tend à renoncer à l'universalité du marxisme-léniniste.

Le retour à la vie quotidienne, la retombée de l'ardeur idéologique devaient intervenir inévitablement, tôt ou tard. La Révolution peut être permanente, l'esprit révolutionnaire se perd. La troisième, sinon la deuxième génération des chefs, écoute la leçon de Cinéas et renonce à d'impossibles conquêtes. Comment, à la longue, pourrait-on combiner la stabilité d'un despotisme bureaucratique avec le prosélytisme de la secte conquérante? L'idéal révolutionnaire, tourné vers l'avenir se nourrit d'illusions : on a peine à ignorer les traits majeurs de l'ordre soviétique effectivement accompli.

Le régime soviétique a surmonté la contradiction entre la justification du Pouvoir actuel et l'attente d'un avenir de perfection, par le recours simultané à la terreur et à l'idéologie, en exaltant le présent non en lui-même mais en tant qu'étape sur la route de la société sans classes. Cependant, les résultats de l'industrialisation, le renforcement de la nouvelle classe dirigeante, l'éloignement de l'acte prométhéen qui fut à l'origine de la surhumaine entreprise, tout conspire à ronger une foi qui se dissout en opinions, dès que le fanatisme cesse de l'animer. Telle me paraît la perspective, sur la longue durée la plus vraisemblable. On aurait tort d'en conclure que le cauchemar va se dissiper, l'empreinte de la formation marxiste-léniniste s'effacer et l'unité des civilisations bourgeoises et soviétiques se rétablir miraculeusement.

Entre la croyance et l'incroyance, l'adhésion à la scolastique stalinienne et le rejet pur et simple de l'univers mental du parti, de multiples intermédiaires s'intercalent. Le doute sur la portée d'une interprétation parcellaire ne compromet pas la solidité de l'ensemble. On conserve les concepts majeurs de la doctrine, on continue de raisonner en termes de rapports de production, de classes sociales, de féodalité, de capitalisme ou d'impérialisme.

Peut-être le style de pensée et d'action survit-il à la foi plus longtemps que l'appareil conceptuel. Intransigeance retournée contre les camarades d'hier, tendance à suivre jusqu'au bout la logique ou la prétendue logique de la lutte, à se représenter le monde en noir et blanc, répugnance à constater la fragmentation des problèmes, la non-unité de la planète et des doctrines, ces traits de la formation reçue marquent souvent l'ex-communiste, défroqué d'une secte militante.

Probablement l'intellectuel a-t-il plus de peine que l'homme du commun à se libérer de cette idéologie qui est son œuvre comme l'État qui se réclame d'elle. Le Pouvoir soviétique règne au nom d'une doctrine, élaborée par un intellectuel dont la vie se passa dans les bibliothèques, commentée par d'innombrables professeurs depuis un siècle. En régime communiste, les intellectuels, sophistes plutôt que philosophes, sont rois. Les juges d'instruction qui décèlent les déviations, les écrivains contraints au réalisme socialiste, les ingénieurs et les managers, tenus d'exécuter les plans, de comprendre les ordres équivoques du Pouvoir, tous doivent être dialecticiens. Le secrétaire général du parti, maître de la vie et de la mort de millions d'hommes, est, lui aussi, un intellectuel : au déclin d'une existence triomphante, il offre aux fidèles une théorie du capitalisme et du socialisme, comme si un livre marquait l'accomplissement le plus haut. Les empereurs furent souvent des poètes ou des penseurs : pour la première fois, l'empereur règne *en tant que* dialecticien, interprète de la doctrine et de l'histoire.

Tous ceux qui, dans une démocratie parlementaire, barrent aux intellectuels l'ascension vers les sommets, les capitalistes, les banquiers, les élus, ont disparu. Au XVIIIe siècle, les intellectuels dénonçaient la concentration d'énormes richesses par les institutions de l'Église, ils acceptent sans scrupules la protection de riches marchands ou de fermiers généraux. Ils s'en prenaient aux inégalités de statut personnel et plaidaient la cause de la bourgeoisie montante. Avant la Grande Révolution, l'intellectuel de gauche n'en avait ni au commerce, ni à la concurrence, ni à la fortune bien gagnée mais aux biens hérités ou accaparés et aux discriminations de naissance. A chaque époque, il s'est posé en adversaire des puissants, hostile tour à tour à l'Église, à la noblesse, à la bourgeoisie. Aux bureaucrates-dialecticiens, il témoigne d'une soudaine indulgence, comme s'il se reconnaissait en eux.

L'État communiste a besoin de managers pour diriger les usines, d'écrivains, de professeurs, de psychologues pour répandre la vérité. Ingénieurs aux prises avec la matière et ingénieurs chargés des âmes jouissent d'avantages substantiels, un niveau de vie élevé, le prestige, la participation à une œuvre exaltante. Ils ne sont pas assez naïfs pour se laisser prendre aux propos à l'usage du vulgaire, ils sont trop intéressés à leurs privilèges pour ne pas justifier le régime et leur propre docilité. Ainsi mêlent-ils croyance et scepticisme, adhésion verbale et réserves intérieures, incapables d'accepter, tel quel, un dogmatisme déraisonnable ou de secouer l'envoûtement d'une insaisissable orthodoxie.

Ne peuvent-ils, en suprême recours, invoquer l'exemple des religions transcendantes? Le christianisme annonçait la bonne nouvelle aux esclaves aussi bien qu'aux rois, il enseignait l'égalité des âmes, en dépit des hiérarchies sociales. L'Église n'en a pas moins légitimé les pouvoirs de fait, rassuré la bonne conscience des puissants. Parfois, elle a voulu régner sur cette terre. Comment les intellectuels progressistes refuseraient-ils le concours de leur talent à un État qui proclame la bonne doctrine, à l'édification d'une société conforme aux espoirs du rationalisme révolutionnaire et généreuse aux experts et aux lettrés — *pourvu qu'ils obéissent?*

**

Marx appelait la religion l'opium du peuple. Qu'elle le veuille ou non, l'Église consolide l'injustice établie. Elle aide les hommes à supporter et à oublier leurs maux, au lieu de les guérir. Obsédé par le souci de l'au-delà, le croyant est indifférent à l'organisation de la Cité.

L'idéologie marxiste, dès qu'un État l'a érigée en orthodoxie, tombe sous le coup de la même critique : elle aussi enseigne aux masses l'obéissance et confirme l'autorité des gouvernants. Il y a plus : jamais le christianisme n'a accordé de blanc-seing aux gouvernants. Même les Églises de rite oriental se réservaient le droit de blâmer le souverain indigne. Le tsar, chef de l'Église, ne disait pas le dogme. Le secrétaire général du parti se réserve la liberté de récrire, au gré d'un présent changeant, l'histoire du parti communiste qui constitue l'essentiel du dogme stalinien. Le concept de société sans classes se vide de signification, à mesure que le régime issu de la Révolution se stabilise en un despotisme bureaucratique sans originalité. La justification par l'au-delà historique se dégrade, dans les procès, en comédie de langage : « l'autre monde » est moins l'avenir que la réalité présente, transfigurée par les mots à l'aide desquels on la désigne.

On dira que la religion communiste, à notre époque, a une tout autre signification que la religion chrétienne. L'opium chrétien rend le peuple passif, l'opium communiste l'incite à la révolte. A n'en pas douter, l'idéologie marxiste-léniniste a contribué à la formation sinon au recrutement des révolutionnaires. Lénine et ses compagnons ont moins obéi à une doctrine qu'à un instinct politique, au goût de l'action et à la volonté de puissance. Le prophétisme marxiste n'en a pas moins orienté leur existence, éveillé un espoir infini. Qu'importaient des millions de cadavres auprès de la société sans classes!

Même durcie et stérilisée par le dogmatisme, l'idéologie marxiste continue d'exercer une fonction révolutionnaire dans les pays d'Asie ou d'Afrique. Elle favorise l'encadrement des masses, elle cimente l'unité des intellectuels, guettés par la dispersion des sectes. Instrument d'action, elle demeure efficace. Ailleurs, en France par exemple, il en va tout autrement. Le culte de la Révolution, les interrogations pathétiques à l'Histoire y jalonnent un itinéraire de fuite. La nostalgie de l'Apocalypse n'inspire pas l'impatience de réformes mais l'acceptation du réel, doublée du refus verbal, point d'honneur du prétendu non-conformisme.

On ne nie pas qu'en France même, des millions d'hommes croient à un événement aussi terrible qu'une catastrophe, aussi exaltant qu'une fête, qui bouleverserait leur destin. L'argument, qui émeut tant de chrétiens progressistes — comment arracher aux malheureux l'espoir qui donne un sens à leur vie? — demeurait sans force sur un esprit comme celui de Simone Weil qui ne concevait pas que la foi pût entraîner le sacrifice de la vérité. On respecte les croyants, on combat les erreurs.

La religion stalinienne mobilise les masses en vue de la prise du pouvoir et de l'industrialisation accélérée, elle sanctifie la discipline des combattants, des bâtisseurs, elle renvoie à la Révolution, puis à un avenir qui s'éloigne au fur et à mesure qu'on avance vers lui, le moment où le peuple recueillera le fruit de sa longue patience.

Le régime communiste qui, en Chine, a mis fin à un siècle de troubles, est certainement plus efficace, peut-être plus soucieux du sort des hommes que ceux qui l'on précédé. On regrette vainement que les mêmes réformes n'aient pas été réalisées à moindres frais, sans l'embrigadement du peuple entier, sans les liquidations massives. Pourtant, même en ce cas, on ne peut pas ne pas se déclarer hostile à la religion séculière.

Qui ne croit pas en Dieu ne se sent pas hostile aux

religions de salut qui proclament des vérités éternelles : l'homme n'épuise pas sa destination dans sa destinée sociale; la hiérarchie du commandement et de la richesse ne reflète pas celle des valeurs; l'échec, dans la Cité, est parfois le chemin des plus hautes réussites, une mystérieuse fraternité unit les hommes, en dépit de la lutte de tous contre tous.

Qui ne croit pas au prophétisme marxiste doit dénoncer la religion séculière, même si celle-ci provoque, ici et là, des changements souhaitables. Superstition, elle encourage tour à tour la violence et la passivité, le dévouement aussi et l'héroïsme, mais finalement le scepticisme, mêlé au fanatisme, la guerre contre les incroyants, alors même que la foi s'est peu à peu vidée de sa substance. Elle empêchera l'amitié des hommes en-deçà ou au-delà de la politique, jusqu'au jour où, disqualifiée par l'embourgeoisement des cadres et le relatif contentement des masses, elle se dégradera en idéologie coutumière et n'éveillera plus d'espoir ni d'horreur.

On aurait tort d'objecter qu'à notre époque la religion devient logiquement séculière dès lors que, selon la philosophie dominante, le destin de l'humanité se joue dans l'organisation rationnelle de la planète. L'athéisme, fût-il assuré de lui-même, n'implique ni ne justifie le dogmatisme idéologique. La séparation de l'Église et de l'État, origine de la grandeur singulière de l'Occident, n'exige pas une foi unanime dans la nature double de l'homme. Elle n'exige même pas qu'une majorité des citoyens continuent de croire à la Révélation. Elle survit, au siècle de l'incroyance, pourvu que l'État lui-même ne se donne ni pour l'incarnation d'une idée ni pour le témoin de la vérité.

Peut-être un prophétisme est-il l'âme de toute action. Il met en accusation le monde et affirme la dignité de l'esprit dans le refus et dans l'attente. Lorsque les gouvernants, fiers d'une révolution heureuse, accaparent un prophétisme pour fonder leur pouvoir et confondre leurs ennemis, la religion séculière naît, condamnée dès l'origine à se stériliser en orthodoxie ou à se dissoudre en indifférence. Les hommes d'Occident sont demeurés trop chrétiens pour diviniser la Cité temporelle. Comment les docteurs de la loi soviétique pourraient-ils entretenir la ferveur? Si la réalité satisfait les vivants, le temps des indignations et des rêves est passé. Si elle les déçoit, comment sera-t-elle reconnue comme le chemin vers le royaume millénaire?

La religion séculière résistera, plus ou moins longtemps, à la contradiction qui la ronge. Elle ne représente rien de plus, en Occident, qu'une étape fatale vers la fin de l'Espoir.

DESTIN DES INTELLECTUELS

Il est tentant de dessiner, sur les volets d'un diptyque, les deux images contrastées des intellectuels, en régime soviétique et en France.

Ici, lettrés et experts semblent en grand nombre aliénés : les ingénieurs ne reconnaissent pas comme légitime et bienfaisante l'autorité des managers ou des financiers, les lettrés s'indignent contre les intrigues des politiciens et les brutalités de la police, ils éprouvent un sentiment de responsabilité devant le malheur des hommes — paysans de l'Inde qui ne mangent pas à leur faim, noirs d'Afrique du Sud indignement traités, opprimés de toutes les races et de toutes les classes, ex-communistes pourchassés par Mac-Carthy, prêtres-ouvriers que frappe la décision du Vatican.

Là, dans les démocraties populaires, lettrés et experts signent des motions contre les mêmes hommes et les mêmes événements qui éveillent la colère de leurs collègues occidentaux : le réarmement de l'Allemagne (occidentale), la condamnation des Rosenberg, la conspiration du Vatican et de Washington contre la paix, etc. Ils ont gardé le droit à l'indignation, mais aux dépens de l'univers capitaliste qu'ils n'ont pas licence de connaître objectivement et de visiter. Ils disent oui à la réalité qui les entoure, ils nient la réalité autre et lointaine, cependant que l'*intelligentsia* proche du communisme, en Europe libre, accomplit les démarches exactement contraires.

On dessinerait aisément une troisième image, celle de l'ex-communiste ou de l'anticommuniste en Occident, qui affirme les mêmes valeurs que les communistes mais juge les démocraties bourgeoises moins infidèles à son idéal que les démocraties populaires. Tantôt il signe toutes les motions, pour les Rosenberg et contre les camps soviétiques, contre le réarmement de l'Allemagne et pour la libération des socialistes hongrois, roumains ou bulgares, contre la police marocaine et contre la répression des émeutes du 17 juin 1953 à Berlin-Est; tantôt il signera de préférence une catégorie de motions, par exemple contre les camps soviétiques, parce qu'il obéit à la logique de la lutte et aperçoit les différences, de quantité et de qualité, entre la répression stalinienne et la répression bourgeoise.

Je doute qu'aucune de ces trois catégories d'intellectuels — communistes de Moscou, communistes ou progressistes d'Europe, anticommunistes de Washington, Londres et Paris — soit satisfaite de son sort. Je doute que l'*intelligentsia* soviétique soit aussi intégrée au régime qu'elle le paraît de loin, l'*intelligentsia* française aussi révoltée qu'elle le donne à croire ou le croit elle-même.

Les intellectuels des deux nations-empires, Union soviétique et États-Unis, sont les uns et les autres, bien qu'en un style différent, ralliés à un régime confondu avec l'État. Ni contre-idéologie ni contre-État ne s'offrent à eux.

Cette quasi-unanimité ne résulte pas des mêmes méthodes et ne s'exprime pas dans les mêmes formes. L'*American way of life* est la négation de ce que l'intellectuel européen entend par idéologie. L'américanisme ne se formule pas en un système de concepts ou de propositions, il ne connaît ni sauveur collectif, ni achèvement de l'histoire, ni cause déterminante du devenir, ni négation dogmatique de la religion, il combine le respect de la Constitution, l'hommage à l'initiative individuelle, un humanitarisme inspiré par des croyances fortes et vagues, assez indifférentes aux rivalités des Églises (seul le « totalitarisme » catholique inquiète), le culte de la science et de l'efficacité. Il ne comporte pas d'orthodoxie détaillée ni de version officielle. L'école l'enseigne, la société le rend obligatoire. Conformisme si l'on veut, mais conformisme qui est rarement ressenti comme tyrannique puisqu'il n'interdit pas la libre discussion en matière de religion, d'économie ou de politique. Sans doute le non-conformiste, celui dont les sympathies vont au communisme, sent-il le poids de la réprobation collective, même en l'absence de répression. L'individu ne saurait mettre en question les modes de pensée et les institutions qui passent pour partie intégrante de l'idée nationale, sans devenir suspect du crime de lèse-patriotisme.

L'idéologie soviétique est, en apparence, l'exacte contrepartie de la non-idéologie américaine. Elle se donne pour liée à une métaphysique matérialiste, elle implique une apparente solidarité entre les mesures quotidiennes et la destination ultime de l'humanité. Elle met en forme théorique tous les aspects de la pratique alors que les Américains inclinent à une justification pragmatique de décisions, même d'ordre spirituel. C'est l'État qui proclame la vérité doctrinale et l'impose à la société, c'est lui qui formule la version du dogme à chaque instant orthodoxe, il est au-dessus des lois et laisse libre carrière à la police, alors que les États-Unis continuent de chérir et, en une large mesure, de respecter la suprématie du pouvoir judiciaire.

Mais on ne peut se défendre d'une interrogation : l'idéologie marxiste, venue d'Europe occidentale, traduit-elle fidèlement la singularité soviétique? Si l'on écartait la scolastique interprétative, ne retiendrait-on pas les éléments d'une idéologie toute nationale : plans quinquennaux, « les cadres décident de tout », fonction de l'avant-garde, sélection d'une élite, exploitation collective de la terre, héros positif, image de l'ordre nouveau. Cette idéologie aurait pour origine la Russie sortie de la Révolution plutôt que les spéculations du jeune Marx. On imagine, de même, une idéologie proprement américaine, qui exprimerait les traits spécifiques de l'économie et de la société des États-Unis, culte du succès, initiative de l'individu et adaptation au groupe, inspiration morale et activité humanitaire, violence de la compétition et sens des règles, optimisme sur l'avenir, refus de l'angoisse existentielle, réduction de toutes les situations à des problèmes techniquement solubles, hostilité traditionnelle au Pouvoir et aux trusts, acceptation en fait de l'État militaire et des vastes corporations, etc.

L'intégration des experts, aux États-Unis et en Russie, suit fatalement des conditions de la recherche. Les physiciens sont employés dans les laboratoires des grandes compagnies capitalistes, des trusts soviétiques d'État ou de l'Agence de l'énergie atomique. Ils travaillent en commun, se soumettent aux obligations du secret militaire, ils sont des salariés, en Russie plus encore qu'aux États-Unis hautement privilégiés, ils ont perdu l'indépendance des amateurs ou des professions libérales. En démocratie capitaliste, tels experts, médecins, hommes de lois, résistent encore. La subordination des experts aux entreprises qui les emploient, caractérisera demain tous les pays de civilisation industrielle.

La collectivité met l'acquisition d'un savoir utilisable au-dessus du maintien de la culture. Ceux-mêmes qui, hier, auraient été des hommes de culture, deviennent, aujourd'hui, des sortes d'experts. En Union soviétique comme aux États-Unis, le maniement des hommes relève d'une science et d'une technique. Spécialistes du *rewriting*, de la publicité, de la propagande électorale, de l'information, de la psychotechnique, enseignent à parler, à écrire, à organiser le travail de manière à rendre nos semblables satisfaits, indignés, passifs, violents. La psychologie qui sert de fondement à leur métier, n'est pas nécessairement matérialiste à la manière de la réflexologie de Pavlov. Elle n'enseigne pas moins à traiter les hommes en êtres de masse, aux réactions calculables, plutôt qu'en personnes, chacune irremplaçable.

Le refoulement de la culture par la technique émeut une fraction des lettrés et leur donne une impression d'isolement. La rigoureuse spécialisation éveille la nostalgie d'un ordre autre, où l'intellectuel ne s'intégrerait pas, en tant que salarié, à une entreprise commerciale, mais en tant que penseur, à une collectivité humaine.

Aux États-Unis, où l'on ne conçoit pas d'autre régime que le régime existant, ni ces griefs ni cette nostalgie ne s'expriment en dissidence active. Aussi bien les causes de cette relative aliénation se retrouvent autrement accentuées en Russie, où le technicien l'emporte sur le lettré, bien plus qu'aux États-Unis. Écrivains, artistes et propagandistes ne refusent pas le titre d'ingénieurs des âmes; l'art pour l'art ou la recherche pure sont, en tant que tels, excommuniés. Il est difficile d'imaginer que les biologistes soviétiques n'aspirent pas à discuter des mérites relatifs de Morgan et de Lyssenko, les physiciens à librement correspondre avec leurs collègues étrangers, les philosophes à mettre en doute le matérialisme de Lénine, les musiciens à commettre sans péril le crime de formalisme.

Il ne s'ensuit pas que l'*intelligentsia* soviétique soit hostile au régime lui-même. Peut-être juge-t-elle l'étatisation de l'économie et l'autorité du parti naturelles, comme l'*intelligentsia* américaine tient pour normale l'entreprise privée. Si le peintre n'était plus contraint au réalisme socialiste, le romancier à un optimisme de commande, si le généticien n'était plus empêché de défendre le mendélisme probablement se déclarerait-elle satisfaite. Les romans et pièces de théâtre animés par la critique, que l'atténuation du « jdanovisme » fit surgir dans l'année qui suivit la mort de Staline, révèlent les aspirations des lettrés plus que les innombrables motions des comités d'écrivains.

L'*intelligentsia* américaine n'envie pas la condition de l'*intelligentsia* soviétique, mais les intellectuels des pays que rebute le capitalisme américain et que fascine l'aventure prolétarienne, tournant les yeux vers l'un et l'autre « monstre », se demandent lequel est la préfiguration de leur avenir, lequel le plus odieux.

Le savant français dont le laboratoire est mal équipé, pourrait appeler de ses vœux, l'américanisme aussi bien que le soviétisme. Mais le régime américain, baptisé capitaliste comme celui de la France, ne semble pas rompre avec le présent. Le Français demande spontanément à l'État de se charger des tâches indispensables à la prospérité collective, il choisit en rêve le pays où, effectivement, les pouvoirs publics dépensent sans compter pour la recherche scientifique. Le lettré — historien, écrivain, artiste — devrait redouter le despotisme des fonctionnaires préposés à la culture. Il déteste aussi la tyrannie qu'exercent les goûts des masses tels que les interprètent les spécialistes de la presse, de la radio ou de l'édition. La nécessité de vendre la marchandise intellectuelle ne paraît pas moins insupportable que l'obéissance à l'idéologie d'État. L'homme de culture se sent acculé au choix entre prostitution et solitude.

Un régime où la technique serait au service d'une philosophie, ne surmonterait-il pas cette alternative? Là-bas, l'écrivain participe à une grande œuvre, la transformation de la nature et de l'humanité elle-même; là-bas l'écrivain contribue à la réussite des plans quinquennaux, il produit comme le mineur, il dirige comme l'ingénieur. Il ne se soucie pas de la vente dont se charge l'État, il ne dépend pas des éditeurs pour lesquels les problèmes commerciaux n'existent pas. Il ne se sent pas esclave puisqu'il adhère à l'idéologie qui unit le peuple, le parti et les pouvoirs publics. Il échappe à l'isolement, aux difficultés de gagner sa vie par la plume, aux rigueurs du deuxième métier, à l'ennui du *rewriting*. On ne lui demande, en contre-partie, qu'un seul sacrifice : dire oui au régime, dire oui au dogme et à ses interprétations quotidiennes, concession inévitable, qui pourtant porte le germe d'une corruption totale.

L'écrivain d'Occident, qui s'est renié pour atteindre au succès ou qui a végété dans l'ombre, imagine de loin la communion avec les foules qui forgent l'avenir, la tranquillité qu'assurent les éditions d'État. L'insécurité qu'entraînent les imprévisibles remous de l'épuration, il l'accepte sans trop de peine, elle est l'envers de la responsabilité à laquelle il aspire. Mais comment supporterait-il le devoir d'enthousiasme? Les héros du prolétariat libéré chantent la gloire de leurs maîtres. Combien de temps la sincérité de leur adhésion résiste-t-elle aux obligations du service public?

Il y a trente ans, Julien Benda assurait la fortune d'une expression : *la trahison des clercs*. L'opinion n'avait pas encore perdu le souvenir des motions signées, des deux côtés du Rhin, par les plus grands noms de la littérature et de la philosophie. Les intellectuels avaient répété aux soldats qu'ils se battaient, les uns pour la culture, les autres pour la civilisation, ils avaient dénoncé la barbarie de l'ennemi sans soumettre à la critique les témoignages invoqués, ils avaient transfiguré une rivalité de puissance, semblable à tant d'autres que l'Europe avait vécues dans le passé en une guerre sainte. Ils avaient donné aux intérêts des États, aux haines des peuples, une forme articulée, prétendument rationnelle. Ils avaient méconnu leur mission, qui est de servir des valeurs intemporelles, la vérité, la justice.

Les conclusions du débat n'en furent pas moins confuses. Julien Benda n'avait pas de peine à décrire la sécularisation de la pensée : les intellectuels, en majorité, ignorent désormais le souci de l'au-delà, ils tiennent l'organisation de la Cité pour le but dernier. Ils ont enseigné le prix des biens terrestres, indépendance nationale, droits politiques du citoyen, élévation du niveau de vie. Même les chrétiens cèdent à la fascination de l'immanence. Si la trahison consiste à valoriser le temporel et à dévaloriser l'éternel, les intellectuels de notre temps sont tous traîtres. Détachés de l'Église, ils ont abjuré la cléricature parce qu'ils aspiraient à la possession de la nature et à la puissance sur leurs semblables.

Mêlés par leur prédication, leur activité professionnelle, aux conflits historiques, comment les intellectuels échapperaient-ils aux contradictions et aux servitudes de la politique? Quand sont-ils fidèles à leur mission, quand la trahissent-ils? L'affaire Dreyfus servait à Julien Benda de modèle idéal. Les clercs qui défendaient l'innocent condamné par erreur, obéissaient à la loi de leur état, même s'ils atteignaient le prestige de l'État-Major et la force de l'armée. Le clerc doit mettre le respect de la vérité au-dessus de la grandeur de la patrie, mais il ne doit pas s'étonner que le prince en juge autrement.

Les causes célèbres ne se plient pas toutes au modèle de l'affaire Dreyfus. Quand deux nations sont aux prises, quand une classe montante cherche à prendre la place des privilégiés d'hier, comment dire la vérité, la justice? A supposer que la responsabilité immédiate des empires centraux dans le déclenchement de la première guerre ait été plus grande que celle de l'Entente — et le doute était permis — le clerc, en tant que tel, devait-il prononcer un verdict? Autant que les causes du déclenchement, importent les conséquences de la victoire de l'un ou l'autre camp. Pourquoi les intellectuels allemands n'auraient-ils pas cru sincèrement que la victoire du Reich servirait finalement les intérêts supérieurs de l'humanité?

Des valeurs, définies en termes abstraits, permettent rarement de choisir entre les partis, les régimes, les nations. Si nous excluons les partisans de la violence pour elle-même, les négateurs de la Raison, les prophètes du retour à l'animal de proie, chaque camp incarne certaines valeurs, aucun ne satisfait toutes les exigences du clerc. Qui annonce la justice pour demain emploie les moyens les plus cruels. Qui refuse de verser le sang se résigne facilement à l'inégalité des conditions. Le révolutionnaire devient bourreau, le conservateur glisse au cynisme. Aux ordres d'un État, serviteur d'un parti ou d'un syndicat, directeur de recherches pour le compte de l'aviation américaine ou de l'agence de l'énergie atomique l'intellectuel peut-il se soustraire à la discipline de l'action? La signature de motions contre tous les crimes commis à la surface de la planète n'est-elle pas, en notre temps, l'imitation dérisoire de la cléricature?

Dans les pays que leur faiblesse et leurs déchirements protègent de l'unanimité, les intellectuels s'inquiètent autant de l'efficacité que de l'équité de leurs propos. Faut-il ou non révéler les camps de concentration soviétiques à un moment où « l'occupation américaine » paraît aux mandarins le péril majeur? Il n'en va pas autrement de l'autre côté de la barricade : les anticommunistes, à leur tour, sacrifient tout aux nécessités du combat. Pas plus que les simples mortels, les intellectuels ne se libèrent de la logique des passions. Au contraire, ils sont plus avides de justification parce qu'ils veulent réduire, en eux, la part d'inconscience. La justification politique est toujours guettée par le manichéisme. Encore une fois, où sont les traîtres?

A cette interrogation, je ne réponds ici que pour moi-même. L'intellectuel qui attache du prix à l'organisation raisonnable de la Cité, ne se contentera pas de marquer les coups, de mettre sa signature au bas de tous les manifestes contre toutes les injustices. Bien qu'il tâche de troubler la bonne conscience de *tous* les partis, il s'engagera en faveur de celui qui lui paraît offrir sa meilleure chance à l'homme — choix historique qui comporte les risques d'erreurs inséparables de la condition historique. L'intellectuel ne refuse pas l'engagement et, le jour où il participe à l'action, il en accepte la dureté. Mais il s'efforce de n'oublier jamais ni les arguments de l'adversaire, ni l'incertitude de l'avenir, ni les torts de ses amis, ni la fraternité secrète des combattants.

L'intellectuel, « responsable » du parti communiste, encadre les masses, il les entraîne à la bataille, il les mène à l'école, il les incite au travail, il leur enseigne la vérité. Le voici clerc puisque, lui aussi, commente le dogme. Il est devenu un guerrier tout en continuant de penser ou d'écrire. La religion conquérante permet à l'intellectuel d'incarner simultanément, en la phase initiale de la croisade, les types divers qui se détacheront les uns des autres, une fois la paix revenue.

Réussite temporaire, qui sera chèrement payée. Le militant a donné l'investiture à quelques hommes, chefs acclamés hier, maîtres de la bureaucratie demain. Prisonnier des servitudes impitoyables du régime, le voici contraint d'exalter les dirigeants de l'État, de suivre les méandres d'une ligne sanctifiée par le royaume de Dieu à venir. Pire encore : il doit répéter les propos orthodoxes et finalement acclamer les bourreaux et retirer l'honneur aux vaincus.

Sans doute, n'ignore-t-il pas le sens symbolique des crimes de Trotsky ou de Boukharine. Le philosophe, à Paris, a le droit de distinguer entre le crime qui n'est qu'opposition et l'espionnage au profit de la Gestapo. Mais l'intellectuel, de l'autre côté du rideau de fer, n'a pas le droit de publier cette distinction. Il doit s'exprimer comme le policier-inquisiteur, trahir sa mission pour rester fidèle à l'État. Asservie par sa victoire à un parti-Église, à une idéologie durcie en dogme, l'*intelligentsia* de gauche est vouée à la révolte ou au reniement.

Continuera-t-elle, dans l'Europe encore libre, à se sentir aliénée au point d'aspirer à cette mise au pas? Privée d'une foi authentique, se reconnaîtra-t-elle non plus même dans le prophétisme, âme des grandes actions, mais dans la religion séculière, justification de la tyrannie?

CONCLUSION

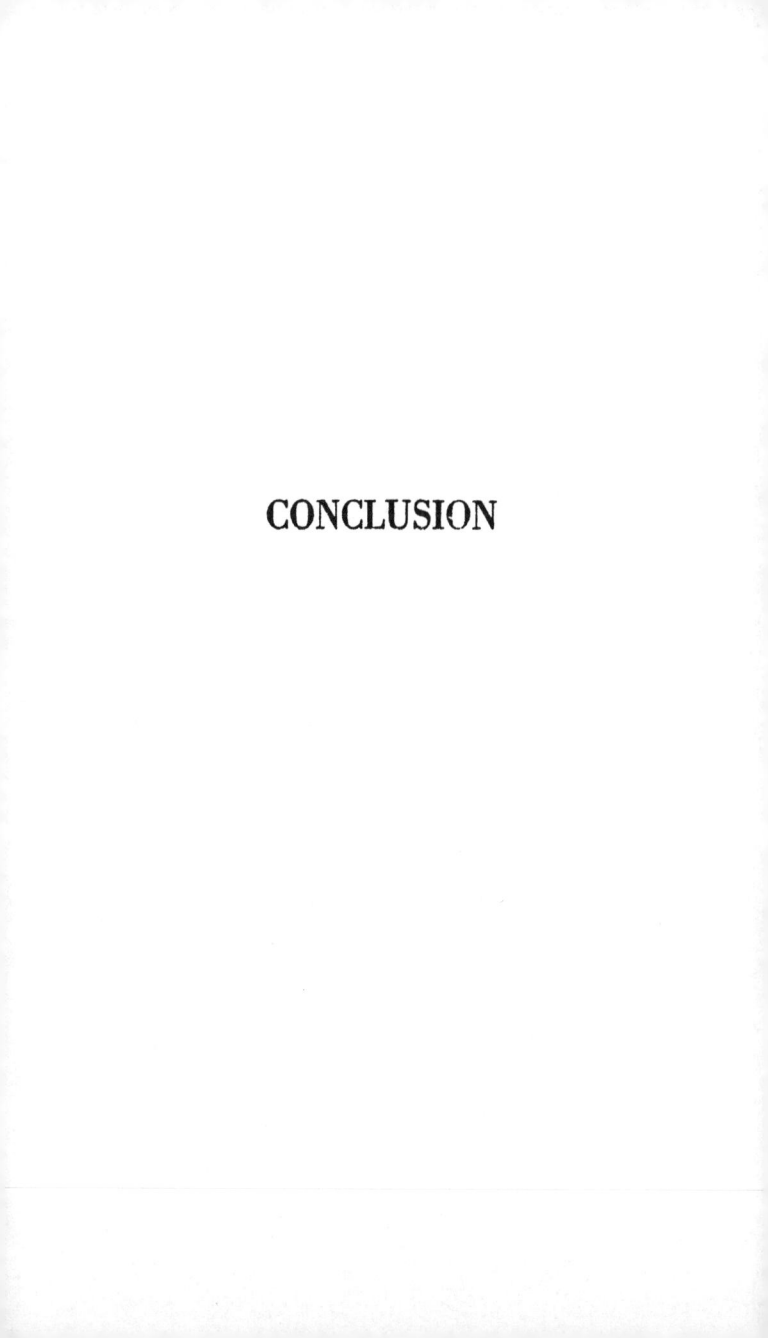

FIN DE L'AGE IDÉOLOGIQUE ?

Il semble paradoxal d'envisager la fin de l'âge idéologique alors que le sénateur MacCarthy continue de tenir un des premiers rôles sur la scène de Washington, que *les Mandarins* remportent le prix Goncourt et que les mandarins, en chair et en os, font le pèlerinage de Moscou et de Pékin *. Nous n'avons pas la naïveté d'attendre une paix prochaine : les conquérants déçus ou liquidés, les bureaucrates continuent de régner.

Peut-être les Occidentaux rêvent-ils de tolérance politique comme ils se lassèrent, il y a trois siècles, des vaines tueries au nom du même Dieu, pour le choix de la véritable Église. Mais ils ont communiqué aux autres peuples la foi en un avenir radieux. Nulle part, en Asie ou en Afrique, l'État-Providence n'a répandu assez de bienfaits pour étouffer les élans de la déraisonnable espérance. Les nations d'Europe ont précédé les autres dans la carrière de la civilisation industrielle. Touchées par les premières atteintes du scepticisme, peut-être annoncent-elles, fût-ce de loin, les temps à venir.

.*.

Regardons en arrière, vers les siècles écoulés depuis l'aurore de la philosophie de l'immanence et de la science moderne. Toutes les idéologies qui ont, pour quelques années ou quelques dizaines d'années, saisi l'imagination des foules ou des hommes de pensée, révèlent rétrospectivement une structure simple, des idées directrices en petit nombre.

L'optimisme de la gauche est créé, entretenu par un sentiment fort : l'admiration devant le pouvoir de la raison, la certitude que les applications de la science à l'industrie bouleverseront l'ordre des collectivités et la condition des individus. L'aspiration ancestrale à une communauté fraternelle s'unit à la foi dans le savoir positif pour animer, tour à tour ou simultanément, le nationalisme et le socialisme.

La liberté de recherche affirmée contre l'orthodoxie d'Église, l'égalité des combattants établie par les armes à feu sur le champ de bataille rongeaient l'édifice des hiérarchies traditionnelles. L'avenir appartiendrait à des citoyens, libres et égaux. Après la tempête qui précipita l'écroulement du plus somptueux édifice de l'Europe aristocratique, après la chute de la monarchie française, les ardeurs révolutionnaires, multipliées par des succès grandioses comme par les défaites sanglantes, se scindèrent en deux courants, nationaliste et socialiste.

Appelés à défendre la patrie au risque de la vie, les membres du Souverain n'étaient-ils pas en droit d'exiger un État qui leur appartînt en propre, des gouvernants dont la langue leur fût intelligible? Historiens, philosophes ou romanciers, insistant sur la singularité des âmes collectives ou sur le droit des peuples à disposer d'eux-mêmes, sensibles à l'œuvre inconsciente des siècles ou à la cohérence des Cités antiques, élaborèrent les théories de la nation. Peut-être ont-ils exaspéré, en les justifiant, les passions nationales, tantôt proches des passions tribales, tantôt éclairées par le rêve de la liberté. École primaire et conscription rendaient à la longue anachronique l'administration raisonnable, acceptée par plusieurs nationalités parce qu'étrangère à chacune d'elles.

Les sentiments nationaux sont encore forts, des deux côtés du rideau de fer. Dans les démocraties populaires, on déteste la domination russe. On excite aisément l'irritation des Français contre « l'occupation » américaine. La Communauté Européenne de Défense fut dénoncée comme le suprême abandon parce qu'elle transférait à un organisme supranational quelques prérogatives de la souveraineté. Le militant communiste suit les consignes venues de Moscou. Il sabota l'effort de guerre en 1939-1940, il rejoignit la Résistance en juin 1941, mais le parti gagna des recrues par millions durant les périodes où l'intérêt de la France coïncida avec celui de l'Union soviétique.

Le sentiment national demeure et doit demeurer le ciment des collectivités, l'idéologie nationaliste n'en est pas moins condamnée en Europe occidentale. Une idéologie suppose une mise en forme, apparemment systématique, de faits d'interprétations, de désirs, de prévisions. L'intellectuel qui se veut *essentiellement* nationaliste doit interpréter l'histoire comme la lutte permanente des États-fauves ou prophétiser la paix entre nations indépendantes, l'une de l'autre respectueuse. La combinaison du nationalisme révolutionnaire et de la diplomatie machiavélienne, dans la doctrine de Maurras, ne saurait survivre à l'affaiblissement des États européens.

Que les gouvernants défendent, avec becs et ongles, les intérêts et les droits du pays contre les empiétements d'alliés, forts et indiscrets, certes. Peut-on s'exalter pour la grandeur *temporelle* d'une collectivité, hors d'état de fabriquer elle-même ses armes? Sur le total des dépenses militaires de l'alliance atlantique, le budget de défense américain en représente les trois quarts. L'isolement, la neutralité, le jeu entre les blocs sont parfois possibles, toujours légitimes, ils ne prêtent pas à une transfiguration idéologique. En notre siècle, l'ordre humain ne saurait avoir pour cadre une nation de deuxième ordre.

États-Unis et Union soviétique pourraient répandre l'orgueil de dominer et la volonté de conquérir. Leur nationalisme n'est pas au même degré que celui des États européens lié à un sol, à une culture, à une langue. La citoyenneté est accordée en Russie tsariste et soviétique, aux États-Unis, à des hommes de races, de couleurs, de langues différentes. Les préjugés de couleurs freinent l'accession des Nègres à l'égalité promise par la Constitution américaine. Si c'est derniers n'ont pas été sensibles à l'appel communiste, la promesse inscrite dans la Constitution, en est une des causes principales. A l'extérieur, les États-Unis, sauf durant quelques années, à la fin du siècle dernier et au début de celui-ci, ont ignoré l'impérialisme de type européen, le désir d'expansion et la lutte permanente des États. La citoyenneté entraîne moins la participation à une culture, enracinée dans l'histoire, que l'acquisition d'une manière de vivre.

L'Union soviétique a prolongé la tradition du tsarisme qui ouvrait aux classes dirigeantes des peuples allogènes l'entrée dans l'aristocratie de l'État impérial. Elle a maintenu, grâce au parti communiste, l'unité de l'élite multinationale. La citoyenneté soviétique, offerte à d'innombrables nationalités, requiert le loyalisme à un État et l'adhésion à une idéologie, non le renoncement à la nationalité d'origine.

Les deux Grands ont été amenés par leur rivalité, par suite du vide de puissance qui s'ouvrait entre eux au lendemain de la deuxième guerre, à créer l'un contre l'autre des systèmes supranationaux. L'O. T. A. N. est dominé par les États-Unis qui fournissent des armes aux divisions alliées et sont seuls en mesure d'équilibrer la masse soviétique. Le maréchal Rokossovski commande à Varsovie parce que les dirigeants soviétiques doutent de la fidélité polonaise et que les divisions de l'Armée Rouge sont stationnées au cœur de l'Allemagne. Le grand espace, thème favori des théoriciens du IIIe Reich, est réalisé des deux côtés du rideau de fer, mais *dans l'ordre militaire seulement*.

On hésite à employer le terme d'empire. Il n'y a pas le moindre germe de patriotisme atlantique et l'on ne croit guère que le patriotisme soviéto-russe soit très répandu dans les États satellites, en dehors des minorités communistes. Le système supranational, en théorie unifié par le triomphe d'une Foi commune, se renie lui-même en isolant les unes des autres les démocraties populaires. On ne voyage pas beaucoup plus facilement de Roumanie en Pologne que de Pologne en France. Moscou a organisé les échanges des marchandises entre la Chine et l'Allemagne orientale, mais a multiplié les obstacles à la circulation des personnes. On donne aux démocraties populaires un simulacre d'indépendance, faute de leur en laisser la substance, on enferme chacune d'elles à l'intérieur de ses frontières, comme si l'État, nécessaire à la planification totale, devait être clos, même à l'égard de ses alliés.

Autant que la domination d'hommes d'autre race ou

d'autre langue, les inégalités extrêmes de conditions semblaient en contradiction avec l'esprit des temps nouveaux. Les miracles de la science conféraient à la misère un caractère scandaleux. On ne doutait pas que l'industrie dût éliminer bientôt les survivances de la pauvreté millénaire. On se séparait seulement sur le choix des moyens. L'idéal de la communauté sociale oscillait entre le modèle de l'équilibre, réalisé par tous, sans avoir été l'objet d'une volonté consciente, et celui de la prospérité pour tous, grâce à un plan d'ensemble et à l'élimination des exploiteurs.

Libéralisme et socialisme continuent d'inspirer des convictions, d'animer des controverses. Il devient de plus en plus malaisé, raisonnablement, de transfigurer de telles préférences en doctrines. La réalité occidentale comporte de multiples institutions socialistes. On ne saurait plus compter sur la propriété collective ou la planification pour améliorer dramatiquement le sort des hommes.

Le progrès technique n'a pas déçu : probablement s'est-il accéléré en notre siècle. Peut-être surmontera-t-il, d'ici quelques années ou quelques dizaines d'années, la limitation des subsistances. Mais on n'en ignore plus le prix et les limites. Les sociétés mécaniciennes ne sont pas pacifiques; elles délivrent l'homme des servitudes de la pauvreté et de la faiblesse, elles plient des millions de travailleurs à la logique de la production en grande série, elles risquent de traiter les personnes en matériau.

Ni l'optimiste qui imagine la fraternité grâce à l'abondance, ni le pessimiste qui se représente la tyrannie parfaite étendue sur les consciences grâce aux instruments de communication et de torture, ne sont réfutés par l'expérience du XXe siècle. Le dialogue des uns et des autres, entamé au temps des premières usines, se poursuit en notre temps. Il ne prend pas le style d'un débat idéologique parce que chacun des thèmes opposés ne se rattache plus à une classe ou à un parti.

La dernière grande idéologie était née de la conjonction de trois éléments : la vision d'un avenir conforme à nos aspirations, le lien entre cet avenir et une classe sociale, la confiance dans les valeurs humaines au-delà de la victoire de la classe ouvrière, grâce à la planification et à la propriété collective. La confiance dans les vertus d'une technique socio-économique est en train de se perdre et l'on cherche vainement la classe qui apporterait avec elle le renouvellement radical des institutions et des idées.

La théorie, encore aujourd'hui courante, de la lutte de classes est faussée par une assimilation illégitime : la rivalité entre bourgeoisie et prolétariat diffère essentiellement de la rivalité entre aristocratie et bourgeoisie.

On avait transfiguré en exploit prométhéen l'effondrement de la monarchie française et les péripéties sanglantes de la République, livrée aux factions et à la terreur. Hegel crut voir l'esprit du monde passer à cheval, incarné dans un officier de fortune que le dieu des batailles avait couronné. Marx, puis Lénine se firent des rêves sur les Jacobins, minorité active qui agite la pâte populaire, ordre missionnaire au service de la révolution socialiste. On n'en doutait pas, le prolétariat achèverait l'œuvre de la bourgeoisie.

Les idéologues du prolétariat sont des bourgeois. La bourgeoisie, qu'elle se réclamât de Montesquieu, de Voltaire ou de Jean-Jacques Rousseau, opposait légitimement à l'Ancien Régime, à la vision catholique du monde, sa propre idée de l'existence des hommes sur cette terre et de l'ordre politique. *Le prolétariat n'a jamais eu de conception du monde, opposée à celle de la bourgeoisie; il y a eu une idéologie de ce que devrait être ou faire le prolétariat, idéologie dont l'emprise historique était d'autant plus grande que le nombre des ouvriers d'industrie était plus petit.* Le parti soi-disant prolétarien, dans les pays où il l'a emporté, a eu comme troupes les paysans plus que les travailleurs des premières usines, pour chefs des intellectuels qu'exaspérait la hiérarchie traditionnelle ou l'humiliation nationale.

Les valeurs spontanément vécues par la classe ouvrière diffèrent de celles de la bourgeoisie. Il est loisible de dresser les antithèses : sens de la solidarité ou goût de la possession, participation à la communauté ou bien approfondissement de l'originalité ou de l'égoïsme, générosité de ceux qui ignorent l'argent ou bien avarice des riches, etc. On ne songe pas à nier l'évidence : le genre et le style de vie ne sont pas les mêmes dans les faubourgs ouvriers et les beaux quartiers. Les régimes dits prolétariens, c'est-à-dire gouvernés par les partis communistes, ne doivent presque rien à la culture proprement ouvrière, aux partis ou aux syndicats dont les dirigeants appartenaient eux-mêmes à la classe ouvrière.

La culture populaire, en notre siècle, succombe aux coups de la *Pravda*, de *France-Soir* ou des *Digests*. Syndicalisme révolutionnaire, syndicats anarchiques, ne résistent pas à l'inconsciente coalition des organisations patronales qui les redoutent, et des partis socialiste et surtout communiste qui les détestent. Ces derniers ont été marqués par la pensée et l'action des intellectuels.

Dans l'espoir d'accomplir pleinement les ambitions de la bourgeoisie — conquête de la nature, égalité des hommes ou des chances — les idéologues avaient transmis le flambeau au prolétariat. Le contraste entre le progrès technique et la misère des ouvriers faisait scandale. Comment ne pas imputer à la propriété privée et à l'anarchie du marché les survivances de la pauvreté ancestrale, due en fait aux exigences de l'accumulation (capitaliste ou socialiste), à l'insuffisance de la productivité, à l'accroissement de la population. Révoltés contre l'injustice, les hommes de cœur se raccrochaient à l'idée que le capitalisme, mauvais en soi, serait détruit par ses contradictions et que les victimes l'emporteraient sur les privilégiés. Marx réalisa la synthèse géniale de la métaphysique hégélienne de l'histoire, de l'interprétation jacobine de la révolution, de la théorie pessimiste, de l'économie de marché, développée par des auteurs anglais. Il suffisait d'appeler prolétarienne l'idéologie marxiste pour maintenir la continuité entre la révolution française et la révolution russe. Mais il suffit d'ouvrir les yeux pour dissiper l'illusion.

Économie de marché et planification totale sont des modèles que ne reproduit aucune économie réelle, non les étapes successives de l'évolution. Il n'y a pas de lien nécessaire entre les phases du développement industriel et la prédominance d'un modèle ou d'un autre. Les économies attardées se rapprochent davantage du modèle de la planification que les économies avancées. Les régimes mixtes ne sont pas des monstres, incapables de vivre, ou des formes de transition vers un type pur, mais l'état normal. On retrouvera dans un système planifié la plupart des catégories de l'économie de marché, plus ou moins modifiées. A mesure que s'élèvera le niveau de vie et que le consommateur soviétique aura la liberté effective de choix, bienfaits et difficultés de la prospérité occidentale apparaîtront de l'autre côté du rideau de fer.

Les révolutions du XXe siècle ne sont pas prolétariennes, elles sont pensées et conduites par des intellectuels. Elles abattent des pouvoirs traditionnels, inadaptés aux exigences de l'âge technique. Les prophètes imaginaient que le capitalisme ferait éclater une révolution, comparable à celle qui avait bouleversé la France à la fin du XVIIIe siècle. Il n'en a rien été. En revanche, là où les classes dirigeantes n'ont pas pu ou pas voulu se renouveler assez vite, l'insatisfaction des bourgeois, l'impatience des intellectuels, les ambitions immémoriales des paysans ont provoqué l'explosion.

Ni la Russie ni les États-Unis n'ont vécu pleinement la lutte de l'aristocratie et de la bourgeoisie. Le tsarisme avait voulu emprunter la civilisation technique tout en écartant les idées démocratiques. Il a été remplacé par un Pouvoir qui a rétabli la confusion de la société et de l'État, les administrateurs constituant la classe unique des privilégiés.

Les États-Unis ont pris conscience d'eux-mêmes avec les idées progressistes du XVIIIe siècle européen. Ils ont tenté de les mettre en pratique sur une terre vierge, sur un sol qu'il fallait conquérir, moins sur les Indiens voués à la mort par l'écart entre la culture tribale et celle des immigrants, que sur les forêts et les tempêtes. Nulle aristocratie, fière des services rendus, ne restreignait l'élan de la raison et de l'industrie. La religion enseignait la rigueur morale, non une orthodoxie de croyance. Elle incitait les citoyens à l'intransigeance, au conformisme, elle ne s'unissait pas à l'État pour freiner le mouvement de la pensée moderne.

La pensée optimiste du XVIIIe siècle n'a été démentie par aucun événement, comparable à la Grande Révolution et à la sécession du prolétariat. La guerre civile, guerre totale et guerre de matériel, fut interprétée par les historiens — porte-paroles des vainqueurs — comme un triomphe : le monde ne peut vivre mi-esclave mi-libre. Les ouvriers américains acceptèrent les promesses de l'idée américaine et ne crurent pas à la nécessité d'une Apocalypse.

Armés d'une doctrine qui condamnait à l'avance leur entreprise, les Bolcheviks furent les bâtisseurs d'une société industrielle de style auparavant inconnu. C'est l'État qui prit la responsabilité de répartir les ressources collectives, de gérer les usines, de créer l'épargne, d'accroître les investissements. La classe ouvrière de l'Occident au XIXe siècle, s'était dressée contre le patronat, non pas directement contre l'État. Là où le patronat et l'État se confondent, la révolte contre l'un eût entraîné la dissidence à l'égard de l'autre. L'idéologie marxiste offrit une admirable justification aux nécessités d'une économie d'État : les prolétaires devaient obéissance inconditionnelle à *leur* volonté générale, incarnée dans le parti.

Certes, si le dialogue eût été toléré, les intellectuels auraient dénoncé la misère des faubourgs de Léningrad et de Moscou, dans la Russie de 1930, comme leurs collègues avaient dénoncé celle des faubourgs de Manchester ou de Paris un siècle plus tôt. Le contraste entre l'accroissement des moyens de production et l'aggravation, apparente ou réelle, des souffrances populaires aurait suscité des utopies, prophétisant le progrès sans larmes ou des catastrophes fécondes.

Au reste, quel programme les révolutionnaires pourraient-ils opposer à la réalité soviétique? Ils revendiqueraient ou ils revendiquent les libertés politiques, le contrôle ouvrier, non l'appropriation individuelle des instruments de production, sinon dans l'agriculture. Sous un régime capitaliste les masses peuvent imaginer que la propriété publique guérirait ou atténuerait les maux de l'industrie, elles ne peuvent, sous un régime collectiviste, attendre le même miracle d'une restauration de la propriété privée. Les mécontents rêvent d'un retour au léninisme, d'un État véritablement prolétarien, en d'autres termes ils aspirent à des institutions, à une existence qui traduiraient plus fidèlement l'idéologie régnante.

Aux États-Unis, le prolétariat ne se pense pas en tant que tel. Les organisations ouvrières réclament et obtiennent beaucoup de réformes qu'en Europe on rattache au *Welfare State* ou au socialisme; les meneurs de masses sont satisfaits de la place que l'actuel régime leur réserve et les masses elles-mêmes n'aspirent ni à une autre société ni à d'autres valeurs. L'unanimité sur la « libre entreprise », la concurrence, la circulation des élites, ne signifie pas que la réalité américaine s'accorde avec ces idées, pas plus que l'enseignement obligatoire du marxisme-léninisme n'assure la conformité de la société russe à l'idéologie officielle.

Ainsi, par des voies différentes, spontanément ou avec l'aide de la police, les deux grandes sociétés ont supprimé les conditions du débat idéologique, intégré les travailleurs, imposé une adhésion unanime aux principes de la Cité. Le débat demeure pathétique dans les pays de deuxième ordre qui ne se reconnaissent pas entièrement dans le camp auquel ils appartiennent; trop fiers pour accepter leur dépendance de fait, trop orgueilleux pour avouer que la dissidence du prolétariat intérieur sanctionne un échec national plutôt qu'un décret de l'histoire, fascinés par la puissance qui répand la terreur, prisonniers de la géographie qui tolère les invectives et interdit l'évasion.

*
* *

Par un apparent paradoxe, la diffusion de la même civilisation technique à travers la planète donne un caractère particulier aux problèmes qui confrontent les diverses nations à notre époque. La conscience politique de notre temps est faussée par la méconnaissance de ces particularités.

Libérale, socialiste, conservatrice, marxiste, nos idéologies sont l'héritage d'un siècle où l'Europe n'ignorait pas la pluralité des civilisations, mais ne doutait pas de l'universalité de son message. Aujourd'hui les usines, les parlements, les écoles surgissent sous toutes les latitudes, les masses s'agitent, les intellectuels prennent le pouvoir. L'Europe qui achève de vaincre et succombe déjà à sa victoire et à la révolte de ses esclaves, hésite à avouer que ses idées ont conquis l'univers mais non gardé la forme qu'elles avaient dans nos querelles d'écoles et nos débats du forum.

Prisonniers de l'orthodoxie marxiste-léniniste, les intellectuels de l'Est n'ont pas le droit d'avouer des faits évidents : la civilisation industrielle comporte de multiples modalités entre lesquelles ni l'histoire ni la raison n'imposent un choix radical. Ceux de l'Ouest hésitent parfois à un aveu de sens contraire : sans la liberté de recherche, l'entreprise individuelle, l'esprit d'initiative des marchands et des industriels, peut-être cette civilisation n'aurait-elle pas surgi. Les mêmes vertus sont-elles indispensables pour la reproduire ou la prolonger? Étrange siècle où l'on fait le tour de la terre en quarante-huit heures, mais où les principaux protagonistes du drame sont contraints, à la manière des héros d'Homère, d'échanger leurs injures de loin.

L'Inde ne peut prendre modèle si sur l'Europe d'aujourd'hui ni sur celle de 1810. A supposer que le revenu par tête de la population et la répartition des travailleurs soient dans l'Inde de 1950 ce qu'ils étaient en Europe il y a un siècle et demi, les phases du développement économique ne seraient pas homologues. L'Inde emprunte les recettes techniques au lieu de les inventer, elle reçoit les idées admises dans l'Angleterre travailliste, elle applique les leçons de la médecine et de l'hygiène contemporaines. Les croissances de la population et de l'économie ne seront pas accordées en Asie du XXe siècle comme elles le furent dans l'Europe du XIXe.

Particularisée par l'âge économique et démographique des pays, la politique l'est aussi par les traditions propres à chaque nation, à chaque sphère de culture. Partout, dans le monde dit libre, les assemblées délibèrent à côté des hauts fourneaux. On transfère, dès la première étape, l'institution qui fut, en Occident, le couronnement de l'œuvre démocratique. A Paris, au siècle dernier, on réclamait légitimement le suffrage universel, la souveraineté parlementaire; l'État avait été consolidé par des siècles de monarchie, la nation forgée par des siècles de vie en commun. Une classe intellectuelle, entraînée aux joutes oratoires, aspirait à exercer le pouvoir. Les Occidentaux n'avaient pas tort de croire que leurs parlements — hémicycles continentaux ou rectangles insulaires — étaient promis à la même marche triomphale à travers la planète que les automobiles ou l'énergie électrique. Ils auraient tort de prêter aux idéologies qui glorifient ces institutions une portée universelle.

La théorie doit et peut énumérer les circonstances — force de l'unité nationale, intensité des querelles de langues, de religions ou de partis, intégration ou dissolution des communautés locales, capacité de l'élite politique, etc. — qui déterminent, en chaque pays, les chances de la réussite parlementaire. Les préférences qu'expriment pour une méthode les doctrines politiques ou économiques, sont raisonnables aussi longtemps qu'on n'en oublie ni les limites ni les incertitudes. Le monde libre commettrait une erreur fatale s'il croyait posséder une idéologie unique, comparable au marxisme-léninisme.

La technique stalinienne, au moins dans la première phase, demeure applicable partout où le parti, grâce à l'armée russe ou à l'armée nationale, s'est emparé de l'État. Une doctrine fausse inspire une action efficace parce que cette dernière est déterminée par des considérations tactiques, fondées sur une expérience d'un demi-siècle.

L'erreur de la doctrine se manifeste par la répugnance de beaucoup à cette pseudo-libération. En Europe non russe, les régimes communistes ont été incapables de s'installer, peut-être même sont-ils incapables de se maintenir, sans le concours de l'Armée Rouge. Avec le temps, les singularités nationales — phase du développement économique, traditions — se réaffirmeront à l'intérieur de l'univers soviétique. L'expansion du pouvoir communiste ne démontre pas la vérité de la doctrine, pas plus que les conquêtes de Mahomet ne démontraient la vérité de l'Islam.

Le monde soviétique n'est pas victime de ses erreurs. L'Occident en est victime. L'idée du gouvernement par discussion, consentement ou compromis, est peut-être un idéal, la pratique des élections ou des assemblées est une pratique, entre d'autres. Si l'on tente de l'introduire sans se soucier des circonstances, on en précipite l'échec. Or, l'échec d'une pratique démocratique n'est pas camouflé par l'organisation de la terreur et de l'enthousiasme, il éclate au jour et débouche sur le despotisme.

Aucune *intelligentsia* ne souffre autant que l'*intelligentsia* française de la perte de l'universalité, aucune ne se refuse aussi obstinément à renoncer à ses illusions, aucune ne gagnerait autant à reconnaître les vrais problèmes de la France.

La France appartient au monde non communiste et ne saurait changer de camp sans déclencher la catastrophe qu'elle veut de toutes ses forces éviter. Cette appartenance n'interdit aucune mesure dite de gauche, qu'il s'agisse de nationaliser les entreprises ou de réformer le statut de l'Afrique du Nord. L'influence anglo-saxonne se conjugue à l'influence soviétique contre le protectorat français en Tunisie ou du Maroc. La géographie exclut l'emprunt de la technique soviétique de gouvernement et la participation au pouvoir des représentants de Moscou. Comme pour garantir leur propre inefficacité, les intellectuels français ne cessent de suggérer un emprunt impossible et d'offrir au parti communiste une collaboration que celui-ci rejette ou accepte selon les circonstances, avec un mépris immuable.

Nostalgiques d'une vérité à la mesure de l'humanité entière, ils restent à l'affût des événements. Saint-Germain-des-Prés fut quelque temps titiste après l'excommunication de la Yougoslavie par Moscou. Le maréchal Tito, sans renier le communisme, conclut des alliances militaires, analogues à celles que les progressistes reprochaient aux États occidentaux : il perdit d'un coup son prestige.

La Chine de Mao Tse-toung, en cette fin d'année 1954, a pris la succession de la Yougoslavie de Tito. Plus vaste, plus mystérieuse que le pays du David balkanique, elle va réaliser enfin le vrai communisme. Comme personne ne déchiffre les caractères de l'écriture, que les visites se limitent à quelques villes et quelques usines, l'enthousiasme des voyageurs n'est guère menacé par le contact du réel. On se gardera d'interroger ceux qui pourraient renseigner sur l'envers du décor, les missionnaires [1], les contre-révolutionnaires. Probablement, la victoire du communisme en Chine est-elle le fait le plus significatif du siècle; la destruction de la grande famille, l'édification d'une industrie lourde, d'une armée puissante, d'un État fort, marquent le début d'une ère nouvelle dans l'histoire de l'Asie. Quel modèle, quelle leçon le régime de Mao Tse-toung offre-t-il à la France?

Plusieurs des tâches qui s'imposent à la France en ce milieu du siècle, auraient une signification qui dépasserait largement nos frontières : organiser une communauté authentique entre Français et Musulmans en Afrique du Nord, unir les nations d'Europe occidentale afin qu'elles dépendent moins de la puissance américaine, rattraper le retard technique pris par notre économie, ces œuvres historiques pourraient éveiller une ardeur lucide. Aucune ne bouleverserait la condition des hommes sur la terre, aucune

---

1. Cf. F. Dufay, *L'Étoile contre la Croix*, Hongkong, 1952.

ne ferait de la France le soldat de l'idéal, aucune ne nous arracherait au petit cap de l'Asie, auquel notre sort est lié, aucune n'aurait l'éclat des idées métaphysiques (liberté, égalité), aucune l'apparente universalité des idéologies socialiste ou nationaliste. En situant notre pays à son exacte place dans la conjoncture planétaire, en agissant selon les enseignements de la science sociale, on atteindrait à la seule universalité politique, accessible à notre époque. On donnerait à la civilisation mécanicienne une forme accordée au passé et à l'âge de la nation, on organiserait en vue de la prospérité et de la paix la zone de la planète où s'étend le rayonnement de notre force et de notre pensée.

À ces perspectives prochaines, les lettrés semblent indifférents. On a le sentiment qu'ils aspirent à retrouver, dans une philosophie de l'immanence, l'équivalent de l'éternité perdue et qu'ils murmurent : « Qu'est-ce tout cela qui n'est pas universel? »

*
* *

La nostalgie d'une idée universelle et l'orgueil national déterminent l'attitude des intellectuels français. Cette attitude a un retentissement au-dehors qui n'est pas dû seulement au talent des écrivains. Si les hommes de culture cessent de croire de toute leur âme à une vérité pour tous les hommes, ne glissent-ils pas vers l'indifférence?

Religion d'intellectuels, le communisme recrute des adeptes parmi les intellectuels d'Asie ou d'Afrique, alors que la démocratie raisonnable de l'Occident gagne souvent des élections libres, mais ne recrute guère de militants, prêts à tout pour le triomphe de la cause.

« En offrant à la Chine et au Japon une version sécularisée de notre civilisation occidentale, nous leur avons donné une pierre alors qu'ils demandaient du pain. Tandis que les Russes, en leur offrant à la fois le communisme et la technique, leur ont donné une façon de pain : un pain noir et pierreux, si vous voulez, mais du pain; c'est quand même un aliment qui contient un peu de substance nutritive pour la vie spirituelle sans laquelle l'homme ne saurait vivre [1]. »

1. Arnold Toynbee, *Le Monde et l'Occident*, Paris, 1953, p. 144.

Le communisme est une version dégradée du message occidental. Il en retient l'ambition de conquérir la nature, d'améliorer le sort des humbles, il sacrifie ce qui fut et demeure l'âme de l'aventure indéfinie : la liberté de recherche, la liberté de controverse, la liberté de critique et de vote du citoyen. Il soumet le développement de l'économie à une planification rigoureuse, l'édification socialiste à une orthodoxie d'État.

Faut-il dire que la version communiste l'emporte grâce à sa faiblesse intellectuelle? Une théorie vraie ne supprime pas les incertitudes du présent, elle entretient les querelles entre les partis, elle ne laisse espérer qu'un lent progrès, elle ne libère pas les intellectuels d'Asie de leurs complexes. La religion séculière garde le prestige et la force du prophétisme, elle suscite en petit nombre des fanatiques et ceux-ci à leur tour mobilisent et encadrent des masses, moins séduites par la vision d'avenir que révoltées contre les malheurs du présent.

Le contenu de la foi communiste ne diffère guère du contenu des autres idéologies auxquelles adhèrent les intellectuels de gauche à travers la planète. Ces derniers demeurent en majorité sur le seuil, rebelles à la discipline de secte. La minorité qui franchit le pas, ayant surmonté doutes et scrupules, est possédée par la foi qui « soulève les montagnes ». Les libéraux doutent d'eux-mêmes et éprouvent une sourde mauvaise conscience de se trouver parfois dans le camp du mal (la droite, la réaction, la féodalité). Le climat des universités d'Occident a rendu les étudiants, venus de tous les continents, sensibles à la doctrine marxiste-léniniste qui est non l'achèvement mais le durcissement dogmatique de la philosophie progressiste.

Le communisme, dit-on, est la première des croyances essentiellement européennes qui ait réussi à convertir des millions d'Asiatiques. Les premiers catéchumènes étaient des intellectuels. Ils n'avaient pas été convertis par le christianisme qui heurtait le système traditionnel de valeurs et de coutumes, que démentait la conduite des envahisseurs et qui ne s'accordait pas avec la pensée scientifique, principe de la supériorité militaire des impérialistes. Le communisme a séduit non parce qu'il est une hérésie chrétienne, mais parce qu'il semble la forme extrême, l'interprétation résolue de la philosophie rationaliste et optimiste. Il donne une expression cohérente à l'espérance politique de l'Occident.

Les simples sont sensibles à cette espérance, mais indifférents à la scolastique interprétative. Ils se laissent encadrer par le parti plus qu'ils ne se sentent fidèles à l'Église. Les paysans n'aspirent pas à la propriété collective mais à la propriété individuelle. Les ouvriers n'imaginent pas à l'avance l'édification socialiste par mise au pas des syndicats. C'est le prophétisme qui confère au communisme une sorte de substance spirituelle.

Qu'en reste-t-il lorsque les conquérants de l'avenir sont devenus les planificateurs de l'économie? « Le militariste déifié fut un scandale retentissant : Alexandre aurait été regardé comme un gangster s'il avait accompli ses exploits à l'aide de deux complices au lieu d'être soutenu par une armée, comme d'ailleurs le pirate thyrénien ne s'était pas gêné pour le lui dire en face ainsi que nous le raconte saint Augustin. Et que dire du policier déifié? Auguste, par exemple, est devenu policier le jour où il liquida ses collègues gangsters, ce dont nous lui sommes reconnaissants; mais si l'on va jusqu'à nous demander de témoigner notre gratitude en adorant ce gangster repenti à l'égal d'un dieu, nous le ferons sans conviction ni enthousiasme [1]. » Quels sentiments pouvions-nous éprouver hier à l'égard de Staline qui avait liquidé Zinoviev et Boukharine, aujourd'hui à l'égard de Malenkov qui a liquidé Béria? Le communisme installé contient-il encore une substance spirituelle?

Combien de temps l'exaltation des bâtisseurs soutiendra-t-elle les militants? Combien de temps la grandeur nationale témoignera-t-elle du mandat du ciel historique? Peut-être la Chine trouvera-t-elle dans cette religion de mandarins une paix durable. L'Europe chrétienne ne la trouvera pas. L'orthodoxie officielle se dégradera en langage rituel ou bien la seule foi authentique, celle qu'aucun bien temporel ne saurait satisfaire, se révoltera contre le cléricalisme séculier. Peut-être les hommes peuvent-ils vivre sans adorer un dieu en esprit et en vérité. Ils ne vivront pas longtemps, après la victoire, dans l'attente du paradis sur terre.

Ne peut-on rien opposer à la foi au prolétariat sinon la

1. Arnold Toynbee, *op. cit.*, p. 182.

foi au Christ? Contre le matérialisme soviétique l'Occident dresse-t-il une vérité spirituelle? Prenons garde de compromettre la religion dans les luttes de puissance, d'attribuer au régime que nous défendons des vertus qu'il ne possède pas.

Les démocraties libérales ne représentent pas une « civilisation chrétienne ». Elles se sont développées dans des sociétés dont la religion était chrétienne, elles ont été inspirées en quelque mesure par la valeur absolue prêtée à l'âme de chacun. Ni les pratiques électorales et parlementaires, ni les mécanismes du marché ne sont en tant que tels, chrétiens ou contraires à l'esprit chrétien. Sans doute le libre jeu des initiatives, la concurrence entre acheteurs et vendeurs, seraient-ils inacceptables si la chute n'avait flétri la nature humaine. L'individu donnerait son meilleur pour les autres, sans attendre de récompense, sans se soucier de son intérêt. L'homme étant ce qu'il est, l'Église, qui ne saurait admettre la compétition sans frein ou le désir illimité de richesse, n'est pas tenue de condamner les institutions économiques, caractéristiques de la civilisation industrielle. Les planificateurs sont contraints d'en appeler, eux aussi, à l'appétit d'argent ou d'honneur. Aucun régime ne peut ignorer l'égoïsme.

Le communisme entre en conflit avec le christianisme parce qu'il est athée et totalitaire, non parce qu'il dirige l'économie. Il entend se charger seul de l'éducation de la jeunesse. L'État communiste laisse célébrer le culte et administrer les sacrements; il ne se tient pas pour neutre, il qualifie les croyances religieuses de superstitions, vouées à disparaître avec le progrès de l'édification socialiste. Il embrigade la hiérarchie dans des croisades politiques; popes, prêtres, évêques, métropolite sont invités à mener campagne pour la paix, à dénoncer les complots du Vatican.

Il ne nous appartient pas à nous, qui n'appartenons à aucune Église, de suggérer un choix aux croyants, mais il nous incombe à nous, incorrigibles libéraux qui reprendrions demain la lutte contre le cléricalisme, de lutter aujourd'hui contre le totalitarisme, dont les Églises sont victimes comme les communautés de la science ou de l'art. Nous ne dénonçons pas seulement la violence faite à une foi que nous ne partageons pas, nous dénonçons une violence qui nous atteint tous. L'État qui impose une interprétation orthodoxe des événements quotidiens, nous impose aussi une interprétation du devenir global et finalement du sens de l'aventure humaine. Il veut subordonner à sa pseudo-vérité les œuvres de l'esprit, les activités des groupes. En défendant la liberté de la prédication, l'incroyant défend sa propre liberté.

Ce qui, en essence, différencie l'Occident de l'univers soviétique, c'est que l'un s'avoue divisé et que l'autre « politise » l'existence entière. La pluralité la moins importante, bien qu'on la cite le plus volontiers, est celle des partis. Cette pluralité ne va pas sans inconvénients, elle entretient dans la cité une atmosphère de querelles, elle brouille le sens des nécessités communes, compromet l'amitié des citoyens. On la tolère malgré tout comme un moyen, comme un symbole de valeurs irremplaçables, moyen de limiter l'arbitraire du Pouvoir et d'assurer une expression légale au mécontentement, symbole de la laïcité de l'État et de l'autonomie de l'esprit qui crée, interroge ou prie.

Les Occidentaux, les intellectuels surtout, souffrent de la dispersion de leur univers. L'éclatement et l'obscurité de la langue poétique, l'abstraction de la peinture, isolent poète ou artistes du grand public qu'ils affectent de mépriser, du peuple pour lequel au fond d'eux-mêmes ils rêvent d'œuvrer. Physiciens ou mathématiciens, aux limites extrêmes de l'exploration, appartiennent à une étroite communauté, qui arrache l'énergie à l'atome, mais n'arrache pas aux hommes politiques soupçonneux, à la presse avide de sensations, aux démagogues anti-intellectualistes ou aux policiers, la liberté de leurs opinions et de leurs amitiés. Maîtres des particules nucléaires et esclaves de l'obsession d'espionnage, les savants ont le sentiment de perdre tout contrôle sur leurs découvertes dès qu'ils en transmettent le secret aux généraux et aux ministres. Le spécialiste ne connaît qu'une étroite province du savoir; la science actuelle laisserait l'esprit qui la posséderait tout entière, aussi ignorant des réponses aux questions dernières que l'enfant qui s'éveille à la conscience. L'astronome prévoit l'éclipse de soleil avec une précision sans défaut; ni l'économiste ni le sociologue ne savent si l'humanité va vers l'Apocalypse atomique ou vers la grande paix. Peut-être l'idéologie apporte-t-elle le sentiment illusoire de la communion avec le peuple, d'une entreprise régie par une idée et par une volonté.

Le sentiment d'appartenir au petit nombre des élus, la sécurité que donne un système clos où l'histoire entière en même temps que notre personne trouvent leur place et leur sens, l'orgueil de joindre le passé à l'avenir dans l'action présente, animent et soutiennent le vrai croyant, celui que la scolastique ne rebute pas, que les tournants de la ligne ne déçoivent pas, celui qui garde, en dépit du machiavélisme quotidien, une pureté de cœur celui qui vit tout entier pour la cause et ne reconnaît plus l'humanité de ses semblables en dehors du parti.

Cette sorte d'adhésion n'est accordée qu'aux partis qui, forts d'une idéologie posée comme vraie absolument, annoncent une rupture radicale. Socialiste ou libéral, conservateur ou progressiste, l'intellectuel non fanatique n'ignore pas les lacunes de son savoir. Il sait ce qu'il voudrait, il ne sait pas toujours ni par quels moyens ni avec quels compagnons l'atteindre.

Dans les époques de désagrégation, lorsque des millions d'hommes ont perdu leur milieu accoutumé, surgissent les fanatismes qui insufflent aux combattants de l'indépendance nationale ou de l'édification socialiste, dévouement, esprit de discipline, sens du sacrifice. On admire ces armées de croyants et leur sombre grandeur. Ces vertus de la guerre apportent la victoire. Que laisseront-elles subsister demain des raisons de vaincre? La supériorité du fanatisme, laissons-la aux fanatiques sans regret, sans mauvaise conscience.

.*.

La critique du fanatisme enseigne-t-elle la foi raisonnable ou le scepticisme?

On ne cesse pas d'aimer Dieu quand on renonce à convertir les païens ou les juifs par les armes et qu'on ne répète plus : « Hors de l'Église point de salut. » Cessera-t-on de vouloir une société moins injuste et un sort commun moins cruel si l'on refuse de transfigurer une classe, une technique d'action, un système idéologique?

La comparaison, il est vrai, ne vaut pas sans réserves. L'expérience religieuse gagne en authenticité à mesure que l'on distingue mieux entre vertu morale et obéissance à l'Église. Les religions séculières se dissolvent en opinions dès que l'on renonce au dogme. Pourtant l'homme qui n'attend de changement miraculeux ni d'une Révolution ni d'un plan, n'est pas tenu de se résigner à l'injustifiable. Il ne donne pas son âme à une humanité abstraite, à un parti tyrannique, à une scolastique absurde, parce qu'il aime des personnes, participe à des communautés vivantes, respecte la vérité.

Peut-être en sera-t-il autrement. Peut-être l'intellectuel se désintéressera-t-il de la politique le jour où il en découvrira les limites. Acceptons avec joie cette promesse incertaine. Nous ne sommes pas menacés par l'indifférence. Les hommes ne sont pas sur le point de manquer d'occasions et de motifs de s'entretuer. Si la tolérance naît du doute, qu'on enseigne à douter des modèles et des utopies, à récuser les prophètes de salut, les annonciateurs de catastrophes.

Appelons de nos vœux la venue des sceptiques s'ils doivent éteindre le fanatisme.

Notes de l'éditeur

p. 19 : Guglielmo Ferrero, Historien italien (1871-1943). Spécialiste de l'Antiquité *(Grandeur et décadence de Rome, Ruine de la civilisation antique)* dont il renouvelle l'approche historique en l'intégrant dans une dimension culturelle et sociale plus large. Opposant au fascisme, il quitte en 1930 l'Italie pour la Suisse. Sa réflexion s'infléchit alors vers une philosophie politique *(Pouvoirs : les génies invisibles de la cité)*. C'est dans ce contexte qu'il publie son essai sur la Révolution française, auquel Raymond Aron fait ici allusion : *Les deux Révolutions françaises, 1789/1796* (réédition Le livre de Poche, coll. Biblio-essais, 1989). Il meurt à Genève en 1943.

p. 38 : À la fin du XIXe siècle, un groupe d'intellectuels britanniques fonde la Fabian society (en référence au général romain Fabius Cunctator), qui s'attache à définir les voies d'un socialisme moderne, en rupture avec le marxisme. Ils exerceront une grande influence au sein du parti travailliste. Dans les années qui suivirent la Seconde Guerre mondiale, R.H.S. Crossman utilisera cette référence prestigieuse dans son livre *New Fabian Essays*.

p. 39 : *La route de la servitude* est le titre d'un livre du philosophe et économiste autrichien émigré aux États-Unis Friedrich von Hayek, qui s'élevait contre les menaces totalitaires. Une traduction française en était parue en 1946.

p. 40 : Le MRP, Mouvement Républicain Populaire, fondé fin 1944, était le parti qui regroupait la sensibilité démocrate-chrétienne à la Libération. En avril 1947, le Général de Gaulle rassemble ses partisans au sein du RPF.

p. 41 : Aneurin Bevan (1897-1960). Dirigeant du Parti travailliste. Il sera Ministre de la Santé dans le gouvernement Attlee après la guerre et mettra en œuvre la protection sociale britannique. Il faisait partie du groupe de la Tribune (avec Harold Laski et d'autres) qui incarnait l'aile gauche du parti travailliste.

p. 44 : « Gauchisme » veut dire ici « de gauche » et non « d'extrême-gauche ». Le numéro d'*Esprit* de novembre 1952, consacré à la gauche américaine s'interroge en effet sur la capacité de définir cette gauche. L'article de conclusion de Jean-Marie Domenach, intitulé « Confrontation » interpelle cette gauche américaine sur son pragmatisme et son absence de préoccupation de la situation internationale.

p. 62 : A la suite de la publication de *l'Homme révolté*, par Camus en 1951, un compte-rendu très polémique de Francis Jeanson fut publié par Sartre dans les *Temps modernes* en Mai 1952 auquel répliqua, dans le numéro d'août, une réponse de Camus, elle-même suivie par une réponse de Sartre et une autre de Jeanson. Cet épisode devait entraîner la brouille entre Sartre et Camus.

p. 84 : Aron fait ici référence au long article de Sartre, « les communistes et la paix », publié en deux parties dans les *Temps modernes*, la première en juillet 1952 et la seconde en octobre-novembre 1952, où Sartre exprime son accord politique avec le parti communiste. Ces textes ont été repris dans *Situations VIII*.

p. 93 : *Jeunesse de l'Église* était une publication dont le principal animateur, Maurice Montuclard, un dominicain, fut le fer de lance d'une contestation interne à l'Église catholique et proche des chrétiens progressistes, dont il partageait la préoccupation de reconquête de la classe ouvrière et de rapprochement avec le parti communiste. Il sera d'ailleurs condamné peu après.

p. 125 : Publié en 1947, *Humanisme et terreur* est une longue réflexion sur le procès de Boukharine et sur l'image qu'en avait donné Koestler dans le *Zéro et l'infini*. Dans ce texte, Merleau-Ponty cherche à justifier le parti communiste dans sa prétention à incarner la vérité de l'histoire. Peu après la publication de cet ouvrage, la réflexion de Merleau-Ponty évoluera dans un sens de plus en plus critique à l'encontre du communisme, pour aboutir à une vive critique du philocommunisme de Sartre dans *Les aventures de la dialectique*, qui paraît en 1955, en même temps que *l'Opium des intellectuels*. De fait, de très nombreux compte-rendus associeront les deux ouvrages.

p. 222 : Sinclair Lewis (1885-1951). Écrivain américain, il proposa dans son roman *Babbit* (1922) une vive satire du conformisme et de l'hypocrisie de l'américain moyen. Paul Morand dira de ce livre qu'il décrit le « Yankee standard avec son âme et ses préjugés taylorisés ». Lewis obtint le Prix Nobel en 1930.

p. 242 : James Burnham (1905-1987). Trotskyste à l'origine, Burrham s'en éloignera pendant la guerre en proposant une réflexion sur la transformation de la structure du pouvoir dans les grandes entreprises, caractérisées selon lui par l'apparition de la figure du « manager ». Ces thèses eurent un retentissement considérable après la guerre et son livre fut traduit chez Calmann-Lévy en 1947 sous le titre *L'Ère des organisateurs*. La *Partisan Review* était l'une des principales revues critiques de la gauche intellectuelle américaine.

p. 267 : Harold Laski ((1893-1950). Théoricien et militant socialiste britannique, il proposera une réflexion critique sur la société contemporaine dans de nombreux essais. Il sera président du parti travailliste en 1945.
Bertrand Russell (1872-1970) Outre son œuvre de logicien, il ne cessera de proposer une réflexion politique et morale. Engagé à gauche il sera au début du siècle membre de la Fabian Society et continuera par la suite à se réclamer du socialisme.

p. 285 : Georges Lukacs (1885-1971). Philosophe marxiste hongrois, il proposera dans *Histoire et conscience de classe*

(1923) une version rénovée du marxisme. Après la condamnation de ses thèses par l'orthodoxie communiste, il se soumettra aux injonctions du parti.

p. 315 : Le roman de Simone de Beauvoir, *Les mandarins*, venait de paraître et avait obtenu le prix Goncourt en 1954.

TABLE

Pages

INTRODUCTION DE NICOLAS BAVEREZ I

PRÉFACE 9

PREMIÈRE PARTIE

MYTHES POLITIQUES

Chapitre Premier. — LE MYTHE DE LA GAUCHE . 15
Mythe rétrospectif (p. 16-22). — *Dissociation des valeurs* (p. 22-28). — *Dialectique des régimes* (p. 28-36). — *Pensée et réalité* (p. 36-45).

Chapitre II. — LE MYTHE DE LA RÉVOLUTION . 46
Révolution et révolutions (p. 47-53). — *Prestiges de la Révolution* (p. 54-62). — *Révolte et Révolution* (p. 62-69). — *La situation française est-elle révolutionnaire?* (p. 69-77).

Chapitre III. — LE MYTHE DU PROLÉTARIAT . . 78
Définition du prolétariat (p. 79-84). — *Libération idéelle et libération réelle* (p. 84-90). — *Séduction de la libération idéelle* (p. 90-97). — *Prosaïsme de la libération réelle* (p. 97-105).

DE L'OPTIMISME POLITIQUE. 106

DEUXIÈME PARTIE

IDOLATRIE DE L'HISTOIRE

Chapitre IV. — HOMMES D'ÉGLISE ET HOMMES DE FOI 115

L'infaillibilité du parti (p. 116-124). — *L'idéalisme révolutionnaire* (p. 124-130). — *Procès et aveux* (p. 130-137). — *D'une prétendue justice historique* (p. 137-144).

Chapitre V. — LE SENS DE L'HISTOIRE 145

Pluralité des significations (p. 146-152). — *Des unités historiques* (p. 153-159). — *De la fin de l'Histoire* (p. 160-165). — *Histoire et fanatisme* (p. 165-171).

Chapitre VI. — L'ILLUSION DE LA NÉCESSITÉ . . 172

Déterminisme aléatoire (p. 173-179). — *Prévisions théoriques* (p. 179-188). — *Prévisions historiques* (p. 188-193). — *De la dialectique* (p. 193-201).

DE LA MAITRISE DE L'HISTOIRE 202

TROISIÈME PARTIE

L'ALIÉNATION DES INTELLECTUELS

Chapitre VII. — LES INTELLECTUELS ET LEUR PATRIE 213

De l'intelligentsia (p. 215-222). — *L'intelligentsia et la politique* (p. 223-229). — *Le paradis des intellectuels* (p. 229-238). — *L'enfer des intellectuels* (p. 238-245).

Chapitre VIII. — LES INTELLECTUELS ET LEURS IDÉOLOGIES 246

Les faits majeurs (p. 247-250). — *Les débats nationaux* (p. 250-258). — *Les intellectuels japonais et le modèle français* (p. 258-264). — *L'Inde et l'influence britannique* (p. 265-273).

TABLE DES MATIÈRES

Chapitre IX. — LES INTELLECTUELS EN QUÊTE D'UNE RELIGION. 274

Opinion économique ou religion séculière (p. 275-279). — *Militants et sympathisants* (p. 279-286). — *De la religion civile au stalinisme* (p. 286-293). — *Cléricalisme séculier* (p. 293-303).

DESTIN DES INTELLECTUELS 304

CONCLUSION

FIN DE L'AGE IDÉOLOGIQUE ? 315

Notes de l'éditeur 335

Fayard s'engage pour l'environnement en réduisant l'empreinte carbone de ses livres. Rendez-vous sur www.fayard-durable.fr
L'empreinte carbone en éq. CO_2 de cet exemplaire est de 1.2 kg

PAPIER À BASE DE FIBRES CERTIFIÉES

Achevé d'imprimer en France en juillet 2024
par Dupliprint à Domont (95)
N° d'impression : 2024072839 - N° d'édition : 2705796/08